U0712374

彭林　嚴佐之　主編

方苞全集

第八册　方望溪文集全編（上）

復旦大學出版社

方望溪文集全編（上）

諸偉奇　陶新民　整理

整理説明

方望溪文集之編纂，在望溪生前就由其門人王兆符、顧琮、程崟等人著手進行，至咸豐年間由戴鈞衡總其成，包含望溪先生文集十八卷、集外文十卷、集外文補遺二卷。本次方苞全集，大致即以戴鈞衡本爲藍本，並繼續吸收後世的輯佚和整理成果，成方望溪文集全編。全書整理體例如下：

一、全編收列清戴鈞衡望溪先生文集、望溪先生集外文、望溪集外文補遺，清孫葆田望溪文補遺，劉聲木望溪文集再續補遺、三續補遺，及劉文典所藏方望溪手稿（現藏安徽省博物院），並參考劉季高校點的方苞集（上海古籍出版社一九八二年版）和徐天祥、陳蕾校點的方望溪遺集（黄山書社一九九〇年版）。

二、全編以類編排，釐爲讀經一卷、讀子史一卷、論説一卷、奏劄二卷、議一卷、序二卷、書序題跋一卷、書牘四卷、贈送序一卷、傳一卷、紀事一卷、墓誌銘三卷、墓表二卷、碑碣一卷、記一卷、頌銘贊一卷、哀辭（並祭文）一卷、家訓一卷、家傳等一卷、雜文（並聞見録）一卷、詩賦一卷、讀書筆記一卷、史記評語一卷、評點柳文一卷，凡二十四類三十二卷。同一類中的編排以刻本先後爲序。

三、史記評語，内容皆爲評析史記文法、修辭之語，故列入文集。奏議，依四部分類，當入史部；按文從其集的習慣及前人刊定方苞文集的成例，仍入文集。

四、關於方苞文集的諸家序跋、著録等内容，統一置於全集附録卷中，故不再贅録。

因學力所限，整理過程中的不當之處，敬請各界批評指正。

諸偉奇

二〇一七年二月十二日

目録

方望溪文集全編卷二……………………（七五）

方望溪文集全編卷三……（一〇五）

方望溪文集全編卷六……（一八〇）

方望溪文集全編卷七……（一九六）

方望溪文集全編卷八

方望溪文集全編卷十…………（三一〇）

方望溪文集全編卷十一……（三五七）

方望溪文集全編卷十二……（四〇七）

方望溪文集全編卷十三……（四四六）

方望溪文集全編卷十四……………………………（四七四）

方望溪文集全編卷十五……（五一九）

方望溪文集全編卷十六……（五四七）

方望溪文集全編卷十七…………（五九四）

方望溪文集全編卷十八……（六四六）

方望溪文集全編卷十九……（六七八）

方望溪文集全編卷二十

方望溪文集全編卷二十二

方望溪文集全編卷二十三

方望溪文集全編卷二十五……（八七一）

方望溪文集全編卷二十六……（九〇一）

方望溪文集全編卷二十七……（九二四）

方望溪文集全編卷二十八……（九五〇）

方望溪文集全編卷三十……（九八九）

方望溪文集全編卷三十一……（一〇〇三）

方望溪文集全編卷三十二……（一〇一八）

方望溪文集全編卷一

讀經

讀古文尚書〔一〕

先儒以古文尚書辭氣不類今文，而疑其僞者多矣。抑思能僞爲是者，誰與？夫自周以來，著書而各自名家者，其人可指數也。言之近道，莫若荀子、董子。取二子之精言，而措諸伊訓、大甲、説命之間，弗肖也；而謂左丘明、司馬遷、揚雄能爲之與？而況其下焉者與？然則其辭氣不類今文何也？嘗觀史記所采尚書，於「肆覲東后」，則易之曰「遂見東方君長」；「太子朱啓明」，則曰「嗣子丹朱開明」；「有能奮庸熙帝之載」，則曰「有能成美堯之事者」，如此類，不可毛舉。因是疑古文易曉，必秦、漢間儒者得其書，苦其奥澀，而稍以顯易之辭更之，其大體則固經

〔一〕 本篇以下至記王巽功周公居東説，原爲望溪先生文集卷一。

之本文也。無逸之篇，今文也。試易其一二奧澀之語，則與古文二十五篇之辭氣，其有異乎？遷傳儒林曰：「孔氏有古文尚書，而安國以今文讀之，遂以起其家逸書。」而安國自序其書，謂「科斗書廢已久，時人無能知者。以所聞伏生之書，考論文義，定其可知者，增多二十五篇」。夫古文既不可知，僅就伏生之書以證而得之，則其本文缺漫及字體爲伏生之書所不具者，不得不稍爲增損，以足其辭，暢其指意。此增多二十五篇所以獨爲易曉，而與伏生之書異與？然則遷所云「以今文讀之」者，即余所謂以顯易之辭通其奧澀，而非謂以隸書傳之也。

讀大誥

昔朱子讀大誥，謂「周公當時欲以此聳動天下，而篇中大意，不過謂周家辛苦創業，後人不可不卒成之，且反覆歸之於卜，意思緩而不切，殊不可曉」。嗚呼！此聖人之心所以與天地相似，而無一言之過乎物也。蓋紂之罪，可列數以聳人聽，而武庚之罪則難爲言。所可言者，不過先王基業之不可棄，與吉卜既得，可徵天命之有歸而已。夫感人以誠不以僞，此二者，乃周人之實情，可與天下共白之者也。其於武庚，則直述其「鄙我周邦」之言，未嘗有一語文致其罪。其於友邦君，第動以「友伐厥子」之私義，而不敢謂大義當與周同仇也。非聖人而能言不過物如是與？

不惟此也，周初之書，惟牧誓爲不雜。武王數紂之罪，惟用婦言、棄祀事，而剖心、斮脛、焚炙、刳剔諸大惡弗及焉。至於「暴虐」、「姦宄」，則歸獄於「多罪逋逃」之臣。故讀牧誓而知聖人之心之敬，雖致天之罰，誓師聲罪，而辭有所不敢盡也。讀大誥而知聖人之心之公，審己之義，察人之情，壹稟於天理，而修辭必立其誠也。然大誥之書，自漢至宋千有餘年，讀書莫之或疑，至朱子而後得其間焉。是又治經者所宜取法也夫！

讀尚書記

書説之謬悠，莫如君奭篇序稱「召公不悦」，及周公代成王作誥而弟康叔。自唐以後，衆以爲疑，朱子出，其論始定；然折之以理，而未得其情也。

余既辨周官，正戴記，然後悟曰：是二者，亦劉歆之爲耳。蓋歆承莽意作明堂記，奏定「居攝踐阼」之儀，而戴記所傳無是也。故豫徵天下有逸禮、古書、周官文字者，令記説於廷中，以示明堂記所自出，不徒購其書，而徵其人使記説，利其無稽也。故前後至者，以千數。而又多爲之徵，於文王世子之篇竄焉。周末諸子言禮者，莫篤於荀卿；而網羅舊聞，莫先於史記。故於荀氏、司馬氏之書亦竄焉。奏稱「周公踐阼，而召公不悅」。所以探漢大臣之心而多爲之變以攜之也，而於記無可附，故於君奭之序竄焉，而並竄魯、燕世家以爲之徵。

莽改元，稱康誥「王若曰：朕其弟，小子封」，以爲周公受命稱王之文。則當是時，尚無篇首周公作洛，衆會之文也。使此文前具，則必引爲明證，而不徒虚爲之説矣。歆知其説爲天下所心非，故復竄此以設疑於後世爾。蓋是篇乃伏生之書，博士弟子所循誦也，若早竄焉，則衆譁然而辨其非矣。

蘇氏謂「康誥之首，乃洛誥錯簡，群儒因之」。亦非也。其地其時，實與多士篇應，而「見士於周」，義亦近焉。蓋五服之國各登其民治而貢士於周，故公因而告之。然大義無存焉，雖存而不論可也。

余憫漢、唐諸儒爲歆所蔽，使聖人之經受其誣，而記禮者及荀氏、司馬氏亦爲歆而受惡。故辨其所由然，使後有考焉。

讀尚書又記

西伯受命稱王，而斷虞芮之訟，及以是年改元。自歐陽氏辨其妄，群儒昭然若發矇矣，然特謂司馬氏、孔氏、毛氏之妄耳。書之傳，詩之序，自前世多疑其僞，惟史記爲完書。遷知六藝必折衷於孔子。文王「服事殷」，「武王未受命，周公成文、武之德」而「追王」，孔子之言甚著，而敢妄爲異説乎？

蓋莽既稱康誥，以爲周公居攝稱王之文。故復爲此，以示居攝稱王而復臣節者，周公也。受命稱王而不復爲人臣者，文王也。紂君天下數十年，西伯斷二國之訟，諸侯鄉之，遂以是年改元，制正朔。況孺子襁抱，劉崇、翟義滅，宗室王侯、公卿大夫、郡國吏士同心相推戴乎？緯書言：文王受命，有白魚負圖、赤雀銜書之瑞。亦莽受銅符、帛圖、金策，據以即真之符驗也。詩、書之文，曰「文王受命惟中身」，謂繼世而爲諸侯也；曰「文王受命，有此武功」，謂受命爲西伯而專征伐也。以受命爲稱王，自史記始，而後爲書傳、詩序者因之耳。史記宣、成間始少出而未顯，今所傳，乃歆所校録，而可據爲信乎？周本紀「詩人蓋道西伯，蓋受命之年稱王」，至「王瑞自太王興」，不獨與論語、中庸顯背，繩以文義，亦多駢旁枝。削之，前後語意正相承無間。朱子謂「史記之妄，歐陽氏所辨明矣。『惟九年，大統未集』，實爲痕瑕」。嗚呼！武成之篇，古文也。古文尚書、毛詩，皆自歆發。歆爲三統曆，考上世帝王，以爲文王受命九年而崩。則武成及周本紀之文，爲歆所增竄，尚何疑乎？嗚呼！歆之徧竄群書，以曲爲彌縫，乃其姦之所以卒發於後世與！

讀君牙冏命呂刑文侯之命費誓秦誓

尚書自畢命以下，所存六篇，先儒多未達其義。余嘗考之，費誓，則事可傳也；君牙、冏命、秦誓，則言不可廢也；呂刑、文侯之命，則事不可没也。三代之刑典，至穆王而始變；文、武之舊都，至平王而終棄：可無志乎？呂刑之言，雖或不可廢，而孔子録之，則非以其言也。觀文侯之命，無一言之當物而弗删，則以著事變而非有取於其辭義審矣。

司馬遷作史記，於費誓具詳焉，於秦誓删取焉，而文侯之命則没之，蓋以其言無足存，而不知事不可没也。用此觀之，聖人删述之義，群賢莫之能贊，豈獨春秋之筆削哉？

書存文侯之命，而宣王中興，用賢討叛，事列正雅者，其誓、誥、策、命之文，無一見焉。先儒以謂亡於幽王之亂，而余竊意所亡者，不惟宣王之書，自君牙以下六篇，皆孔子摭拾於亂亡之餘，非得之周室之史記也。

自唐、虞、夏、商，非關一代廢興之故，不以列於書。故周書自畢命以前，皆造周毖殷、保世靖民之大政也。若專取辭意之善，則成、康之際，周、召共政，史逸作册，其命官之辭，遠過於君牙、冏命者必多矣。孔子乃舍彼而取此，義安處與？用此，知康王以前，策、命之大者，已與誓、誥並列於學官，而立爲四術，其餘内史所藏，孔子蓋未之見也。呂刑則布在四方，而有司籍之。

若魯若晉若秦之書，則其國傳之。君牙、冏命，則其家守之。子嘗學禮，而病杞、宋之無徵。故於周書，惜其僅有存者，而録之以垂法戒焉耳。使得諸周内史所藏，則豈宜闊希而不類如此哉？使内史之籍尚存，而孔子未之見，亦不宜竟以君牙以下六篇續備有周一代之書，而定以百篇之數。

抑觀君牙、冏命、秦誓，而又以歎世變之亟焉。文、武之政刑，皆變亂於穆王，而讀其書，彬彬乎去成、康不遠也。秦穆悔過思賢之言，可法於後世，而力逞其忿，以遂前愆，言與行顯背，而謂可塗民之耳目。夏、殷之末造，未嘗有是也。二帝、三王純一忠敬之風，其尚可復也哉？此又序書之隱義也。

讀二南

二南之序曰：「繫之周公，繫之召公。」余少受詩，反覆焉而不得於心。及觀朱子集傳云：「得之國中，而雜以南國之詩，謂之周南。得之南國者，直謂之召南。」然後心愜焉，而漢廣、汝墳所以獨列於周南，則其義未之前聞也。

夫周道興於西北，自北而南，地相直者，正江、漢也。風教遠烝於此，則周之西南，沿漢與江、庸、蜀、羌、髳、微、盧、彭、濮之怙冒，舉諸此矣。至於汝墳，則又自西而益東，自南而漸北，殷商國畿而外，皆周之宇下，所謂三分天下有其二也。且其辭義，以視召南諸篇，亦瑩然而出其類。方是時，被化之國，其上之風教，雖能應於關雎、麟趾，而下之禮俗，猶未盡淳。觀漢廣之愛慕流連，而知其不可求，則與行露、野有死麕悄乎其有懼心者異矣。草蟲、殷雷自言其傷而已耳，汝墳則憂在王室，而勉其君子，於文王以服事殷之心，若或喻之。録此二詩，而被化之先後，疆略之廣輪，觀感之淺深，一一可辨矣。十三國之風，其篇次列於周大師，或孔子更定，所不敢知；而二詩之在周南，則爲周公所手訂，決也。

惟何彼襛矣，其作於鎬、洛？若齊人爲之，皆不宜以入召南。豈秦火之後，詩多得之諷誦，漢之經師失其傳，而漫以附焉者與？

讀行露

行露之詩，世儒多引韓詩及劉向列女傳，以謂申人之女，許嫁於酆，夫家不備禮而欲迎之，雖致獄訟，女終不行。誣矣哉！嬰與向胡爲而傳此乎？蓋此詩既女子所自作，則失怙恃，且無兄弟之依可知矣。曰許嫁，則許之者，必父兄也。遭家之變，莫爲之主，雖自歸於舅姑，不得謂非義，况其夫就而迎之乎？既有獄訟，以召伯之明，則必開以大義，而官爲之配矣。其詩曰：

「誰謂汝無家？」信如所傳，是故有室家之約也。以一禮未備，而終不肯行，則將轉而之他乎？此害義傷教，不近於人情，而可列正始之風，以爲教於閨門、鄉黨、邦國與？婴、向之蔽，良由未達於「室家不足」之云，而以辭害義。不知設詐以求偶，即此已不足爲人夫，此貞女所以疾之深而拒之決也。

以朱子之勤經，豈其未見婴、向之書？蓋嚴而斥之，以無溷後人；而群儒乃援集傳「禮或未備」一語，以曲證其誣辭，不亦悖乎！

讀邶鄘至曹檜十一國風

漢、唐諸儒於變風，傅會時代，各有主名，以入於美刺。朱子既明辨之，而世儒猶曉曉。蓋謂一國之詩，數百年之久，所存必政教之尤大者，閭閻叢細之事，男女猥鄙之情，即間録以垂戒，不宜其多乃至於此，而不知删詩之指要，即於是焉存。蓋古者，自公卿至於列士，職以詩獻，而衰世之臣，孰是如大雅之舊人家父、凡伯者乎？故淇澳、緇衣而外，士大夫憂時閔己之詩，所存無幾，而叢細猥鄙之辭，則無一或遺。蓋民俗之真，國政之變，數百年後廢興存亡昏明之由，皆於是可辨焉。

稽之春秋，中原建國，兵禍結連，莫劇於陳，鄭、衛次之，宋又次之，而淫詩惟三國爲多。樂記雖云「宋音、燕女溺志」，然特論其音，且燕女非必淫奔也。以此知天惡淫人，不惟其君以此敗國亡身殄嗣；其民夫婦男女亦死亡危急，焦然無寧歲也。而淫詩之多寡，實與兵禍之疏數相符，則删詩之指要，居可知矣。

齊、晉、秦三國最强，而兩國無淫詩。齊襄災及其身，崔杼弒君，陳氏竊國，皆由女禍。故齊詩終於猗嗟、載馳、敝笱，始於雞鳴。秦之亡，以親奄幸，疾師儒。故秦詩始於車鄰、駟鐵，終於「夏屋」。唐俗勤儉，固其所以興也。然纖嗇筋力，則艷以利而易動。故其後趙盾、欒書皆爲國人所附，而晉卒分於三族，乃桓叔、武公爲之嚆矢耳。國以此始，亦必以終。茲非其明鑑與？若魏，若曹，若檜，國小而鄰逼，故君民同憂，未敢淫逞，而君少偷惰，臣或貪愚，則國非其國矣。總而計之：邶、鄘無徵，魏、檜早滅，衛、鄭以下七國之亡徵，並於所存之詩見之。非聖人知周萬物，而百世莫之能違，其孰能與於此？

然則鄭之亡轉後於陳，而衛之亡又後於宋，何也？鄭之淫風盛於下，而未及其上。衛有康叔、武公之遺德，雖至季世，猶多君子。國於天地，必有與立，或同始而異終，或將傾而復植，豈可以一端盡哉！以是知天命無常，國之興亡，一以人事爲準也。

讀邶鄘魏檜四國風

魏、檜之詩，皆作於未并於晉、鄭之先，其辭其事，可按而知也。晉自桓叔以後，陰謀布德，以收晉民，而魏偪介焉。所任非人，賢者思隱，吏競於貪。此君子所以歎心憂之誰知，而小人則已望樂郊而思適也。檜風之作，蓋在厲王之世，有識者憂宗周之殞，爲將及焉。此萇楚、匪風所以作也。群儒乃以比於邶、鄘，謂所言皆晉、鄭之事，而朱子亦承用焉。集傳謂魏詩爲晉作，檜詩爲鄭作。並引蘇氏檜詩之説，必出自他人，朱子誤記爲子由耳。夫晉至武、獻，思啓封疆，方欲用其民而撫輯之，豈復有碩鼠之號？而檜并於鄭，在東遷以後，武、莊强盛，王室再造，大難已夷，又何風駭車傾之懼乎？

邶、鄘舊國之詩，無一存焉，何也？以諸國之風，比類以求其義，必其君有大美大惡，民心以動，國俗以移，而後風謡作焉。魯、宋望國，歷年久長，而詩無風；況蕞爾之邶、鄘，立國又日淺哉！魯、宋之君，有簒弑而無淫昏，簒弑之惡，宜載於册書，而國之臣民，則不忍作詩以刺也。其俗由舊而無大改更，故無風之可陳。觀魯爲吴公子札所歌風詩止十五篇，可知。孟子説詩，必以意逆志，而又在於論其世，其此類也與！

讀王風

世儒謂「讀王風而知周之不再興」，非深於詩者之言也。方是時，上之政教雖傎，而下之禮俗未改。其君子抱義而懷仁，其細民畏法而守分。以道興周，蓋視變魯、變齊而尤易焉。

黍離、兔爰，憂時閔俗，百世以下，猶使人悱惻而流連。大車檻檻，師都猶能正其治也。君子陽陽，匿迹下僚，而不改其樂也。采葛憂良臣之見讒，丘中懼賢者之伏隱。觀其朝，有若榮公、皇父、師尹之敗類者乎？君子於役發乎情、止乎禮義者，無論矣。葛藟悲無兄弟，則宗子收族、大功同財之淳風猶未泯也。戍者懷其室家，而於君長無怨言。思奔之女自誓於所私，按其辭意，亦未嘗心非其大夫。觀其民，有若晉國之誣於欒氏，齊、魯之隱民心歸於陳、季者乎？十篇之中，淫志溺志、敖辟煩促之音，無一有焉。

蓋自周公師保萬民，君陳、畢公繼治於伊、洛，自上以下，莫不漸於教澤，愜於德心，而知禮義之大閑。故降至春秋，篡弑攘奪，接迹於諸夏之邦，而王室則無之，以衆心之不可摇奪也。子頹、子帶、子朝之亂，國民鄉順，官師守常，故侯、伯、公、卿倚是以定謀，而亂賊皆應時誅討。使當是時，上有宣王，下有方、召，則其興也勃矣，況能託國於周、孔乎？

然孔子志在東周，其於齊、衛之君猶瞻瞻焉，而適周，則未嘗一自通於共主及二三執政，何也？蓋周之政在世卿久矣。以羈旅之士，一旦奉社稷以從，非聖如湯、文，安能蹈此？此必得大國而用之，踐桓、文之迹，然後能成周、召之功，此孔子之志事也。世儒以周不能興，遂謂王風氣象薾然，不可振起，是所謂見其影而不見其形者也。孟子言誦詩、讀書，道在知人論世，而自道其學曰「知言」，有以也夫！

讀齊風

余少讀著，疑與鄭之丰、衛之桑中爲類，而非譏不親迎；親迎之禮，壻本御輪三周，先俟於門外；且跬步之頃，而三易其瑱，不惟無此禮數，亦非事之情。及少長，見班固地理志，然後得其徵。蓋此女所奔者，非一人。東方之日，則奔之者非一女也。齊自襄公鳥獸行，下令國中：長女不得嫁，爲家主祠，名曰巫兒。至東漢之初，俗猶未改。故當其時，奔者亦若無怍於父兄；受其奔者，亦可無憎於里黨。蓋惟聽其奔，然後可以安人情、別天屬也。顯言而公傳道之。是以鄭、衛之詩，按其辭，可知爲淫奔；而著與東方，其事其辭，與夫婦之唱隨者，幾無辨也。

國語稱襄公「田、狩、畢、弋，不聽國政，而惟女是崇」，則還與盧令亦同時所作耳。齊之立國能强，由其民習於武節，而其後簒弑竊國之釁，皆由女寵。其詩十一篇：一爲遊田，五爲男女之亂，而冠以古賢妃之警其君。蓋齊之所以始終者，具此矣。孔子删詩，事有細而不遺，辭有污而不削，以是乃廢興存亡之所自也。非然，則鄭、衛、齊、陳之淫聲、慢聲，胡爲而與雅頌並立與？

書周頌清廟詩後

舊説：此周公既成洛邑而朝諸侯，率之以祀文王之樂歌。蓋以四時祫祭皆於太廟，無獨祀文王之禮，然武王革殷之後，洛邑未作之前，不宜竟無祀文王之樂歌。尚書武成：「王來自商，至於豐。」則「邦甸侯衛，駿奔走，執豆籩」，尚在五廟中之稷廟。及武王遷鎬，乃立天子之七廟；而周公於是時特起大義，立廟於豐，獨祀文王。成王作洛，至於豐而發命，則豐廟作於遷鎬之初可知。凡爵命公、侯、卿、大夫，皆於豐廟。康王命畢公保釐東郊，則步自周至於豐；江漢之詩，召虎錫命，「告於文人」是也。

蓋祫祭先公、先王於后稷之廟，率諸侯以致孝享宜也。爵命當世之公、侯、卿、大夫，而臨以上古之侯伯，則義有未安。鎬京雖有文王之廟，然后稷及先公、先王皆式臨焉，而獨受命於文王之廟，非文王之心之所安也。郊祀后稷，而别立明堂以宗祀文王，亦此義也。

然則「載見辟王」，何以有獨祀武王之詩？曰：此其事與文王異，是乃成王免喪，初遇吉祭，奉武王之主以入王季之廟而特祀焉，儀禮所稱吉祭猶未配，謂此也。蓋事應祧之祖之終不可缺一時祭，故必祫於太廟，奉祧主以藏夾室，然後特祀新主於所入之廟。文王，侯伯也，吉祭於廟，不宜有樂歌。成、康以降，後王皆有吉祭，而不爲樂歌。古人事君親，要於誠信，不敢溢言虛美，以滋天下後世之口實也。

又書清廟詩後

或謂：「武成『丁未祀於周廟』，天子諸侯之出，歸告於祖禰之正禮也。即事者，惟邦甸侯衛耳。『越三日庚戌，柴望，大告武成。』告至於前，所告者之正禮也。以順天革命，故特舉柴望耳。『既生魄，庶邦冢君暨百工，受命於周。』乃庶邦君臣受命於周之始。古者爵命必於祭，安知非此時特祭於文王之廟而作是詩也？」然方是時，先公、先王之樂歌未作，不宜先薦文王之詩；五廟之舊制未更，樂章不宜首舉清廟爲義。且朱子既據孔疏所推日曆，而升「既生魄」三語於「丁未」之前，則未知孰爲定論也。

或謂：「據戴記：『天子犆礿，祫禘，祫嘗，祫烝。』則時祭亦有犆，安知此詩非用於犆祭時乎？」不知以禘爲時祭，乃漢儒約春秋所書魯禘，傅會而爲之説，前儒之辨明矣。雖夏、殷之世，禮文質略，事亦難舉，至周則前期卜日，卜尸，「散齋七日，致齋三日」。使日祭一廟，祭之明日，繹而賓尸；自致齋以至終事，兼旬中無一日之閒，人力則實不能勝，國事則一切廢置，加以天地、社稷、山川、百神之事，六服、群辟、朝聘、會同之政，日不暇給矣。用此知時祭必無禎，而凡祀文王之樂歌，皆始作豐廟時所薦也。

讀周官

嗚呼！世儒之疑周官爲僞者，豈不甚蔽矣哉！中庸所謂盡人物之性，以贊天地之化育者，於是書具之矣。蓋惟公達於人事之始終，故所以教之、養之、任之、治之之道，無不盡也。惟公明於萬物之分數，故所以生之、取之、聚之、散之之道，無不盡也。運天下猶一身，視四海如奥阼，非聖人而能爲此乎？

然自漢何休、宋歐陽修、胡宏皆疑爲僞作。蓋休耳熟於新莽之亂，而修與宏近見夫熙寧之弊，故疑是書晚出，本非聖人之法，而不足以經世也。莽之事不足論矣，熙寧君臣所附會以爲新法者，察其本謀，蓋用爲富强之術，以視公之依乎天理，以盡人物之性者，其根源較然異矣。就其善者，莫如保甲之法；然田不井授，民無定居，而責以相保相受，有辠奇衺相及，則已利害分半，而不能無拂乎人情矣。修與宏不能明辨安石所行，本非周官之法，而乃疑是書爲僞，是猶懲覆顛而廢輿馬也。

是書之出，千七百年矣。假而戰國、秦、漢之人能僞作，則冬官之缺，後之文儒有能補之者乎？不惟一官之全，小司馬之缺，有能依仿四官之意，以補之者乎？其所以不能補者，何也？則事之理有未達，而物之分有未明也。

嗚呼！三王致治之迹，其規模可見者，獨有是書。世變雖殊，其經綸天下之大體，卒不可易也。若修與宏者，皆世所稱顯學之儒，而智不足以及此，尚安望爲治者篤信而見諸行事哉？必此之疑，則惟安於苟道而已，此余所以尤痛疾乎後儒之浮説也。

周官辨僞一

凡疑周官爲僞作者，非道聽塗説而未嘗一用其心，即粗用其心而未能究乎事理之實者也。然其間決不可信者，實有數事焉：周官九職貢物之外，別無所取於民，而載師職則曰：「近郊十一，遠郊二十而三，甸、稍、縣、都皆無過十二。」市官所掌，惟廛布與罰布，而廛人之紋布、總布、質布，別增其三。夏、秋二官毆疫、禬蠱、攻貍蠹、去妖鳥、毆水蟲，所以除民害，安物生，肅禮事也。而以戈擊壙，以矢射神，以書方厭鳥，以牡橭、象齒殺神，則荒誕而不經。若是者，揆之於理則不宜，驗之於人心之同然則不順，而經有是文何也？則莽與歆所竄入也。

蓋莽誦六藝，以文姦言，而浚民之政，皆託於周官。其未篡也，既以「公田口井」布令，故既篡下書，不能遽變十一之說，而謂漢法名三十稅一，實十稅五，則其意居可知矣。故歆承其意而增竄閭師之文，以示周官之田賦本不止於十一也。莽立山澤、六筦、榷酒、鑄器，稅衆物以窮工商，故歆增竄廛人之文，以示周官征布之目本如是其多也。莽好厭勝，妖妄愚誣，爲天下詘笑，故歆增竄方相、壺涿、硩蔟、庭氏之文，以示聖人之法固如是其多怪變也。夫歆頌莽之功，既曰「發得周禮，以明因監」，而公孫禄數歆之罪，又曰「顛倒五經，使學士疑惑」，則此數事者，乃莽與歆所竄入決矣。然猶幸數事之外，五官具完，聖人制作之意，昭如日星，其所僞託，按以經之本文，而白黑可辨也。

古者公田爲居，井竈場圃取具焉，國賦所入，實八十畝；孟子及春秋傳所謂十一，乃總計公私田數以爲言，若周之賦法，不過歲入公田之穀，并無所謂十一之名也，又安從有「二十而三」與「十二」之道哉？閭師之法通乎天下，又安有近郊、遠郊、甸、稍、縣、都之别哉？載師職所以特舉國宅、園廛、漆林，以田賦之外，地征惟此三者耳。今去「近郊十一」至「無過十二」之文，而載師職固辭備而義完矣。周官之田賦，更無可疑者矣。

周之先世關市無征，及公制六典，商則門征其貨，賈則關市征其廛，蓋以有職則宜有貢，又懼所獲過贏，而民爭逐末耳。肆長之斂總布，蓋總一肆買賒官物所入之布而斂之，非別有是征也。若質布則本職無是，絘布則通經無是也。今去「絘布、質布、總布」之文，而廛人職固辭備而義完矣。周官之市征，更無可疑者矣。

方相氏之索室毆疫也，庭氏之射妖鳥也，硩蔟氏之覆妖鳥之巢也，乃聖人明於幽明之故而善除民惑也。害氣時作，妖鳥夜鳴，人之所忌，其氣燄足以召疾殃。故立爲經常之法，俾王官帥衆而毆之，引弓而射之，則民志定，其氣揚而夭厲自息矣。夫疫可毆也，而「蒙熊皮，黃金四目」，與莽之遺使「負鷩」、「持幢」何異乎？卜得吉兆以安先王之體魄，而「入壙，戈擊四隅，以毆方良」，與莽之令「武士入高廟，拔劍四面提擊」何異乎？妖鳥之巢可覆也，而以方書日月星辰之號懸其巢，妖鳥之有形者可射也，不見其形而射其方，猶有説也；神之降，不以德承焉，不以其物享焉，而射之可乎？水蟲之怪可毆也，而其神可殺乎？神無形而有死，神死而淵可爲陵，其誑燿天下，與莽之「鑄威斗」、「鐫銅人膺文」、「桃湯、赭鞭，鞭灑屋壁」，異事而同情。今於方相氏去「蒙熊皮，黃金四目」及「大喪」以下之文，於硩蔟氏去「以方書」下之文，覆其巢則鳥自去矣。以方書懸巢上，是不覆其巢也，與上文顯背。於壺涿氏去「若欲殺其神」以下之文，於庭氏去「若神也」以下之文，則四職固辭備而義完矣。其他更無可疑者矣。凡世儒所疑於周官者，切究其義，皆聖人運用天理之實。惟此數事，揆以制作之意，顯然可辨其非真，而於莽事，則皆若爲之前轍而開其端兆，然則非歆之竄入而誰乎？

昔程子出大學、中庸於戴記，數百年以來莫有異議。朱子斥詩小序，雖有妄者欲復開其喙，而信從者稀矣。惜乎！是經之大體，二子斷爲非聖人不能作，而此數事未得爲二子所薙芟也。雖然，理者，天下之公也；心者，百世所同也。然則姑存吾説，以俟後之君子，其可哉。

周官辨僞二

媒氏：「仲春之月，大會男女，奔者不禁。」近或爲之説曰：「是乃聖人之所以止佚淫而消鬭辯也。每見甿庶之家，嫠者改適，猜釁叢生，變詐百出，由是而成獄訟者十四三焉。豈若天子之吏以時會之，而聽其相從於有司之前，可以稱年材，使各得其分願哉！管子治齊，以掌媒合獨，猶師其意，則斯乃民治之所宜也審矣。」嗚呼！管子生政散民流之後，而姑爲一切之法，是不可知，若成周之世，則安用此哉？自文王后妃之躬化，遠蒸江、漢，至周公作洛，道洽政行，民知秉禮而度義也久矣。又況周官之法：冠昏之禮事，黨正教之；比户之女功，酇長稽之。凡民之有衺惡者，雖未麗於法，而已「坐諸嘉石，役諸司空」，任諸州里，尚何怨曠陰私暴詐之敢作哉？管子合獨之政，乃取鰥寡而官配之，若會焉而聽其自奔，則雖亂國污吏能布此爲憲令乎？蓋莽之法：私鑄者伍坐。没入爲官奴婢，傳詣鍾官者，以十萬數，至則易其夫婦，民人駭痛。故歆增竄媒氏之文，以示周官之法官會男女而聽其相奔，則以罪没而易其夫婦，猶未爲已甚也。莽之母死而不欲爲之服，歆與博士獻議：「周禮：主爲諸侯緦衰，弁而加環絰，同姓則麻，異姓則葛。」今周禮司服無「弁而加環絰」三語，則媒氏之文爲歆所增竄也決矣。按：莽欲九錫，則增易左傳謂周公「越九錫之檢」；莽欲稱假皇帝，則云：書逸嘉禾篇「周公奉鬯立於阼階，延登，贊曰：假王莅政，勤和天下」。其僞構經文，皆歆爲之謀主也。又以文義覈之，於「奔者不禁」下，承以「無故而不用令者罰之」，則所謂不用令，未知其何指也？既曰「大會男女」，又曰「司男女之無夫家者而會之」，重見贅設，失言之序。必削去「仲春之月」以下三十七字，然後媒氏之文與義皆完善。

嗚呼！聖人之法，所以循天理而達之也。聖人之經，所以傳天心而播之也。乃爲悖理逆天之語所混淆，至於二千餘年而不可辨，則歆誠萬世之罪人也。余嘗病班史於莽之亂政姦言，纖悉不遺，於義爲疏，於文爲贅，然周官之爲歆所僞亂者，乃賴班史而備得其徵。豈非聖人之經，天心不欲其終晦，而既蝕復明，固有數存乎其間邪！或曰：「歆於司服職轉不竄入三語，何也？」蓋他職所增，皆怪變不經，故必竄入，以惑人聽。司服職則本有「爲諸侯緦衰」及「其首服皆弁絰」之語，而「弁而加環絰，同姓則麻，異姓則葛」，乃禮家之常談，衆共知之。歆之姦心，以周官雖藏册府，而恐吏民或私有其書，故以莽之亂政竄入諸官，須示天下，而於已所獻議，禮家之常談，轉不竄入；使人疑古書之傳有同異，以比於易、詩、書之文引用或有增損者。正所謂「顛倒五經，使學士疑惑」也。

書周官大司馬四時田法後

聖人之政，盡萬物之理而不過者，不惟其大，惟其細。聖人之文，盡萬事之情而無遺者，不以其詳，以其略。周公五官之典皆然，而大司馬四時田法，尤其顯著者也。蓋觀春與秋，而知冬夏之田，王及諸侯皆不與焉。春著王與諸侯所執之鼓，秋著所載之旗，冬夏則特標群吏。盛暑隆寒，不宜以武事煩尊者，學士冬夏不習舞，亦此義。且官徒殷則勞費大也。觀虞人所萊之野，樹表者三百五十步，則圍禁前後之屯百步，而知鄉遂、公邑、都家之車徒皆前期各習於其地，而赴禁圍者無幾焉。鄉師前期出田法於州里，大司馬前期命修戰法，茇舍，治兵，所辨號名旗物，纖以內毋漏焉，則前期而備教之可知矣。使偏陳於禁圍，則一鄉一遂之車徒有不能容矣，此所以事習而民不煩也。「魯人大蒐，自根牟至於商衛，革車千乘。」殆其遺教與？

戰法、田法之詳，至冬狩始見者，雖各修於其地，然必待築場納稼之後，乃可偏簡車徒，稽人畜、旗物、軍器，行於三時，則奪農功而無地以陳車馬。辨夜事於仲夏者，人可露處而衣裝約也。

於「茇舍」特舉「辨軍之夜事」，則知「以教坐作、進退、疾徐、疏數之節」，通乎三時矣。於夏舉勺，於冬舉烝，則祠嘗視此矣。於春舉社，則秋報可知矣。於秋舉方，則春祈可知矣。小雅「以社以方」，疏謂皆秋報也。大雅「方社不暮」，承祈年之後，必春祈也。呂氏、月令所述多周制，「孟春，命祀山林川澤」，邦畿四面皆有之，月令於春末及方祭，疑即方也。「仲春，命民社」，二者正次祈穀之後，可與大雅相證。於秋冬曰致禽，則春夏獻禽之約可知矣。於冬特舉饁獸，則秋猶未敢備取，而不足以供四郊之饁可知矣。

田法、戰法，冬詳其目而春舉其綱：仲冬大閱，「司馬建旗於後表之中」至「不用命者斬之」，即春蒐「以旗致民，平列陳，如戰之陳」也。「中軍以鼙令鼓」至「鳴鐃且却，坐作如初」，即春蒐所「教坐作、進退、疾徐、疏數之節」也。「以旌爲左右和之門」至「車徒皆譟」，即春蒐「表貉，誓民，鼓，遂圍禁」也。「前期修戰法」，四時所同，而於冬乃出之，則三時專辨其一，而大閱備舉其全具見矣。使以晚周、秦、漢人籍之，則倍其文尚不足以詳其事，經則略舉互備，括盡而無遺，是之謂聖人之文也。

讀儀禮

儀禮志繁而辭簡，義曲而體直，微周公手定，亦周人最初之文也。然其制惟施於成周爲宜。

蓋自二帝、三王彰道教以明民，凡仁義忠敬之大體，雖甿隸曉然於心，故層累而精其義，密其文，用以磨礲德性而起教於微眇，使之益深於人道焉耳。後世淳澆樸散，縱性情而安恣睢，其於人道之大防，且陰決顯潰而不能自禁矣。乃使戔戔於登降進反之儀，服物采色之辨，而相較於微忽之間，不亦末乎？吾知周公而生秦、漢以降，其用此必有變通矣。獨是三代之治象，與聖人彷徨周浹之意，可就其節文數度省想而得之。故昌黎韓子讀此，惜不得進退揖讓於其間。然其辭以類相從，其義以合而見，而韓子乃分剟而別著爲篇，則非吾之所能知矣。

書考定儀禮喪服後

余少讀儀禮喪服傳，即疑非卜氏所手訂，乃一再傳後門人記述而間雜以己意者；而於經文，則未敢置疑焉。惟尊同者不降，時憯然不得於余心。乃試取傳之云爾者剟而去之，而傳之文無復舛複支離而不可通曉者；更取經之云爾者剟而去之，而經之義無不即乎人心；然後知是亦歆所增竄也。蓋喪服之有厭降，見於子思、孟子之書，惟尊同不降，則秦、周以前載籍更無及此者。而於莽之過禮竭情以侍鳳疾，及稱供養太皇太后，義不得服功顯君事尤切近，故假是以爲比類焉。

嗚呼！先王制禮，有迹若相違而理歸於一者，以物之則各異，而所以爲則者，無不同也。尊同而不降，物之則無是也，曾是可厚誣先聖而終蔽人心之同然者乎？夫莽誦六藝，以文姦言，其於易、春秋間有稱引，皆自爲之説而謬其指；書之傳、詩之序雖有假託，而經文則未嘗增易焉。然則公孫禄所謂「顛倒五經，使學士疑惑」者，喪服經、傳之文尤顯見於當時，而爲老師宿儒所指斥者歟？時周官始出，戴記尚未列於學官。

讀孟子

余讀儀禮，嘗以謂雖周公生秦、漢以後，用此必有變通；及觀孟子，乃益信爲誠然。孟子之言養民也，曰制田里、教樹畜而已；其教民則「謹庠序之教，申之以孝弟之義」，凡昔之聖人所爲深微詳密者無及焉。豈不知其美善哉，誠勢有所不暇也。然由其道層累而精之，則終亦可以至焉。

其言性也亦然，所謂踐形養氣，事天立命，間一及之，而數舉以示人者，則無放其良心以自異於禽獸而已。既揭五性，復開以四端，使知其實不越乎事親從兄，而擴而充之，則自「無欲害人」、「無爲穿窬之心」始。蓋其憂世者深，而拯其陷溺也迫，皆昔之聖人所未發之覆也。

嗚呼！周公之治教備矣，然非因唐、虞、夏、殷之禮俗層累而精之，不能用也；而孟子之言，則更亂世，承污俗，旋舉而立有效焉。有宋諸儒之興，所以治其心性者，信微且密矣，然非士君子莫能喻也；而孟子之言，則雖婦人小子，一旦反之於心而可信爲誠然。然則自事其心與治天下國家者，一以孟子之言爲始事可也。

辨明堂位

明堂位列戴記，先儒以爲誣，舊矣，而余尤疑是篇不知何爲而作也。謂周人記之，則於明堂方位度數、朝會禮儀宜詳；謂魯人自侈大，則宜先周公勳勞、法則以及山川、土田、附庸、殷民、周索、命誥、典册，而無一具焉。至魯君臣相弑，三傳無異辭，初誦經書者皆識焉。記者能詳四代之服、器、官而獨昧於此，豈不異哉？及讀前漢書，然後知此莽之意，而爲之者，劉歆之徒耳。

莽之篡，無事不託於周公：其居攝也，群臣上奏，稱明堂位以定其儀。故記所稱，莫不與莽事相應。其稱「周公踐天子之位以治天下，朝諸侯於明堂」，以莽踐阼，背斧依，南面朝群臣也。賊臣受九錫以爲篡徵，自莽始。故備舉魯所受服、器、官，以爲是猶行古之道耳。其稱魯君臣未嘗相弑，又以示傳聞不可盡信，若將爲平帝之弑設疑也。其篇首曰：「昔者周公朝諸侯於明堂之位，天子負斧依，南鄉而立。」易周公以天子，與當日群臣所奏「周公始攝，則居天子之位，非乃六年然後踐阼」，隱相證也。莽贊稱假皇帝，則奏稱書逸嘉禾篇「周公奉鬯立於阼階，延登，贊曰：假王莅政，勤和天下」。書既逸矣，云云者，誰實爲之？又況漫無所稽之雜記哉？

或疑「周公踐阼，倍依以朝諸侯」，別見史記魯、燕世家，而荀卿儒效篇亦曰「以枝代主」，疑明堂記或有所授。不知古用簡册，秘府而外，藏書甚希。太史公書，宣、成間始少出。自向校遺書，歆卒父業，以序七略，東漢宗之。凡後世子、史之傳，皆歆所校録也。歆既僞作明堂記，獨不能增竄太史公、荀子之文哉？詩、書而外，周人之書成體而不雜者，莫如左氏春秋傳；史克之頌，祝鮀之言，於魯先世事詳矣，無一語及此，而悖亂之説，皆見於歆以後始顯之書，則歆實僞亂增竄以文莽之姦也決矣。

嘗考魯世家削去「成王臨朝」至「匑匑如畏然」，燕世家削去「成王既幼」至「召公乃説」，前後文義，脗合無間。而周本紀所謂「周公攝行政當國」，與尚書「位冢宰正百工」義正相符，是則劉歆之徒所未及改更而尚存其舊者。且金縢乃伏生之書，始出即列於學官，稱「王與大夫盡弁」。又云：「公爲詩以貽主，而王亦未敢誚公。」則年非甚少，斷可識矣。以是觀之，凡言成王幼者，皆莽、歆之誣妄也。蓋欲言周公踐阼，則不得不言成王幼不能踐阼耳。昔韓子論學，首在別古書之正僞。取其正者以相參伍而得其會通，則昭昭然如分黑白矣。

書考定文王世子後

余少讀世子記，怪其語多複沓枝贅；既長，益辨周公踐阼之誣，武王夢帝與九齡之妄，而未有以黜之。及觀前漢書王莽居攝，群臣獻議，稱明堂位周公踐阼以具其儀，然後知是篇誣妄語，亦當時所增竄也。是篇所記，教世子之禮也，而稱成王不能莅阼者再，周公踐阼者三。成王幼而孤，無由習世子之禮，非闕不能踐阼也。周公抗世子之法於伯禽，豈必踐阼而後法可抗哉？其强而附之，增竄之迹，隱然可尋。莽將即真，稱天公使者見夢於亭長曰：「攝皇帝當爲真。」故僞附此記，以示年齒命於天，而夢中得以相與。昔周文、武實見此兆，則亭長之夢，信乎其有徵矣。

嘗考周官顯悖於聖道者，實有數端，而察之莫不與莽事相應。故公孫禄謂歆「顛倒五經，使學士疑惑，其罪當誅」。意當其時，老師宿儒，必具見周官、禮記本文，而憤其僞亂，故禄亦疾焉。余於周官之不類者，既辨而削之，乃并芟薙是篇，稍移其節次，而發其所以然之義。孟子曰：「予豈好辨哉？予不得已也。」之數者，乃禮義之大閑，自前世或疑而未決，或習而不知其非，故不自揆，刊而正之，以俟後之君子。

莽之亂政，皆託於周官，而僭端逆節，一徵以禮記。其引他經，特遷其説，謬其指，而未敢易其本文。其受九錫奏稱：謹以六藝通義，經文所見，周官、禮記宜於今者，爲九命之錫。蓋他經則遷就其義，而周官、禮記則增竄其文之徵也。蓋武帝時，五經雖並列於學官，而易、詩、書、春秋傳誦者多，故説可遷，指可謬，其本文不可得而易也。儀禮孤學，自高堂生而外，學者徒習其容而不能通其義，故於喪服微竄經文，附以傳語。至戴記則後出而未顯，周官自莽與歆發，故恣爲僞亂。然恐海内學士或間見周官之書，而傳儀禮、戴記者能辨其所增竄，故特徵天下有逸禮、古書、毛詩、周官、爾雅、天文、圖讖、鍾律、月令、史篇文字者，並詣公車，至者以千數。皆令記説廷中，而又使歆卒父業，典校群書而頒布之。使前見周官、儀禮、戴記之本文者，亦謂歆所增竄，雜出於廷中記説，而疑古書所傳，或有同異。其巧自蓋者，可謂曲備矣。

自班固志藝文，壹以歆所定七略爲宗，雖好古之士無所據以別其真僞，而每至歆所增竄，則鮮不以爲疑。蓋書可僞亂，而此理之在人心者不可蔽也。

戴氏所述禮記，無明堂位，至東漢之初，馬融始入焉。其爲歆所僞作，無可疑者。而此記所稱周公踐阼及他誣妄語，莫不與莽事相應，一如莽之亂政，分竄於諸官。先聖之經，古賢之記，爲歆所僞亂者，轉賴其自蓋之迹，以參互而得之，豈惟人心之不可蔽哉？蓋若天所牖焉。後之人或以專罪余，則非余之所敢避也。

莽之求書，先逸禮，以戴氏所傳無明堂位及此記所增竄也；次古書，以稱周書逸嘉禾篇

「假王莅政」也；次毛詩，以毛氏後出未顯，俾衆疑其引詩而遷其説謬其指者，或出於毛氏也；如謂「普天之下，莫非王土」，爲以天下養之類。次周官，其亂政皆分竄於諸官也；並及爾雅雜家，使衆莫測也。易、春秋無求焉，以莽事無所託，雖有稱引，而於本文無增竄也。

昔朱子謂「戴記所傳，或雜以衰世之禮」，然相提而論，其誣枉未有若周公踐阼，居天下之位者；其妖妄未有若武王夢帝與九齡，而文王復與以三者；其悖謬未有若「大夫爲其父母兄弟之未爲大夫者之喪服如士服」，及「士之子爲大夫，則其父母不能主」者。凡此皆先儒所深病，蒙士所心非也。莽爲其母功顯君服天子之弔服而不主其喪，則雜記之文，毋亦歆所增竄，以示大夫、士相去一間耳，而古者子爲大夫，於父母之服即有變，況踐阼居天子之位乎？子爲大夫，父母之爲士者尚不敢主其喪，況居天子位與尊者爲體，而可私屈爲母喪主乎？

歆既邪惡，而文學乃足以濟其姦。凡所增竄，辭氣頗與戴記、周官爲近，故歷世以來，群儒雖究察其非，終懷疑而未敢決焉。班史謂「自書傳所載亂臣賊子無道之人，考其禍敗，未有如莽之甚者」。余考自古承學之士，通經習禮，而爲妖爲孽，亦未有如歆之甚者也。然莽以六藝文姦言，當其時即交訕焉；而歆蠹蝕經傳以誣聖人，亂先王之政，至於千七百餘年而莫敢薙芟，則歆之罪，其更浮於莽也與！

文王十三生伯邑考辨

余少閲大戴記，稱「文王十三生伯邑考」，即辨其誣，而未得證驗。先兄曰：「『文王嘉止，大邦有子』，安有是？」然猶不能無疑。及考王莽傳，平帝年十有二，而莽欲以女配。故歆先竄此於大戴記，以示文王始婚，亦年十有二。然後莽請考論五經，以定天子之娶禮。又恐戴記出宣、元間，學者多見其書，故其後復徵群士使記説逸禮於廷中，以欺惑學士。莽之篡，無事不託於文、武、周公。蓋夏、殷以前，先聖之事與言，所傳甚希，衆皆耳熟焉，難以鑿空構立；而經、傳、諸子，皆周人之書，遭秦火而始出於漢，故使歆典校，卒向之業，以售其姦。自東漢相傳，以至於今，皆歆所校録也。學者可溺於前儒傳授之言，而不別其真僞哉！

成王立在襁褓之中辨

武王崩，成王幼，在襁褓之中。説見家語，又見史記，又見賈誼保傅篇，而漢書亦云：武帝命畫周公負成王圖，以賜霍光。蓋莽與歆既曰成王不能踐阼，則年宜甚幼，而金縢之篇無是也。其書乃伏生所傳，舊列學官，不可譸張爲幻，故於戴記竄焉。又恐戴記出宣、元間，學者間有其書，故欲多爲之徵。而論語乃世儒所習誦，故又於家語竄焉。漢興，博學多聞，莫如賈生；繼春秋創史法，囊括載籍，爲世所宗，莫如太史公，故又於二書竄焉。至漢書所云，或武帝偶命作圖，以示立少子之意，或其事亦歆等構造，又或史官所記本周公輔成王圖，而歆易爲「負」，班固因之，皆不足據也。衆言樊亂，必折諸經。金縢之篇曰：「王與大夫盡弁。」則既冠明矣。「公以詩貽王，而王亦未敢誚公。」則已甚達於世事矣。以是知古書中言成王幼，不能踐阼者，皆妄也，而況云在襁褓之中哉？幸而金縢之篇尚存，不然，則歆之怪變，竟無從而得之矣。

或又以王自稱「沖子」，周、召稱王「孺子」爲疑。是惑也，盤庚之誥，自稱「沖人」，范文子爲大夫，贊軍謀，而武子呼爲「童子」。嗣君之自謂，師保之規箴，其稱言義當若此，不可以弗察也。

讀經解

此記中間所述多荀卿語，疑出於漢之中葉，而傳荀氏之學者爲之也。三代盛時，國不異政，家無殊俗，詩、書、禮、樂，布在庠序，以爲四術。降至春秋，王道雖微，而周禮未改；孔子贊易，作春秋，其徒守之。陵夷至於戰國，百家放紛，儒術大絀，焉有一國而專立一經以爲教者哉？遭秦滅學，至漢景、武之間，諸老師各抱一經以授其徒，於是齊、魯、燕、趙、鄒、梁之學興。而承其學者，復以教於鄉邑，各自爲方，不能相通，而其人之性質行能，亦漸摩於經説而別異焉。記者既列教之所由分，並其説之有所失，而又念一道德而同風俗，非群儒之私教所可冀也。所以養君德，施政教，正俗化，莫急於禮，而禮非天子不能行。禮之興，然後君德可成，而百官得其宜，萬事得其序，和仁信義得其質，宗廟朝廷得其秩，室家鄉里得其情。禮之廢，則君臣、父子、夫婦、長幼，恩薄道苦，序失行惡，其亂百出，而不可禁禦。凡此，皆荀氏所謂原先王，本仁義，禮正其經緯蹊徑，不道禮憲，而求之於詩、書，不可以得之之本指也。

夫六經火於秦，並出於漢，而禮之廢，則自漢始。河間獻王獻古邦國禮五十六篇，武帝不用，而沿襲秦故，以定宗廟百官之儀。其士禮之僅存者，亦未布頒以爲民紀。自是以來，學者循誦易、詩、書、春秋之文，而虛言其義，有得有失，一如記所稱，而禮則湮沈殘缺，每至效廟大議，衆皆冥昧而莫知其原，閭閻士庶，喪、祭、賓、婚，蕩然一無所守，而競於淫侈。記所云「以舊禮爲無所用而去之者」，意在斯乎！學者可習其讀而弗察歟？

書辨正周官戴記尚書後

余以王莽傳辨周官所僞亂，循是以考戴記、尚書及子、史、傳、注，然後知舍莽政之符驗，周官無可疵者。舍莽事之比類，古聖無見誣者。循是以討去之，然後諸經之賊蝕，一旦而廓然。

嗚呼！書更秦火，篇殘文缺而已耳；而歆所僞亂，則混淆於本文之中，伏闇而不可見，叠出互證，深固難摇。自程朱二子出，然後能辨古書之正僞，而後之儒者知以理義爲衡，故凡周官、戴記、書傳、詩序之紕謬，雖未辨所從生，而鮮不以爲疑。疑之者衆，然後或得其間，而白黑可判焉。

漢儒之治經，莫勤於鄭氏。然以莽事訓周官，而於周公踐阼，文王受命稱王，皆篤信焉，而益漫其支流，況毛序、孔傳之僞雜乎？世俗之貿儒，尚或以經説惟漢儒爲有據，而詆程朱爲憑臆，非所謂失其本心者與？

記王巽功周公居東説

涇陽王巽功卧疾連月，時往問之。一日，語余曰：「『周公居東』，惟集傳『居國之東』爲近，而未著其何地也。自我觀之，王欲親逆，即駕而出郊，就令出舍以俟，公必信宿可至。古者大夫有罪，自投於私邑以待放，禮也。然則公所居，其近在郊關之内與？」

余曰：「子之言其信！畿内公卿之采地，當在縣畺，而有勳勞者，别有賞田。周官『載師以賞田任遠郊之地』、『司勳掌六鄉賞地之法以等其功』是也。春秋傳曰：『自陝以西，召公主之；

自陝以東，周公主之。』公主東諸侯，則邑於國之東，宜矣。公之避，與禹、益之避異：禹、益之避，以遠爲宜；公之避，以近爲宜。其不之縣畺之采，而退就近君之小邑，理固宜然。然則公所居爲鎬東鄉郊之賞邑，決矣。」

巽功仕不廢學：其出爲監司，所領皆大藩，而返自江西，詩説成，其疾也，夜不能寐，輒思尚書疑義，及旦，伏枕而爲草，今文二十八篇將偏矣。氣雖困，見余輒蹶然興，問辨移時。嘗語河南李雨蒼曰：「吾見望溪則曠然無憂，而身爲之輕，效速於藥物。」其好學求友之切如此。是日也，以疾動，不任筆墨；又間廁余言，乃屬余爲之記。

記湯玉聲所書周官經文後〔一〕

萬物之聚散，皆在周官，其端緒條理，不可以遽通也。余中歲始學焉，其職或分或聯；其事或列或否，或詳或略；其辭或損或益，或先或後：參差相抵，而精意與事實皆具於空曲交會之中，而先儒多各就本文以爲之訓，故其覆之未發者爲多。程子有言：「春秋一字有異，或上下文

〔一〕本篇輯自望溪集外文補遺卷一。

異，則義必異。」是即記所稱「屬辭比事」之教，而治周官者，所當取法也。昔朱子以「春王正月」不可遽通，遂絶意於春秋之學。及今考之，周人即以子月爲春，義具經文，顯然可徵。以斯知二經之微指隱義，非熟於本文，其端緒條理，不可得而見也。

余晚學周官，苦其難熟，欲書經文爲六册，日挾其一，候公事之隙及服車中，時發而誦之，恨衰疲不能手書。間與寶應劉生道此，會湯君玉聲客劉生所，生因以相屬。逾月，以所書天、地二官來，余爲心開，自日中至嚮晦，玩而不能釋也。

湯君以善書著淮南，求索者迹交於户，日不暇給。今爲余書六七萬言而不以爲煩，又探予之情而速就焉，自顧無可以得此於君者。倘天假余年，得補舊學之缺，俾是經未發之覆，次第開通而無遺憾，則君之就此，豈獨爲德于余者鉅哉！

喪服或問補〔一〕

大夫之適子爲君夫人大子，如士服，何義也？古者，孤卿、大夫、元士之適子并入于成均，舍

〔一〕本篇以下，輯自方望溪遺集序跋類，黄山書社一九九〇年版，第一至四頁。

不帥教而屏之遠方，鮮不爲士者。故雖未仕，而掌于諸子，董以師氏，令于宮伯，國之休戚一與有位者同之。諸子職國有大事，帥國子而致于大子，惟所用之。若有甲兵之事，以軍法治之。會同賓客，作以从王。宮伯，掌王宮之士庶子、凡在版者，有大事，作，宮衆，則令之。而況君夫人大子之大故乎？

然則，士之子何以異也？古之服喪者，必舍于公宮，邑宰之士猶既練而歸。孤卿、大夫有室老私有司以承家事，故其子可持服于公宮。若士之子亦如之，則室家之計、天屬族姻疾病死喪嘉好之事，孰代承之？此先王制禮所以稱物緣情而盡人之性也。非元士之適子不入于成均，非貴游子弟不學于虎門，皆勢有不行。然則，與國民奚別焉？父有服宮中，子不與于樂，則與國同憂之日遠矣。

陳榕門周官析疑序改稿

「改稿」作小字，蓋陳爲望溪書作序，望溪有所修改者。即該篇由方苞修改而成。

自程、朱二子謂周官非聖人不能作，而後儒終若蓄疑于其心。蓋因王莽用之以亡漢而自亡，安石用之以敗宋而自敗；且其中數事實悖天理，逆人情，雖暴君污吏有不忍爲，而無以爲之解。桐城方望溪先生讀漢書王莽傳，見莽之亂政皆託于周官，而周官之文若一一爲之端兆，始悟公孫禄數劉歆之罪，以爲顛倒五經，使學士疑惑，此其顯見者也。乃作辨僞二篇，以發莽與歆之姦心，辨疑八篇，以解歐陽氏、胡氏諸賢之錮蔽，昭如發矇，聞者莫不心帖。

余爲庶常時，先生薦入武英殿書館纂修。公事之暇，時以周官疑義與吾儕講議。大抵前儒訓詁多就事釋文，而先生則別求所以設是官、分是職之意，是乃朱子所稱周公運用天理之實也。又嘗謂：井田封建，地皆世守，民有常業，故地官中政令愈詳愈密，教澤之漸民益深；以付州縣之有司而受成于隸，則姦蠹叢生，非法不良，時勢異也。至其根源，所以盡人物之性而制萬事之宜者，則百世而不易。有或悖之，用必窒而害延于民。用此知是經之廣淵，實兼二帝三王之道法，而以試于一鄉一邑，隨事可布實德于民。自有先生之説，然後，周公平易近人之心、朱子運用天理之指，昭揭而無疑焉。余自翰林改官吏部，不得與先生數晨夕，乃備録五官之説，篋而藏之，時復展視紬繹，以爲他日賦政臨民之規軸云。

書大學平天下傳後

朱子有功于先聖，莫大于四書。大學注乃晚年所定，而此章謂慢與過爲「知所好惡，特未盡好惡之道，蓋君子而未仁者」，似尚未得傳者之指要也。夫「見賢而不能舉，舉而不能先」，是憚正士而苦其直方也；「見不善而不能退，退而不能遠」，是利姦人而嗜其疾味也。如是而天下事尚可言哉！天下之平，本于人君之心；絜矩之道，所以平心而同其好惡于民，乃君子慎德之實事也。媢疾之臣必務蔽君之明，以敗其德。所惡所違者在「有技」「彦聖」，則所好所達者必不善不賢。由是長君逢君，而君之心即于驕泰而不自知；枉民剥民，而民之心競于争奪而不可止。衆心之失恒于斯，天命之棄恒于斯，故必能放能屏，然後于君爲仁，于國爲義；則不能退不能遠者，在君爲不仁，在國爲不利。特其蔽有淺深，則其災害亦有大小遠近耳。傳于辟之甚爲「拂人之性」者，以爲「災必逮夫身」，則慢者過者雖幸免于身爲天下僇，而子孫黎民之不能保也昭昭然矣。特以遠及其子孫，或更有能平其心以式于道者，則衆心未嘗不可回，天命未嘗不可挽，故不得爲必然之辭耳。若知所好惡，而未能盡好惡之道，則惟漢之文帝、宋之仁宗始足以當之。其慢且過者，則漢、唐、宋、明之末造亡徵覆轍一一可按也。若以是爲「君子而未仁」，則遺毒無終極矣。

且言各有所當也，與小人之立心對觀，則君子中或有厚于義而薄于仁者。若人君之好賢惡不善，則所分惟仁不仁。「不能舉」「不能先」者，以其誠心本不好也；「不能退」「不能遠」者，以其誠心本不惡也。是不仁之未騁以至于極者，而可與仁者相差次乎？抑吾觀傳者于明德新民以堯、湯、文、武爲極，而下逮于淇澳之詩，謂武公之事，中材皆可思而得、勉而幾也。此傳于天命人心，猶舉詩、書以證之，而余所稱皆衰周之方志，蓋謂媢疾之臣之爲子孫憂。財聚而民散，則府庫非其所有，事尤淺近。雖列國之中主，季世之庸臣，猶怵然爲戒，則獨迷而不悟者何如人哉？而能終宴然于民上乎？此又傳者不言之隱義也。

方望溪文集全編卷二

讀子史

書刪定荀子後[一]

昔昌黎韓子欲削荀氏之不合者，附於聖人之籍，惜其書不傳。余師其意，去其悖者、蔓者、複者、俚且佻者，得篇完者六，節取者六十有二。其篇完者，所芟薙幾半，然間取而誦之，辭意相承，未見其有闕也。夫四子之書，減一字，則義不著，辭不完，蓋無意於文，而乃臻其極也。荀氏之辭有枝葉如此，豈非其中有不足者邪？

抑吾觀周末諸子，雖學有醇駁，而言皆有物，漢、唐以降，無若其義藴之充實者。宋儒之書，義理則備矣，抑不若四子之旨遠而辭文，豈氣數使然邪？抑浸潤於先王之教澤者，源遠而流長，

[一] 本篇以下至書五代史安重誨傳後，原爲望溪先生文集卷二。

有不可强也。

讀管子

管子之用周禮也，體式之繁重，一變而爲徑捷焉；氣象之寬平，一變而爲嚴急焉：非故欲爲此也，勢也。蓋周公之時，四海一家，制禮於治定功成之後，故紀綱民物，可一循其自然之節，以俟其遲久而成。管子承亂，用區區之齊，將以合勢之散，正時之傾，非及其身不能用也，非及其君之身不能用也，而豈可俟哉？惟欲速而苦其難成，故其行之也，亦不得不嚴且急焉，是管子之不得已也。

然周官之作，依乎天理，以盡萬物之性。而管子之整齊其民也，則將時用以取所求，是則其根源之異也。而讀其書，尚知令行禁勝之必本於君身，聰明思慮，當付之衆人而不自用，則又非諸法家之所能及矣夫！

讀史記八書

禮、樂、律、曆四書，或曰褚少孫所補，或曰蓋子長爲之而未具，皆非也。其序禮、樂，用意尤深。蓋太初所定改正朔，易服色，已具曆書及封禪書；至宗廟百官之儀，則襲秦故，不合聖制者。漢之樂，自文、景以前，習常肄舊而已。武帝所作十九章，文雖爾雅，然自青陽、朱明、西皞、元冥而外，多詇誕，且非雅聲。其甚者，如太乙馬歌，則汲黯所謂先帝、百姓不知其音者。故止序其大略，而不復排纂爲書。蓋傷漢之興，幾無所謂禮樂也。故於四時之歌明著其指曰「世多有，故不論」，則非爲之而未具，明矣。其續以戴記、荀卿之文，或乃少孫所爲邪？

漢之樂既無可次，而律則往古成法，故獨著其通於兵事，以爲法戒。武帝改曆，雖由公孫卿札書，而洛下閎運算，日順夏正，於曆術則無可議者，故直述其事。凡此皆著書之義法，一定而不可易者，非故欲如此也。

其後四書，論繫於書後，亦各有義焉。蓋河渠、平準，非若禮、樂、律、曆，可前序其事，而以名物度數次列於後者。封禪書所載諸時諸祠，雖有方色牲幣之數，而皆秦、漢間妖妄不經之制，且與封禪無與也。故其事並詳於書，而略見己意於後。惟天官宜與律、曆一例，特家世所掌，有獨傳其精義者；災異之變，有親得之見聞者；諸家之占，有考之而不合者。故列次衆法於前，而以己意詳論於後，所由與律、曆二書異也。七書皆通古今，而平準則漢一代之制，故獨以古事附論於後而志慨焉。

樂、律、天官三書之末及律書序前後各附贊一節，意義無可推者，或亦少孫所爲。然秦紀亦別載襄公後二百餘年事。豈子長摭拾舊聞，始將采用，後復置之，而録者不知而妄附與？是未可知也。

書禮書序後

是篇之義，蓋痛古禮遭秦而廢，歷漢五世而終不能興也。蓋秦有天下，雜采六國禮儀，而盡棄三代之舊，本以自便其淫侈，而漢諸帝半挾私意，而安秦儀，故首揭其恉。以謂先王制禮，所以宰制萬物，役使群衆者，皆出於天理之自然，而非人力所强設也。

其曰「至大行禮官，觀三代損益」，蓋歎古儀法之具存也。武帝時，河間獻王尚得邦國禮五十六篇，況漢之初，秦、周間老師宿儒猶在，使高帝有志復古，文獻非無徵者，而叔孫通希世度務，雖有損益，大抵皆襲秦故。厥後以文帝之躬化，而惑於道家之言。武帝雖好儒術，實不能用。太初所定，不過改正朔，易服色，以文封禪。其宗廟百官之儀，襲秦之故，不合聖制者，遂著爲典常，而垂之於後。過此以往，則去古逾遠，復之愈難矣。

當是時，所招儒術之士，非不能定儀也，恐陳古義以拂時君之欲，故遷延觀望至十餘年而不就耳。至或私議「古者太平，萬民和喜，瑞應辨至，乃采風俗，定制作」。是深知禮意者，而適與武帝時四海騷然，人民愁病，災異數見相反。故帝聞而惡之，觀制詔御史云云，則憚復古而樂秦儀，情不能自掩矣。

子長蓋深病乎此，而未敢斥言之，故傷其心於往事，而稱孔子以正名不合於衛，其徒卒以沈湮，而志痛焉。河間獻王所獻邦國禮五十六篇，至唐猶存。而唐以前無議復者，猶秦志也。嗚呼！子長其見之矣。

又書禮書序後

子長此序，非獨痛時事也。其於終古禮俗之變，盡之矣。蓋三代之禮，緣情依性，故能經緯人道，規矩無所不貫。上自宫寢、郊廟、朝廷之禮，既有以正君身，統百官；下逮黎庶、宫室、車服、飲食、嫁娶、喪祭，各授以節，而適其宜：所以宰制萬物，役使群衆，而人力無所庸者，此也。禮之失自春秋始，極於戰國。至秦有天下，遂雜采六國之儀，而盡廢三代之禮。蓋將極情縱欲，凡勢力之所能逞則恣焉，而深惡夫古禮之大爲之防也。

夫人之生，莫不有耳目口體之欲，不爲之節，則日就淫侈，而民力將有所不堪。故先王不禁其欲，而必以禮爲防，所以救民之彫敝也。魯，秉禮之國也，而僭郊禘；管仲，賢大夫也，而備三歸;子夏,聖門之高弟也,而説紛華盛麗。故先王誘進以仁義,束縛以刑罰,猶懼民之逾其防也,況導以淫侈,而不爲之制乎?

太初所定,不過改正朔,易服色,封泰山以及宗廟百官之儀。凡宫室、車服、飲食、嫁娶、喪紀下逮黎庶者,無聞焉。而制辭乃曰:「百姓何望?」之數者雖盡善,與百姓何與?況其爲襲秦之故,不合聖制者乎?漢之諸帝無論矣,獨文帝之躬化,可以興禮,而溺於道家之學,以爲繁禮飾貌,無益於治,則於先王之緣情依性、經緯人道者,亦概乎其未之聞也。夫無躬化,則禮不虚行;然有躬化,而不興三代之禮,亦不足以化民成俗。

自周以前,上將納民於軌物,而身先之。自秦以後,身不能由,而於民亦蕩然不爲之制。其宗廟百官之儀僅有存者,亦虚器耳,而定爲典常,垂之於後者,自武帝始。自是天下遂安於秦儀,而不知三代所損益爲何物矣。「洋洋美德乎!」其尚可復見也哉?此子長所以痛也。

書樂書序後

武帝席文、景之盛,不能損滿持盈。極情縱欲,窮兵四遠,佚而不思其終,安而不惟其始。故首述虞氏君臣相敕,次及成王之恐懼善守,以爲非大德莫能如斯也。其曰「海内人道益深,其德益至，所樂者益異」，蓋謂不樂淫侈，而樂損減，與衆人之情異耳。君子能樂損減，以自節其所樂，然後民得沐浴膏澤，歌詠勤苦，此海内之人道所以益深，而君德以斯爲至也。其序律書終於文帝之「煙火萬里，可謂和樂」，用此義焉耳。

先王知助流政教，莫善於樂，而聲之邪正，其感各以類應，故制雅、頌之聲以導之，治定功成，禮樂乃興。故漢興，高、惠、文、景皆未暇遑，武帝不能以此時興道致治，修禮正樂，而信方士，舉慝禮，寵嬖倖，爲新聲，夜祠郊壇，男女雜歌，以流星爲瑞應，則與夫躬明堂，陳雅樂，而萬民咸蕩滌邪穢，以飾厥性者異矣。

夫六國及秦二世不過以鄭聲自爲娛，而武帝乃次馬歌薦於宗廟，汲黯所謂先帝、百姓豈知其音，蓋痛哉其言之也。然自仲尼不能與齊優並容於魯，黯言雖切，安能遏帝之侈心，而辨延年等之妄哉？嗚呼！秦之衰，李斯猶能直諫，而弘乃以黯爲當族，則視趙高而又甚矣。「股肱不良，萬事墮壞」，此可爲流涕者與！

序樂至此，則更無可言者矣，而少孫乃疑其辭事之未終而續焉。夫平準著天變人禍，皆由興利之臣，故以「烹弘羊乃雨」終。而此書痛弘以讒佞陷其君，故以虞氏之君臣相敕始，是二書之義法也，而少孫未之或知邪？

又書樂書序後

班史載武帝采詩夜誦，有趙、代、秦、楚之謳。河間獻王獻雅樂，俾樂官存肄，而不常御；所常御及郊廟，皆非雅聲。而内有掖庭材人，外有上林樂府，皆鄭聲。故是書於鄭聲之禍，獨寓意於春秋、六國及秦二世。而武帝所興新樂，僅載十九章，且稱其多爾雅之文。然於其中特舉四時之歌，則舍是無足論者矣。自鄭音之興，歷數百年，更三代，而時君世主無不流沔於此。故曰：德至者，所樂益異。謂與春秋、六國、秦、漢之君異也。

河間獻王所獻雅樂，弘嘗謂其音中正雅，乃不能輔帝薦之郊廟，反因論馬歌以陷直臣。方是時，凡帝過舉，皆弘以諛佞成之。「股肱不良，萬事墮壞」，所目擊而心痛也。不然，則有虞氏之賡歌，何爲讀之而流涕哉？

詁律書一則

「神生於無，形成於有，形然後數，形而成聲。故曰神使氣，氣就形，形理如類有可類。或未形而未類，或同形而同類。類而可班，類而可識。聖人從天地識之别，故從有以至未有，以得細若氣，微若聲。然聖人因神而存之，雖妙必效情句，核其華句，道者明矣。非其「其」，當作「具」。聖心，以乘聰明，孰能存天地之神，而成形之情哉？神者，物受之而不能知及其去來，故聖人畏而欲存之。唯欲存之，神之亦存。其欲存之者，故莫貴焉。」

神者，樂之精華，所以動天地、感萬物之實理也。生於無形者，太虚之絪緼也。成於有形者，播於樂器，然後聲生而神寓也。數者，十二律三分損益之數也。播於有形之樂器，然後其自然之數一一形見，而成宫、商、角、徵、羽之聲也。神使氣者，以天地之神而運於人之氣也。氣就形者，以人之氣而就乎樂器也。凡音之高下疾徐，皆以人氣之大小緩急調劑而成，故曰就也。既播於有形之樂器，則其理如物類之群分而有可别矣。方其未播於樂器，初無宫、商、清、濁之可别，所謂未形而未類也。既播於樂器，則鐘、磬、管、絃，凡同形者，音必相似，所謂同形而同類也。然雖同形同類，而一器之中，其音之清濁高下，又各自有别。類而可班者，制器而可别其度也。類而可識者，審音而可識其分也。凡此，皆天地陰陽之理，自然而有别者也。

聖人知天地之理，而識其所以别者，故能從有以至未有，而得細於氣微於聲者，所謂神也。有者，器數之既形也。未有者，器數之未形也。聲氣辨於既有器數之後，而神存於未有器數之先，故從有以至未有，然後可以探聲氣之本而得其神也。

然聖人雖識天地之神，而苟無以存之，衆人不能用也，故制爲器數以存之。則其理雖微妙，必因器數而各效其情矣。效者，呈也；情者，實也。華者，器數之形；道者，神理之運也。核其器數而無差忒，則神理之運，亦可得而明矣。

非天地之神，本具於聖人之心，而作律之聖人，又乘其聰明之獨擅，以核乎器數之分，豈能存天地之神，而使聲氣之實理，各效於器數之中哉？聖人辨器數以著聲音之實理，所謂成形之情也。神者，天地之所以鼓物。故神之去來，物之衰旺視焉，而物常受之而不能知。如聞聲知勝負，而勝者、負者不自知也；審樂知興亡，而興者、亡者不自知也。而其情畢效於聲樂，故聖人畏而欲存之。唯欲存之，故設爲器數，而神亦於是乎存。其欲存之者，聖心聰明之所寓也，故莫貴焉。

書封禪書後

是書所譏武帝事，義皆顯著，獨雜引古事，則意各有指。武帝名爲敬鬼神之祀，而以封禪合不死，郊時秘祝，不過與祠神君、竈鬼同意耳，蓋好神而實比於慢矣。故首載夏孔甲好神，三世而亡；殷武乙慢神，三世而亡；復大書始皇封禪，後十二歲秦亡：示無德而瀆於神爲亡徵也。殷二宗遇物變，懼而修德，國以興，歷年以永。示寶鼎、一角獸，不足爲符應也。

其詳秦先世事及史敦、史儋語，以雍之諸祠興於秦，而敦、儋妄稱符命，以啓二君之汏，爲方士怪迂語之徵兆也。萇弘欲以物怪致諸侯，無救於周之衰，而身爲僇；則以方祠詛匈奴、大宛者可知矣。秦穆公病寤，而世傳爲上天；穆公死年有徵，則黄帝鼎湖之事，乃此類耳。管仲能設事以止桓公之欲，而漢公卿乃徇方士以從君於昏，是可歎也。

夫孔子論述六藝，無及封禪者，則非古帝王之典祀明矣。傳所言易姓而王，封禪者七十餘君。姑無論其有無，信曰有之，亦功至德洽，而告成於天，如成王乃近之耳。豈以是爲合不死之名，接仙人蓬萊士之術乎？所謂群儒不能辨明封禪事者，此也。故其發端即曰：「自古受命帝王，曷嘗不封禪？」蓋謂非以是致怪物與神勇耳。

天官書論曰：「自生民以來，世主曷嘗不曆日月星辰？」蓋以太初改曆，乃以辛巳朔旦冬至，合公孫卿札書所云黄帝合而不死。故用此贊饗，而頒曆之詔復布告天下，使明知之。古之曆日月星辰者固如是乎？其義蓋與是書相發也。

又書封禪書後

是書義意尤隱深者，其稱「或問禘之説」，蓋謂禘雖典祀，然不知其義，禮不虛行，況以封禪致怪物與神通乎？《禮》之瀆，季氏嘗旅於泰山，孔子譏之，謂神弗享也。則以封禪合不死者，神其享之乎？

漢興六十餘年，「天下乂安，薦紳之屬，皆望天子封禪改正度」者，謂經禮雅樂宜以時興也，豈謂其中於方士之怪迂語哉！世言黄帝嘗用事於雍畤，以語不經見，搢紳者尚不道，況天子贊饗郊壇，制詔海内，而用「黄帝得寶鼎神策」合而不死之邪説乎？夫封禪之儀，雖湮滅不可詳，而事則可辨，以爲「合不死之名」，雖秦皇帝之世，未嘗有此。惜乎！諸儒不能辨明其事也。然猶幸其束於《詩》、《書》古文、孔子所論述，不至如方士之騁其誕耳。

篇中著孔子論述六藝，不及封禪，又曰「維成王近之」。蓋謂傳所稱封禪者七十二君，本無稽之言，但以是致怪物與神通，則舉之不以其事，而上古封禪之有無，又不足辨矣。此子長之微指也。

書史記十表後

遷序十表，惟十二諸侯、六國、秦楚之際、惠景間侯者稱「太史公讀」，謂其父所欲論著也。故於高祖功臣稱「余讀」以别之。

周之衰，禮樂征伐自諸侯出，事由五伯，而其微兆，則在共和之行政。秦并六國，以周東徙，乘其險固形勢，故僭端早見於始封。自虞、夏、殷、周及秦，代興皆甚難，而漢獨易，以秦之重而無基也。先王之制封建，本以安上而全下，故惟小弱乃能奉職效忠。此數義者，實能究天人之分，通古今之變，或遷所聞於父者信如斯，或其父所未及，而以所學推本焉，要之皆義所弗害焉爾。

其自序曰：「請悉論先人所次舊聞，不敢闕。」而本紀、八書、世家、列傳，無稱其父者，故揭其義於斯，則踵春秋以及秦滅漢興，文、景以前，談語遷：「自獲麟以來，四百餘年，史記放絶，余甚懼焉。」凡所論述，皆其父所次舊聞具見矣。

十篇之序，義並嚴密，而辭微約，覽者或不能遽得其條貫，而義法之精變，必於是乎求之，始的然其有準焉。歐陽氏五代史志考序論，遵用其義法，而韓、柳書經子後語，氣韻亦近之，皆其淵源之所漸也。

書史記六國年表序後

篇中皆用秦事爲經緯，以諸侯史記及周室所藏盡滅於秦火，所表見六國時事，皆得之秦記也。獨舉三晉、田齊，以是表踵春秋之後，燕、楚舊國，事具春秋，且亂臣竊國，晏然不討，而中原盡爲所據，此世變之極，天下所以競於謀詐，而棄德義如遺迹也。

秦之德義，無足比數，而卒并天下，乃前古所未有。故求其說而不得者，或本以地形，或歸諸天助，又或以物所成孰之方，宜收功實，而不知秦之得意，蓋因乎世變。是何也？以謀詐遇德義，則民之歸仁，沛然誰能禦之；以謀詐馭謀詐，則秦之權變，非六國所能敵，其成功非幸，此所謂世變之異也。世變異，則治法隨之，故漢之興多沿秦法。

昔三代受命，相繼相因，孔子推之，以爲百世可知。秦始變古，而傳乃曰「法後王」何也？孔子之所謂因者，禮也；天不變，道亦不變。遷之所謂法者，政也；政必逐乎情與勢而遷。「近己而俗變相類，論卑而易行」，乃情之不謀而同，勢之往而不反者也。故遷之言，亦聖人所不易也。其誚學者以不道秦事爲耳食，蓋深感世變，而詭其辭以志痛與！

書孟子荀卿傳後

騶衍以下十一人，錯出孟子荀卿傳，若無倫次，及推其意義，然後知其不苟然也。蓋戰國時，守孔子之道而不志乎利者，孟子一人耳；其次惟荀卿，而少駁矣。故首論商鞅、吴起、田忌以及從横之徒，著仁義所由充塞也。自騶衍至騶奭，説猶近正，而著書以干世主爲志，則已騖於功利矣。其序荀卿於衍、奭諸人後者，非獨以時相次也。荀卿之學，雖不能無駁，而著書則非以干世，所以別之於衍、奭之倫也。自公孫龍至吁子，則舛雜鄙近，視衍、奭而又下矣。至篇之終，忽著墨子之地與時，而不一言其道術，蓋世以儒、墨並稱久矣，其傳已見於荀卿所序列，而不必更詳也。

夫自漢及唐，莊、列皆列於學官，而孟子猶未興。以韓子之明，始猶曰孔、墨必相爲用，而較孟子於荀、揚之間。子長獨以並孔子，一篇之中，其文四見。至荀卿受業於孔氏之門人，則弗之著也。老、莊、申、韓、衍、奭諸人皆有傳，而墨子則無之，蓋孟子拒而放之之義。然則子長於道，豈概乎未有聞者哉！

書老子傳後

太史公傳老子，著其國焉，著其邑焉，著其鄉焉，著其里焉，外此無有也。著其氏焉，著其名焉，著其字焉，著其謚焉，著其官守焉，外此無有也。著其子焉，著其孫焉，著其孫之玄來焉；於其子孫玄來，仍著其爵焉，著其封焉，著其仕之時與國焉，著其家之地焉，外此無有也。蓋世傳老子多幻奇荒怪之迹，故特詳之，以見其生也有國邑、鄉里、名字，其仕也有官守，其終有謚，其身雖隱而子孫世有封爵、里居，則衆説之誕，不辨而自熄矣。

世傳所以多幻怪者，蓋因老子見周之衰而隱去，莫知所終，故不詳其年壽所極；而同時有老萊子，言道家之用；後百餘年有周太史儋號爲能前知，儋、聃同音，故其傳與老子相混。「世莫知其然否」。列序及此，然後正言以斷之曰：「老子，隱君子也。」則非有幻怪明矣。終之曰：「李耳無爲自化，清静自正。」則著書言道德者乃李耳，而儋與老萊子别爲二人明矣。

始吾友崑繩實爲是解。微崑繩，不知太史公用意如此也；而崑繩既殁，其所述蓋無傳焉。由是言之，凡古書之存，而後人不得其意，與得之而其説無傳者，可勝道哉！

讀伍子胥傳

世人皆悲子胥以忠死，吾獨惜其所以處死者未得也。其諫夫差語，皆闊於事情。使員曰：吴之於越，非伐國而求其服也。王忘王之使人立於庭，出入呼王而告以先王之痛乎？匹夫含怨，猶必剸刃讎人之胸；況句踐親用戈於先王，傷未及舍而卒。非函句踐之首以入先王之廟，則臣子之事不終。今力實能誅而縱焉，吾恐先王貢恫於九原，而不歆王祀也！如是，則夫差雖慚忿以殺子胥，而必不釋句踐。句踐死，則越不爲沼，而吴亦不至大泯矣。子胥之智非不及此也，毋乃少歷閔凶，功見名立，而重犯忌諱以危身與？而竟不能保其終，惜哉！

書儒林傳後

子長序儒林曰：「余讀功令，至於廣厲學官之路，未嘗不廢書而歎。」蓋歎儒術自是而變也。古未有以文學爲官者，以德進，以事舉，以言揚，詩、書六藝特用以通在物之理，而養其六德，成其六行焉耳。戰國、秦、漢所用，惟權謀材武，其以文學爲官，始於叔孫通弟子以定禮爲選首，成於公孫弘請試士於太常，而儒術之污隆，自是而中判矣。

其意蓋曰：自周衰，「王路廢而邪道興」，孔子以儒術正之，道窮而不悔。其弟子繼承，雖陵遲至於戰國，儒學既絀焉，而孟子、荀卿獨遵其業。遭秦滅學，齊、魯諸儒講誦不絶。漢興七十餘年，自天子公卿皆不悦儒術，而諸老師尚守遺經。其並出於武帝之世者，皆秦、漢間摧傷擯棄，而不肯自貶其所學者也。蓋諸儒以是爲道術所託，勤而守之，故雖困而不悔，而弘之興儒術也，則誘以利禄，而曰「以文學禮義爲官」，使試於有司，以聖人之經爲藝，以多誦爲能通，而比於掌故。由是儒之道污，禮義亡，而所號爲文學者，亦與古異矣。

子長所讀功令，即弘奏請之辭也。自孔子以來群儒相承之統，經戰國、秦、漢，孤危而未嘗絶者，弘乃以一言敗之，而其名則曰：厲賢材，「悼道之鬱滯」，不甚可歎乎！

嗟夫！漢之文學雖非古，猶以多誦爲通經也。又其變遂濫於詞章，終沉冥而不返焉。然則子長之所慮，其遠矣哉！

又書儒林傳後

是書叙儒術至漢興，首曰「於是喟然歎『興於學』」，繼曰「天下之學士，靡然鄉風」，終曰「自此以來，公卿、大夫、士、吏，斌斌多文學之士」。驟觀其辭，若近於贊美，故「廢書而歎」，皆以爲歎六藝之難興也。然其稱歎「興於學」也，承太常諸生之爲選首；稱「學士鄉風」，承公孫弘以白衣爲三公；稱「斌斌多文學之士」，承選擇備員：則遷之意居可知矣。其述諸經師，備及弟子、子孫之爲大官，而首於申公之門，别其治官民，能稱所學者不過數人，而復正言以斷之曰：「學官弟子行雖不備，而至於大夫、郎中、掌故以百數。」其刺譏痛惜之意，不亦深切著明矣乎！

其於孔子之門獨舉五子，若曰：是於聖門，非殊絶也。而「大者爲師傅卿相，小者友教士大夫」，其受業於子夏之倫者，亦「爲王者師」。蓋儒者寧隱而不見，其出也，必不肯自輕其道如此。

今乃以記誦比掌故，補卒史，此中尚有儒乎？由弘以前，儒之道雖鬱滯，而未嘗亡；由弘以後，儒之途通，而其道亡矣。此所以廢書而歎也！而習其讀者，乃以爲贊美之辭。噫，失之矣！

書刺客傳後

太史公裁割更易尚書、左傳，或辭意不完，而於國策，有遠過本文者。其序聶政事曰：其姊嫈聞之，乃於邑曰：「是吾弟與？嗟乎！嚴仲子知吾弟。」蓋韓、衛懸隔，政又自刑以絶蹤，其姊非聞而駭且疑，無緣遂如韓市也。既見政屍，而列其名，並爲嚴仲子死，則他無可言者矣。故曰：「乃大呼天者三，卒於邑悲哀而死政之旁。」其本文一切不具，乃曰：「美哉！氣矜之隆，可以過賁、育，高成荆矣。」世有乍見所親皮面、抉眼、屠腸，而從容贊美如途人者乎？觀太史公所增損，乃知本文之疏且拙也。

蓋國策本記言之書，中間序事多者不過數語，而亦未有殊絶者。余少讀燕策荆軻刺秦王篇，怪其序事類太史公，秦以前無此；及見刺客傳贊，乃知果太史公文也。彼自稱得之公孫季功、董生所口道，則非國策之舊文決矣。蓋荆軻之事雖奇，而於策則疏，意國策本無是文，或以史記之文入焉，而削高漸離後事，以事在六國既亡後耳。

楚世家載弋者説頃襄王，真戰國之文也，而國策無之。蓋古書遭秦火，雜出於漢世，其本文散軼，與非其所有而誤入焉者多矣，不獨是篇爲然也。

書蕭相國世家後

蕭相國世家所叙實績僅四事，其定漢家律令及受遺命輔惠帝皆略焉。蓋收秦律令圖書，舉韓信，鎮撫關中，三者乃鄂君所謂萬世之功也。其終也，舉曹參以自代而無少芥蔕，則至忠體國可見矣。至其所以自免，皆自他人發之，非智不足也，使何自覺之，則於至忠體國之道有傷矣。故終載請上林空地，械繫廷尉。明何用諸客之謀，非得已耳。若定律令，則别見曹參、張蒼傳。何之終，惠帝臨問而舉參，則受遺命不待言矣。蓋是二者，於何爲順且易，非萬世之功之比也。

班史承用是篇，獨增漢王謀攻項羽，何諫止，勸入漢中一事，在固亦自謂識其大者，然其事有無未可知，信有之，亦謀臣策士所能及也，且語甚鄙淺，與何傳氣象規模不類。柳子厚稱太史公書曰潔，非謂辭無蕪累也，蓋明於體要，而所載之事不雜，其氣體爲最潔耳。以固之才識，猶未足與於此，故韓、柳列數文章家，皆不及班氏。噫，嚴矣哉！

書淮陰侯列傳後

太史公於漢興諸將，皆列數其成功，而不及其方略，以區區者不足言也。惟於信，詳哉其言之。蓋信之戰，劉、項之興亡係焉，且其兵謀，足爲後世法也。然自井陘而外，夏陽、濰水之蹟蓋略矣〔一〕。其擊楚破代，亦約舉其成功；至定三秦，則以一言蔽之，而其事反散見於他傳；蓋漢、楚之争，惟定三秦爲易，雖信之部署，亦不足言也。左氏紀韓之戰，方及卜徒父之占，而承以「三敗及韓」。乍觀之，辭意似不相承，然使戰韓之前，具列兩國之將佐，三敗之時地，則重膇滯塞，其體尚能自舉乎？此紀事之文，所以左、史稱最也。

其詳載武涉、蒯通之言，則微文以志痛也。方信據全齊，軍鋒震楚、漢，不忍鄉利倍義，乃謀畔於天下，既集之後乎？其始被誣，以「行縣，陳兵出入」耳；終則見紿被縛，斬於宫禁。未聞讞獄而明徵其辭，所據乃告變之誣耳。其與陳豨辟人挈手之語，孰聞之乎？列侯就第，無符璽篆，而欲「與家臣夜詐詔，發諸官徒奴」，孰聽之乎？信之過，獨在請假王與約分地而後會兵垓下。然秦失其鹿，欲逐而得之者多矣。蒯通教信以反，罪尚可釋，況定齊而求自王，滅楚而利得地，

〔一〕「夏陽」，原作「陽夏」，據史記淮陰侯列傳改。

乃不可末減乎？故以通之語終焉。

書貨殖傳後

桑弘羊以心計，置均輸、平準，陰與民争利，所謂「塗民耳目，幾無行」者也，故因老子之言而連及之。然後推原本始，以爲中古而後，嗜欲漸開，勢不能閉民欲利之心，以返於太古之無事，故其善者，亦不過因之、利道之而已；其次教誨整齊，猶能導利而上下布之，未聞與民争也。「農而食之，虞而出之，工而成之，商而通之」，所謂因之、利道之也；至於教誨整齊，則太公、管仲猶庶幾焉；獨不及最下者之争，蓋其事已具於平準矣。故於此書，惟見義於群下。

其稱患貧也，極於「百室之君，萬家之侯，千乘之王」而止，蓋不敢斥言也。其稱「賢人深謀廊廟」，謂趙綰、王臧之屬耳。世有「守信死節」，而志「歸於富厚」者乎？特論議朝廷時之詭語耳。「隱居巖穴之士，設爲名高」，謂公孫弘、倪寬之屬也。故儕之於「攻剽椎埋」、「趙女鄭姬」，而一篇之中，再致意於「素封」，謂以公卿大夫爲「歸於富厚」之徑塗，轉不若素封者之無可醜耳。

其正言斷辭，則皆於庶民之貨殖者發之。故曰：「居之一歲，種之以穀；十歲，樹之以木；百歲，來之以德。德者，人物之謂也。」又曰：「本富最上，末富次之，姦富最下。」匹夫編户，猶以姦富爲羞，況人物所託命，乃不務德，而用心計以與民争，是不終日之計也，果可以塗民之耳目邪？

又書貨殖傳後

春秋之制義法，自太史公發之，而後之深於文者亦具焉。義即易之所謂「言有物」也，法即易之所謂「言有序」也。義以爲經而法緯之，然後爲成體之文。是篇兩舉天下地域之凡，而詳略異焉。其前獨舉地物，是衣食之源，古帝王所因而利道之者也。後乃備舉山川境壤之支湊，以及人民謡俗、性質、作業，則以漢興，海内爲一，而商賈無所不通，非此不足以徵萬貨之情，審則宜類而施政教也。兩舉庶民經業之凡，而中别之。前所稱農田樹畜，乃本富也；後所稱販鬻僦貸，則末富也。上能富國者，太公之教誨，管仲之整齊是也；下能富家者，朱公、子贛、白圭是也。計然則雜用富家之術以施於國，故别言之，而不得儕於太公、管仲也。然自白圭以上，皆各有方略，故以「能試所長」許之。猗頓以下，則商賈之事耳，故别言之，而不得儕於朱公、子贛、白圭也。是篇大義，與平準相表裏，而前後措注，又各有所當如此，是之謂「言有序」，所以至賾而不可惡也。

夫紀事之文成體者，莫如左氏。又其後則昌黎韓子。然其義法，皆顯然可尋。惟太史公禮、樂、封禪三書及貨殖、儒林傳，則於其言之亂雜而無章者寓焉。豈所謂「定、哀之際多微辭」者邪？

書太史公自序後

子長作封禪書，著武帝愚迷，而序其父之死，則曰：「是歲，天子方建漢家之封，而太史公留滯周南，不得與從事，故發憤且卒。」又記其言曰：「今天子接千歲之統，封泰山，而余不得從行，命也夫！」余少讀而疑焉。及讀封禪書，至「群儒不能辨明封禪事」，然後得其意。蓋封禪用事雖希曠，其禮儀不可得而詳；然以是爲「合不死之名，致怪物，接僊人蓬萊士」之術，則夫人而知其妄矣。子長恨群儒不能辨明，爲天下笑，故寓其意於自序，以明其父未嘗與此；而所爲發憤以死者，蓋以天子建漢家之封，接千歲之統，乃重爲方士所愚迷，恨己不得從行而辨明其事也。

所記群祀，惟太畤、后土二祠自著其名，而寓其意於篇末曰「五寬舒之祠」，示太畤、后土二祠而外，皆寬舒成之，而已不與其議也。獨其自序曰：奉命適反，「見父於河、洛之間」。則是歲封禪，其父子皆未與明矣。而封禪書後論則自謂從行，豈所從者，乃其後五年一修之封與？子長之言曰：「非好學深思，心知其意，難爲淺見寡聞者道。」然則讀子長之書者，不求其所以云之意可乎？

又書太史公自序後

史記世表曰「太史公讀」者，謂其父也。故於己所稱，曰「余讀」以别之。其他書、傳篇首及中間標以「太史公曰」，則褚少孫之妄耳。故凡篇中去此四字，文正相續。

惟是篇「先人有言」，與上不相承，蓋按之本一篇也。其前篇，遷之家傳也。其父欲論次史記，而遷爲太史令，紬石室金匱之書；其先世，世掌天官，而遷改天曆，「建於明堂」，則傳之辭事畢矣。後篇，則自述作書之指也。「自黄帝始」以上，通論其大體，猶詩之有大序也；百三十篇各繫數言，猶詩之有小序也。本紀十二曰「著」者，其父所科條也；餘書曰「作」者，己所論載也；總之曰「爲太史公書序」者，明是書乃其父之書，而已不敢專也。其本傳曰：「請悉論先人所次舊聞，不敢闕。」故序書既終，而特以是揭其義焉。其覆出「余述歷黄帝以來，至太初而訖，百三十篇」。蓋舉其凡計，綴於篇終，猶衛霍列傳，特標左方兩大將軍及諸裨將名耳。自少孫於首尾加「太史公曰」，而中答壺遂及遭李陵之禍，並增「太史公」三字，漢書：「十年而遭李陵之禍。」遂使世表稱「太史公讀」者，幾不辨爲何人；而是篇所述，辭指曖昧，不可別白。夫是篇，遷之家傳也。故於其父始稱名，而繼則以爵易焉。乃復自稱爵，以混於其父可乎？此以知爲少孫所增易也。

古書篇帙既有僞亂，學者從百世下憑臆以決之，所恃者，義意有可尋耳。然世士溺於所傳舊矣，知其解者，果可以旦暮遇之邪？

書漢書禮樂志後

甚哉，班史之疏於義法也！太史公序禮樂，而不條次爲書。蓋以漢興，禮儀皆仍秦故，不合聖制，無可陳者。郊廟樂章，並非雅聲。故獨舉馬歌，藉黯言以明己意，且以著弘之陰賊耳。其稱引古昔，皆與漢事相發，無泛設者。

固乃漫原制作之義，則古禮樂及先聖賢之微言，可勝既乎？是以不貫不該，倜然而無所歸宿也。其於漢之禮儀則缺焉，而獨載房中、郊祀之歌及樂人員數。夫郊廟詩歌，乃固所稱體異雅、頌，又不協於鍾律者也。既可備著於篇，則叔孫所撰，藏於理官者，胡爲不可條次，以姑存一家之典法乎？用此知韓、柳、歐、蘇、曾、王諸文家，叙列古作者，皆不及於固。卓矣哉！非膚學所能識也。

書漢書霍光傳後

春秋之義，常事不書，而後之良史取法焉。昌黎韓氏目春秋爲謹嚴，故撰順宗實録削去常事，獨著其有關於治亂者。班史義法，視子長少漫矣，然尚能識其體要。其傳霍光也，事武帝二十餘年，蔽以「出入禁闥，小心謹慎」；相昭帝十三年，蔽以「百姓充實，四夷賓服」，而其事無傳焉。蓋不可勝書，故一裁以常事不書之義，而非略也。其詳焉者，則光之本末，霍氏禍敗之所由也。

古之良史，於千百事不書，而所書一二事，則必具其首尾，并所爲旁見側出者，而悉著之。故千百世後，其事之表裏可按，而如見其人。後人反是，是以蒙雜暗昧，使治亂賢姦之迹，並昏微而不著也。

是傳於光事武帝，獨著其「出入殿門下，止進不失尺寸」，而性資風采可想見矣。其相昭帝，獨著增符璽郎秩，抑丁外人二事，而光所以秉國之鈞，負天下之重者，具此矣。其不學專汰，則於任宣發之，而證以參乘，則表裏具見矣。蓋其詳略虛實措注，各有義法如此。然尚有未盡合者，昌邑失道之奏不詳，不足以白光之志事。至光之葬具，顯及禹、山之奢縱，宣帝之易置其族姻，則可約言以蔽之者也。具詳焉，義無所當也。假而子長若退之爲之，必有以異此也夫！

書王莽傳後

此傳尤班史所用心。其鉤抉幽隱，雕繪衆形，信可肩隨子長，而備載莽之事與言，則義焉取哉？莽之亂名改作，不必有徵於後也。其姦言雖依於典誥，猶唾溺耳，雖用文者無取也。徒以著其譸張爲幻，則舉其尤者以見義可矣；而喋喋不休以爲後人詼嘲之資，何異小説家駁雜之戲乎？漢之朝儀禮器一切闕焉，而具詳莽所易職官、地域之號名，不亦舛乎？

馮道事四姓十君，竊位固寵於篡弑武人之朝。其醜行穢言必多矣，歐公無一及焉，而轉載其直言美行及所自述，與「當時士無賢愚皆喜爲稱譽，至擬之於孔子」，是之謂妙遠而不測也！

書五代史安重誨傳後

記事之文，惟左傳、史記各有義法，一篇之中，脉相灌輸，而不可增損。然其前後相應，或隱或顯，或偏或全，變化隨宜，不主一道。

五代史安重誨傳總揭數義於前，而次第分疏於後；中間又凡舉四事，後乃詳書之。此書疏論策體，記事之文古無是也。

史記伯夷、孟荀、屈原傳，議論與叙事相間。蓋四君子之傳以道德節義，而事迹則無可列者。若據事直書，則不能排纂成篇。其精神心術所運，足以興起乎百世者，轉隱而不著。故於伯夷傳，歎天道之難知；於孟荀傳，見仁義之充塞；於屈原傳，感忠賢之蔽壅，而陰以寓己之悲憤。其他本紀、世家、列傳有事迹可編者，未嘗有是也。

重誨傳，乃雜以論斷語。夫法之變，蓋其義有不得不然者。歐公最爲得史記法，然猶未詳其義而漫傚焉。後之人又可不察而仍其誤邪！

讀管子自記後〔一〕

余初至京師，見言古文者多稱錢牧齋。偶言其體僞雜，屺瞻曰：「牧齋後更無可者矣，并世

〔一〕 本篇輯自方望溪遺集序跋類，第五頁。

諸公俱所深詆。」兹評蓋微詞也。

屺瞻好面詰人過，朋游多苦之；而余獨喜聞其言，可用以檢身。因時置鄙言于宿松朱字緑所，使背面發其瑕疵。此篇乃字緑傳致者，其少可而多否，亦甚有益于著文者，故述而志之，以示如斯人正未可多得也。

方望溪文集全編卷三[一]

論説

周公論

劉子古塘問於余曰：「周公不以東征屬二公，而親加刃於管叔，何也？」余曰：「是乃所以爲周公也！明知管叔之當誅，而假手於二公，是飾於外以避其名也。觀後世亂臣賊子必假手於他人，或賣而誅之，以塞衆口，則周公之純乎天理可見矣。蓋天理不可以爲僞，且以昭萬世之人紀，使知大義滅親，雖弟可加刃於其兄，又以明居位而不能討亂，則與之同罪。孔子作春秋，於隱之大夫而臣於桓，桓之大夫而死於莊、閔之世者，皆不書其卒，以示皆有可誅之罪也。然觀鴟鴞之詩，早已歎『育子之閔斯』，則終公之身，長隱痛乎文考文母之恩勤，而惄然無以自解。蓋討

[一] 本卷原爲方望溪先生文集卷三。

賊之義，與哀兄之仁，固並行而不相悖也。」

古塘復問曰：「以周公之聖，暴師三年，而僅乃克奄，何也？」曰：「此時也、勢也。武王『徵九牧之君，登豳阜以望商邑』，已憂未定天保，而夜不能寐。及三叔流言，武庚『誕紀其序』，凡羞行暴德逸德之人，皆乘時而思逞，雖有善類，亦追念殷先王之舊德而不能忘。當是時，非大動以威，不能革也，故滅國至於五十之多；非誠服其心，不能久而安也，故『破斧缺斨』之後，『衮衣繡裳』，駐大師於徐、兗之間，俾東夏無摇心；然後徐察其鄉順者而教告之，取其不迪者而戰要囚之，周防如兕虎，撫育如嬰兒；至班師之日，東人以公歸不復爲悲，則奄雖屈强，無與同惡矣。故討其君而罰不及民，分其族姓以隸兄弟之邦，遷其尤桀驁者於新邑，而身拊循焉，所以久安而無後患也。匪特此也，形勝者，守國之末務，而聖人亦不廢。當武王克商之初，即定周居於洛邑，周、召卒營之，以爲蒐狩會同之地。良以雍州雖固，而遠於東夏，難以臨制諸侯。故宅土中，陳、杞、許、蔡國其南，虞、虢、韓、魏、晉、燕國其北，齊、魯國其東，宋、衛夾河而居，非王室之周親，即三恪、大嶽之裔胄，開國之股肱，蓋懲於鬼方之叛殷，萊夷之争齊，而早爲盤石苞桑之固也。故周之衰，卒賴四方諸侯艱難守禦，以延共主之虚名者垂六百年。蓋時勢不可以私智矯，形勝不必以武力争，惟聖人能以道揆，而不失其時義，以安宗社，以奠生民，則仍天理所運用也。」

古塘曰：「旨哉！由前之説，則知聖人一循乎天理，而無不可處之事變；由後之説，則知聖人深察乎世變，而所以御之者，仍不越於道揆。前世之尚論者未嘗及此，後之君子宜有聞焉。」退而正於吾兄百川，亦曰「然」，乃叙而録之。

漢高帝論

二帝、三王之治，盪滅而無遺，雖秦首惡，亦漢高帝之過也。方是時，古法雖廢而易興也，俗變猶近而易返也，文獻雖微而未盡亡也。天下若熬若焦，同心以苦秦法，則教易行、政易革也，而高帝乃一仍秦故，漢氏之子孫，循而習之，垂四百年，不獨君狃其政，民亦安其俗矣，而後此復何望哉！

古聖人之有天下也，若承重負行畏途，而懼於不勝，至於秦則用天下以恣睢，而專務自慊於上。秦皇帝縱觀，高帝曰：「大丈夫當如此矣！」及叔孫通定朝儀，乃曰：「吾今而知皇帝之貴。」則其所見去秦皇帝蓋一間耳。

傳曰：「古之欲明明德於天下者，必先格物致知，正心誠意，以修其身。」是乃二帝、三王之學，孔氏之徒由詩、書所稱，推尋而得之者也。總而計之，惟有虞氏以元德升聞，而登天位，其餘非天子之子，則繼世之侯伯，生有聖德，童而預教，而學之爲君師者且數十年，故其所以治天下國家者，能一循乎天理之自然而無所矯拂也。後世開創之君，大抵舊迹干戈擾攘之中，任威權，騁謀詐，以得其志，雖有聖賢者出，驟而語之以二帝、三王之道，亦安能一旦盡棄其所知所能，而由其所不習哉？

自漢高以後，比次諸君，其性資可與復古者，惟光武爲近，而下無名世。諸葛亮之才幾矣，乃崎嶇於亂亡之餘。使亮與光武並世而相遭，庶乎其猶有望也與！

漢文帝論

三王以降，論君德者，必首漢文，非其治功有不可及也。自魏、晉及五季，雖亂臣盜賊，闇姦天位，皆泰然自任而不疑，故用天下以恣睢而無所畏忌。文帝則幽隱之中，常若不足以當此，而懼於不終，此即大禹「一夫勝予」、成湯「慄慄危懼」之心也。世徒見其奉身之儉，接下之恭，臨民之簡，以爲黄、老之學則然，不知正自視缺然之心之所發耳。

然文帝用此治術，亦安於淺近，苟可以爲而止。其間張季之論，猶曰「卑之毋高」，蓋謂與先王之道以明民，非己所能任也。孔子曰：「子産猶衆人之母也，能食之而不能教也。」書曰：「周公師保萬民。」若文帝者，能保之而不能師也。夫是，乃雜於黄、老之病矣夫！

蜀漢後主論

昔成湯之世，伐夏救民，皆伊尹主之，而湯若無所事也。周武王之世，戡亂致治，皆周公主之，而武王若無所事也。蓋大有爲之君，苟得其人，常以國事推之，而已不與，故無牽制之患，而功可成。大有爲之臣，必度其君之能是，而後以身任焉，故無拂志之行，而言可復。亡國之君若劉後主者，其爲世詬厲也久矣，而有合於聖人之道一焉，則「任賢勿貳」是也。其奉先主之遺命也，一以國事推之孔明，而已不與。世猶曰以師保受寄託，威望信於國人，故不敢貳也。然孔明既殁，而奉其遺言以任蔣琬、董允者，一如受命於先主；及琬與允殁，然後以軍事屬姜維，而維亦孔明所識任也。夫孔明之殁，其年乃五十有四耳。使天假之年，而得乘司馬氏君臣之瑕釁，雖北定中原可也。即琬與允不相繼以殁，亦長保蜀漢可也。然則蜀之亡，會漢祚之當終耳，豈後主有必亡之道哉！

抑觀先主之敗於吴也，孔明曰：「法孝直若在，必能制主上東行。」是孔明之志，有不能行於先主也；而於後主，則無不可行。嗚呼！使置後主之他行，而獨舉其在孔明者以衡君德，則太甲、成王當之有愧色矣。

灌嬰論

漢之再世，諸呂作難，定天下安劉氏者，嬰也。而議者推功於平、勃，誤矣。平爲丞相，聽邪謀，以南北軍屬産、禄，使勃有將之名而無其實久矣。一旦變起倉卒，而勃不得入於軍，則平已智盡而能索矣。酈使紿説不行，矯節而謀洩，平、勃有相牽而就縛耳，如産、禄何？前古用此以敗國殄身者衆矣。平、勃之事幸而集，則嬰爲之權藉也。吕氏雖三王，懸國千里外，無一夫之援，而諸侯合從西鄉，空國兵以授嬰。當是時，吕氏所恃者，嬰耳。而嬰頓兵滎陽，與諸侯連和以待其變，是猶孤豚局於圈檻，而虎扼其外也。吕氏心孤，故酈寄之謀得入，而公卿吏士曉然知産、禄之將傾，同心於踣之，故矯節閉殿，莫敢齟齬，以生得失，譬之於射，勃矢而嬰弦機也。鄉使吕禄自出以當齊、楚，而産兼將南北軍，以自定或不足，以倡亂賊諸大臣有餘力矣。吕氏本謀，欲待嬰與齊合兵而後發，故雖聽酈寄之言，尚猶豫未有所決也。及賈壽自齊來，知嬰謀，然後以印屬典客。蓋自知無以待嬰，而欲改圖以緩死，故得因其瑕釁而乘之。由是觀之，定天下、安劉氏者嬰也審矣，其推功於平、勃，誤也。

抑吾有感焉！三代以下，漢治爲近古，其大臣謀國，若家人然。嬰之功雖掩於平、勃，受封猶次之。至平陽侯窋屢發産謀，以闕平、勃，折其機牙，功不在嬰下。及事平，以不與誅諸吕奪官，而無一言以自列。嗚呼！何其厚與！韓、富，賢人也。其相宋也，以不共撤簾之謀生怨。豈人心之變，隨世以降，而終不可返於古邪？抑上所以導之者異邪？此有國家者所宜長慮也。

宋武帝論

裕之鋭於取秦而拙於禦夏也，世多議之，而獨未察其隱情也。以王鎮惡之才，兼秦人之思猛，使重其權，一以關中委之，必能拒夏。裕之智非不及此也，而計不出此者，蓋自漢、魏之衰，乘危竊國者皆强臣，非鄰敵也。王敦、桓温以後，方鎮稱兵者接踵，故計以秦資鎮惡，不若棄之於夏爲安耳。裕之將終，幸檀道濟無遠志，非若兄韶難御，而慮謝晦之有異同，况鎮惡哉！故並留諸將，使互相牽制，謂能同心以禦敵，而使義真安受之，固所願也。即自相翦除，如鄧艾、鍾會之已事，亦吾利也。

嗚呼！裕之志憯矣！曹氏、司馬氏之篡也，無敢加刃於故君者，而裕忍爲萬世之首惡。原其心，亦謂丕、炎之篡也，其基厚，年盛强，民無異望；已則起匹夫，垂暮而得之，故不能無後嗣之憂耳。然裕之子孫，轉而相屠，過於讎敵，齊氏乘之，無少長殲焉。自古亡國之子孫，未有如裕之無遺類者也。夫夏、殷之亡也，失其位、喪其軀者，不過末孫之桀、紂而已，其位上公，修禮樂而承世祀者，如故也。至於周，則降爲小侯，而封延於魏、晉。嗚呼！人心之陷溺久矣。三王奉天之道，有天下而不與者，雖語之而不能信也；即欲爲子孫計，智詐漸毒，亦豈可以意逞哉！

方正學論〔一〕

道之不聞，與粗知其大體，而察之未精、操之未熟，其遇死生患難之交，未有不震於卒然而失其常度者也。若正學方公之事，吾惑焉。國破君亡，縮劍自裁以無辱可也；即不幸爲邏者得，閉口絶吭，不食而死可也。何故呫呫於口舌之間，以致沈先人之宗，而枉及十族哉？至燕王以周公自比，使聖賢之徒當此，必將曰：「王能爲周公，是某之上願也；即不能，一姓繼統，與仇敵相兼者異。王能卵翼吾君之子而比于諸孫，則海内悦服，而高皇帝之靈實嘉賴之。」計不出此，而以輔其子爲言，是置其君之子於鼎俎之上也。燕王以盜賊之心，百戰而得天下，公誠望其

〔一〕 本篇輯自望溪先生集外文卷八。

取諸其懷而與之乎？故公之任剛而自謂不屈者，以聖賢之道衡之，正所謂震於卒然而失其常度耳。

抑公之事失於終，而始猶無病也。方晉之亡，中原裂於劉、石。劉廣武即能建國北蕃，以奉晉朔，不過與張、段、慕容等，於晉毫無加損；而崎嶇暴人之間，愎諫造怨，陷二親於死亡，此於道概乎其未有聞，而稱之者無異議。甚矣其惑也！夫廣武豈以是爲利，正學豈以是爲名者哉！而殺身不足以成仁。此君子之篤行，所以必先之學問思辨也。然則爲廣武者宜奈何，不能間歸於晉，則負耒耜而耕於野，庶幾身可全而親可保也。

于忠肅論

孔子曰：「可與立，未可與權。」易之道，正或有過，而中則無之。中非權不得，而遭事之變，則尤難。明景泰中，于忠肅公不爭易儲。爲之解者曰：「公陰爭之而不敢暴也。」或曰：「景泰有定國之功，有天下者，宜其子孫。」是皆未得公之心也。宋太宗挾傳子之私，而光美、德昭不得良死。季桓子有疾，命正常曰：「南孺子之子，男也，則以告而立之；女也，則肥也可。」桓子卒，康子即位。既葬，康子在朝。南氏生男，正常載以如朝，曰：「夫子有遺言：『南氏生男，則以告於君大夫而立之。』」康子請退。公使共劉視之，則或殺之矣。方景泰帝決志易儲，争者雖盈廷不足忌，而公則其身之所由以立也，勳在社稷，中外之人心繫焉，公有言，則心孤而慮變矣。帝之度量未必遠過宋太宗，而威權則十百於康子，是乃公之所心悸也。南城高樹之伐，殆哉！岌岌乎而敢輕試哉？

魯昭公之出也，叔孫婼自祈死而不誅其司馬鬷戾，先儒病焉，不知婼之心亦猶是也。春秋時，强家脅權而相滅者，無國無之。季氏之惡稔矣，其不動於惡，以國制於己，而昭公在外爲不足忌耳。若婼誅鬷戾，則季氏之慮變矣。非獨叔孫氏之憂，吾恐圉人犖、卜齮之賊復興，而公衍、公爲不得復安於魯也。爲叔孫計，必力能誅季氏、定昭公，而後可加刃於鬷戾，故不得已而以死自明，此叔孫之明於權也。

吾因正常而得于公之義，又因于公而得叔孫婼之心，故並論之，使遭變而處中者有以權焉。

原人上

孔子曰：「天地之性，人爲貴。」董子曰：「人受命於天，固超然異於群生。」非於聖人賢人徵之，於塗之人徵之也；非於塗之人徵之，於至愚極惡之人徵之也。何以謂？聖人賢人爲人子，而能盡其道於親也；爲人臣，而能盡其道於君也。而比俗之人，徇妻子則能竭其力，縱嗜欲則能致其身，此塗之人能爲堯、舜之驗也。婦人之淫，男子之市竊，非失其本心者莫肯爲也；而有或許之，則怍於色，怒於言。故禽獸之一其性，有人所不及者矣，而偏且塞者不移也；人之失其性，有禽獸之不若者矣，而正且通者具在也。宋元兇劭之誅也，謂臧質曰：「覆載所不容，丈人何爲見哭？」唐柳燦臨刑，自詈曰：「負國賊死其宜矣！」由是觀之，劭之爲子，燦之爲臣，未嘗不明於父子君臣之道也。惟知之而動於惡，故人之罪視禽獸爲有加；惟動於惡而猶知之，故人之性視禽獸爲可反。孟子曰：「人之所以異於禽獸者幾希。」痛哉言乎！非明於天性，豈能自反於人道哉！

原人下

自黄帝、堯、舜至周之中葉，僅二千年，其民繁祉老壽，恒數百年不見兵革，雖更姓易代，而禍不延於民。降及春秋，眘眘大亂，尚賴先王之遺澤以相維持，會盟討伐，徵辭執禮；且其時戰必以車，而長兵不過弓矢，所謂敗績，師徒奔潰而已，其俘獲至千百人，則傳必特書以爲大酷焉。自戰國至元、明，亦二千年，無數十年而無小變，百年二百年而不馴至於大亂者。兵禍之連，動數十百年，殺人之多，每數十百萬。歷稽前史，所載民數，或十而遺其四三焉，或十而遺其一二焉。何天之甚愛前古之民，而大不念後世之民也！

傳曰：「人之於天也，以道受命，不若於道者，天絶之也。」三代以前，教化行而民生厚，舍刑戮放流之民，皆不遠於人道者也，是天地之心之所寄，五行之秀之所鍾，而可多殺哉！人道之失，自戰國始。當其時，篡弑之人列爲侯王，暴詐之徒比肩將相，而民之耳目心志移焉；所尚者機變，所急者嗜欲，薄人紀，悖理義，安之若固然。人之道既無以自别於禽獸，而爲天所絶，故不復以人道待之，草薙禽獮而莫之憫痛也。秦、漢以還，中更衰亂，或有數十百年之安，則其時政事必少修明焉，人風必少淳實焉；而大亂之興，必在政法與禮俗盡失之後，蓋人之道幾無以自立，非芟夷蕩滌不可以更新。至於禍亂之成，則無罪而死者，亦不知其幾矣！然其間得自脱於瘡痍之餘，剥盡而復生者，必於人道未盡失者也。

嗚呼！古之人日夜勞來其民，大懼其失所，受於天耳；失所受而不自知，任其失而不爲之所，其積也，遂足以干天禍而幾盡其類，此三王之德所以侔於天地也與！

原過

君子之過，值人事之變而無以自解免者，十之七；觀理而不審者，十之三。衆人之過，無心而蹈之者，十之三；自知而不能勝其欲者，十之七。故君子之過，誠所謂過也，蓋仁義之過中者爾；衆人之過，非所謂過也，其惡之小者爾。

上乎君子而爲聖人者，其得過也，必以人事之變，觀理而不審者則鮮矣；下乎衆人而爲小人者，皆不勝其欲而動於惡，其無心而蹈之者亦鮮矣。衆人之於大惡，常畏而不敢爲，而小者，則不勝其欲而姑自恕焉。聖賢視過之小，猶衆人視惡之大也，故凜然而不敢犯；小人視惡之大，猶衆人視過之小也，故悍然而不能顧。

服物之初御也，常恐其污且毀也，既污且毀，則不復惜之矣。苟以細過自恕而輕蹈之，則不至於大惡不止。故斷一樹，殺一獸，不以其時，孔子以爲非孝。微矣哉！亦危矣哉！

先天後天圖説

宋邵氏所傳八卦二圖，與説卦傳合。朱子謂「先天圖方位無可疑者，而後天圖多不可曉。至卦位所以易置之故，則自昔無聞焉。」

按之經文，一則以八卦之實象明其體，一則以四時之常運著其用，合此二者，而後圖相變之義可見矣。火之精爲日，日生於東而明盛在晝；水之精爲月，月生於西而明盛在夜。雷藏地中，伏氣於東北，而發聲起蟄，應春始作。澤匯東南，而水潦盛昌，百谷滿盈，其候惟秋。又土膏發於春夏，而成功亦在秋，此四正之位所以易也。風陰氣，位西南，而蘇息長養，發用於春夏之交。山起西北，而脊脉皆東北行，其中鳥獸胎育，樹木甹櫱，多在冬春之交，蓋山氣之萌養也。南者，乾之正位，而戰於西北，盛陰相薄，終不滅息，而爲復生之始，於此見「於穆不已」之命焉。北者，坤之正位，而卦辭則利西南，蓋土盛於夏秋之交，萬物皆致養焉，此四隅之位所以易也。以天、地、水、火、雷、風、山、澤之實體，合四時五方以徵其實用，則二圖相爲表裏，而不可缺一明矣。

邵氏及朱子以先天圖爲伏羲所作，後天圖爲文王所作，而經、傳、百家之言無可證者，攻之者遂謂此雜家之術，不足道也。不知二圖雖後人創作，其理固不可廢，況與說卦合哉？然必謂羲、文已有是圖，而孔子以說卦解之，則鑿矣。其諸宋之儒先因說卦以作圖，而邵氏傳其學與？

謚法

謚之作也，人心之不知其然而然者也。遂古帝者之號，多不知其義所取。烈山氏始爲農師，而民神之，故因而號焉。堯、舜之聖，民無能名。禹平洪水，相與震而驚之，故稱大焉。至於湯，則或嘉其功而稱成，或象其德而稱武，此周公所以因之而作謚也。

有祖而又有宗，亦人心之不知其然而然者也。商之世嘗衰矣，至帝戊而中興，故尊之而因以號焉。其後屢衰，武丁振而興之，功最高，故尊之而因以號焉。漢之太宗、世宗用此義也。

至東漢而祖宗謚號之義皆失矣。祖者，始也。故宗無定數，祖一而已。以光武之復有天下而稱祖，是二始也。謚以易名，因以爲廟號，春秋所書桓宮、武宮是也。廟别有號，是再謚也。主是議者，必以祖有功而宗有德，又祖一而宗無定數，以爲祖賢於宗。不如殷人宗湯，周宗武王，乃二代始受命之君，不聞湯、武之賢，以不稱祖而貶於稷、契也。其廟别爲號，蓋緣文帝稱太宗、武帝稱世宗而然。不知曰「太」曰「世」，非謚也，非「顯」與「明」、「肅」與「章」之比也。至於唐而歷世並稱宗，至於明而繼世並稱祖，傷名愆義，實自東漢始。東漢之經學，後世莫並焉，而若此類乃不能辨，惜夫！

異姓爲後

神不歆非類，民不祀非族，以其氣之不相屬也，故古無以異姓爲後者。春秋書莒人滅鄫，而傳者謂立異姓以莅祀。於經則疏，然足徵自周以前，未嘗有是也。

漢、魏以降，其流益漫，自王公及士庶，蹈此者迹相疊。蓋俗之衰，人多不明於天性，而骨肉之恩薄；謂後其有父母者，將各親其父母，無父母而自知其所出，猶有外心焉，故常令其兄弟之子與其族子，而求不知誰何之人，取之襁褓之中，以自欺而欺人。嗚呼！是謂不有其祖也。其爲之後者，苟自知其繫姓，則俟養己者歿，求其族以後之，反其田宅，而脱身以復其宗，禮也。不自知其繫姓，而養己者之族，亦無可承，則廟祭其先，而祭養己者於其墓，祭者稱名，所祭舉姓字，奕世不廢焉。古之有天下國家者，祀九皇六十四氏，以及因國之無主後者，有道有德者，祭於瞽宗，皆以義屬耳，而況取諸襁褓，或收育於孤稚流離之日乎？然以恩與義屬而世祀焉，則誠也；以氣屬而命之曰爲後，則僞也。禮不可以爲僞，故曰：「名之必可言也。」

繫姓之不知，則其祭也如之何？曰：「是特與生而喪其父母、生而不及其大父母者，同實耳。致愛而導之以哀，致慤而加之以痛，胡爲其不可以承祀也。姓無所受則逮子若孫而氏以己之字可也。」其於養己者之祭，則不可以及其祖宗，是何也？義止於其身，而及其祖宗，是以氣屬而爲僞也，此謂誣於祭。若舍是而求順比俗之情，則非吾之所敢知也。

轅馬説

余行塞上，乘任載之車，見馬之負轅者而感焉。古之車，獨輈加衡而服兩馬。今則一馬夾轅而駕，領局於栀，背承乎軛，靳前而靽後。其登阤也，氣盡喘汗，而後能引其輪之却也。其下阤也，股蹷蹄攢，而後能抗其轅之伏也。鞭策以勸其登，棰棘以起其陷，乘危而顛，折筋絶骨，無所避之，而衆馬之前導而旁驅者不與焉。其渴飲於溪，脱駕而就槽櫪，則常在衆馬之後。噫！馬之任孰有艱於此者乎？

然其德與力，非試之轅下不可辨。其或所服之不稱，則雖善御者不能調也。駑蹇者力不能勝，狡憤者易懼而變，有行坦途驚蹶而僨其車者矣。其登也若跛，其下也若崩，濘旋淖陷，常自頓於轅中，而衆馬皆爲所掣。嗚呼！將車者其慎哉！

方望溪文集全編卷四〔一〕

奏劄

請定經制劄子

伏惟我皇上御極以來，發政施仁，敦典明教，無一不本於至誠惻怛之心，用此期歲之中，四海喁喁，嚮風懷德，人心之感動，未有過於斯時者也。但土不加廣，而生齒日繁，游民甚衆，侈俗相沿，生計艱難，積成匱乏。欲其衣食滋殖，家給人足，非洞悉其根源，矯革敝俗，建設長利，而摩以歲月之深，未易致此。臣聞三王之世，「國無九年之蓄曰不足，無六年之蓄曰急」。下逮六國紛争，且戰且耕，猶各粟支數年。漢、唐以後，歲一不熟，民皆狼顧，猶幸海内爲一，挹彼注兹，暫救時日。然每遇大祲連歉，君臣蒿目而困於無策者，比比然矣。蓋由先王經世之大法墜失無

〔一〕本卷原爲望溪先生集外文卷一。

遺，故生民衣食之源日消月削而不自知也。孔子見衛國之庶，首曰「富之」，孟子謂「聖人治天下，使有菽粟如水火」。至聖大賢豈肯漫爲游言，以欺當時而惑後世哉！臣嘗通計食貨豐耗之源，詳思古今政俗之異，竊見民生所以日就匱乏之由，實有數端，矯而正之，即漸致阜豐之本。但人情狃於所習，立法之始，必多爲異説以相阻撓；愚民無知，亦未必皆以爲便，而斷而行之，三年以後，饑寒之民可漸少；十年以後，中家資聚漸饒；二十年以後，則家給人足，而仁讓可興矣。臣伏見我皇上憂民之切，體道之誠，毛舉一二事之利弊，未足以輔盛治，故竭愚忱，陳積漸足民之法，分條敘列，伏候聖裁。

臣聞「古之治天下，至纖至悉也，故蓄積足恃」。蓋必通計天地生物之多少，與用之之分數，而後民生可得而厚也。民以食爲天，而耗穀之最多，流禍之最甚者，莫如酒。故周公之法，天下無私酒，即官亦不得擅作，必有事而後授酒材，所謂「事酒」是也。民間祭祀、冠昏、老疾所用，則鄉遂之吏主爲之，而小司徒掌飲食之禁令，又特設萍氏之官以幾酒、謹酒，其嚴如此。漢法：三人無故飲酒，罰黄金一鍰。文、景詔書，於酒醪糜穀蓋諄諄焉。至明洪武務絶其源，遂禁民種糯。及明中葉，燒酒盛行，諸穀皆爲所耗，至於今未之能革也。竊計天下沃饒人聚之地，飲酒者常十人而五，與瘠土貧民相校，以最少爲率，四人而飲酒者一人。其量以中人爲率，一日之飲，必耕二日所食之穀。若能堅明酒禁，是兩年所積，即可通給天下一年之食也。其藏富於民，較古耕九餘三之數而更益其半焉。但民愚無知，一旦盡用周官之法，不無駭詫。若先嚴燒酒之禁，而他酒仍聽其作。蓋西北五省燒酒之坊，本大者分鍋叠燒，每歲耗穀二三千石；本小者，亦二三百石。燒坊多者，每縣至百餘。其餘三斗五斗之穀，則比户能燒。即專計城鎮之坊，大小相折，以縣四十爲率。每歲耗穀已千數百萬石。北方平壤，無塘堰以資灌溉，生穀之數本少；且舟楫鮮通，猝有荒歉，輸運艱難，而可使歲耗千數百萬石之穀哉！自聖祖仁皇帝以來，無歲不詔禁燒鍋，而終不可禁者，以門關之税不除，燒麯之造、市肆之沽不禁，故衆視爲具文。禁示每下，胥吏轉因緣以爲姦利，不過使酒價益騰，沽者之耗財愈甚耳。禁之之法，必先禁燒麯，兼除門關之税，毁其燒具。已燒之酒，勒限自賣；已造之麯，報官注册。逾限而私藏燒麯燒具、市有燒酒者，以世宗憲皇帝所定造賭具之罰治之，縣官降調，不准級抵。特下明詔，嚴敕天下督撫，責成守令，則其弊立除矣。

其爲異説以相撓沮者，約有數端，必曰：「除天下門關酒税，則歲不下十數萬。」不知專除燒酒之税，未必如是之多，即果如是之多，但能使菽粟陳因，水旱無憂，則所省賑荒之庫帑倉儲，亦不少矣。或曰：「口外軍前，嚴冬沍寒，非此難禦。」其然，則弛禁於口外，内地已造之麯，許領官批，運至口外，自賣盡而止。口外所造麯酒，則不許入塞。如此，則耗穀無多，而用亦不缺矣。或曰：「一旦行此，則失業者多。」不知燒酒非擔負私鹽比也。貧民朝不保夕，盡禁私鹽，將毆而爲盜賊。若燒酒之坊，則非中家以上不能辦也。燒具雖毁，錫鐵木材仍可他用，其資本可别爲懋遷，何傷於其人之生計哉！或曰：「燒酒雖斷，彼改造他酒，穀仍不能無耗。」不知他酒非富民不能家造，非多本者不能成坊，苟失其法，則味敗而本折，故業此者稀。又其價高，貧民併數日之資不能一醉，則久而自止矣。燒酒盡斷，則西北五省，歲存穀千餘萬石。東南十省，以半爲率，亦千餘萬石。即造他酒者較多，所耗不過十之一二耳。周官之法，「不耕者祭無盛，不樹者不槨」，「不績者不衰」。周公當重熙累洽、年穀順成之日，而使天下有祭無盛、葬無槨、喪無衰者，豈故欲拂人之情哉！不如此，不足以齊衆阜財而使長得其樂利也，而况酒之耗民財，奪民食，廢時而失事者乎？且隸卒貧民，於燒酒尤便，因此起争鬬，興獄訟，甚且相殺傷，載在秋審之册者十常二三，而可無重禁乎？自古矯弊立法，創始最艱，而在今日則甚易。蓋我皇上愛民憂民之實心，恤民之實政，深山窮谷老稚男女無不感動，則令出而民無所疑，自非兇頑下愚不敢犯也。若變通周官、漢、明之法而盡用之，真可使菽粟如水火。然治教必積漸以興，若符節然，不可以先時而發，故臣亦未敢豫陳。伏乞敕下門關：核查三年内燒酒及其麯税實數，報部以憑定議。

臣聞善富天下者，取財於天地，而愚民所習而不察者，奪農家上腴之田，耗衣食急需之費，未有如烟者也。民用之最切者莫如鹽，丁男匹婦食鹽之費，日不及一錢，而弱女稚男之烟費則倍之。自通都大邑以及窮鄉下户，老少男女無不以烟相矜詡，由是種烟之利獨厚，視百蔬則倍之，視五穀則三之。以臣所目見，江南、山東、直隸上腴之地，無不種烟，而耳聞於他省者亦如之。又種烟之後更種蔬穀，皆苦惡不可食，敗國土而耗民財，視酒尤甚焉。而禁之則甚易，限期示禁，凡種烟者，以其地入官，别給貧民耕種，罰及左右鄰，有司失察者降調，則立可斷矣。但聞塞外軍前苦寒之地，嶺南瘴癘之鄉，行旅風雪之晨，烟亦有小補焉。若詔定經制，塞外弛禁，惟不許入塞。各直省郡、州、縣城内隙地亦得種烟，則以禦瘴癘，資行旅，有餘裕矣。城以外尺土寸壤，皆植五穀百蔬，通計海内，歲增穀亦不下千餘萬石。則雖烟税國所損什一，而民所益千百，月計不足，而歲計有餘矣。伏乞敕下門關，核查烟税報部，以憑定議。

昔孟子欲明王道以平治天下，所反覆申明者，農桑而外，不過雞豚狗彘、魚鼈材木之無失其時。蓋自聖帝明王御世之經，下逮霸國能臣救時之策，舍此别無根柢也。周公之法：凡山澤皆不授於民，官爲厲禁，使民守之，而竊木者加刑罰焉，水蟲别孕，則川衡身駐其地以守之。蓋大懼愚民竭取而生長難蕃，與盗竊者之無所畏忌也。臣所目見，齊、魯、燕、趙沿河傍山沮洳沙土之區，彌望而無樹。及扈從聖祖仁皇帝巡行口外，山隈林麓，灌栵連叢；入口内，則大山廣阜，彌望而皆童。臣生長江介，素稱魚米之鄉，而以邇年較臣弱冠時，則薪炭魚蝦價皆三倍。蓋緣有司怠於民事，凡盗樹竊魚，一切置之不問。用此林麓池塘少遠於宅舍，民皆荒棄，以雖出資本，而數寸之魚、數尺之木，皆不能生殖也。又約計州縣田畝，百姓所自有者，不過十之二三，餘皆紳衿商賈之産。所居在城，或在他州異縣，地畝山場皆委之佃户。佃户租課不清，歲更時易，豈肯爲業主守護？而盜竊公行，官置不問，業主亦不肯空棄資本。用此蕪廢恒産，坐失土利。伏乞我皇上著爲功令，俾督撫嚴飭州縣，專委佐貳官分界管理。凡業主鄉居者，督令自勸樹畜，而其居城鎮及他州異縣者，令業主出本樹畜，而佃户嚴爲守護，分其樵漁之利。佃户竊取，業主訟之，官必究；他人盜竊，佃户訟之，官必究。小有争，則鄉約保長平之；既成訟，聽之務得其平。則民皆争先而勸作矣。至於山麓河壖道路之非民業者，官種之。民間沮洳沙土之不殖穀麥者，亦勸之種樹，官爲厲禁，而使自巡綽，則十年二十年之後，材物漸饒，而民之生計日易矣。

臣生長安、池，流寓江寧，皆湖廣、江西上游米粟所匯聚。海關未開，新米上市，每升制錢五文，食物皆賤。及海關既開，洋船每至，蘇州沿江諸鎮米價騰貴，登、萊亦然。文武官弁以及胥吏兵丁，皆有陋規。世宗憲皇帝時始禁海關出米，然所出較少，而未能盡絶也。故至今豐歲，沿江新米，制錢必八九文。又百貨及紗、羅、紬、緞、葛布、夏布出洋，於民用尚無大損。惟棉布，則窮民所以禦冬也。一夫不耕，或受之饑，一女不織，或受之寒，而可使内地男耕女織之粟布，日流於洋外乎？伏乞皇上敕部定議：無論内商出洋及洋商入市，每船一號，計人口及往返程期，每人糴米日二升爲率，則雖遇風濤阻滯，經時累月，亦綽有餘裕矣。其放米逾數及私放棉布，守闞胥吏兵丁，重懲不貸；官弁降調，督、撫、提、鎮亦有處分。則粟米之存積日多，止計松江、蘇州、常州三郡，出洋之棉布流轉内地，可多被數百千萬窮民矣。

嘗考自周以前，經籍所載，中原平壤，雩祀之外，别無救旱之方。故桑林之禱，雲漢之呼，雖聖賢之君，莫可如何。凡周官溝、洫、澮、川之制，禮記導達溝瀆、完隄防、謹壅塞之令，皆以防水患也。是以禹貢首言「濬畎、澮，距川」，而孟子亦曰「七八月之間雨集，溝、澮皆盈，其涸也，可立而待也」，則專以通水道明矣。臣數十年中目見耳聞，北直、山東、河南，大率水災爲多。東南之田，則惟恃通川之支河，障水之大圩，依山傍田之塘堰。苟能興作，則雖遭屢旱，鄰畔皆焦，而此田蔚然。臣前奏凡通川大河及大塘大堰，民力不能自浚築者，宜於儉歲，官爲興作，因以食其民，已蒙聖恩允行。但州縣之吏，訟獄催科，日不暇給，常恐以他事自撓，非淳德長才，安肯爲民興利？伏乞皇上切諭直省督撫：凡西北五省下流不通時困於水災之地，東南十省支河通漑及大塘大堰宜浚築者，准紳士耆民具實呈報，擇賢能練事之員相度詳議；工大者具奏，敕部定議，其小者則豐年勸民浚築，官爲監視而鼓舞之；荒年則官爲興作，以救民飢。如此，則西北除害之半，而東南獲利之全。循數推理，數年之後，所在蓄積漸多，而災患之小者不足以困之矣。

臣苞所陳五條，皆民間日用細微之事，然通計物材民用生長撙節之分數，則植基甚廣而取數多。驟視若迂遠而無近功，然漸而行之以久，皆有一二可徵之實效。蓋天地之生財有數，不在官則在民。民生之用物有經，少所損即多所益。昔聖祖仁皇帝念天下無事，常以三年之内，輪免天下地丁銀兩三千二百餘萬，屢告廷臣，欲永以爲例。及西邊設戍，遂不能再行。我皇上御極以來，所免臣民應追之銀、應徵之賦，約計已千餘萬。海内臣民雖感戴聖恩，淪肌浹髓，而欲其一旦富實，固不能也。惟廣開生物之源而節其流，俾菽粟日多，畜産豐饒，百物皆賤，致銀錢雖艱，而足衣食則易，然後可積久而致富安也。臣非不知致治之要，在官恥貪欺，士敦志行，民安禮教，吏稟法程；然是數者，不可以法驅而威禁，必萬邦臣庶，無貴賤貧富，各守其分，而仰事俯育，寬然無憂，然後牖之而易明，導之而易赴。伏惟我皇上審察詳議而斷行之。臣不勝戰汗悚冀之至。

請定徵收地丁銀兩之期劄子

奏爲請定徵收地丁銀兩之期，以紓民困事：邇年徵收地丁銀兩，四月完半，十月全完，此於國課無分毫之益，而農民苦累，不可不急推大行皇帝聖恩，援雍正八年寬徵川、陝之例，以廣皇仁而紓民困也。

蓋自三月至六月，正農民耕田、車水、刈麥、插秧之時，舉家男婦老幼雜作，兼僱閒民助力，尚恐後時；乃令奔走鄉城，經營借貸，伺候官府，延接吏胥，以奪其時力，爲累大矣。計一州一縣，富紳大賈，綽有餘資者，不過十數家或數十家。其次中家有田二三百畝以上者，尚可那移措辦。其餘下户有田數畝數十畝者，皆家無數日之糧，兼樵采負販，僅能餬口，正當青黄不接之時，而開徵比較，典當無物，借貸無門，富豪扼之，指苗爲質，履畝計租，數月之間，利與本齊。是以雖遇豐年，揚功甫畢，而家無儋石不厭糟糠者，十室而七也。

在有司初爲此議，不過慮歲有豐凶，四月已徵其半，則後此徵收爲易耳。不知秋成果有四分五分，小民本不作拖欠國課之想，而守土之吏亦不容其拖欠。若在三分二分以下，則我皇上視民如傷，方且憂其流殍，蠲租賜賑，豈忍豫斂其財，而不顧其後哉！且農忙停訟，盛夏減刑，聖朝舊制，而每至四月，則一州一縣，所比日數百人，笞責以五七十爲率；若過四月，則備加笞責，以備折減之數。近聞閩撫所參縣令，至有用夾木以比較者。蓋惟限以四月完半，青黄不接，窮民束手無措，故忍受肌膚之痛至於此極也。臣伏念自大行皇帝時，寬陝西、四川徵收之期，六月完半，十一月全完；數年以來，未聞其有逋賦，則少寬徵收之期，於國課分毫無損可知矣。

更有請者：舊制二月開徵，六月停徵；八月開徵，十月全完；次年五月奏銷。原不定所徵分數，是以有司得各視土之所出，以爲所徵多寡先後之分。故河北五省，種麥甚多之地，麥熟可徵十之四五；江淮以南，種麥甚少，則雖二月開徵，而完至三四分者，不過商賈紳衿饒裕之家，其餘中家不過一分二分，大約皆八月開徵，歲終全完耳。至於江、浙賦重之州縣，則次年五月奏銷以前，皆完賦之日也。自國初行此，八十餘年，非遇水旱之災，未聞大虧國課。自有司變爲四月完半，十月全完，每月俱定分數徵比，曾未數年而中家漸貧，貧民益困。至於江浙賦重州縣，則雖限以四月、九月，終不能如期完納，而常有逋賦也。如謂各省有春夏調發之軍需，則宜於上年錢糧内，豫爲撥定，本年春夏所徵又不足恃也。

凡此無益國事而徒爲民困之實，有心者皆知之，有口者皆言之，非臣一人之私見；若蒙竟復舊制，則膏澤之及民益深，將見民生日厚，而國賦之徵收亦益易矣。伏乞斷自聖心，勿下廷議，特頒諭旨，大沛恩施。謹奏。

請定常平倉穀糶糴之法劄子

爲請定常平倉穀糶糴之法，以便官民事，欽惟大行皇帝深恤民艱，允釐吏治，覈天下常平倉穀，使無虚冒，定存七糶三之法，出陳易新。此洵視民如子，誠求惠保之至意也。而有司奉行失宜，必待穀價既貴，各州縣始得申詳府、道、藩、臬、督、撫，請定官價，并示開糶之期，一處文未批發，不敢開糶。不知平糶本以利民，而穀貴早晚無常；若商販衆至，則旬月之間價復大減，是以胥吏得借此要索。苟或上官失察，批發後時，穀貴之期既過，不獨窮民不得邀平糶之恩，而官定之價且不能充。有司當此，欲不糶，則紅腐可憂；欲賤糶，則秋糴難補。投足兩陷，罰無所逃，誠可矜憫。

且惟河北五省，地勢爽塏，風氣高燥，倉穀數年不壞，存七糶三之法，尚可遵行。若江淮以南，地氣卑濕，民間三二百石之倉，每遇伏暑，稻必發熱，若不盤倉，米多折碎，味亦發變，價值大虧。五嶺以南，但逾一年，底面即有霉爛。若通行存七糶三之法，則南方諸省，每至數年，必有數百萬石霉爛發變之穀。有司懼罪，往往以既壞之穀，抑派鄉户，强授富民，是化有用之物爲無用，本以利民，而轉重以爲民累也。伏乞我皇上特頒諭旨：嚴飭南方各省督撫，驗察州縣存倉之穀，不用盤倉，三年全然不變，然後可歲存其半；兩年不變，則糶七存三；但逾一年，底面即有霉爛，則春盡糶而秋糴之。其或年歲大歉，本州縣及鄰境穀皆騰貴，春糶之價，不足以糴充原數，則詳明上司，銀交郡庫，俟次年有收，或鄰境豐穰，如數補糴。至河北五省，儻遇歲歉，春夏穀貴，亦聽各州縣詳明上司，不拘糶三之例。督、撫、司、道、郡守，止於歲終，實覈入倉之數，一至開春，一任各州縣照所定存糶分數，隨時發糶。永杜詳請定價示期之弊竇，則胥吏絶無要索之因，窮民實邀平糶之澤，現在有司可無變爛賠補之累。新舊交代，永絶彼此相持，忿争告訐之風。揆之大行皇帝深恤民艱，允釐吏治之至意，始曲盡而無遺憾。

至於穀之存倉則有鼠耗，盤量則有折減，移動則有腳價，糶糴守局則有人工食用，春糶之價即稍有贏餘，亦僅足以充諸費。更祈敕諭督撫：嚴飭監司、郡守，歲終稽查，但穀數不虧，不得借端要挾，使有司別無過慮，庶幾中材可守，無累於民。若有廉能之吏，實心愛民，適逢秋糴價賤，贏餘較多，詳明上司，别貯一倉以備歉歲發賑。督撫按所積穀數彙題，量加紀録、加級，以示鼓勵。此臣積年博訪周諮，灼見情弊，而後敢入告者。伏乞聖鑒施行。

請復河南漕運舊制劄子

爲請復河南省漕運舊制，以甦民困事：查河南漕糧，除河以北州縣舊徵本色外，河以南之祥符等五十州縣，共應徵米十三萬六千七百餘石。自雍正六年至今，概徵本色於運次交兑。河以南各府州縣俱遠水次，又中隔黄河，厥土墳壤，一經雨雪，牛車淖陷，日行不能十里，而漕期刻不容遲，雇夫盤駁，價且十倍，中家破産，貧民鬻子，恒由於此。是以聖祖仁皇帝深念民咨，於康熙二十二年改令全漕折銀解部，而有司胥吏陰爲阻撓，多方扇惑，至二十九年復徵本色。三十二年，以民終不便，折徵銀兩，官爲採辦。五十八年，撫臣楊宗義題請：「附近水次之衛輝、彰德、懷慶三府，並開封府屬附近水次之州縣，仍徵本色。其不近水次之歸德、河南、南陽、汝寧四府，及汝州、開封府屬遠水州縣，照常令民間折銀，交糧道在衛輝府水次官爲採辦。」格於部議。刑部尚書張廷樞以讞亢珽獄，奉命河南，小民籲號屬路。復具疏題請，又格於部議。聖祖仁皇帝盡絀群議，特旨允行，民皆感泣。雍正六年，督臣田文鏡題請通省全徵本色，以衆心洶洶，尋題五百里以外陝、靈等九州縣，改徵折色。蓋已心知其悮，特以變法未久，不敢盡反其前議耳。其實祥符等四十二州縣，雖較之陝、靈等處略分遠近，而不通運道，中隔黄河，民間輸輓之苦累則一也。

謹查浙江漕米，寧、紹等八府不分遠近，均以中隔錢江，例徵折色，解交糧道於嘉、湖水次採買兑運，行之經久，民咸稱便。今河南祥符等五十州縣，中隔黄河，與浙省情形無異，應將應徵漕米十三萬六千七百餘石，悉照從前折徵定例，解交糧道在衛輝水次官爲採買。衛輝乃豫省糧倉總匯之區，其附近小灘、李家道口、楚望等鎮，鄉米雲集，足敷辦漕之數。

再查河以北滑、濬、内黄等州縣，向止額徵銀兩，不收粟米，而其地與運道水次甚近，宜令將應徵銀兩酌半改收粟米，就近運送通倉，以充遠水州縣糧數所不足。

至於豫省漕糧，衆議皆謂京、通各倉不數支放，是以改徵本色。今豫東兩省，每年運倉粟米五十八萬石，而支放官兵，歲需不過三十餘萬石，加以薊糧四萬石，共需粟米不及四十萬石，每年除支放外，尚約計存倉二十萬石。是即將祥符等五十州縣米石徵收折色，於天儲未嘗有損，而國計民生均有裨益，是乃聖祖仁皇帝二十二年初改折色之本意也。河以南數百萬生靈所仰望聖主高厚之恩，無過於此。伏乞皇上睿鑒施行。

請備荒政兼修地治劄子

爲請推聖恩以備荒政兼修地治事：皇上御極以來，至孝深仁，遠猷善政，下通民志，上順天心，時雨時暘，百産殷阜，豐穰相繼，不卜可知，但以四海九州之大，雖堯舜之聖，不能保其無一方一隅之偶歉也。臣往年十月初五日，伏讀聖諭，摘發督撫及州縣報荒不實情形，洞晰無遺。本年二月初一日，臣等於通州恭迎聖駕。臣到行幃，諸臣已先進見而出，宣告臣苞，陝西督臣劉於義奏摺，皇上硃批：「古語『救荒無奇策』，皆由庸臣見小惜費，不肯實播上恩。」聖謨深遠，足以破前古之疑，而垂教萬世。又准廷議，獨存捐監一項，以備賑恤，勿充他費。凡此，皆古昔聖王「視民如傷」、「如保赤子，心誠求之」之實政也。臣苞竊思救荒宜豫，故周公設保章氏之官，以星土之法，五雲之物，先期而知「水旱降豐荒之祲象」以修救政。雖其法無傳，然每至夏末秋初，則水旱豐歉之情形，十可八九得矣。舊例報荒必待八九月後，衆口嗷嗷，情狀顯見，然後入告。是以聖祖仁皇帝、世宗憲皇帝每聞荒報，立下諭旨，開倉發帑，截漕通糴，惟恐後時。

然被災之民，朝不及夕，而奏請得旨，動經旬月，流殍者已不知其幾矣。故備荒早，則民無流殍，而國費亦不致過多；救荒遲，則勞費十倍，而功猶不能一二。此古今所同然，賢愚所共曉也。

伏乞皇上敕下督撫，嚴飭州縣，凡有水旱，五六月即據實詳報；七月中旬即核定災傷分數并乏食人數，造册上聞。蓋一州一縣之中，田有高下，傷水傷旱，被災亦有淺深。但得實報無欺，則災小之地，不過量免被災之户本年正供錢糧十分中幾分；發常平倉穀，招商通糴；勸諭富民，挑塘築堰，賑恤孤寡無告者，而災可弭矣。其災大者，則許動庫金，修城浚隍，整理倉廒官署，以招集附郭貧民；於四鄉相度支河、橋梁、大塘、大堰，招集各鄉土人，官給廩穀，使任浚築。惟老弱孤寡力不能任土工者，乃計口給粟，則爲數無多，易周而可久。自古救荒之政，莫善於興工築，而其事宜早；若待民已飢疲，則雖壯者，亦力不能勝工築矣。

更有請者：古者城必有池，故易曰：「王公設險，以守其國。」周公立司險、掌固二官，「以通守政」，所恃惟溝、樹耳。凡國都暨近郊、遠郊，必設溝、樹三重，鄙邑一重。蓋無池則城不可守，故孟子曰：「鑿斯池也，築斯城也，與民守之。」詩曰：「築城伊淢。」池與淢，即周官所謂溝也。本無城而創作，則起土而溝形已具矣；本有城，則以築外垣，使附城之民得保焉，即春秋傳所稱郛與郊保也。不獨通川之地，浚溝即以爲池；即地不通川，而溝深三丈，則行潦所匯，聚城市之流澌必成淖淤，可以限戎馬之奔馳，制盜賊之逋遁。春秋、戰國時，有連數國之師，攻彈丸小邑而不能入者，有溝以爲限，有樹以爲蔽，則守禦易而圍攻難也。自秦人墮城平塹，漢、魏以後，盜賊猝起，破州屠邑，千里無留行。蓋古法盪滅，州縣或無城，或有城而卑且惡，或城雖可憑，而無溝、樹以爲阻固耳。詳稽前史，證以近代所見聞，苟城堅而有溝、樹，守禦得其方，雖敵强援絶，莫能驟拔也。聖人安不忘危，則國家閒暇，城堡溝樹之政，宜及時修舉明矣。

更有請者：吴、楚、蜀、越、嶺徼之地，皆賴川流塘堰以灌秔稻，不專恃雨澤。明太祖嘗慮民間不敢擅開支河，而大塘大堰又有民力不能自興築者，洪武二十八年，官開天下支河九千二百有奇，興塘堰四萬九百八十有奇，民皆利之。伏乞皇上敕下督撫，令各州縣詳詢耆民，躬自踏看，凡通川之地，可開支河；沮洳之區，可與大圩與大塘大堰，宜創作修復者，一一詳報。督撫核查審酌，并估計工程，於一年内陸續造册具題存部。北五省塘堰、圩堤可興者少，則查千家、數百家之鎮集，宜開溝渠、築垣堡者，亦造册具題存部。但遇減收之年，即及時興作，以聚窮民，其要地城池，則豐年以次治之。數十年之後，天下郡州縣治及大鎮大集，莫不有外垣溝樹之阻，平時可以備盜賊，有事可以固疆圉。天下河道橋梁、圩堤塘堰無不修治，可以助人力所不逮，補旱潦之或偏，一舉而衆善備焉。至於溝樹之地，雖不能無廢民田，而當荒歉之年，官給原價以買之，民之懽忭踴躍，與受我皇上之賑賜等。所慮者，官費用之不充。然聞從前捐例，通計監生一項，歲不下五七十萬，今諸例盡閉，則此項所入必較多。而下覘民氣，上驗天心，自今以往，荒祲必漸少，且審度緩急，量歲入而次第舉行，亦不患其不充也。通計每年賑荒工築所餘，以興逼近洞苗出入各州縣之城堡溝樹，而沿邊要地次之，吴、楚、蜀、越、嶺徼之支河、圩堤、塘堰次之，北方大鎮集之溝垣次之，海内要地之城池次之；然後僻小者以次而徧焉，然後吴、楚、蜀、越、嶺徼之大村鎮亦以次而徧焉，然後北方之小鎮集亦徧焉。其餘散居山澤及二三十家自爲聚落者，聽民自便，蓋吴、楚、蜀、越、嶺徼之支河、圩堤、塘堰先修，則農收倍多；北方鎮集之溝垣先修，則盜賊易詰。故興作之序次如此。

臣夙負罪愆，荷聖祖仁皇帝矜容之德、特達之知，又荷世宗憲皇帝宥及全宗，擢居今職，又荷皇上再召入南書房，臣陳三事，皆蒙俞允。故敢冒言國政之大者，伏候皇上裁察。謹奏。

論禁燒酒事宜劄子

欽惟我皇上特降諭旨：永禁燒酒。此誠經國之大猷，足民之本計，備荒之實政也。嗣因孫嘉淦條奏，發王大臣九卿公議。所見不同，各爲一議，並陳御覽。復發北省督撫公議，所議次第奏到。本月二十四日，九卿復齊集會議，謂不宜禁者十之七八。在諸臣，惟慮開燒鍋者之失業；而臣所慮者則在燒鍋屯穀既多，雖遇豐年，米價亦貴，而窮民艱於得食。諸臣所慮者，大豐之年，穀賤傷農，故争言惟儉歲宜禁；而臣所慮者，則在儉歲，雖禁亦無穀可積，儻遇災荒少劇，雖不惜國帑，亦無穀可糴，終不能救窮民之流殍，而厪聖主之憂勞。臣一介寒儒，年力衰殘，初列班聯之末，雖竭誠無隱，而終不能解異議者之惑，故敢直陳於聖主之前。伏念自漢、唐以及元、明，流民起而爲盜賊，皆由饑饉。我國家運方郅隆，毋庸慮此，而蓄積備荒之道，不可以不豫。即如雍正八年，河南衛、彰等處旱荒，田文鏡匿而不報。九年二月，世宗憲皇帝訪聞，立遣侍郎王國棟馳驛往賑，盡發數年所積倉穀五十餘萬石，兼截酒糧以散之，穀尚不敷，乃折銀以代穀，而無穀可糴。惟中家素有儲蓄者，尚能自保；其餘得賑而免於流殍者十之三；其就食他省者，雖荷先帝仁恩，命所經州縣稟給資送，而轉死於疾病者，尚不可勝數。此天下所通聞也。伏乞皇上徧詢謂燒鍋不可禁之諸臣：設更有如雍正九年衛、彰等處之旱荒，將何以贍之？儻有如漢、唐、宋、明一二千里之水旱，皇上即不惜數百萬帑金以賑之，而水路不通之地，雖有米糧，將如何轉運？況鄰省亦無積穀乎？諸臣果有善策，即聽開燒鍋之禁；若並無其策，則臣願我皇上熟計審處，斷自聖心，勿以浮言而阻實政也。至内外諸臣前後條奏，言燒鍋不宜禁者，其大指不過二端，其細目不過八條。臣謹一一剖析於後，伏乞皇上存臣所奏，俟王大臣九卿議上時，一一察驗，彼此相參，則孰爲中乎事理，當乎人情，自無能遁於聖鑒矣。

一則謂「驟禁燒鍋，恐失業之民多」。不知開燒鍋者，非大有資本不能具房倉什器，屯積粱穀。此種豪民，即不開燒鍋，亦可用其資本經商行賈，何患失業？凡城市村鎮賣燒酒者，多與油鹽雜貨同一店，雖不賣燒酒，他貨未嘗禁其市賣，亦並無失業之虞。惟大路之旁，間有搭草棚零沽於行旅者，此不過百分之一，然燒酒雖禁，黄酒豈不可以零沽？則慮民失業，乃似是而非之説，明矣。

一則「謂恐穀賤傷農」。果爾，則周公「耕九餘三」，爲厲民之政；孟子「菽粟如水火」，爲亂政之言矣。史稱唐太宗時，斗米三錢，民行萬里，不持尺兵，用致刑措；而我朝康熙三十年前後，臣時往來京師，米麥之價，僅及近歲之半。彼時百物皆賤，家給人安，未聞以穀賤傷農。目今即令民間歲歲積穀，行之以久，尚未必能復康熙三十年前後之舊，而諸臣豫以穀賤爲憂，實臣之所不解。然則穀賤傷農，爲似是而非之説，明矣。

一謂「穀糠不以造酒，則無糟以飼六畜」。此乃情理所絶無者。夫穀糠，去其精華以爲燒酒，其糟粕尚可以飼六畜；則精華尚存之穀糠以飼六畜，必更肥碩，此物理之最易明者。若謂必爲糟而六畜乃食，則是未經造酒之穀糠，委之於畜，畜竟不食也。其誰信之？

一謂「高粱有味澀者，止可喂養牲畜」。即就所言，北五省大家小户，六畜需用高粱之處正多。且李衛前奏「宣化一府，瘠地所出高粱，味雖微澀，值荒歲，百姓亦頗賴以充飢」，則是高粱無不可食之明證也。

一謂「禁止燒鍋，則當先禁燒麯」。此説是也。但謂「凡鎮市開廠造麯，耗穀累千萬石者，在所必禁；而民家自躧燒麯者，則聽之」。此説乍看似爲近情，其實積少成多，耗穀與開廠等。小民逐利，既開其端，則人人皆託名自用而無以禁之，是向之聚造於一處者，今特使分造於各州各縣各鄉各鎮耳。是名爲禁而實縱之之術也。

一謂「高粱難於久貯」。其説甚爲荒唐。且五穀未有不可久貯，久貯則未有不生蛀蟲、略有損壞者。小民歲蓄，每家不過數石、數十石，收藏曬晾甚易，非有成千累萬之相因也。即富户糧穀豐盈，有累千百石者，每歲皆可推陳易新，豈坐而視其損壞乎？即據尹會一所奏，亦只云：「大約朽蛀則是，亦難直斷以不可久貯也。」其爲影響之説，明矣。

一謂「嚴禁燒鍋，則私燒者多，必致比户擾累」。不知惟開燒鍋，難於密秘，雖高牆深院，氣味必達於外，不比私造賭具，銷燬制錢，可藏匿而爲之也。地方官果肯實力奉行，查禁最易，豈有比户擾累之弊。

一謂「禁燒酒，則造黄酒者必多，轉致費耗糯黍精鑿之穀」。殊不知黄酒不可久擱，尤不可致遠，車載則色惡而味變，又深春、炎夏、初秋皆不可造。且價高而難以充量，飲燒酒數兩者，非黄酒三二觔不得一醉，即有中人之産，亦豈能用十倍之資以縱飲？窮民則不禁而自不能沽。所省民間飲酒之費，十居六七，又其顯見者也。

一謂「驟禁燒鍋，恐胥吏乘此以擾民」。不知前此惟陽奉陰違，或開或禁，故有司胥吏得緣爲姦利。若通行禁止，官能守法，民自知畏，更何緣以擾民？見今直隸、山東嚴禁燒鍋，已經數月，未聞擾民，别生事端。其明驗也。

一德沛奏稱「膏腴之土，植無用之材，已屬暴殄，況登場之穀，爲亂性之資，又自古及今，皆知其不可者」等語，是其意謂不可不禁也。而又慮「州縣官有刑名、錢穀之責，千、把總有操防、訓練之司，不得不委之兵役、番捕，恐愚民受其侵擾」，此則爲有司所蔽惑耳。國家設守土之官，以察民間之疾苦，興利除弊，皆須必躬必親，實心爲之經理；若除刑名、錢穀、操防、訓練外，一切委之兵役，則不可以任州縣之寄，爲百夫之長矣。

伏念燒鍋之禁，聖祖仁皇帝、世宗憲皇帝所屢申也。所以陽奉陰違者，皆由不肖有司及本地勢紳，有所利而爲之護持，是以胥吏土豪得因緣以爲姦利。今聞聖主特諭永禁，則有司、勢紳百方巧説，以惑九卿、督撫之聽，九卿、督撫以言者衆多，遂謂此衆人之公言，而不知其爲不肖有司及勢紳之私意也。若千百萬窮民之苦穀貴而望禁燒鍋，則何由達於九卿、督撫之聽哉？臣區區區之心，不勝激切仰企之至！

請禁燒酒種烟第三劄子

竊惟自古開創之初，臣主一心，萬民畏法，故變更制度，縱横任意，立見成功。承平之後，百吏因循，姦民抏巧，而欲更化善治，必得其機會，因勢以利導之，然後無沮格中廢之患。故唐之中葉，議復府兵，久而無成。會吐蕃以牛運糧至原、蘭，牛無所用。李泌建議以爲急市其牛，可得六萬頭，以給沿邊戍卒，開墾荒地，願留者給爲永業，則府兵漸次可復。但需急爲之計，過旬月則不及矣；而當時不能用，讀史者莫不痛惜焉。

乾隆二年，皇上特降永禁燒酒諭旨，以九卿、督撫各持一議，久而未定。今年三月，復降諭旨，命禁躧麯。前月中，又特命嚴禁燒鍋。聖主至仁至明，爲國家樹根本之道，洵億萬世生民之福也。臣之愚心，竊謂永禁燒鍋，惟此時爲易。臣前年奏請先禁河南北五省者，以南中粟米尚多，恐愚民不知其宜禁也。今江南旱荒，浙江、福建米價騰貴，江西、湖廣多米之地，亦幾倍於前。若以此時特頒諭旨，布告天下，各省俱行永禁，則民心感説，可以不勞而定。蓋前此在内之公卿，不過牽於莊頭之厚利；在外之督撫，不過惑於有司、胥吏之浮言，又恐有虧關税。今見萬民飢殍，聖主憂勞，則九卿、督撫必不忍飾浮説以相阻撓，即莊頭、土豪亦不敢干功令而犯衆怒。明年春夏當無異議，至秋冬即大有農收，皇上堅持而申喻之，則此法可永定矣。

九卿中言禁之未便者，惟孫嘉淦、尹繼善，二人非有私意，乃所見實然。但孫嘉淦止知燒酒永禁，以此營生者一時不無失業之苦，至永禁以後，利益溥徧，則未嘗籌及。即如今年孫嘉淦請弛躧麯之禁，各省督撫未有以爲是者，可知人心之公自有不能曲狥之是非也。況去歲直隸地方嚴禁燒鍋，業已半載有餘，山東則自始至今未嘗弛禁。兩省之民未聞以此爲病，則謂擾民而難禁，乃胥吏、有司之姦言，而督撫誤信之，明矣。尹繼善曾與臣言：「非謂燒酒不宜禁，乃謂愚民習便，無法以禁絶之。」然行之於此時，則無貧富賢愚，皆知其宜禁矣，此正可以永禁之機會也。至於種烟所減之粟米，較之燒酒所耗，亦十分之六七，而禁之又不若燒酒之難。蓋種於田野，半歲乃成，不可掩藏；無俟嚴刑峻罰，第拔其苗，扑責其人，即不敢再犯矣。如謂「八旗祭祀，舊制必用燒酒」，兵丁巡夜，寒冬難盡禁烟」，則特開古北口一路，塞外燒酒與烟，官給印票，許載入京城，則可給矣。如謂「廣西、雲、貴瘴厲之地，烟微有補」，則飭督撫查明瘴癘州縣，聽民於山澗種烟，不得出境販賣，而永禁於平地，則亦可以兼濟矣。

前直督李衛曾奏稱：「宣化府地方所産高粱，有味苦者，惟凶年乃以充飢，豐年宜聽其燒酒。」則即如所奏，豐年聽其燒酒，而不許出境販賣可矣。昨閲邸報，見甘撫元展成奏稱：「甘肅苦寒，嚴冬風雪，口外兵民，非此不足以資温煖。」即如所奏，凡沿邊及口外駐兵防守之地，自十月聽其燒酒，二月嚴禁。其餘州縣，則概行禁止可矣。且臣積年確訪，宣化一府所以種苦高粱獨多者，以燒酒利大，運販遠方爲便也。若不許出境販賣，則所種苦者日少，而不苦者日多。儻遇荒歉，宣化一府之高粱，不需官移而商自轉販鄰封，以濟飢乏矣。至元展成所奏「窮民裋褐不完，必借杯酒以敵寒威」，尤屬窕言；果身無衣，腹無食，杯酒豈足以禦晝夜之寒威？果有餘錢以酤酒，則積兩月之酒價，可得寒衣以禦三冬矣。至於商旅，則用酒無多，黄酒本無禁令，而必欲用燒酒以耗至可寶貴之黄米何意乎？況自漢、唐以至元、明，皆苦邊地少粟，多方運餉，而於春秋和煖之日，多作無用生事之燒酒，以耗有用難致之軍糧，可乎？且以宣化一府之私利，西邊數鎮之嚴寒，而廢四海九州之長利，讓生民之隱憂，撓國家之本計，可乎？

但永禁之法，若不毁燒鍋，不除烟酒關税，終非拔本塞源之計。伏望我皇上斷而行之。如群臣尚有異説，伏乞皇上詰問：除禁酒禁烟，更有何法可使粟米日多？令其陳奏。庶幾諸臣爲百姓思之，爲皇上思之，而知顧私利之非忠，執淺見之誤國也。

更有請者：凡群下所奏，若實有當於事理，則祈我皇上特旨行之。蓋以人情熟於揣摩，且多嫉妒，知議出群下，則思多方以破壞之。臣伏見我皇上敬天仁民之實德，虚己樂善之實心，洵可以興三代之治；而群下之結習不除，則雖我皇上日夜憂勤，而庶政終難於興起。至於開源節流，乃自古聖王使菽粟如水火之常經。上腴之田半變爲烟圃，五種之美半化爲糟醨，民間積貯日少；若疊遇水旱，雖盡發太倉、常平之積粟，費數十百萬之國帑，實不能徧濟千百萬之窮民，思之令人寒心。即如目今各路凶荒，向使民間多留一石之粟米，較之官爲採買輸運，所省國帑不止一倍。若目下早定一日之大計，則後此可早釋我皇上一日之憂勞；而諸臣猶以永禁燒酒爲未便者，真愚臣之所不解也。

臣今年血氣日衰，初寒，則晨夕戰慄，飲食日減，誠恐一旦遂填溝壑，則諸臣阻撓之淺見，國家久遠之深憂，不得復達於聖主。謹罄竭愚忱，盡言無隱，伏惟鑒察！謹奏。

請除官給米商印照劄子

臣閲邸報，兩江督臣那蘇圖奏請：「備荒宜照去年部議定例，凡米船過關，即詢明係往被災某州縣售賣，免其納税，給與印照；責令到境呈送地方官鈐印，於回空過關時，呈驗查銷。如偷運别省，并沿途先行糶賣，將寬免之税倍追治罪。」已蒙硃批「照所請速行」在案。仰見我皇上愛民深切，不緩須臾；督臣仰體聖德，計畫周悉。

但所稱查照定例内有急宜變通者，凡販米客商，逐貴去賤，本不待教而喻。凡米價貴賤，視被災淺深；災淺者價貴，災深者價必尤貴。若必限定到某處糶賣，不可改移，假如沿途米價更貴於所報往賣之處，則此地之飢困，必更甚於彼地。客商不敢違法而擅賣，貧民嗷嗷待哺，必欲强買，竊恐爭奪搶攘之患必更叢生矣。大凡米價騰貴之地，一遇客商湊集，價必稍減；此地稍減，又爭往他所。聽其自便，流通更速。若價昂既不敢賣，價減又不得不賣，商賈用本求利，必視此爲畏途，而觀望不前。又地方官鈐印一節，即官長不敢留難，而胥吏隨處需索，往返再三，視納税費增數倍。更有慮者，客商挾資往來江湖，多隱秘其踪迹，惟恐生人識其面目，所以防盜賊之拘執拷索也。若使出入官署，投批請印，人人知其爲商，尤所深懼。

臣少時授經四方，時附客船，深知此中情事，故敢冒陳愚見。伏乞皇上特降諭旨：凡米船過關，免其納税，聽憑轉運本省地方隨處售賣，不許偷運别省。庶大商小販人人踴躍爭先，而民食可少濟矣。謹奏。

論山西災荒劄子

臣本月十五日閲邸鈔，始見御史楊嗣璟奏山西歲歉，奉旨：「著巡撫石麟速行明白回奏。」仰見聖心憂民之切。但州縣既匿荒不報於先，而大吏又失察於後，今奉旨查問，恐地方官不無多方掩飾，幸免罪愆之弊。萬一石麟回奏未能盡實，再遣大臣往查，非越月不能上聞，而被災之民朝不保夕，恐難久待。伏乞我皇上即召山西在京大小臣工清問，俾各陳所知，如與御史所奏相符，則求特遣忠實大臣前往，會同巡撫覈查被災淺深之地，即照直隸、山東之例，一體動帑賑濟，庶被困飢民不致流離失所。我皇上視民如傷，四海蒸黎感戴聖恩，皆如赤子之仰父母。故敢竭其愚忱，不勝激切悚惶之至！

方望溪文集全編卷五

奏劄

請矯除積習興起人才劄子〔一〕

臣聞人臣之義，國爾忘家，君爾忘身。士大夫敦尚氣節，東漢以後，惟前明爲盛。居官而致富厚，則朝士避之若浼，鄉里皆以爲羞。至論大事，擊權姦，則大臣多以去就爭，臺諫之官，朝受廷杖，諫疏夕具，連名繼進。至魏忠賢播惡，自公卿以及庶官，甘流竄，捐腰領，受錐鑿炮烙之毒而不悔者，踵相接也。雖曰激於意氣，然亦不可謂非忠孝之實心矣。惟其如是，故正、嘉以後，國政僨於上，而臣節砥於下，賴以維持而不至亂亡者，尚百有餘年。臣竊見本朝敬禮大臣，優恤庶官，遠過於前明；而公卿大臣抗節效忠者，寥寥可數，士大夫之氣習風聲，則遠不逮也。

〔一〕本篇至進四書文選表，原爲望溪先生集外文卷二。

臣少遊四方，所至輒問守土之吏之爲民利病者。無何而大病於民者，已列薦章矣；民所愛戴者，多因事罷黜矣。叩其故，則曰此富人也；非然，則督撫之親戚故舊也；非然，則善於趨承詭法逢迎者也。其罷黜者，則以某事忤某上官耳。間有貪殘而被劾，循良而得舉者，則督撫兩司中必有賢者焉，而亦寥寥可數矣。至於九卿，乃九牧之倡，萬官庶事之樞紐也。督撫、臺垣之條奏，特下九卿，必國體民生所繫，猶叩樹本百枝皆動，而可或有差忒乎？以臣所聞見，凡下廷議，其爲督撫所奏請，則衆皆曰：此某部某長官所交好也。或上方嚮用，未敢駁正也。已而議上，則果謂宜從矣。其爲科道所條奏，則衆皆曰：原議，某所達也；其事，某某所不利也。已而議上，則果謂必不可從矣。同官中即有持正而力爭，各部院即有心知其非不肯畫題者，而其議之上達自若也。其保舉僚屬，半出私意，亦不異於外吏，但偪近輦轂，耳目衆著，出於公道者，尚可參半耳。是以聖祖仁皇帝中年以後，灼知此弊，刑誅流錮以懲姦貪，拔擢矜全以勸廉吏，而親信清公樸實之人。世宗憲皇帝敬承此意，極力廓清，宵旰孜孜，惟務發外吏之欺蒙，破在廷之結習。十餘年間，少知畏法，而終未革心，蓋由營私附勢之習深，而正直公忠之人少也。我皇上至誠惻怛，諄諄開諭，可謂深切著明矣，而特旨薦舉，服在大僚，尚或引用富人以便身家。在外督撫，多以報荒爲難，而州縣又以匿荒爲自安之計。其有不肖者，每遭歲歉，轉日夜徵比，以迫蹙貧民，冀邀蠲免，因緣爲利。此風不改，則皇上日夜憂勤於上，而治教禁令不能不墮壞於冥昧之中，尚安望百度之皆釐，實德之及下乎？

臣伏讀三年中前後諭旨，於臣所陳之積弊，亦既洞晰於聖心，而思有以矯革之矣。然所以矯革之者，則有本統焉。文、武之政，非其人猶莫舉，而「知人則哲」，帝堯猶難之。治道之興，必内而六部、都察院，各得忠誠無私、深識治體者兩三人，然後可以檢制僚屬而防胥吏之姦欺；外而督撫兩司，每省必得公正無欲、通達事理者四三人，然後可董率道府，辨察州縣，以切究生民之利病。能如此者，乃有才、有識、有守而幾於有德者也，雖數人、十數人不易得，況一旦而得數十人哉？然不如是，終不可以興道而致治。孟子云：「猶七年之病，求三年之艾也。」自古聖君賢主未嘗借才於異代，亦惟我皇上勤心以察之，依類以求之，按實積久以磨礱之，信賞必罰以勸懲之而已。

所謂勤心以察之者，一則明辨部議：會議是非之實也。凡一事之興廢，其利害常伏於數轉之後。故雖周公之聖，猶有仰而思之，夜以繼日而未得者，況庸常之人，雜以私意，而揣摩瞻徇乎？而姦邪文法之吏，每能巧飾偏辭，變亂是非，言之鑿鑿，使觀者難辨。孔子所以惡佞之亂義，惡利口之覆邦家也。是以唐、宋以來，凡廷議，皆以宰相斷決之，以學士參議之，以給事中駁正之。自明中葉以後，姦相擅權，毒流天下。聖祖仁皇帝時，亦有以招權籠賄，家累鉅萬者。賴聖明剛斷，同時罷黜，而自是以後，潔己自好者皆以避權爲安，内閣擬票雖有兩簽，從未有摘發部議之非而奏請改議者。古者御史之外，别設給事中，專駁宰相成議，上及詔旨；而南宋以後，舊典寖廢，以故朱子屢歎之。以臣所聞見聖祖仁皇帝、世宗憲皇帝暨我皇上，時有盡屏廷議而獨斷其行止者，命下，必大服衆心。故臣愚以爲凡部議、會議有關於國體民生者，勿遽批發，必再三尋覽，以究其事理之虛實，意見之公私。微有所疑，必召平時聖心素信其忠誠無私，通達事理者，盡屏左右，每人而獨問之，參伍衆説，然後内斷於聖心。此即虞舜好問、好察，以輔其惟精惟一之學，而孔子所歎爲大智也。臣伏見皇上於部議，從者十九；於九卿兩議，大抵從其列名衆多者；道路之口，頗有未協。聖心如天，或以爲主議者衆，必人心所同，而不知其實乃本部一二人之私意，或九卿中一二人之偏見，怯懦瞻徇者，明知其非，而不敢辨也。抑又聞用人之道，惟知之爲難。凡人之智識，必叩之而後知其材勇，必試之而後見其忠邪誠僞，必久與之習而後得其真。太公望，文王之師也，武王用之，猶反覆窮究，相與問答者凡數萬言。管夷吾，齊國之望，鮑叔牙所深知也；桓公用之，猶每事諮度，相與問答者凡數萬言。方今四海九州萬事百度皆總歸於六部，而決於卿貳五六人，每日文書到部，最少亦一二百件。苟一事之失其理，則姦心必滋於蠹吏，實害必被於兵民。此即五六人皆至公至明，虚己和衷，日夜講求，尚慮其有失誤，而我皇上於六部卿貳中，灼知其才識，深信其忠誠者，凡幾人乎？古聖王「用人惟己」，必先勞於求賢。臣伏願皇上，惟盛暑嚴寒，宜安養聖躬，不可過勞，外此少有餘閒，即延見廷臣。凡六部、都察院奏事，披覽之下，微有所疑，即召見問訊，使各陳所見。聽其言語，則明昧可知矣；觀其氣象，察其心神，則公正私曲大略可見矣；即有利口而飾爲伉直，邪媚而貌類恪恭者，以我皇上之至誠至明，久與之習，必有呈露於幾微而不能自揜者矣。其餘京堂、科道，條陳屢合事理，翰林敷奏，深當聖心者，亦宜慎選其人，俾輪班侍直。事有疑難，隨時召問，以習察其志行，而劑度其材能。至於大僚中已爲我皇上所深信者，尤宜朝夕燕見，與議論天下之事，以窮究其底蘊，果能忠誠無私，而又通達事理，則於同官百吏，皆能助皇上以檢察而得其實矣。

所謂依類以求之者，天下惟君子與小人，性情心術，如冰炭之不相入。小人所悦，必諛佞側媚者，雖有才智而爲國患更深；樸直清慎者，雖無才智，尚可奉公守法，竭力自效。是以周公立政之篇所三致意者，惟勿用憸人，而求吉士，以勱相國家而已。所謂憸人，諛佞側媚而有才智者也；所謂勱相樸直清正之士，雖才智不足，而率作策勵，尚可以有輔於庶政也。自古有君子而誤信小人者，斷無小人而能進君子者，故求賢之道，必以其類爲招。保舉舊例，臨時按品秩資格，俾各舉一二人。法本無愆，而人多難信。我皇上於在内之九卿，在外之督撫，深信其忠誠無欲者，必各有數人。伏願特下密旨，命盡舉所知，而別其材之所宜，然後考覈試驗，而次第用之。比之按資格以汎舉者，必爲得實，而聽請託、利身家之結習，不禁而自除矣。

所謂切實積久以磨礱者，自漢、唐以後，雖仍六官之名，而職事多非周官之舊矣。而就今功令所宜秉承旨，則吏部之職，非獨按籍呼名，循例黜陟也；其實在使請囑者望風而自止，巧法者百變而難欺。户部之職，非獨謹守管鑰、會計出納也；其實在明於萬貨滋殖之源，生民實耗之本。禮部雖奉行舊典，而事有特舉，必當酌古準今，可爲後法，且寅清端直，無玷其官。兵部之實，在輯將校之驕氣，以綏靖兵民；消禍變於無形，以折衝萬里。刑部之實，在時情罪之寬嚴，以砥維風教；辨四方之僞獄，以震懾職司。工部之實，在識海内山川之形勢，以知疏鑿之宜；覈水土人功之等差，以定工程之度。至於都察院之設，本以肅朝廷之綱紀，儆百吏之官常，劾中外文武大臣之不法，而自副都御史郭琇排擊要人以後，五十年來未聞力争國家之大事、斥指大吏之非人者，不過掌行過文書而已，然則此職蓋幾於虚曠矣。伏願我皇上於部、院卿貳，必慎簡忠誠，而以明達者佐之，辨其材之所宜，而各責之以實，使日夜訓勵其僚屬，而隨時以進退之，則中材以上咸自矜奮，數年以後，公正之風可作，而練達事理者亦漸多矣。

所謂信賞必罰以懲勸者，凡中人之志行，多以奬進激勵而成。平時主部議者，不過正卿中一二人；主會議者，不過九卿中皇上所嚮用之數人。順從緘默者，長得自安；據理直言者，必遭忌嫉。積習爲常，所以靡靡日趨於瞻循，而非果竟無人也。倘我皇上時時延見，一一考驗，忠誠者篤信之，明達者褒嘉之，懷私者廢斥之，庸昧者退罷之，則旬歲之間，勃然而興起矣。世宗憲皇帝於大計保舉之員贜罪敗露，督撫降調，司道革職，條例甚嚴，而奉行不實；惟奉特旨獨舉一人者，降調甚多，而督撫、司道之計典無聞焉。蓋以所舉衆多，不能盡詰，而姑從寬貸耳。用此賂請陰行，舉劾顛倒，無所顧忌。若一依雍正六年定例，執法不移，則孰敢狥私任意以自累乎？自耗羡歸公以後，州縣之繁劇者，養廉至千數百金，猶不足以延幕客、辦公事；在内諸司，雖蒙加俸一倍，猶不足以僦屋、賃僕、秣馬、供車。伏願通計天下之耗羡及經賦所餘，詳加籌畫，必使州縣得備其公事，諸司得贍其身家，然後一犯贓私，嚴法不貸。其聲績顯著者，則時賜金帛，進爵秩而使久於其任。如此，則凡爲吏者，皆得俯仰寬然，潔己以奉公，孰有苟且行私，以自取終身之墜陷乎？信能行此四者，則忠良有恃以不恐，姦邪有術而難施，中外大臣日夜孜孜，以進賢退不肖爲己任，庶司百吏皆知奉公守法、潔己愛民之爲安。數年之後，衆正盈廷，官守經法，民無倖心，雖大艱猝投，無難共濟，而況舉先王足民之大經，布前代屢驗之良法，尚何慮其阻撓廢格，縱私生事以擾民乎？至於民食既足，則當漸爲禮俗之防；官常既修，則當實講教士之法。内治既定，則興屯衛於邊關，設軍田於内地，使精神可以折衝；立制防於海嶠，謹治教於苗疆，使患害消於未兆，皆宜次第修舉。而臣不敢以爲言，誠以積習不除，人材不足，官常不立，則爲之而必不可成，成之而必不可久也。

凡所陳奏，皆臣五十年來所耳聞目見，確知其狀，不得不入告聖明者。臣老矣，生世無幾時，如以臣言爲可用，伏望留臣此摺，以驗群情，以孝治法，時復賜覽。如用臣言，而無利於民，無益於國，雖臣死之後，尚可奪臣之爵命，播臣之過言，以示懲責也。昧死上陳，不勝悚息瞻企之至！謹奏。

擬定纂修三禮條例劄子

臣竊惟明初五經大全，皆各主一人之説，且成於倉卒，不過取宋、元儒者一二家纂輯之書，稍摭衆説以附之，數百年來，皆以爲未盡經義，不稱「大全」之名。是以聖祖仁皇帝特命重修四經，頒布學官，昭示群士。然惟周易多裁自聖心，所取至約，而前儒未發之藴，開闡實多，故特名折衷。餘三經，則曰彙纂。我皇上躬履至道，重念先聖遺經，未盡闡揚，詔修三禮，乃漢、唐以來未有之盛事；而三禮之修，視四經尤難。蓋易、詩、書有周、張、二程以開其先，而朱子實手訂之；典、謨以下，亦抽引端緒，親授其徒。胡氏春秋傳雖不免穿鑿，而趙、啖、二陸、劉、孫、胡、程之精言，採録實多，諸經大義，已昭然顯著。故折衷、彙纂但依時代編次先儒之言，而不慮其無所歸宿也。陳澔禮記説，自始出即不饜衆心，詆議紛起。周官、儀禮，則周、程、張、朱數子皆有志而未逮，乃未經墾闢之經。欲從大全之例，則無一人之説以爲之宗；欲如折衷、彙纂，但依時代編次群言，則漫無統紀，學者終茫然莫知其指要。必特起凡例，俾大義分明，而後兼綜衆説，始可以信今而傳後。

臣等審思詳議，擬分爲六類，各注本節、本注之下。一曰正義：乃直詁經義，確然無疑者。二曰辨正：乃後儒駁正舊説，至當不易者。三曰通論：或以本節本句參證他篇，比類以測義；或引他經，與此經互相發明。四曰餘論：雖非正解，而依附經義，於事物之理有所發明，如程子易傳、胡氏春秋傳之類。五曰存疑：各持一説，義皆可通，不宜偏廢。六曰存異：如易之取象，詩之比興，後儒務爲新奇而可欺惑愚衆者，存而駁之，使學者不迷於所從。庶幾經之大義，開卷了然，而又可旁推交通，以曲盡其義類。

伏惟我皇上聖學崇深，剖析經史，通微抉奥，故敢略陳愚見，仰求聖誨鑒定施行，以便排纂。爲此謹奏。

奏重刻十三經廿一史事宜劄子

乾隆三年十二月十五日，大學士兼管翰林院事張廷玉、福敏奏稱：「重刊經史，必須參稽善本，博考群書，庶免舛譌。武英殿爲内府藏書之所，就近校閲，實爲便易。今擬於編檢内選派六員，咨送到殿，俾校勘刊刻會於一處，則錯誤可免，而書易成。」奉旨：「依議。編檢六員恐不敷用，着添派庶吉士六員。欽此。」臣等即通知莊親王，令武英殿監造等查庫内存貯書籍，並無監板十三經、廿一史。

竊思經史，惟宋板字鮮遺譌，目今不惟宋板難得，即明初刻本亦少。臣生平所見，惟嘉靖以後之板，已屢經改補，無三五頁無遺譌者，而現今監板，更剥蝕無一完善可憑以校對。伏祈皇上飭内府并内閣藏書處，徧查舊板經史，兼諭在京諸王大臣及有列於朝者，如有家藏舊本，即速進呈，以便頒發校勘。并飭江南、浙江、江西、湖廣、福建五省督撫，購求明初及泰昌以前監板經、史，各送一二部到館，彼此互證，庶幾可補其缺遺，正其錯誤。

更有請者：自唐初孔穎達、賈公彦等所引十三經及傳注，並周、秦間諸子，已多譌誤；宋、明刊刻，未經訂正；我皇上博極群書，倡明經學，臣等當詳悉校勘，一一開列，進呈御覽，酌定改正，昭示來兹，庶幾此書刊布，度越宋、明，以副我皇上嘉惠後學至意。

又前翰林院侍讀學士何焯曾博訪宋板，校正前漢書、後漢書、三國志遺譌。臣曾見其書，並求下江蘇巡撫，向其家索取原書，照式改注别本送館，原本仍還其家，毋得損壞。其餘校勘事宜，具列於後，伏候聖裁。

一、校勘經史，與見修之書不同，見修之書，即有遺落，可增删上下文以就合之。經史行世已千數百年，遺落一句數字，即需重刻數十板，勞費甚大，必更番校對，一字無譌，始可寫樣；必樣本對清，始可登板。若限期催促，一部未成，又發一部，必多錯誤。

一、翰林院送到編、檢六人，奉旨添派庶吉士六人，臣等擬擇原在殿編校翰林十二人，合同分派。先對十三經，互稽經、傳，以考舛誤，限八月內將底本對完，臣等細加斟酌，繕摺進呈。然後次及史記、前漢書、後漢書、三國志，四史皆有注解，亦宜詳勘。以下諸史，則參伍舊本，增改落字錯字，加功較易矣。

一、舊刻經史，俱無句讀，蓋以諸經注疏及史記、前後漢書辭義古奧，疑似難定故也。因此纂輯引用者，多有破句。臣等伏念：必熟思詳考，務期句讀分明，使學者開卷了然，乃有裨益。

一、前明所刊經史，每卷之首，止列校刊職官姓名，而漢、唐先儒，轉附第一行每卷之下，且或止稱某氏，或具姓名鄉里，或并詳官階封邑。諸經諸史，款式各殊，聞彼時書出，即衆議譁然。其後馮夢禎爲國子監祭酒，重刻史記，始變其例，衆以爲是。今擬仿其例，王大臣監修校勘，列於目録之前，漢、唐先儒列於每卷之前，分校諸臣列於每卷之末。卷內若有遺譌，則分任其責者，無可推諉，庶幾各竭心力。又在殿翰林內，有詹事府正詹事陳浩、左庶子周學健、翰林院侍讀學士吕熾、編修朱良裘，行走年久，向來一切編校之事承辦居多，今擬將諸翰林所對經史，仍派令此四人分領，以專其責，合併聲明。

一、刻字之板，材有老穉，乾久之後，邊匡長短，不能畫一，故自來書籍止齊下線。惟殿中進呈之書，並齊上線，臨時或烘板使短，或煮板使長，終有參差，仍用描界取齊。數烘數煮，板易朽裂，凡字經刓補，木皆突出，散落再加修補，則字畫大小粗細不一，而舛誤彌多。經史之刊，以垂久遠，若致剥落，則虚糜國帑。伏乞特降諭旨，即進呈之本，亦止齊下線，不用烘煮，庶可久而不敝。爲此請旨，欽定程式，以便遵行。謹奏。

請定庶吉士館課及散館則例劄子

昔宋臣蘇軾進言：河北五路，乃自古豪傑之場，其人可任以事，然欲使之治聲律，讀經義，與吴、楚、閩、蜀之人争得失，則惟有不仕而已，請特爲五路别開仕進之門。蓋因爾時以詩賦設科，河北五路雖有直方魁傑之材，而自達靡由，爲可惜也。

國家會試以南北中路分額，士多争論，功令屢更，乃定議分省計卷，欽定名數，此誠至均至平之法。惟翰林一職，專司文學，河北五路及邊徼遠省與選者甚稀。臣自有知識，竊見内閣九卿出於翰林者，十常七八。蓋因職親地近，材識志行之美，易達於天聽，若散在州縣，則或掛於事故，或抑於上官，雖有介節長才，或趑趄以終老。故天下士尤以翰林爲清華，而恨不得與。本科進士已經朝考，我皇上復命王大臣選擇以備引見，此作育人材公溥詳慎之至意也。而朝考取備庶常之選者，三十有六人。江南、浙江、江西、湖廣四省數已三十，其餘僅六人耳。豈吴、越、三楚而外，材識志行可以登清華，列侍從者，竟無其人與？徒以聲律辭章，素所不習者多耳。選館之期，伏乞聖明少爲留意。至於教習庶常，臣請嗣後江南、浙江、江西、湖廣、福建仍課以詩賦。其餘各省，則專治本經義疏及資治通鑑綱目所載政事之體要。散館之日，試以所專課各二篇，其兼通者，亦得自著所長而不相强。如此，則東南之士益留心於經濟之實用，而河北五路以及邊方之士，亦不至困於聲律之未諳，可以陶冶群材，使争自淬礪。蓋政事文學，皆人臣所以自效，而政事之所關尤重。使海内昭然知我皇上取人，不專以文辭，而必求其實濟，則有志之士，當益思自奮於聖明之世矣。

天下之事，苟有偏重，則積重積輕之勢以漸而成，而弊亦隨之，惟聖主能見其微，故臣敢冒陳末見，上瀆聖聰。謹奏。

論考試翰林劄子

爲冒陳末見，以備採擇事，我皇上特降諭旨，親試翰林，俾有學有識者得自見於聖明之朝，而鄙樸無文者不能冒濫，誠陶冶群材，磨礲激勸之至意也。但如雲、貴、川、廣諸省，地本荒遠，學少師承，詩韻文律，俱非所諳，是以聖祖仁皇帝、世宗憲皇帝每值選擇庶常及散館之期，於諸省恒多寬假，非特鼓其向學之志，亦懷柔遠人之一道也。

伏乞我皇上於雲南、貴州、四川、廣西及陝西、湖南諸省，其文義荒疏應加罷斥者，較他省稍爲矜恤，概賜引見，相其材質，分别改任，以示優容。蓋其地登朝之士，較中土爲稀，苟有應清華之選者，即鄉邦之衆望屬焉。儻蒙格外垂恩，不惟可廣教思於無窮，亦可使邊荒之民，奉揚皇仁，感激勖勵。臣不揣愚昧，上瀆聖聰，不勝戰慄悚息之至。

請定孔氏家廟祀典劄子

欽惟我皇上躬履至道，復先聖之喪紀，考三禮之遺文，事關名教，莫不周諮詳議，以求其當，洵好問好察之至意也。前副都御史臣陳世倌奏請加封崇祀先師前母，奉旨九卿議奏。臣愚陋之見，與九卿所議未能畫一，又忝列禮官，值兹鉅典，不敢不敬陳末議，以候聖裁。

謹按：啓聖王娶於魯施氏，生九女；其妾生孟皮，有足疾；既老，求婚於顔氏。顔父問三女，孰能往？先師母最少，對曰：「從父之制，將何問焉？」見於家語，見於史記注，見於闕里志，其言歷歷可據。家語爲東漢時孔氏所出家藏書，至王肅而顯。朱子學庸集注乃晚年所定，於哀公問政章兩引家語，總注云：「按孔子家語亦載此章，其文尤詳，蓋子思刪其繁文，以附於篇。」據此，則子思未作中庸以前，孔氏原有家語之書明矣。朱子又嘗曰：「孔叢子乃後人所僞作。家語蓋王肅編古録雜記，語或有疵，然非肅所自作。」夫所謂有疵者，謂引大戴禮帝繫姓及雜記墳羊與骨節專車之類耳。至先師之生母、前母，肅豈敢妄爲搆造，則其爲孔氏之舊聞明矣。朱子之言炳著如此，而或欲據此以爲朱子不信家語之徵，不亦誣乎？若史記注之正義、索隱，則取諸孔安國、馬融、鄭康成、何休、杜預、范甯、賈逵、服虔諸儒。周以後之書，莫古於遷史，而孔子世家所載先師父與先師母顔氏配合，甚爲誣妄。又云：「孔子不知父墓，乃其母諱之。」故注引家語：「施氏生九女，其妾生孟皮，有足疾；既老，求婚於顔氏。」以辨史記所傳之謬。若以家語施氏之事爲非真，則是以遷史所傳爲可信矣，此又人人知其不可者也。至於闕里志所據，本於祖庭廣記，乃孔氏世守之書。假令啓聖王元配施氏稍有疑似，何以自著於家乘而不之削邪？

然而孔氏家廟至今無施氏之主者，蓋亦有故。緣唐哀帝天祐二年，朱全忠逆亂，天下分裂。孔氏之洒掃户孔末作亂，殺先師四十二代孫光嗣，而自爲曲阜令，孔氏苗裔幾絶。是時光嗣子仁玉生始九月，其母張氏挈之逃匿外家，比九歲，魯人以聞於梁，梁始命仁玉嗣位。仁玉孤幼童昏，復立宗祊於危難搶攘之餘，其祀顔氏而不及施氏豈可以爲典要哉！仁玉以後，蹈常習故，不復自反其初，而歷代以來，則亦但知崇祀先師於太學膠庠，無由知其家廟並無施氏之主也；而諸臣多謂「顔氏篤生先師，不可以施氏之主位於其右」。此大非也。先師母顔氏明於大義人也，觀其聞父命而請行，則持身一稟於禮，而無俗情可見矣。身膺先師之封典，秩祀二千餘年，而與啓聖王相守至老之施氏，竟不得祔於廟，不獨先師惄然心傷，而先師母顔氏之心，亦有缺然不自得者矣。

我朝重熙累洽，至世宗憲皇帝及我皇上之世，如周家之制禮作樂，大備於成、康。故曲阜令孔毓琚既申詳撫臣陳世倌以請於前，世倌今爲副都御史又復以爲請，誠以數百年來未舉之曠典，欲及聖明之世，以補其廢闕也。昔程子答友書嘗言：「若前母無子，似宜以生子之母配。」朱子深以爲非，謂「宜遵唐禮，以前母與生母並配」。此萬世之定論也。況我朝封典，必先前母而後及生母。今明徵於經傳之載紀，折衷於朱子之定論，揆以先師、先師母孝敬之仁心，斷以我國家之令典，施氏之應受封於朝，設主於廟，義無可疑者。況本乎孔氏子孫之自請，必其實有不安於心者可知也。陳世倌前奏，未經部允，今復陳奏，則其爲人心之不可以已者，又可知也。臣愚以爲應特敕錫封施氏，與顔氏並祀寢殿，以昭我皇上錫類之仁恩，邁古之盛典。

臣一介寒微，非好與諸臣爲同異以瀆聖聽，誠以此事繫海内之觀瞻，關萬世之公議，不敢不詳悉慎重，苟徇衆議。我皇上聖學崇深，必有以察臣言之是非。臣不勝戰慄企瞻之至。謹奏。

請以湯斌從祀文廟及熊賜履郭琇入賢良祠劄子

伏惟世宗憲皇帝特詔：故御史陸隴其從祀孔廟。故工部尚書湯斌，又荷我皇上特恩，賜謚文正，補入賢良祠。頃讀聖諭，求直言極諫之士，首舉隴其爲標準。兩朝聖主尚德褒賢，非獨二臣之榮，乃邦家之光也。

臣竊思湯斌實學躬行，與隴其相匹，而立朝大節，則尤彰顯，故五十年來，學者號稱「湯陸」。或謂其講學之書，雖宗朱子，而亦間取陸、王，殊不思陸、王之身，已從祀孔廟，而乃以議斌，義無所處。

又世宗憲皇帝特建賢良祠以褒前厲後，而故大學士熊賜履、左都御史郭琇尚未得與，想當時禮官未有以二臣生平入告者。竊思賜履當四輔臣柄國時，獨上萬言書劾之，是以聖祖仁皇帝甫親大政，即擢居輔弼，專以尚書、周易及朱子之書啓沃聖心，及晚年再起，立朝則不附權要，私居則泊若寒儒，可謂終始不渝矣。郭琇首發柄臣之朋黨姦欺，聖祖仁皇帝赫然震怒，同時罷斥，朝政爲之清明，善良由兹坦步，其功最著。竊觀賢良祠諸臣，有遠不及二臣，但以廉静勤慎而得定祀者矣，而二臣不與，海内公論多以爲疑。

臣聞古昔聖王操三重之道，可進退百代，以制祀典。故唐、虞以前，稷祀句龍，至成湯而易之以姬棄，其明徵也。伏乞我皇上，敕下内閣、九卿定議，俾湯斌從祀孔廟，則可以昭本朝理學之昌明；俾熊賜履、郭琇入賢良祠，則可以爲公卿臺垣之模楷。此海内有心有口者之公言，非臣一人之私議也。

論九卿會議事宜劄子

爲敬陳末議，以覈事實，以肅風紀事。伏惟我皇上布德彰教，興利除弊，所以惠保黎蒸者，聖心所運，無遠不周；群下所陳，雖微必録。臣每自念，生逢不世出之聖主，愧無嘉謨，以勷盛治。近在九卿班，見有二事，返之愚心，欲緘默而有所不安，故取敬陳，以備採擇。

一、九卿會議宜少爲變通，以責實濟也。凡發九卿會議，必因事體重大，或理有疑難，故博稽於衆，期詢謀之僉同；其或意見各有所主，本許並陳，以俟宸斷，此執兩而後用其中之道也。邇來值奉旨發議事，主稿之部先期將原奏傳送九卿；及期會集，則主稿之部書吏將原奏宣讀一過，隨將所議之稿宣讀一過，即以次送九卿畫題。聚三四十員之九卿，而取決於俄頃之間；未議之先，既不知主稿者如何定議，俄頃之際，豈遂能耳順心通？則是有會議之名，而無其實也。亦間有一事而再議三議者，亦不過主議數人相與商論，餘惟旁觀受成而已。在九卿受皇上深思，豈敢以雷同附和，苟且塞責？但啓口而有言，無答之者，並無辨之者，不過聽其自言自止，而畫題者已紛紛相繼矣。

臣愚以爲自今以後，凡有會議事，宜令主稿之部先行定議，然後移送九卿，俾得從容審度，如所見相同，即於移稿之上畫押，送還主稿之部，不必更行齊集；如其中尚有數人未協所議，則主稿之部專會同未協各員至公所詳悉商酌，以求其是；其或必不能同，則異議者將所議斟酌畫一，畫押送主稿之部，使並列上奏，以俟聖裁。蓋凡物之理，偏舉其一端，皆可以言之成理而不見其罅漏，兩端並列而相形，則可否立見矣。是非之心，人所同有，主議者能平心以察異己之説，則必無護前自用之失；知異己之説可並達於宸聰，則不敢不虛公詳慎而偏執所見。如此，在諸臣既得各抒其敬事之心，而皇上亦可以收兼聽並觀之益，且可藉是以知諸臣之明昧，自不敢以不當理之浮言上煩聖聽矣。

一、詹事、科道，應照舊例，使與會議也。查本朝典例：九卿而下，詹事、科道，並列會議班，所以盡衆人之思慮，以求事理之至當，非具文也；而十餘年以來，批發會議事件多止及九卿，而詹事、科道不與。臣以爲國家大事，諮詢不厭其周，九卿而外，未必無一得之可採者。況詹事班資清要，不日即列九卿；科道本屬諫官，唐、宋以來雖制誥皆得封駁，官雖卑而專司言責，於天下之利弊，朝政之缺失，大吏之過愆，皆得抗言不諱，使凡百有位，莫不嚴憚於臺諫之風裁，所以立制防、達壅塞也。我皇上虚懷從善，每諭大小臣工以時納言，不必嫌畏，何獨九卿所議之事，不使臺垣諸臣得與其末邪？且諸臣與議事之班，則觀其所見同異，即可以驗其才識，而有心於國是者，亦得以熟練政務，則即此可爲陶冶人才之助矣。自唐、宋以來，國家大事，以臺諫抗言維挽救正者，史不絶書。即我朝百年以來，科道與會議之班，未聞以狂迂之見阻撓國事者，亦其明驗也。請復舊制，詹事、科道仍與會議班。其有卓見與主稿之部不符者，亦得隨九卿之後公同商酌，畫一並奏，以候聖裁。如此則小臣咸思自奮，而我皇上明目達聰之用，未必不少裨萬一也。

臣愚昧之見，偶有所懷，輒敢輕吐，誠以生際聖明，土壤細流，或可裨山海之崇深，於此而不思自效，是上負聖恩，而内欺本志也。臣不勝悚慄企瞻之至。

謝授禮部侍郎劄子

本月二十四日，内閣傳旨，授臣苞禮部侍郎。聞命惶悚，無以自容。念臣夙負罪愆，蒙聖祖仁皇帝赦除，特命内廷行走。又蒙世宗憲皇帝不次拔擢，於雍正十一年，授臣内閣學士。臣以步履維艱，非扶翼不能趨走，具列下情，求别簡賢才以充閣職。蒙降諭旨，命臣勿理閣務，專司書局。凡御門朝賀大典，臣不能隨班趨直，俱荷矜容。我皇上御極，召臣侍直南書房，憐其衰疾，恩慈備加，至優至渥，朝夕趨走，亦不責以常例。殊恩疊被，每自恨毫無報稱，尤恨弱足，並不能與諸臣隨班供職。撫心内怍，對衆汗顔。今復蒙恩，授臣卿貳。伏念秩宗爲典禮之司，臣廁其間，非惟職事難供，抑且有玷國體。伏乞鑒臣老病，别任賢才，仍令專力書局，不勝至願。若聖意不可更易，臣自忖衰疲，力可勉强自奮於聖明之朝者，惟胸有知見，不敢不從諸臣後罄竭愚忱，以仰報聖恩於萬一。其一切筋力自效之事，仍祈曲賜寬恤，庶不至顛頓失儀，自取罪戾。爲此恭謝天恩，瀝陳愚悃，無任感激待命之至。

辭禮部侍郎劄子

臣以一介寒儒，罪累衰殘之餘，疊荷殊恩，擢居今職，常思竭誠殫力，上報主知。但夙抱足疾，已二十餘年。自閏九月下旬，左體偏痿，時復拘攣，兼以心膂首痟，畏寒氣喘。計一日之内，能强起伏几者，不及一二時。雖題奏之稿，循例披閲，亦不能詳細審度與諸臣面議，至於一切行稿，竟不能辦。自知於部務毫末無裨，而書館承修之事，轉皆底滯。

竊思三禮之書，自前世未經釐正，而周官之翳蝕尤多，雖經程、朱論定，以爲非聖人不能作，而莽、歆所增竄未嘗辨明，群儒所交攻未嘗駁正。聖經深遠，衆説混淆，折衷義理，信今傳後，事實不易。臣用功四十餘年，尚未能得其會通，若不及臣精神猶可勉强之時，早完此書，恐衰疾日深，昏疲益甚，討論不能精密，前後或有牴牾，則重負我皇上委任之專，而虚此盛典。

伏乞曲鑒愚忱，解臣部職，别簡賢能，俾臣得專力致勤於禮書，按日分功，兼理武英殿事務，及評選時文，勘定一統志，教習庶吉士等事，庶部務不致虚擔，而諸事得盡實力，非敢以老羸而萌引退求閒之私意也。且臣忝廁卿班，而不能親理部務，不獨撫心自愧，抑且爲清議所不容；叨榮書館，而不能切究聖經，不獨職事有虧，抑且懼後儒之指摘。反覆思之，惟有據實陳情，上告於聖主。伏乞俯賜俞允，臣不勝激切悚息之至。

進四書文選表

食禮部侍郎俸、教習庶吉士臣方苞謹奏：乾隆元年六月，欽奉聖諭，命臣苞精選前明及國朝制義，以爲主司之繩尺，群士之矩矱。臣本無學識，又迫衰殘，恭承嘉命，爲愧爲恐。竊惟制義之興七百餘年，所以久而不廢者，蓋以諸經之精藴，匯涵於四子之書，俾學者童而習之，日以義理浸灌其心，庶幾學識可以漸開，而心術群歸於正也。

伏讀聖諭：「國家以經義取士，人心士習之端倪，呈露者甚微，而徵應者甚鉅。故風會所趨，即有關於氣運。」至矣哉！聖謨洋洋，古今教學之源流，盡於是矣。臣聞言者，心之聲也。古之作者，其氣格風規，莫不與其人之性質相類。而況經義之體，以代聖人賢人之言，自非明於義理，挹經史古文之精華，雖勉焉以襲其形貌，而識者能辨其僞，過時而湮没無存矣。其間能自樹立，各名一家者，雖所得有淺有深，而其文具存，其人之行身植志，亦可概見，使承學之士，能由是而正所趨，是誠聖諭所謂有關氣運者也。臣敬遵明旨，别裁僞體，校録有明制義四百八十六篇，國朝制義二百九十七篇，繕寫成帙，並論次條例，恭呈御覽。伏望萬幾之暇，俯賜删定，俾主司、群士永爲法程。臣無任戰汗隕越之至！謹奉表恭進以聞。乾隆四年四月初三日。

凡例：

一、明人制義，體凡屢變：自洪、永至化、治，百餘年中，皆恪遵傳注，體會語氣，謹守繩墨，尺寸不逾。至正、嘉作者，始能以古文爲時文，融液經史，使題之義藴隱顯曲暢，爲明文之極盛。隆、萬間，兼講機法，務爲靈變，雖巧密有加，而氣體苶然矣。至啓、禎諸家，則窮思畢精，務爲奇特，包絡載籍，刻雕物情，凡胸中所欲言者，皆借題以發之，就其善者，可興可觀，光氣自不可泯。凡此數種，各有所長，亦各有其蔽。故化、治以前，擇其簡要親切，稍有精彩者；其直寫傳注，寥寥數語，及對比改换字面而義意無别者，不與焉。正、嘉則專取氣息醇古，實有發揮者；其規模雖具，精義無存，及剽襲先儒語録，膚殼平衍者，不與焉。隆、萬爲明文之衰，必氣質端重，間架渾成，巧不傷雅，乃無流弊；其專事凌駕，輕剽促隘，雖有機趣而按之無實理真氣者，不與焉。至啓、禎名家之傑特者，其思力所造，塗徑所開，或爲前輩所不能到；其餘雜家，則偭棄規矩以爲新奇，剽剝經、子以爲古奥，雕琢字句以爲工雅，書卷雖富，辭氣雖豐，而聖經賢傳本義轉爲所蔽蝕，故別而去之，不使與卓然名家者相混也。凡此數種，體製格調，各不相類，若總爲一集，轉覺尨雜無章。謹分化、治以上爲一集，正、嘉爲一集，隆、萬爲一集，啓、禎爲一集。使學者得溯其相承相變之源流，而各取所長。至於我朝人文蔚起，守洪、永以來之準繩，而加以變化；探正、嘉作者之義藴，而挹其精華；取隆、萬之靈巧，啓、禎之恢奇，而去其輕浮險譎。兼收衆美，各名一家，合之共爲一集。前代之文，總四百八十六篇。國朝之文，總二百九十七篇。昔宋臣曾鞏嘗稱詩書之文，作者非一，相去千餘年，而其所發明，更相表裏，如一人之説，惟其理之一也。況制科之文，詁四子之書者乎？故凡所録取，皆以發明義理，清真古雅，言必有物爲宗。庶可以宣聖主之教思，正學者之趨嚮。

一、唐臣韓愈有言：「文無難易，惟其是耳。」李翱又云：「創意造言，各不相師。」而其歸則一，即愈所謂「是」也。文之清真者，惟其理之「是」而已，即翱所謂「創意」也。文之古雅者，惟其辭之「是」而已，即翱所謂「造言」也。而依於理以達乎其詞者，則存乎氣。氣也者，各稱其資材，而視所學之淺深以爲充歉者也。欲理之明，必溯源六經，而切究乎宋、元諸儒之説；欲辭之當，必貼合題義，而取材於三代、兩漢之書；欲氣之昌，必以義理洒濯其心，而沈潛反覆於周、秦、盛漢、唐、宋大家之古文。兼是三者，然後能清真古雅而言皆有物。故凡用意險仄纖巧，而於大義無所開通，敷辭割裂鹵莽，而與本文不相切比，及驅駕氣勢而無真氣者，雖舊號名篇，概置不録。

一、有明正、嘉以前先輩之文，有極平淡簡樸而清古可味者，惟間存一二。蓋必天資最高，變化於古文，久乃得之，非中材所能仿效也。啓、禎雜家餘習，至於國初，猶未能盡滌。一時名稿中，頗有膾炙人口，而按以文律，求以題義，則未能脗合，不可以爲法程者，必嚴辨而慎取之。至鄉、會試闈墨，則有其文未爲極致，而章妥句適，脉理清晰，亦間存一二，俾中材之士得量其力所能至而取道焉，庶不致茫無畔岸，而誤入於歧途也。

一、先輩名家小題文，多備極巧心，但美不勝收；且非鄉、會場程式，兹編不録。其單句有實理可發揮，及中截數句，承上起下，轉關過脉者，或上全下偏，下全上偏者，仍自入選。

一、向來程墨、房書、行書各有專選，今總爲一集。惟程墨於本篇人名下注記，餘不細加區别，間有生前未與甲乙科，而文已行世不可泯没者，亦併登選，俾皓首窮經之士，無遺憾於泉壤焉。

一、文章之道，與年俱進，故曹植自言其文必隨時改定。每見名家文稿，多晚年自訂，或生徒編輯，往往有與初本絶不相類者。故凡其人見存者，文皆不録。

一、文之義藴深微法律變化者，必於總批旁批揭出，乃可使學者知所取法。然題有定理，理無二致，其中指要，若已經前人闡發，不可復易，則仍舊承用，以「原評」二字别之。

一、前人流傳名篇，間有字句率易，義理或未妥者，向來各家選本，多有節删互異之處，今擇其尤當者從之。其未經諸選摘發而稍加改易者，亦間有之。至於全文俱佳，語句偶訛，難爲改易者，必細摘出，亦恐貽誤後學。

擬限臣民葬期劄子〔一〕

臣聞：古者葬各有期，過時而不葬，則服不除。此孝子之所以篤其恩，先王之所以厚其俗也。以臣所聞見者徵之，寒素貧民皆能及時以葬其親，而薦紳士族乃有淹至數年數十年之久者。其故有三：一則惑於風水之説，妄以先人兆域爲子孫福田，沙水背向，陰陽拘忌，動經年

〔一〕本篇及以下四篇輯自方望溪遺集奏議類，第二十二至二十六頁。

歲。二則溺於奢侈之俗，必徧招親友，窮極儀飾，備列金鼓聲樂，廣陳僧道百戲。富者以相夸耀，而貧者亦用爲羞。中人之家非破産重貸，不能舉葬。三則格於成例，京官告假有六年、十二年之限，外官則一經離任，補選無期。是以遷延底滯，或遭事故，致有屢世而不葬者。

我皇上大孝錫類，御極之初，首諭大臣酌定喪葬之禮，以厚人倫，以美風俗，誠莫有先於此者。伏乞特頒聖訓，大警群愚，使知借父祖骨體以求福利，既非人子所宜設心；竭子孫資産以競奢華，必爲先靈之所隱痛。凡京官歸葬，不拘年例；在外郡縣吏，則量其道里遠近，得限期告假，委員署理，葬畢回任。其隱而不言者，倘經他人舉發，則在任者奪官，守缺者停選，舉貢生監不得與鄉會試。如此，則陛下澤及枯骨，四海九州之内皆戴掩骨埋胔之仁；而内外大小臣工既葬其親，無復私家之事牽其志慮，可以一心營職，仰報國恩，於教孝作忠之道兩得之矣。

請升五賢孔廟堂上侑食劄子

欽惟皇上御極之初，加封先師孔子父祖皆王爵，繼又以厥里重新，特頒祭器，廣賜官僚，盛典光昭，皆前古所未有也。臣伏念「孔門十哲」，乃因魯論所記從於陳、蔡者而有是名，非通計七十二賢，而獨以十人列四科也。唐貞觀二年，以顔子配享，故升曾子以備十哲；宋咸淳三年，以顔子、曾子、子思、孟子四人配享，又升顓孫師以備十哲。所升者既不皆陳、蔡相從之人，則其數亦不宜以十爲限。

諸賢之事見於傳記百家者，臣不敢漫引，謹按子夏、子游、子張至欲以事孔子者事有若，其言語氣象見於魯論、禮記者，信非群弟子所敢望也。南宫适、宓不齊，孔子并稱爲君子而嘉歎之；原憲有志於求仁，孔子以爲難；公西赤有志於禮樂，孔子信其可。若此五賢，雖不能上比於顔、曾、閔、冉，其於由、賜、偃、商實無多讓焉，以視冉求、宰予，則有過之無不及矣。伏望皇上斷自聖心，敕下禮官，具詳儀式，擇日升主於堂上，以發千秋潛德之光，永昭盛代崇賢之典，謹奏。

辭校宗鏡録劄子

臣方苞奉旨校閲宗鏡録前五卷，臣謹對得其句逗顯然不安者，俱標出，貼本文旁；其意義深奥、句逗難斷及字法可疑者，俱標籤於行間。臣於内典全不通曉，不敢妄定；又臣心疑之甚者乃敢標籤，其未標出而不能無疑者尚有三分之二。伏乞皇上另簡精通内典之人，詳細校對，此書始能無誤。謹奏。

遵例自陳不職懇賜罷斥劄子

奏爲遵例自陳不職，懇賜罷斥，以肅察典事。準吏部咨開：雍正十三年三月例應京察在京部院等衙門三品以上官員，令其據實自陳等因。竊臣年七十八歲，江南安慶府桐城縣人。康熙四十五年會試中式，以母病歸，未與殿試。緣事牽連罹罪，康熙五十二年二月，蒙聖祖仁皇帝赦宥，召入南書房行走；本年九月，命編對御制樂律算諸書；康熙六十一年六月，命爲武英殿修書總裁。雍正九年十二月，蒙聖恩特頒諭旨，擢授左春坊左中允；雍正十年五月，升授翰林院侍講；七月，升授翰林院侍講學士；雍正十一年四月，升授内閣學士兼禮部侍郎，臣以足疾具折懇辭，奉旨仍在修書處行走，不必辦理内閣事務；六月，欽點教習庶吉士；八月，奉旨充一統志總裁；雍正十三年正月，奉旨充編選皇清文穎副總裁。

伏念臣本無學識，加負罪愆，幸蒙先帝之矜容，收之近禁，更荷聖皇之湔祓，宥及全宗，特擢宫僚，驟陪綸閣。且憐其衰蹇，聽辭職務於中書；錫以榮光，兼命典司夫三館。在聖主曲成萬物，群瞻大德之如天；而微臣内撫寸心，實愧承恩之無地。兹當澄叙官方之會，正得瀝陳愚悃之期。伏惟我皇上俯察微忱，賜罷閣職，俾臣得免曠官之誚，用此聿昭考績之經。臣曷勝悚惶待命之至。謹具奏聞。

擬進律吕正義表

臣聞：大樂與天地同和，六吕爲萬事之本。故軒皇截竹，首合陰陽之聲；虞帝揮弦，爰定宫商之位。六舞以象事行，三宫以享神人，列聖相承，惟兹爲重。迨周季而疇人散越，音容器數，漸失其傳；至漢興而制氏守殘，鼓舞鏗鏘，莫名其義。降及魏、晋，下歷元、明，皆因尺度之譌，莫辨元音之準。太常典造，漫用師心，儒者考稽，紛如聚訟。新聲代變，古樂長湮，慨什一之無存，蓋二千有餘歲矣。

恭惟皇帝陛下質惟天縱，學以日新。探原本於六經，上闡圖書之藴；觀會通於萬里，清參象數之微。特殫聖聰，以求律本。較古尺今尺之度，不爽毫釐；驗縱黍横黍之分，若合符契。乃定黄鐘之管，適諧正始之音。按節生聲，諸律有條而不紊；取分制器，百度得數而有常。猶恃源而萬脉皆通，扣本而千枝咸應也。加以管律弦音之辨，既昭揭乎群蒙；三分割八之規，更神明於成法。蓋惟天地之豫，將以時宣；是以聖人之心，若有物啓。臣等問衣餕食之下，每荷開通；聞詩學禮之餘，數承提命。雖性資蹇拙，奥義難遽心融；而誨諭周詳，微言既已耳熟。淵衷遠覽，嘉惠來兹。謂雅音既作於時，則至理必公於衆。兹先聖之絶業，自前世而無傳，宜定成書，以昭後學。用是手披圖數，口授天章，既舉宏綱，復詳細目。文成三十二首，匯爲上下兩編。制律審音，剖陳言之糾互；和聲定樂，備象制之精微。斯固斷自聖心而無疑，俟諸百世而不惑者矣。乃猶旁諏儒素，博考舊聞；悉陳秘府之書，廣證百家之説：參合衆議〔二〕。溯周官、戴記之傳，實同條而共貫；按管、吕、馬、劉之義，亦曲暢而旁通。後可爲程，昔無與并。臣等獲叨討論，仰究淵深。近日月之光華，胸開宿翳；聽雲韶之歌奏，身沐太和。誠曠世所希逢，當我生而親見。雖先聖可作，信此理之皆同；將百世不刊，慶美成之在久。

〔二〕「參合衆議」，此四字疑爲衍文，或脱對句。

方望溪文集全編卷六

議

修祖陵廟寢議〔一〕

乾隆元年二月初二日奉上諭：祖陵廟寢宜重加丹雘，特命臣等稽古禮文。謹按禮記：「春秋修其祖廟。」周官守祧職掌守先王先公之廟祧。其廟則有司修除之，其祧則守祧黝堊之。蓋古者近廟每祔必新，故專舉修除，祧或久而剥漶，故專舉黝堊。其實臨祭則祧必修除，歲遠則廟必黝堊，亦互相備也。言黝堊，則丹雘可知矣。春秋書魯「世室屋壞」。左傳曰：「書不共也。」公羊、穀梁傳曰：「議久不修也。」然則年代久遠，牆垣棟桷，皆宜審察而謹修之。宗廟之禮然，則山陵廟寢不應異義。請敕下工部：擇堂司官明慎者，周視詳度具奏。謹議。

〔一〕本卷至黄淮議，原爲望溪先生集外文卷三。

喪禮議

欽惟我皇上仁孝性成，踐行古昔聖王之道，致喪三年；再下明詔，命群臣詳稽典禮。此在聖躬爲至德，而教孝作忠，實化民成俗之要道也。

臣等謹按：夏、商之禮，自孔子已歎其無徵。周衰典廢，后王不降德，司徒不縣象，籍藏故府，黎獻無聞，是以諸侯喪禮，孟子亦未之學。漢興，河間獻王得邦國禮五十六篇上之，而武帝便安秦儀，莫能承用；自東漢、魏、晉、六朝以逮唐初，群儒議禮之文，尚有引用者，而其書遂亡。自是以後，皇王喪紀，類皆隨俗傅會，隱情失義，與禮經不應。用此顯學之儒，深惜庸臣淺識，雖有賢君，不能將順其美，坐使天經地義，曠絶不行。猶幸先聖遺文，散見周官、儀禮、戴記及七十子所傳述者，猶未盡泯。臣等謹詳考經傳，參互相證，擇其無戾今制而可存古義者，條具以聞。

竊惟我皇上徇齊典學，凡聖經賢傳及儒先所論辨，聖心洞然，具見其表裏。伏望立中制節，定爲本朝國恤之經，俾四海臣民，惟皇之極，觀感率由，自飭厥性，永永年代，守爲典法。臣等無任悚息待命之至！

禮記王制：「喪三年不祭，惟祭天地社稷，爲越紼而行事。」蓋天子承統於天，爲祖宗守社稷，故雖親喪，可暫以私屈也。謹議：二十七月内，天地社稷之祭，皇上躬行，暫用吉服，終事而釋。

周官：大宗伯「王若不與祭祀，則攝位」。量人職：「凡宰祭與鬱人皆受斝瀝而皆飲之」。天地社稷，既親承事，宗廟之祭，胡爲不可以親也？古者，父爲繼祖之子斬，祖爲適孫齊，統之上承彌重，則哀之下逮彌遠。故緣祖考之心，達孝子之義，雖既葬，時祭不可廢，而使宰宗人將事焉。謹議：既葬，宗廟時祀，前期以聞，命諸臣攝祭。

周官：小宗伯之職，「大田，帥有司饁獸於郊」。「軍將有事，則與祭有司將事於四望」。肆師之職，「與祝侯禳於畺及郊」。餘小祭祀，大祝小祝將事，「大裁及執事禱祠於上下神示」。不惟宅憂可使人攝也。謹議：自朝日夕月以下，凡外祭祀，前期以聞，遣官致祭。

禮記問傳：「斬衰三升，既虞卒哭，受以成布六升，冠七升。」禮有以故興物者，衰杖絰帶是也。故漸易而輕，使哀情象之。謹議：百日以後，皇上衣青絹，裏以縞，冠裏亦如之，加青緯，帶從衣。

禮記喪服四制：「父母之喪」，「十三月而練」。檀弓篇：「練，練衣，黄裏縓緣。」此小祥之易服也。謹議：小祥之後，皇上衣青紬，裏絹淺藍，冠緣亦如之。

禮記問傳：「又期而大祥，素縞麻衣。」玉藻篇：「縞冠素紕，既祥之冠也。」謹議：大祥之後，皇上衣元青緞，裏以縓，冠裏亦如之。自受服易青，至大祥，朔月月半之奠或朝夕上食，仍用白衫，冠無緯，終事而釋，大祥後不復服。儀禮士虞禮：「中月而禫。」禮記問傳：「禫而纖，無所不佩。」謹議：皇上禫祭後，衣藍緞表衣，石青冠、朱緯，帶佩畢具。

古者，三年之喪，二十五月而畢；後世加以二十七月，何也？禮記喪大記：「禫而從御，吉祭而復寢。」蓋即禫居外寢，婦人可從而與執事矣；然必更四時吉祭，始復内寢。吉祭之期，寬以浹月，然後無弗逮，故於古有加焉。謹議：二十七月内，元旦冬至，不受朝賀。遇大典陞殿，暫服吉，終事而釋。

春秋之義，臣子一例。故曰：「事君猶事父也。」儀禮喪服傳：「君，至尊也。」「父，至尊也。」禮記昏義：「爲天王服斬衰，服父之義也。」古者，端衰無等。謹議：自齒朝以上，冠衣宜從上所從；在師中，則仍其常服。

禮記雜記：「大夫次於公館以終喪，士練而歸。」疏謂邑宰之士，歸其所治邑也。又曰「大夫居廬，士居堊室」，尊卑外内之有别，蓋以稱情而責其哀敬之實焉。謹議：文臣在京四品以上及翰林科道，在外兩司以上，中外武臣二品以上，皆終喪不得嫁子娶婦，下此以周期爲限。本身則終喪不得娶妻，聽樂宴賓視此。謹議。

貴州苗疆議

臣聞貴州群苗，與他省世有土司者異，蓋散居谿谷，彼此不相統屬。寨大者不過三五百家，一户中丁衆力强，則小户服焉。此户衰弱，又别推衆强者爲頭目，萬不能爲大害於州縣。聞近日守土之官，以苗人傷殘病死，地多空虚，議募人屯田，乘其衰弱，而據其要害。以臣所見，惟熟苗所居，與州縣壤接，建堡興屯，扼其要害，可以制生苗之出入，誠爲有益。若生苗所居，山峻谷深，地勢陿隘，難立城郭，而山徑四通，萬不可招募屯田。蓋天地之德，本宜並育並容，况奪其世世生長之地，絶其妻子衣食之源，使無以自存？雖目今救死扶傷，未敢妄動，而少少生聚，則必奮死以相争奪，阻兵殘殺，終無已時。至於從前已經設兵戍守，如清江、丹江等處，止宜擇水路深通，湖南之粟可方舟而下，廣西之粟可溯流而上者，增兵開鎮，據其中央，臨制四旁。每年兵糧，皆自他省載運。其地若全無苗民，則量招屯户，與戍兵相倚爲氣勢；若尚有苗民，則止於戍兵住宅前後，各留地二畝，以種菜蔬。外此仍還土苗耕種，聽通商旅、列市肆。其水路不通，與通而灘淺不利船行之地，則戍守之兵盡數撤回。其與鎮戍鄰近及水路之旁，土苗百家以上，則擇其爲衆苗所信服者，授以百總之職，置土兵五人；二百家以上，則置把總，土兵十人；三百家以上，則置千總，土兵十五人：皆照緑旗兵弁賜俸給糧，而絲粟不取於苗。其不願者，亦聽之。如此則近苗慕歸附之利，遠苗無侵擾之害，而苗疆可永遠安定矣。

我皇上深識遠見，盡除苗地租賦，誠和輯苗民之要道。但新改歸流之苗，以納租爲苦；而歸附熟苗，尤苦差役。聞各省苗疆，不獨欽差及本地上司，往還路過，搬運行李，盡役熟苗，即家丁、書役、承差出入亦然，是以熟苗不得自營生業，深爲苦累。宜著功令，惟欽差量定夫役，其餘官員俱照内地雇夫，不得空役熟苗。至於戍守之兵，舍熟苗無人運糧，山谷崎嶇，盡一人之力，不過負米三斗，食至戍所，存者二斗，交糧之後，歸途竟無糧可食。如此而不思變計，則未得生苗之地，先大傷熟苗之心；熟苗離心，則生苗之地恐終難久據。臣所以請水路難通之地戍兵盡數撤回者此也。

又環苗疆大小村落，皆宜勸土人築堡，開壕種樹，冬日習武，而量減其租賦。於一堡之中，擇二三雄武老成爲衆所信服者爲堡長，給以頂帶，比樂舞生，有司加禮，朝廷間歲小加恩賞，則到處皆有土兵，緩急足恃，視養緑旗當差之兵，更爲得力，而所費無多。此所謂爲難於其易，圖大於其細也。

塞外屯田議

自古控抱關塞，制馭戎狄，莫善於屯田。蓋省運餉之費，則國用易充，而民力不至於疲，且以農夫爲戰士，則習飢勞、耐寒暑，筋骨堅强，緩急足恃。今準噶爾外雖歸順，其心尚不可知，必廟謨早定，戰守有備，將材士武，然後精神可以折衝，不敢妄動。

臣聞塞外開墾之地已經注籍者，自□□以西至歸化城，東西將及五萬頃。臣請即籍其現在耕農爲衛卒，無論兄弟、親戚、奴僕，必家有餘丁三人，然後計其受田，以正身爲衛卒，而餘丁力耕，盡免其租賦。未墾之地，則召募山、陝邊民，官予牛、種，立房舍，歲給銀糧，期以三年地熟，然後使自食其力。環歸化城三百里内，凡有可開之田，漸次召募開墾，務可養衛卒二萬家。伏乞我皇上先遣滿、漢大臣宅心公平、材識出衆者二人，巡視規度。以地之肥瘠爲差，凡正卒一人，所授之地必可給十二三口衣食，農功畢，則帥餘丁開濠築堡，二三月農功未興亦然。十一月至正月，則聽其結伴，不拘人數，入山步圍。則數年之後，塞外正卒得二萬人，並羨卒得勝兵八萬。口内之兵，可以有缺不補，漸次減半。部署既定，然後擇大臣一員爲屯田經略。歸化城以東，設屯田兵道三員；其西其北，各設兵道一員，武弁至參、遊而止，聽兵道節制；鄂勒昆戍守處，設都統一員，聽經略節制。

環歸化城三百里内，衛卒必半有妻子，每年七月，發萬人赴鄂勒昆，更番戍守。其有險可依之地，則造立土城；水草甘美，則隨處築堡建墩，以通烽火。凡田連二三十頃，必於西北畔開濠種樹，當要路者至兩三重，則居者有蔽而寇不能測，永爲金湯之固矣。至於歸化城以東已墾之田，有係諸王大臣及各旗官弁産業者，環歸化城可開之地，有蒙古駐牧者，以皇上之命，量其所值，賜以金帛，自無所難。爲國家建萬世之業，不可以惜官費用也。

臺灣建城議

臺灣府治建城，衆議皆以爲難。然不過慮其土疏，地時震，雖成易毁，工役甚大，勞費無已時耳。不知設守重洋與内地異，而臺灣變亂皆自内作，非禦外寇比也。其地之門户曰鹿耳門，近府治，號稱天險，港容三舟，旁皆巨石，鋒稜如劍戟，舟行失尺寸，頃刻沈没，内設礮臺，所恃以爲固也。然往者王師平鄭克塽，近平朱一桂，皆乘風潮，水高港平，衆艘奔赴，毫無阻礙，大兵一入，即獲安平港。巨舟斷賊去路，而招撫府市人民，南北路農商聞風絡繹綑載而至，相依以自保。物力既充，軍氣自倍。賊戰不能勝，守無可據，惟散而逃耳，追而躡之，隱死無地，故旬日可坐定也。曩令朱一桂有城可據，收府市人民財物以固守，南北路隔絶不通，大兵雖入，攻之不拔，坐守安平，曠日相持，兵罷食盡，欲由鹿耳門饋餉濟師，則風潮不便，勢難更入，智勇俱困，自拔之不能，遑言克敵哉！若謂築城以禦外寇，則又闇於形勢者也。兩征臺灣，皆先整兵，泊舟澎湖之南風澳，以候風潮；風潮之便，歲不過一時，時不過數日，若盜賊竊發，或外番窺伺，泊舟於澎湖，則夕至而朝捕之矣。

至南北二路，可通之地雖多，然如南路之蟯港，北路之八掌溪、海翁港、鹿仔港、甲西、二林、三林、中港、竹塹、蓬山，惟小舟可入。其巨港大舟可入者，不過南路之打狗、東港，北路之上淡水，其次則北路之笨港、鹹水港耳。地遠府治，縱有外寇，不取道於此，備設礮臺，增益汛兵，朝夕巡視足矣。大洋之中，舟難久停，循數推理，絶無萬有一然之慮也。

凡闇於事理之人，妄議建置更革，未有不滋後患者。國初以海賊入寇，議於海船可入處，下梅花樁。不知黄河入海，氣力峻猛，海船必不能溯流而上，妄於雲梯關下樁，覆舟敗葦遇樁而止，壅以濁流，數十年後淤爲平地。海口路塞，淮、黄泛溢，聖祖仁皇帝親巡，再三指授方略，費國帑鉅萬，僅乃復通。松江海潮出入之地，舊有戈船，底繫鐵索鐵菱、三角小毛，朝夕乘潮出入。不知所事，或奏罷之。其後沙停成港，海潮大入而不能出，漂流崇明、太倉諸州縣六七萬家。蓋害伏於無形，非明者不能見也。今議臺灣築城，毋乃類此，若不早遏，從此悔不可追矣。

江南閩廣積貯議

傳貴本小有不同，蓋先生初稿也。今從王本。厚子云方氏家譜所載同此。鈞衡識。

周官以荒政聚萬民，其十有一皆庶政，足以寬民者也。捐上所有以子民者，僅居其一，曰「散利」，「縣都之委積以待凶荒」是也。而其本計，則在五黨之相賙，司稼之均民食，士師之通民財，易所謂「勞民勸相」也。三年耕則有一年之食，九年耕則有三年之食，所以積於不涸之倉，藏於不竭之府也。然古之爲積貯者與今異。古者上公營國，不過九里，而民皆散處於中田。故管子曰：「野與市爭民。」言其聚散之數，相倚爲多寡也。自井田廢，而民之聚者不可散，歷世相仍，通都大郡有人滿之患。其尤聚者，如江以南之金陵，嶺以南之番禺，其土之入，所贍者十之一。又如閩南諸郡，崎嶇山澤，地狹而人衆，其土之入，所贍者三之一。是不待天爲之災，苟有風潮之阻，遠方之粟不至，寬者數月，劇者旬時，而民已坐困矣。捐上所有以賑之，當其時則不易徧，屢而行之，則不可繼。故今之計，莫若使民自爲積，民自爲積，而後事可常也。

令牧民者，比次境内中家以上，使家爲囷倉。秋冬之交，遠商麇至，中家計日而自備其食，富民倍之，其上三之，其上五之。歲十一月，官稽其入；二月而出之，聽其自糶，富者斥其餘，不失十二之利，而貧民皆有所恃矣。所患者，胥吏之紛擾與不肖有司之假貸，而若是者，可責之大吏也。雖然，此一切之計也，察萬貨息耗之情，則固有其本焉。以中人爲準，日再食不過一升，鹽費不過一錢，而酒之耗數倍於米，煙之耗數倍於鹽。故上腴之地，皆爲煙圃；五種之美，半化爲糟醨，此東南之公患。而在人聚土狹之區，則更劇也。若嚴斷二者，其於民食可益三之一，此世所目爲迂闊鄙瑣之談也。然古之治天下者，至纖至悉也，故蓄積足恃，蓋分數明也。雖周公之建典，管子之易政，亦若是而已矣。

渾河改歸故道議

渾河改歸故道，其名甚美，而切究事理，則其患有來年即可徵驗者，有十年之後不可救藥，而今尚伏於無形者。

蓋始爲此議者，但見五十年前渾河時漫於固、霸，秋稼雖傷，麥收常倍，民咸利之。不知爾時本無隄岸，任其漫流，故二三百里間，雖不廢耕稼，而室廬甚少。自改故道入勝芳淀，往時濁流游盪之地，民皆定居，村堡相望，勢難遷徙。今雖令民自築護村土埝，而無竹木石菑，卑薄墟疏，不惟難禦伏秋之漲，即春夏水潦少昌，固南霸北之民，已不免蕩析離居之患，此情勢已見，萬口同咨者也。

爲此議者，但見永定河未開以前，水至固、霸，則泥沙盡停，而清流會白溝河以入淀。數百年淀無停淤，以爲改復故道，當與昔同，而不知水勢地形，今昔迥異。蓋河隄未築，任其游盪，力緩勢散，故泥沙盡沈，而會於白河者皆清流，又有深廣數百里之淀以容之，故久而無患。及隄岸既立，水束力强，奔騰洶湧，泥沙難定。且見今金門閘壩之外，固南霸北，良東永西，不過百里，視當年容水之地，僅得四分之一。則伏秋汛漲會入白河者，必不能無泥沙。白河力弱，則先淤白河；白河力强，則必淤淀内。白河淤，漲過猶可開通；淀内淤，人力萬難挑濬：十年之後，全淀盡淤。自渾河入勝芳淀後，淀已淤十之六七。子牙河所挾畿南衆水，渾河所挾塞門衆水，不能入淀，必橫穿運河。不惟漕運難通，而沿河之地，城郭人民皆一朝而化爲巨浸矣。

聞自建金門閘後，渾河已半行三角淀外，惜下流仍入淀中，恐終不能無淤塞耳。必就渾河下流，別開河道，引入淀之流盡行淀外。按圖揣度，惟由東沽港，北至青光，以下會大清河，可以達津入海。然必於上游引玉帶河爲尾水以刷泥沙，新河兩旁堅築泊岸，岸外寬作遥隄，以防異漲，然後無潰溢以淤淀，湍悍以穿渾河之患。

古人治水，至險艱之地，焚石鑿山，必開通而後止。今淀外之地，不過高下不齊，用力不至若此之艱難也。如慮工費浩繁，以改復故道爲簡便，則未知伏秋汛漲，近河村邑告災請賑，將無虚歲。即置黎民之死病於不問，而國家勞費，正自無窮，是所謂以冥冥決事也。

黄淮議

黄河有六七十年以前久釀之患，淮河、運河有二十年來積漸因循隱伏之患。黄、淮合流，東至雲梯關入海，相傳從前關下即海口。國初以防海寇，下樁雲梯關，覆舟敗葦遇樁而止，河流旁漱淤沙，漸移漸長。迄今由雲梯至海口，約二百四五十里，中有青沙、夾沙，又有仰面横沙正當口門，俗稱鐵門檻灘。康熙三十五年，童家口決。河督董安國以海口淤淺，別開馬家港引河，導黃河由小河入海。姦民王繹之利黃水能腴己田，倡議建攔黃壩，堵截河流。三年後始知其害，拆壩而受病已深，且壩址尚存，下流愈淤愈高矣。三十九年二月，河督于成龍堵塞馬家港口。六月，復決；建議留二十丈口門，至今未閉。河分二道，流愈緩，沙愈停矣。此久釀之患，萬口所同咨也。康熙六十一年，河決朱家海。黃流入洪澤湖者逾年，湖底日墊日高，而人不悟。數年前拆磨盤墩，建新閘，改故道。每歲伏秋，黃流倒灌清江浦以入運河，河身日墊日高，人雖知之而偷安目前，以至有今日，此所謂積漸因循隱伏之患也。

洪澤湖之底日高，則無以受長淮聚匯之衆流；運河之底日高，則無以受清口之暴漲：故連年皆患伏秋水大。其實非水大也，乃湖、河底皆淤墊，容水之地少耳。洪澤數百里之淤墊，雖神禹復生，無道以疏瀹。清浦運河秋冬閉閘可濬，而在此時，亦不急之務，以雖濬而地狹，河淺不足以洩洪澤之異漲也。黃、淮上流既無法可施，惟海口深通，下流暢洩無壅，然後上流可免衝決。

方今急務，莫如乘霜降水落，即急築馬家港口。此口原寬二十丈，今衝開百餘丈，每遇伏秋，倒漾佃湖支河之内，瀰漫無際。安、海、阜三州縣隄内居民，頻年水患甚劇，若得閉塞，亦可以甦數州縣之民。使河流不分，則勢猛而新沙不停。仿古戈船之法，急作方底淺舷之船二三十號，船尾左右各立兩柱，底繫鐵索鐵菱、三角小矛。於鐵門檻上流兩岸，排豎鉅石，設轆轤。每船用篾纜麻索八條，分繫船尾四柱，繩結轆轆轤。人挽篾纜，乘流下灘，過灘三五丈，即轆轤人挽而上，分班復下。灘沙雖堅，屢經菱矛爬搔，急流乘之，不過旬月，必次第開通。此費少而功大，實奇策可用。若鐵門檻沙離海口尚有三五里，則只須每船多三五健卒，乘流直下，隨轉舵赴岸，引纜而上，兩岸轆轤繩纜并不必用。萬一沙堅如鐵，掛菱矛而不動，則港口既閉，引河可以挑濬。馬家港引河至出洋處，約一百四五十里，現在通流。宜即開闢此河，使深廣與大河等，束以遥隄。挑築既畢，便引全黄之水直注新河，而堵塞舊河，可使二瀆安流，百年無變，舍此别無救敗之策。但開通馬港，恐淮安、海州境内諸水無歸，則宜於鄰河趨會之處，别開支河，總匯入海州之漣河，會同入海，然後有利無害。雖工費必數百萬金，而錫數百萬生靈以數百年安瀾之福，每歲省修築之費數十萬，收淹没田禾蠲免之正賦數十萬，每遇異漲，省賑濟之帑粟數十百萬，日計不足，歲計有餘，明者當能辨之。

常平倉穀議擬〔一〕

伏以皇上屢諭督撫監司實核各州縣常平倉穀，存七糶三，俾新陳相易。伏見聖心懇惻，常

〔一〕 本篇輯自方望溪遺集奏議類，第二十六至二十七頁。

以民食爲憂；但五方風氣燥濕不齊，土俗民情所在各異，大綱雖具其中，細目尚宜詳議。謹條次四事，伏候聖裁。

一、穀久存倉，不惟浥爛，即少有發變，出糶甚難。有司懼爲己累，必致抑散鄉户，巧羅富民。民未見利，先受其害。惟北方風氣燥達，存七糶三之法可以通行。江淮以南地勢卑濕，嶺外尤甚。郡別縣殊，宜各詢士人，一一驗察貯倉之穀。三年不變，然後可歲存其半；兩年不變，則糶七存三；一年即變，則春糶而秋糴。然後民獲減糶之利，官無賠補之害。其或豐穰之後猝遇荒祲，秋冬穀貴，春糶之價不足以充秋糴，則俟年有收，或鄰境豐穰，如數補糴。但穀價存庫，監司郡守不得法外苛求，有司乃別無顧慮，可以實心任事。

一、城鎮游民每輕借官谷，苟延旦夕，而責償甚難，必鄉民有田，乃可按期徵納。但多借，則豪民屯積，以專其利；少借，則爲斗石之穀往返城市，守候官胥，廢時失業，鄉民必裹足不前；而既著功令，則不肖有司得以浥爛發變之穀抑散鄉民，責以償納。不若專用糶糴，官民兩便，姦弊不生。但宜申飭監司郡守，於歲終稽察入倉之數，而開春以後，一聽隨時發糶，無用申詳請期。蓋期制於上，則胥吏要索多方，苟或失察，批發後時，穀貴之期既過，不惟於民無益，而官價亦虧。有司當此，欲不糶，則發變可虞；欲賤糶，則秋糴難補。投足兩陷，罪無所逃，誠可矜憫。至谷之存倉必有消耗，盤量必有折減，移動必有運費，糶糴守局必有人工，春糶之價用以秋糴，即有贏餘，僅足充此。歲終稽察，但穀數不虧，即宜一切不問，不得别生枝節，使有司以糶糴爲畏途，庶幾法可常守。

一、閩中泉、漳諸郡，稻歲再獲，其性懸殊，早獲者堅實耐久，遲獲者虚脆易敗。至於臺灣之米，過海爲鹹氣所蒸，尤易浥爛。用此推之，凡江淮以南、五嶺之外，稻歲再穫之地，并宜嚴飭所司，驗察穀性虚實，其有從前誤收者，盡數發糶，改糴入倉。但穀性虚脆，其價必賤，應令督撫酌定於公費内量加糴價，有司乃易承辦，不至懼有賠累，隱蔽不言。

一、民當飢困，旬月難支，而自州縣詳報，府司踏勘，以至督撫題請，非三月不能上達；及奉旨後核查户口多寡，申報復題，亦非三月不能下達。必限程期，凡州縣報荒後，督撫核查，近地以兼旬爲期，遠不得逾月。具疏題請，即具陳被災分數，應賑户口多寡，則得旨之日立可施行。同此賑粟，早發一日，即我皇上赤子免一日之顛連，何忍稽遲，坐視流殍？嘗考周禮設司救之官，凡歲時有天患民病，則以節巡國中及郊野，而以王命施惠。周公設官之意，誠慮奏請期報或至後時，故列於本職，曰以王命施惠，而持節以巡，則粟米錢幣隨地可發，頃刻無壅。蓋聖人憂民之切、慮事之詳如此。

我皇上子養兆民，每遇水旱，不惜發帑傾囷，且曲盡聖心，指授方略，諭誡諄切，務期實德及民，故敢悉陳愚衷，冀有微補，伏惟裁察。

方望溪文集全編卷七〔一〕

序

禮記析疑序

自明以來，傳注列於學官者，於禮則陳氏集説，學者弗心饜也。壬辰、癸巳間，余在獄，篋中惟此本，因悉心焉。始視之，若皆可通，及切究其義，則多未審者，因就所疑而辨析焉。蓋禮經之散亡久矣，群儒各記所聞，記者非一時之人，所記非一代之制，必欲會其説於一，其道無由；第於所指之事、所措之言無失焉，斯已矣。然其事多略，舉一端而始末不具，無可稽尋。其言或本不當義，或簡脱而字遺，解者於千百載後意測而懸衡焉，其焉能以無失乎？

注疏之學，莫善於三禮，其參伍倫類，彼此互證，用心與力，可謂艱矣。宋、元諸儒因其説而

〔一〕 本卷原爲望溪先生文集卷四。

紬繹焉，其於辭義之顯然者，亦既無可疑矣，而隱深者，則多未及焉。用此知古書之藴，非一士之智、一代之學所能盡也。然惟前之人既闢其徑涂而言有端緒，然後繼事者得由其間而入焉。乃或以己所得，瑕疵前人，而忘其用力之艱，過矣！余之爲是學也，義得於記之本文者十五六，因辨陳説而審詳焉者十三四，是固陳氏之有以發余也。

既出獄，校以衛正叔集解，去其同於舊説者，而他書則未暇徧檢。蓋治經者，求其義之明而已，豈必説之自己出哉？後之學者，有欲匯衆説而整齊之，則次以時代，而録其先出者，可矣。

周官析疑序

周官一書，豈獨運量萬物，本末兼貫，非聖人不能作哉？即按其文辭，舍易、春秋、文、武、周、召以前之詩、書，無與之並者矣。蓋道不足者，其言必有枝葉，而是書指事命物，未嘗有一辭之溢焉，常以一字二字盡事物之理而達其所難顯，非學士文人所能措注也。

凡義理必載於文字，惟春秋、周官，則文字所不載，而義理寓焉。蓋二書乃聖人一心所營度，故其條理精密如此也。嘗考諸職所列，有彼此互見，而偏載其一端者，有一事而每職必詳者，有略舉而不更及者，有舉其大以該細者，有即其細以見大者，有事同辭同而倒其文者，始視之若樊然淆亂，而空曲交會之中義理寓焉。聖人豈有意爲如此之文哉？是猶化工生物，其巧曲至，而不知其所以然，皆元氣之所旁暢也。觀其言之無微不盡而曲得所謂如此，況夫運量萬物而一以貫之者乎？

余初爲是學，所見皆可疑者，及其久也，義理之得，恒出於所疑。因録示生徒，使知世之以周官爲僞者，豈獨於道無聞哉，即言亦未之能辨焉耳。

周官集注序

朱子既稱「周官徧布周密，乃周公運用天理熟爛之書」，又謂「頗有不見其端緒者」，學者疑焉，是殆非一時之言也。蓋公之「兼三王以施四事」者，具在是書。其於人事之始終，百物之聚散，思之至精，而不疑於所行，然後以禮、樂、兵、刑、食貨之政，散布六官，而聯爲一體。其筆之於書也，或一事而諸職各載其一節以互相備，或舉下以該上，或因彼以見此。其設官分職之精意，半寓於空曲交會之中，而爲文字所不載。迫而求之，誠有茫然不見其端緒者，及久而相説以解，然後知其首尾皆備而脉絡自相灌輸，故歎其徧布而周密也。

余嘗析其疑義以示生徒，猶苦舊説難自別擇，乃並纂録合爲一編。大指在發其端緒，使學者易求，故凡名物之纖，悉推説之，衍蔓者概無取焉。

蓋是經之作，非若後世雜記制度之書也。其經緯萬端，以盡人物之性，乃周公夜以繼日窮思而後得之者。學者必探其根原，知制可更而道不可異。有或異此，必蔽虧於天理，而人事將有所窮。然後能神而明之，隨在可濟於實用。其然，則是編所爲發其端緒者，特治經者所假道，而又豈病其過略也哉？

春秋通論序

記曰：「屬辭比事，春秋教也。」凡先儒之説，就其一節，非不持之有故，言之成理也，而比以異事而同形者，則不可通者十八九矣。惟程子心知其意，故曰：「春秋不可每事必求異義，但一字異，則義必異焉。」然經之異文，有裁自聖心而特立者，如魯夫人入各異書之類是也；有沿舊史而不能革者，稱人、稱爵、稱字、稱名、或氏、或不氏之類是也。其間毫芒之辨，乍言之，若無可稽尋，及通前後而考其義類，則表裏具見，固無可疑者。

抑嘗考詩、書之文，作者非一，而篇自爲首尾，雖有不通，無害乎其可通者。若春秋則孔子所自作，而義貫於全經，譬諸人身，引其毛髮，則心必覺焉。苟其説有一節之未安，則知全經之義俱未貫也。又凡諸經之義，可依文以求，而春秋之義，則隱寓於文之所不載，或筆或削，或詳或略，或同或異，參互相抵，而義出於其間。所以考世變之流極，測聖心之裁制，具在於此，非通全經而論之，末由得其間也。

余竊不自忖，謹師戴記與程子之意，別其類爲三十有六，而通論其大體凡九十章，又通例七章，使學者知所從入。至盡其義類，與聖心同揆，而無一節之不安，則願後之君子繼事焉耳。

春秋直解序

自程朱二子不敢以春秋自任，而是經爲絶學矣。夫他書猶孔子所删述，而是經則手定也。今以常人自爲一書，其恉意端緒必有可尋，況聖人之不得已而有言者乎？

蓋屈搰經義，以附傳事者，諸儒之蔽也。執舊史之文，爲春秋之法者，傳者之蔽也。聖人作經，豈豫知後之必有傳哉？使去傳而經之義遂不可求，則作經之志荒矣。舊史所載事之煩細、及立文不當者，孔子削而正之可也。其月、日、爵次、名氏，或略或詳，或同或異，策書既定，雖欲更之，其道無由，而乃用此爲褒貶乎？於是脱去傳者諸儒之説，必義具於經文始用焉，而可通者十四五矣。然後以義理爲權衡，辨其孰爲舊史之文，孰爲孔子所筆削，而可通者十六七矣。

余之始爲是學也，求之傳注，而樊然殽亂；按之經文，而參互相抵。蓋心殫力屈，幾廢者屢焉。及其久也，然後知經文參互，及衆説殽亂而不安者，筆削之精義每出於其間。所得積多，因取傳注之當者，并己所見，合爲一書，以俟後之君子。其功與罪，則非蒙者所能自定也。

删定荀子管子序

自周以前，上明其道，而下守之以爲學，舍故府之禮籍，史臣之記載，太師所陳之風謡，無家自爲書者。周衰道散，然後諸子各以其學鳴。惟荀氏之書，略述先王之禮教；管氏之書，掇拾近古之政法。雖不偏不該，以視諸子之背而馳者，則有間矣。而其義之駁，辭之蔓，學者病焉。切而究之，荀氏之疵累，乃其書所自具；而管氏則衆法家所附綴而成，且雜以道家之説，齊東野人之語，此則就其辭氣可識别者也。

余少時嘗妄爲删定，兹復審詳，凡辭之繁而塞、詭而俚者悉去之，而義之大駁者則存而不削。蓋使學者知二子之智乃以此自瑕，而爲知道者所深擯，亦所以正其趨向也。管氏之書，其本真蓋無幾，以其學既離道而趨於術，則凡近似而有所開闡者，皆得以類相從，而無暇深辨焉耳。

重訂禮記纂言序

元儒臨川吴氏三禮之學，惟戴記纂言爲當。高安朱公可亭重訂焉，辨析開闡自爲之説者，其多與吴氏等，而精密則過之。其書行世久矣，而必欲余爲之序，蓋公抱疾數年，惟經學爲孜孜，時與余商論，而見微有知也。

余嘗怪詩、書所傳，出於唐、虞、三代之卿相者十八九，而漢、唐以後，以經學相承者皆憔悴專家之儒，卿相則無一有焉，其能者不過於詩賦辭章得其崖略而已。蓋古之人必德之盛，學之優，然後任此位。後世或以勳勞，或以地勢，又其次則科舉之士累日積久以致之，則其心不能專，而日有不暇給，固其宜也。惟本朝安溪李文貞公周易通論、尚書洪範傳所見有進於前儒者，而近復見公此書及儀禮節略。蓋二公於諸經，皆沉潛反覆，務究其所以云之意，而一書尤平生精力所專注，宜其可以逾遠而存也。李公早歲登甲科，五十以後，始開府於畿南，其在中朝，皆文學侍從之官，其於講學治經，固宜寬然有餘。而公自翰林出爲縣令，徧歷煩劇，以晉大府，使衆人當之，宜無晷刻之暇，而能深探乎禮意若此。蓋公自承親事君以及治家交友，皆應乎禮經，「惟其有之，是以似之」，故所得不可以恒情測也。

抑吾因此有感焉，自聖祖仁皇帝篤好周易、尚書，竟世講誦不輟。聖上繼序，郊廟禮器，冠服差等，多依古禮經。制詔所頒，常引周官之法度，而二公各應期而以經學鳴。記有之：「天降時雨，山川出雲。」是以「生甫及申」，推本以爲文、武之德。故余因序是書而并發斯義，俾後公而生者，益愾乎有志於諸經未發之覆也。

孫徵君年譜序

容城孫徵君既殁三十有七年，其曾孫用楨以舊所編年譜屬余删定，既卒事而爲之序曰：

自古豪傑人才以至義俠忠烈之士不得其死者衆矣，而傳經守道之儒無是也，極其患至於擯斥流放胥靡而止耳。其或會天道人事之窮而至於授命，則必時義宜然，而與俠烈者異焉。世皆謂儒者察於安危，謹於去就，故藏身也固，近矣而未盡也。蓋人之於天也，以道受命，三才萬物之理全而賦之，乃昏焉不知其所以生而自殺於物者，天下皆是也。記曰：「人者，天地之心。」惟聖賢足以當之。降此則謹守而不失，惟儒者殆庶幾耳。彼自有生以至於死，屋漏之中，終食之頃，懍懍然惟恐失其所受之理而無以爲人。其操心之危，用力之艱，較之奮死於卒然者有十百矣。此天地所寄以爲心，而藉之紀綱乎人道者也，豈忍自戕賊哉？孔子於道，常歉然若不足，而死生之際，則援天以自信，蓋示學者以行身之方，而使知其極也。

先生生明季，知天下將亡，而不可强以仕，此固其所以爲明且哲也。然楊、左諸賢之難，若火燎原，而出身以當其鋒。及涉亂離，屢聚義勇，以保鄉里。既老，屏迹耕桑，猶以宵人幾構禍殃。迹其生平，阽於危死者數矣！在先生自計，固將坦然授命而不疑，而卒之身名泰然，蓋若有陰相者。今譜厥始終，其行事或近於俠烈，而治身與心則粹乎一準於先儒。學者考其立身之本末，而因以究觀天人之際，可以知命而不惑矣。

學案序

昔先王以道明民，範其耳目百體，以養所受之中，故精之可至於命，而粗亦不失爲寡過。又使人漸而致之，積久而通焉，故入德也易而造道深。程、朱之學所祖述者，蓋此也。自陽明王氏出，天下聰明秀傑之士，無慮皆棄程、朱之説而從之。蓋苦其内之嚴且密，而樂王氏之疏也；苦其外之拘且詳，而樂王氏之簡也。凡世所稱奇節偉行非常之功，皆可勉强奮發，一旦而成之。若夫自事其心，自有生之日以至於死，無一息不依乎天理而無或少便其私，非聖者不能也，而程、朱必以是爲宗。由是耳目百體一式於儀則，而無須臾之縱焉。豈好爲苟難哉？不如此，終不足以踐吾之形而復其性也。自功利辭章之習成，學者之身心蕩然而無所守也久矣，而驟欲從事於此，則其心轉若齇𪏭而不安，其耳目百體轉若崎嶇而無措，而或招之曰：「由吾之説，塗之人可一旦而有悟焉，任其所爲，而與道大適，惡用是戔戔者哉？」則其決而趨之也，不待頃矣。然由其道，醇者可以蹈道之大體而不能盡其精微，而駁者遂至於猖狂而無忌憚。此朱子與象山辨難時，即深用爲憂，而豫料其末流之至于斯極也。

金沙王無量輯學案，以白鹿洞規爲宗，而溯源于洙泗，下逮饒仲元、真西山所定之條目，以及高、顧東林之會約。蓋無量生明之季世，王氏之飈流方盛，故發憤而爲此也。此所謂信道篤而自待厚者與！惜乎其學不顯於時，無或能從之而果有立也。今其孫澍將表而出之，學者果由是而之焉，則知吾之心必依于理而後實，耳目百體必式于儀則而後安，而馴而致之，亦非强人以所難。既志于學，胡復樂其疏且簡，以爲自欺之術哉？

畿輔名宦志序

名不可以虚作，況守官治民，其尊顯者，大節必有徵於朝野，其卑散者，遺愛必有被于閭閻，宜乎公論彰明而不可以爲僞矣。然取諸舊史者，得其實爲易；而取諸郡州縣志者，得其實爲難。蓋非名實顯見，末由登於國史，而史作於異代，其心平，故其事信。若郡州縣志，則並世有司之所爲耳。其識之明，未必能辨是非之正，而恩怨勢利請託，又雜出於其間，則虚構疑似之迹，增飾無徵之言，以欺人於冥昧者不少矣。

高邑趙忠毅公，有明一代可計數之君子也。同時宦於畿輔，風節治行見於公文而確乎有據者凡二十餘人，而郡縣舊志無一及焉。觀其所不載，則載者可盡信乎？欲削其所疑，則非小善必録之義，且無以辨其非真，欲别求其可信，則不與公同時，及同時而未見於公文者，又絶無可考。以是推之，欲賢者之不遺，而無實者不得冒濫，豈易言哉。

雖然，愚而不可欺者，民也。宦必有迹，每見一州一邑三數百年中，吏之仁暴污潔智愚，士大夫皆能口道焉。又其近者，山農野老能指名焉。中人之冒濫，或久而莫辨，若顯悖於所聞，衆必譁然而摘其實，此傳所稱「有所有名而不如其無者也」。故余志名宦，自元以前，一以舊史爲斷；自明以後，姑仍郡州縣志，而見於忠毅之集者，轉不以著於是編。蓋一人之文，一郡一時之事，特千百之十一耳，載之則所漏實多。故具列其所以然，俾他日有司之爲志者，知怵然爲戒，詳酌於民言，而達於史官。又以見忠直循良之實，必博求之君子之言信而有徵者，毋專據有司之方志，而仕宦者之子孫，慎毋虚美其先人而轉以自播揚也。

教忠祠祭田條目序

憶康熙辛卯，余以南山集序牽連赴詔獄。部檄至，日方中，知江寧縣事蘇君偕余入白老母，稱：「相國安溪李公特薦，有旨召入南書房，即日登程。」吾母噭然而哭。是夕，下江寧縣獄，二三同學急求護心柔骨之藥以行。安知尚有生還之日，支體無傷，子孫親戚盡在左右哉！此乃三聖如天之德，世世子孫毀家忘身，而未足以報者也。獄辭上，蒙恩免死，繫籍漢軍。己亥夏，以疾困自危，作書示宗子道希，命次第歸贖高莊出賣之田，以其半供祭掃。自忖不得復見先人之墳墓，安知衰殘之軀延至八十，親見宗祠祭田之粗具哉！

滇遊紀聞案，吏議方宗人無疏戚，皆罪在大辟。安知聖祖矜憫，并免放流；世宗肆赦，各還鄉里；祠成之日，會祀於金陵者五十有七人哉！此又吾祖宗陰相，哀籲於皇穹，而得自天之佑也。余乃使子孫私蓮池及吾所自置之田，而棄先人之遺命，忘祖宗之享祀，敢乎哉？

吾兄弟三人，少忍饑寒，勤學問，皆喀血。弟早夭。吾與兄時抱疾而遠遊。每戒行，吾母隱慼，背人掩涕，必涉月連時，良辰令節對女婦，每當食而哽噎。兄歸自燕、齊，疾遂不振。乙亥，余在涿鹿，幾死者屢焉。計所以贖蓮池，置桐廬、高淳之田，皆吾與兄心力之所瘅，吾母涕淚之所寓也。子孫而以纖毫自私，忍乎哉？凡茲條目，尚其世守之！

教忠祠規序

宗法祭禮之廢久矣！唐、宋諸賢所討論，當其身不能盡行，而欲世爲天下法，得乎？禮雖先王未嘗有可以義起者，以協諸人心而衆以爲安也。古者建國始得立五廟，北宋以前猶有四廟、三廟、二廟之制。自程子謂人本乎祖，服制以高、曾相屬，則時祀宜及高、曾，冬至宜祀始祖、遠祖。自是以後，學士大夫及庶民皆遵用，而功令亦不復爲之程，以人情所安，不可强抑耳，而朱子於始祖、遠祖則不敢祭，非獨疑於僭也，蓋内反於身，覺哀敬思慕之誠達於高、曾，已覺分之難滿，又進而推之遠祖、始祖，恐薄於德而於禮爲虚。孔子曰：「誦詩三百，不足以一獻。一獻之禮，不足以大饗。大饗之禮，不足以大旅。大旅具矣，不足以饗帝。毋輕議禮。」此物此志也。蓋程子以己之心量人，覺高、曾、始祖之祭闕一，而情不能安；朱子則以禮之實自繩，覺始祖遠祖之祭備舉，而誠不能貫。義各有當，並行而不相悖也。

苞性頑薄，少壯遠游，祭多不與。難後涉公事，朝夕促促，有祭而無齋，撫躬自思，惟父母兄弟忌日，必爲愴然耳。春秋秩祀，布几筵，奉薦而進，雖吾父吾母，亦未嘗如見乎位，如聞乎容聲，況王父母以上未逮事者乎？用此將祭之先，既祭之後，以臨尸不怍及愛其所親之義内訟，乃知無怍於祖、無怍於高曾之難，爲之怵然，而因此見朱子之心焉。又思若竟廢高、曾之祭，則愧作亦無由而生，是又程子使中人以上，各致其情，自勉於禮之意也。

茲酌定祭禮，兼立祠規，皆以愚心所安，依古禮經，而準以衆人所能行。吾子孫能恪守之，則於古者立宗收族之義，猶有什一之存焉，其或愈於蕩然不爲之制也與？

吴宥函文稿序

自余客金陵，朋齒中以文學著稱於庠序者，多不利於科舉，而吴君宥函爲最。歲甲申，總其課試古今文爲二集，而屬余序之。

余觀自明以來，取士之功令，施於學校之試者猶寬，而直省禮部之試特嚴。惟其少寬也，故士之聲實雖未得備知，而歷試之册籍可稽也，其鄉之士大夫可訪也；惟其特嚴也，故不肖者由苟道以營其私，而所號爲賢者，亦自任一時之見，而無由考其信。故學校之試，以中智司之，而不當者十之一；直省禮部之試，以明者主之，而當者十之五。朱子有言：「恃法以禁私者，非良法也。可以爲私而不私，然後民受其利。」

余嘗謂鄉舉里選之制復，則衆議不得不出於公，而或恐士皆飾情以亂俗。嗚呼！是不達於先王所以牖民之道也。凡物矯之久，則性可移，而况人性所固有之善乎？東漢之興，士大夫之厲廉隅而尚奇節者，其初豈不出於矯也哉？然其究至於毁家亡身而不貳，則亦非人情所能僞矣。揉木以爲輪，雖蔌暴而不復挺者，矯之久以成性也。懸法以驅民於死，其勢甚逆，然秦人行之數世，則其民之冒白刃而捐要領也，若性然。況乎教化之行，其顯者漸民於耳目心志之間，而其微者足以贊化育而密移於性命之際，董子所謂「陶冶而成之者」是也，而反疑其長僞以亂俗，過矣！夫教化既行，其取之也，求以可據之實行，而論之以少長相習之人，猶未必其皆得焉。乃用章句無補之學，試於猝然，而決以一人無憑之見，欲其無失也，能乎哉？

宥函學老而行醇，上之所求於士者，宜此等也，而數擯於有司。故余序其文而有感於教人與取之之得失如此。至其文則皆出於課試，流傳四方而衆載其言久矣，蓋不以余文爲輕重也。

儲禮執文稿序

昔余從先兄百川學爲時文，訓之曰：「儒者之學，其施於世者，求以濟用，而文非所尚也。時文尤術之淺者，而既已爲之，則其道亦不可苟焉。今之人亦知理之有所宗矣，乃雜述先儒之陳言而無所闡也；亦知辭之尚於古矣，乃規摹古人之形貌而非其真也。理正而皆心得，辭古而必己出，兼是二者，昔人所難，而今之所當置力也。」先兄素不爲時文，以課余，時時爲之，期年而見者盡駭，以試於有司無不擯也。余曰：「時文之學，非可以濟用也，何必求其至，而使一世之人不好哉？」先兄曰：「非世之人不能好也，其端倪初見，而習於故者未之察也。且一世之中，而既有一二人爲之，則後必有應者，而其道不終晦。故曰：『人者，天地之心也。』昔朱子之學，嘗不用於宋矣，及明之興，而用者十四五。當天地閉塞，萬物洶洶之日，以一老師率其徒以講明此理於深山窮谷之中，不可謂非無用者矣。乃功見於異代，而民物賴以開濟者，且數百年。故君子之學，苟既成而不用於其身，則其用必更有遠且大者。此與時文之顯晦，大小不類，而理則一也。」

自先兄不幸早世，其所講明於事物之理而求以濟用者，既未嘗筆之於書；獨其時文爲二三同好所推，遂浸尋流播於世。至於今，而海内之學者，幾於家有其書矣。夫時文者，科舉之士所用以牟榮利也，而世之登高科致膴仕者，出其所業，衆或棄擲而不陳，而先兄以諸生之文，一旦橫被於六合，没世而宗者不衰。好奇嗜古之士，至甘戾於時，以由其道。夫以學中之淺術，而能使人有所興起如此，況其可以濟用者而適與時會乎？然用此，亦可知儒者之學雖小而不可以苟也。

先兄之文雖爲世所宗，而得其意者實寡。今儲君禮執殆所謂應之者與？窺其所以爲文之意，而按其理與辭，何與先兄之所言者相似也！自先兄之亡，余困於貧病，非獨其學之大者不能承，而時文之説亦鹵莽而未盡其藴焉。觀禮執所見之能同，未嘗不驚喜而繼之以悲也。

熊偕呂遺文序

余客游四方，與當世士大夫往還日久，始知歐陽公所云「勤一世以盡心於文字者，於世毫無損益，而不足爲有無」，洵足悲也。故中歲以後，常陰求行身不苟而有濟於實用者。

雍正元年，川陝總督年羹堯入覲，所至院、司、提、鎮皆過禮以崇敬。一時争傳山西壽陽令供具一守驛站故常，傳呼紛至，則獨身前往。羹堯亦異之，問其姓名，則江西安義熊應璜偕呂也。是年，始以進士出試用，到官，即象八卦區境内爲九宫，各計廣輪，擇走集支湊之地，設社倉一，義學一，中央倍之。凶荒賦粟，不遠其居。少長相師，以親以睦。區中聯伍，相保相糾。盜賊奇衺之民，居無所容，竄無所匿。期月政行，鄉郊無犬吠之警。嗚呼！此周官比、閭、族、黨、州、鄉之法，朱子所謂合學校、教養、德行、道藝、選舉、爵禄、宿衛、征伐、師旅、田獵而共爲一事者。此法行，則人人安其居，宿其業，守其分，承其事，而天下平矣。乃君逾年而卒於官。

余難後，先祖及亡兄弟再卜葬，再以陰流入壙起厝。乾隆七年，告歸。余生赍至自江西，爲余求兆域。八年秋，又因吾友魏方伯慎齋而得熊秀才又昌，叩之，則壽陽君之子也。因是具悉君之生平：其進退取與，必以古義自繩。久困公車，房師某畀數百金，使由捷徑，君固辭不受。及當官，則爲前令任宿負，以毀其家。其家居，倡復瀘溪堰，潤三十餘里，垂五十年不困於旱潦。噫！行身不苟，而才濟於實用，君其庶幾乎！惜乎吾與生同時，而不得一見其人，罄其胸中所蘊蓄也。

又昌倜儻有父風，爲余涉三江、彭蠡之險，往反四千餘里，連歲再至，而後有成事。將歸，出君制義請序。發而視之，其源出於其鄉先生陳、章諸公，而小變其格調。蓋君久於場屋，不得不參用歐公所謂順時者，而性質之耿介、智識之閎深，時躍露於辭氣之外，則其積於中者不可掩也。然以君之篤志經、史、古文，皆未克成書，而所存惟制藝。以君高望，遠志於周官之治教，而不獲成政於一邑之間。序其文，未嘗不掩卷而三歎也。

余東木時文序

乾隆八年冬十月，余生㒟以余先兆未卜，復至自宜黃，出其尊人東木先生時文請序。余正告之曰：「子之尊人與余共事書館，無間晨夕，後雖各有典司，而旬月中未有不再三見者。其所志所學，所爲詩、古文，無不與余商論，而未嘗及于時文。今鋟版行世有年，而有是請，殆子之意，非尊人之命也。余自序宜興儲禮執之文，爲其本師所點竄，以序爲戒者已數十年，雖相知如慕廬韓公、蓮山廖公不能强，而今爲此，則義有虧。且余雖立戒，而恃游好自爲序而標余名，及不知誰何之人詒託以誑書賈者，數數然矣，而未嘗一爲别白，以吾之戒素明也，而今爲此，毋乃使人疑夫詒託者之皆真乎！」

煚作而言曰：「吾父獲交久長而不敢請，以先生之戒明也，而私嘗命煚曰：『汝能使先生序吾文，而孝莫大焉。吾非欲以時文争名於時也，先生老矣，吾所祈嚮，與所以交於先生，不可使没於後世耳。』願先生即取兹所以命煚者，而筆之書，則不惟可明戒于前，且可以辨僞於後矣。」煚之請也有辭，而持之有故，乃發其父之文而觀之，蓋久困於舉場，故擇義遺辭，不敢過爲艱深怪特，而中所藴涵，則非順時取譽者所能貌似，此好古積學之自然而流露者也。西江士友並稱安義熊偕吕之文，其子及衍亦以序請，而未以其文來。會余感煚言，歷爲戒之顛末，使報其尊人，故并及之。

左華露遺文序

丙午秋，吾族叔父諸夫至京師，相問勞畢，即出一編曰：「此吾妹夫左君華露遺文也。華露爲忠毅公之弟侍御曾孫，年十二，能倍誦五經，遊庠序有聞，未三十而夭。吾妹不食經旬，既而以姑老，義不得死，隱憫至今十餘年，纍然麻衣，近始爲定嗣，且刻其遺文，謂能使其夫之名字不没於後者，惟子之一言。子惡能已於言哉？」

往者邑子何景桓垂死，以文屬所親，必得余序，死乃瞑。余既哀而序之，又以歎夫爲科舉之學者，天地之大，萬物之多，而惟時文之知，至於既死而不能忘，蓋習尚之漸人若此。今華露之文，非自欲刻之，則無病也，而吾族姑念無可以致厚於其夫者，而圖名字之不没於後，則與尋常女婦之所見異矣。

華露之文，實清新可喜。惜乎天奪其年，而不克終其業也。諸夫夙精於文律，故余爲敘其大略，而論定之詳則轉以相屬云。

楊黄在時文序

自明以四書文設科，用此發名者凡數十家。其文之平奇淺深、厚薄强弱，多與其人性行規模相類。或以浮華炫燿一時，而行則污邪者，亦就其文可辨，而久之亦必銷委焉。蓋言本心之聲，而以代聖人賢人之言，必其心志有與之流通者，而後能卓然有立也。

丙午、丁未間，聞喜楊黄在守選京師，與余交，間出其時文，能曲暢所欲言，以顯事物之理。又能抽繹先儒之書，而發其端緒之未竟者。余親爲點定，凡數十篇。觀其文，意其人必能自樹立，常欲開之，使得展布。其後高安朱可亭入爲御史大夫，叩以江西良吏，則以君爲首。時君令建昌，尋以部推，知廣西賓州，未赴任，丁外艱；及服闋，補廣東德慶州。則高安既没，余亦罷官。君以伉直忤監司，巧法相中。其在江西，事二守二監司，皆苦相擠，而大府持之，以君爲高安所重耳。君既削職，士民醵金爲道齎，三日而具，送者布路，二百里不絶。

乾隆十二年冬，博野尹元孚督學江蘇，欲得正直有學行者相助正文體，磨礲群士，余謂非君不可。元孚通書，使者再返，以次年五月望後五日至崑山，而元孚以七月望日卒於松江使院。君適遘瘧寒疾，就余於金陵，將與余縱覽江介川岳洞壑，而疾久未瘳。其子雲松重刻其時文，余覆閲之，益信文之於人，譬諸草木，枝葉必類本也。君治法不愧古循吏，士民誠服，獨所至必見惡於長官。元孚思用其文學以廣教思，涉月而有變。欲少從容山水間，而疾困之，不可謂非所遇之窮也。然余戒爲時人作序四十餘年，至君之文，則不請而有言，覽是編者，可慨然想見其爲人矣。

青要集序

青要山在新安東北隅，澗樵吕公讀書其中，因以名詩集。公之子耀曾，余同年友也，而公尤善余，屬序其詩有年所矣。余夙有戒，屢固辭焉。公將歸，謂余曰：「子之戒，苦衆人之擾擾耳。吾兩人皆衰老，姑序以慰吾心，而出之於身後，若何？」公至家三日而殁。其孫肅高來告喪：在途有遺命，諄諄及此；耀曾以書速，至再三。余卒卒無餘閒，又念誌公之墓已及公詩，無爲復序也。

雍正八年十有一月朔後三日，夜過中，夢公持青要集刻本，手繙余夙所心愜，使更視之，坐移時，作而曰：「兹爲永訣矣！」俄而若將遠行，公使人來贐。覺而公之音容凄然在吾目也。嗚呼！豈公既殁，而猶拳拳於此乎？抑余負諾，責心有歉焉，乃周官之所謂思夢乎？公之靈果在天壤，所不可知，然用此知力所不給，不宜漫應以病吾心，而古賢之無宿諾，惟其始之嚴且確也。

公詩格調不襲宋以後，吟咏性情，即境指事，惻惻感人，實得古者詩教之本義。乃備叙始末，俾耀曾以告公墓，而毋刊布焉，是乃公與余之成言也。

鷹青山人詩序

苞童時，侍先君子與錢飲光、杜于皇諸先生，以詩相唱和，慕其鏗鏘，欲竊效焉。先君子戒曰：「毋以爲也！是雖小道，然其本於性質，别於遭遇，而達以學誦者，非盡志以終世，不能企其成。及其成也，則高下淺深純駁，各肖其人，而不可以相易。豈惟陶、謝、李、杜嶤然於古昔者哉！即吾所及見宗老塗山及錢、杜諸公，千里之外，或口誦其詩，而可知作者必某也。外此，則此人之詩，可以爲彼，以偏於人人，雖合堂同席，分韻聯句，掩其姓字，即不辨其誰何，漫爲不知何人之詩，而耗少壯有用之心力，非躬自薄乎？」

苞用是遂絶意於詩，而自糊口四方，歷吴、越、齊、魯以至都下，海内以詩自鳴者多聚焉。就其能者，或偏得古人之氣韻，苦橅其格調，視衆人亦若有異焉，然雜置其倫輩中，亦莫辨爲誰何。其門户可别者，僅兩三人。至晚歲乃得鷹青。鷹青，山人也。余往來京師四十餘年，未有道其詩與名字者。蓋余方混混塵俗中，所見多衣冠馳騖之士，而鷹青匿迹於窮山，其聲光自莫由而達也。

乾隆二年杪冬，余自武英殿出居西華門隅，子姪輩多稱東村石君之詩。東村以詩投，果蕭洒無世俗人語，遂因東村以得鷹青。其後鷹青以詩來，不待終篇，而知非他人作也。又二年，或鋟其詩於版，乞言於余。東村之門人聞之，亦刻其山居詩二十首。東村一旦悉焚平生所作，誓不更爲，而謀去家以從鷹青於山中。噫！鷹青，非山人也，其家世勳舊，方聖祖仁皇帝西征澤旺，嘗自請赴絶塞開墾，以給屯軍。在軍中逾年，莫有知者，遂歸，絶人事，閉關於盤山。蓋天實限以詩人之遭遇，而使之盡志於斯術也。

東村齒未艾，其子仕進方得路，而欲從鷹青於山中，且焚詩而不爲，與先君子所以戒苞者，似有合焉，其志可量也哉！

王巽功詩説序

易、春秋而外，經之難治者，莫如詩。禮各有所指之事，書之事可知也，人可知也，世可知也。詩則事之有徵及辭意顯而可辨者無幾，而得其人與世者尤稀。學者惟就其辭以意逆之，故其説終古而不可一。必欲得其事，必欲得其人，必欲得其世，而附會以成之者，小序也。自朱子以理爲衡，辨而斥之，然後詩之大體，有可稽尋。然以惡序説之深，或並其猶可以通者而斥之，或於詩之辭意可以兩行者，而一斷之。故自是以後，學者雖知序説之非，而於朱子之説，亦尚有不能慊者。語曰：「三代之際，非一士之知也。」蓋聖人之經之難治也，亦若此已矣。

涇陽王巽功以詩説國風示余，其所疑於序説之可存，與朱子之説之未盡者，同余者十六七焉。其自爲説同余者十二三焉。余嘗謂：經者，天地之心，説之而當，必合於人心之不言而同然者。用此嘉巽功之篤學而又自喜用心之不謬也。

然吾聞君子之爲學也，至於辨之明，思之審，以致於理之一，然後合於人心之不言而同然者。若夫朋友講習之初，必彼此互異，抵隙攻瑕，相薄相持，而後真是出焉。故朱子於志合道同之友如南軒、伯恭，往復論辨，齟齬者十七八。若好人之同乎己，則介甫之所以自蔽也。余之説既多與巽功同，恐不足以益巽功。巽功其更求異己者，而與之講議可也。

巽功將更定其書之體例，而索序於余，乃爲述古人共學之義，俾知其難，毋好同而惡異，以致於理之一，而余亦得因之以自鏡焉。

巖鎮曹氏女婦貞烈傳序

歙縣曹晉袁傳其高、曾以下，遠近宗婦貞烈者四十有五人，曹氏之女許嫁而守貞，終世爲嫠，遭變而死義者十有三人。余觀婦人以節完者，六經所著，衛共姜、紀叔姬兩人而已。蓋自周以前，婦人不以改適爲非，男子亦不以再嫁者爲恥。齊桓怒少姬，未絶之也，而蔡人嫁之，郤犨求婚，魯人爲奪施氏婦。公侯卿族如此，則他可知矣。李斯頌秦，始有「有子而嫁，倍死不貞。妻爲逃嫁，子不得母」之文，蓋前此非教禁之所及也。

嘗考正史及天下郡縣志，婦人守節死義者，秦、周前可指計，自漢及唐，亦寥寥焉。北宋以降，則悉數之不可更僕矣。蓋夫婦之義，至程子然後大明。前此以范文正公之賢，猶推國恩於朱氏，而程子則以娶其子婦者，爲其孫之仇。其論娶失節之婦也，以爲己亦失節，而「餓死事小，失節事大」之言，則村農市兒皆耳熟焉。自是以後，爲男子者，率以婦人之失節爲羞而憎且賤之，此婦人之所以自矜奮與！嗚呼！自秦皇帝設禁令，歷代守之，而所化尚希；程子一言，乃震動乎宇宙，而有關於百世以下之人紀若此。此孔、孟、程、朱立言之功，所以與天地參，而直承乎堯、舜、湯、文之統與！

黔、越有猺民焉，女子許嫁，則去其家而適野，有身然後歸，匪是，則父母不收，夫家不迎也。豈其性殊與？亦習所蔽耳。使嚴申國禁，而開以聖賢之教，安知其不可終革乎？吾因晉袁所述，有感於古今禮俗之變，其發有端，其成有漸，而備論之如此。又以見晉袁之爲此，亦將有輔於世教，而非徒爲曹氏之光榮也。

李穆堂文集序

余與穆堂始相見，即相與議所處。康熙庚寅杪冬，穆堂以庶吉士覲省歸里，道長干，停船過余。余時以老母衰病，不敢遠行，而守土吏及族姻皆謂誤殿試期至再三，懼物議。穆堂獨正議以排之。余因謂穆堂：「子必大爲世用，不及今肆力於學，則無其時矣。」

逾年而余以南山集牽連，兼罹宗禍，荷先帝赦除，召入内廷編校，而穆堂宦益達，各以職事拘綴，惟一見於故相國安溪李公所。及行帝登遐，穆堂自北河入臨，朝夕聚喪次，始知其學益老，識益堅，氣益厲，而可任公卿之位。無何，果起家爲吏部侍郎，巡漕運，開府粤西，總督直隸；不通問者復四三年。

其後穆堂亦掛吏議，荷聖上赦除，典司別館編校，暇日過從，出其已刻散體文示余，則已數十萬言矣。又逾年，總其前後所作，別爲三集，各五十卷，而屬序其正集。其考辨之文，貫穿經史，而能決前人之所疑；章奏之文，則鑿然有當於實用；記、序、書、傳、狀、誌、表、誄，因事設辭，必有概於義理，使覽者有所感興而考鏡焉。其平生所志，及已見於設施者，即是編以求之，抑可以得其崖略矣。

穆堂自始進即得顯仕，出入中外，近二十年，任重而事殷，其於誦數講習，宜未暇遑，而竟能以文章振發於世，豈非其材有兼人者與？余終世未嘗一日離文墨，而智淺力分，其於諸經，雖粗見其樊，未有若古人之言而無棄者，而文章之境，亦心知而力弗能踐焉。觀穆堂所編，未嘗不躊躇滿志，而又以自疚也。

方望溪文集全編卷八

序

周官辨序[一]

凡人心之所同者，即天理也。然此理之在身心者，反之而皆同，至其伏藏於事物，則有聖人之所知，而賢者弗能見者矣。昔者周公思兼三王，以施四代之政，蓋有日夜以思，而苦其難合者。以公之聖而得之如此其艱，則宜非中智所及也。故周官晚出，群儒多疑其僞，至宋程、張二子及朱子繼興，然後知是書非聖人不能作。蓋惟三子之心，幾乎與公爲一，故能究知是書之精蘊，而得其運用天理之實也。然三子論其大綱，而未嘗條分縷析以辨其所惑，故學者於聖人運用天理廣大精密之實，卒莫能窺，而幽隱之中，猶若有所疑畏焉。蓋鄭氏以漢法及莽事詁周官，

[一] 本篇至溧陽會業初編序，原爲望溪先生集外文卷四。

多失其本指，而莽與歆所竄入者，實有數端。學者既無據以別其真僞，而反之於心，實有所難安，故其惑至於千數百年而終莫能解。苟非折以理之至是，而合其心之同然，則是經之蠹蝕，終不可去。夫武成之書，周人開國之典册也，守在官府，傳布四方，不宜有譌，而孟子斷爲不可盡信，亦折之以理而已。

余懼學者幸生三子之後，而於是經之義，猶信疑交戰於胸中，是公之竭其心思以法後王者，將蔽晦以終古，故不得已而辨正焉。孟子曰：「能言拒楊、墨者，聖人之徒也。」以余之淺見寡聞，豈足以有明，而志承平三子，則知道者或猶能察其心，而不以爲妄也夫。

春秋直解後序

始余治春秋，惟與學者商論，而不敢筆之書。乙未、丙申間，衰病日滋，雁門馮衡南、河間王振聲趣余曰：「凡子所云，皆學者所未前聞也。子老矣，設有不諱，忍使是經之義蔽晦以終古乎？」余感焉，爲著通論九十六章，分别其條理，而二子少之，曰：「是誠學者之所治也，必合舊説，節解句釋，然後蒙士喻焉。」

逾歲而書成，凡通論所載，悉散見于是編，而不復易其辭。蓋余之爲此，非將以文辭耀明于世也，大懼聖人之意終不可見焉耳。其義非學者所習聞，復變易其辭，使反覆以求其端緒，曷若辭之複而易熟于目哉？昔墨子之著書也，言多不辯，恐人之懷其文而忘其質也。是則余之志也夫。

文昌孝經序 代

不艷于利，不怵于害，生有不取，而死有不去，此士大夫之所謂奇節美行也。然觀春秋內、外傳所紀，厮輿賤士往往確然必伸其所志，而以死生利害爲甚輕。蓋先王之道，有以立民之命，其漸之也深，雖更衰亂，而其流不息如此。

自戰國、秦、漢以來，士君子之族，正誼明道而不雜于功利，千百年數人而已。北宋諸儒之興，始卓然有見于人性之本，而深探先王以道立民之意。其言善之當爲，未有及其利者也；言不善之當去，未有及其害者也。使人皆得其利以爲善，惡其害而不爲不善，則世亦可庶幾于治。而君子之爲説，斷然不出于是者，以爲不正其本，則當天道之駁而不應，而人事之可以冒得而苟免也。其爲善之心，可易以趨利而爲不善；去不善之心，可易以避害而無術以移之。朱子有言：「今之學者，割股廬墓，皆爲爲人。」嗚呼！非窮理盡性，而能爲是言與？

余令上元逾年，邑人汪珂刊其所藏文昌孝經，而請序于余。發之，則明宰相丘公濬、王公鏊所傳述也。謂宋西山真氏蓋深取焉，而自叙爲諸生得第之事，以爲神明之應。嗚呼！其信然與？孝之道，傳所載孔子、曾子之言備矣。二公以文儒遭時行志，有教化之責，固宜明先王之道，使民盡性以立其命者也，而區區于是，豈好事者所託而非其真與？舍聖人、賢人之言，而徵諸鬼神，取人所自盡之孝，而論其感應，吾知真氏之必無取于是也。雖然，世之知命而不惑者鮮矣。無所慕而爲善，無所畏而不爲不善，士君子之族，其果能是哉？而令之職，民無秀頑，皆當訓之以道。是編所載，通明易曉，雖山農野老，婦人小子，皆能諷于口，入于耳，而動于心。有欲布之，余安得而阻其意也？

湯文正公年譜序

同年友湯之旭每言其祖潛菴先生之歿，垂數十年，而編年之譜未就，以所難者，事信而言文。余告之曰：「譜與誌、傳異體，惟事之信，言雖不文可也。」乾隆七年首夏，公之叔子沆以時賢所爲狀誌、傳記，屬余編定且序之。時余告歸，行有日矣，乃以付武進湯椿農先。冬十月，沆使使奉書以譜來，去取詳略，一無所苟。

公之生平，顯著於世人之耳目者蓋具矣。抑余因公譜之成，而歎聖祖仁皇帝大知至仁，乃前世所罕見也。自古忠良生亂世，事暗君，困於姦邪，而危死於非罪者無論矣。周亞夫之勳庸，中屠嘉之正直，而殺之者，漢景帝也。宋真宗亦繼世之賢君，寇平仲以股肱心腹相臣，爲丁謂所逐，遲之又久，而後以目中不見爲疑，不甚可怪乎？當秉鈞者疾公如寇讎，要結九卿臺垣，乘間抵隙，巧發奇中，必欲擠之死地，而聖祖終不惑於讒言，以全公之終始。豈非易所稱「大君之宜」，記所謂「聰明睿知，足以有臨」者乎？

自古小人搆陷忠良，暗昧姦欺之迹，必待世遠人亡，野史、家乘流傳而後暴著。惟公之殁，則同時士大夫訟言柄臣之陰賊、群小之朋從。長洲汪琬爲誌銘，四明萬斯同、慈谿姜宸英作傳記，大書深刻，無所還忌。其他各述所聞，播於四方者，不可選紀。此雖諸君子砥廉隅，不能自閟其義心，實由聖祖仁皇帝淵然深識。公殁未幾時，構公諸臣同時罷黜，有以大作其公正之氣，而不爲權勢所懾威，故兹編有所據以徵其信也。

逮我世宗憲皇帝特命設公神位於賢良祠，我皇上賜謚文正，御製碑文，「誠意正心，先憂後樂」，布在制辭。然後公之志事，依日月之光而益明，而聖祖之至德，二聖之繼承，就此一事，已卓然可爲萬世法。故終之旭之身，未敢爲譜，而今乃出之。至公之生平，其顯者已略具是編，而僉壬朋謀作慝，久散見於時賢之傳述而不忘於天下之人之心，余無庸更置一辭也。

傳信録序

古之所謂學者，將明諸心以盡在物之理而濟世用，無濟于用者則不學也。古之仕者，自下士以往，皆實有可指之功以及物，故其食于上也爲無愧，而受民之奉也安。自學廢而仕亦衰，博記覽，騖詞章，嚻嚻多言而不足以建事平民，是不知學之用也。治古聖賢人之説，斂然爲儒者之容以取世資，而出于身者不必然，是不知學之本也。故其仕也，不大刻于民，則自以爲無愧，而人亦諒之。其遇事而惘然不知所措，與失事之理以枉于人而自以爲安者，皆是也。朱子曰：「凡事之難，以通曉于事者之少也。知其分寸而一一以應之，則人無欺慢而事易集。」夫周之季世，先王之教衰矣，而自公、卿、大夫以暨小臣、隸、圉，當官治事，而井然不紊者皆是也。豈材之獨盛于古，而通曉于事者之多歟？毋抑其所學者然歟？

會稽章君惺村爲江南都使司，政教所及，吏士翕然。尤善治獄，雖老姦宿豪，從容以數言折其機牙，莫不畏服。屢董大役，嚴明無犯，而役者懷之。蓋其存于心者，隨在恐背于義理，而又明于在物之數。誠所謂知其分寸，一一而應之者也。使非局於官之所守，則其功之及于物者，豈可量歟？君居官甚貧，而下車即治明道先生祠，功訖，費逾千金。暇時輒採古人嘉言善行，手録而藏之。蓋其設施之所自者，非苟然也。然君語人，每曰：「吾未知學。」此君之學，所爲不類于今人歟？習于君者，集其治政處物之方，可以觸類而有所開通者，曰傳信録，行於世，而以余之善于君也，請文以弁之。余傷夫學者之昧所以也，屬序其文若詩，而謝不爲者已數年矣。兹所以云者，感君所學之能濟世用，而非以其相好之私也。

徐司空詩集序

詩之用，主于吟詠性情，而其效足以厚人倫、美教化。蓋古之忠臣、孝子、勞人、思婦，其境足以發其言，其言足以感動人之善心，故先王著爲教焉。魏晉以降，其作者窮極工麗，清揚幽眇，而昌黎韓子一以爲亂雜而無章。蓋發之非性情之正，導欲增悲，而不足以感動人之善心故也。唐之作者衆矣，獨杜甫氏爲之宗。其于君臣、父子、夫婦、昆弟、朋友之間，流連悱惻，有讀之使人氣厚者。其于詩之本義，蓋合矣乎？

司空徐公以忠孝大節著聞海内，餘三十年。余晚而得交，朝夕同役，居常斂然。其交友盡義，處衆直而温，雖隸卒惟恐有傷，逾年如一日也。嗚呼！觀公之接物如此，則其於君臣、父子、夫婦、昆弟、朋友之間，端可知矣。間出所爲詩示余，即境以抒指，因物以達情，悲憂恬愉，皆發于性情之正，而意言之外，常有沖然以和者。蓋公生平，夷險一節，務自刻砥，以盡其道，而無怨尤，故其詩象之如此。孟子曰：「誦其詩，讀其書，不知其人可乎？」異世以下，誦公之詩，而得其所以爲人，忠孝之心，可以油然而生矣！

考槃集序

衆人之於仕宦，常逐逐而不休者，彼上之不求所以自致于君，下之不思所以負責于人，而惟其身之利焉。故操之則慄，舍之則悲。君子難進而易退，非以爲名也，所見者大。故其進也，常覺其志之難稱；而其退也，如釋重負然。昔歐陽公生北宋之隆，遭時行志，功見而名立。自世人觀之，不可謂非仕宦之滿志者矣。及讀公思潁詩，然後知公之胸中，固有欿然不自足者也。古之君子，自待厚而不欺其志者類如此。

渭師范公，家世將相，嗣宗職，當官侃侃。常從天子出征絶域，以材武名師中。及凱旋論功，遽引疾。衆皆詫焉，而不知公之竭心奉職，與勇于乞身，其道固相爲表裏者也。公夙好詩，及退休，益寄情焉，集平生所作，名曰考槃，蓋素志然也。公詩格律必依于古，而意思閒遠，翛然自得。「譬諸草木，枝葉必類本。」觀公之行身有方，視仕宦如脱屣，則其詩之不類于衆人，有以也夫！此與前篇依傳貴本。王本有徐蝶園詩集序，前數行即此文，至「自待厚而不欺其志者類如此」止。下云：「徐公蝶園方少壯，爲憸人所構，罹刑禍，毀身家，百折不回，顛沛勞辱，處之若素。及晚歲，與余交，則已被上知遇，出秉節鉞，入參帷幄，信用體貌，班聯中莫與比並；而自視常缺然，惟以過不得聞爲憂。非自待厚而不欺其志，焉能及此乎？間出其詩，屬予序。觀其前無哀怨之音，暨其後無懽愉之言，而仁孝忠誠，時溢於筆墨之外。蓋其性行，亦於斯可見矣。傳曰：『譬諸草木，枝葉必類本。』此之謂也。抑吾觀歐公之思潁也，豈期退休以待老，而務自暇逸哉？良以居高位，受主知，任天下之責，而大懼德業之弗終耳。故吾序公之詩，而備論平生之志事，以示後之讀其詩者，而又以使公益勵其初志焉。」案此文前後語意洽浹，於徐公亦相稱，不知何故又以前段改序范詩，而别有徐司空詩序一首？或此二首，先生所塗去而改爲彼一首歟？鈞衡識。

蔣詹事牡丹詩序

余性好誦古人之詩，而未嘗自爲之。蓋自漢魏到今，詩之變窮，其美盡矣。其體製大備，而不能創也；其徑塗各出，而不能闢也。自賦景歷情以及人事之業細、物態之妍媸，凡吾所矜爲心得者，前之作者已先具焉。故騖奇鑿險，不則于古，則弔詭而不雅；循聲按律，與古皆似，則習見而不鮮：以此知詩之難爲也。惟心知其難，又嘗欲得期月之閒一力取焉，以試其可入與否？而卒未暇也。

康熙丁酉仲夏，詹事蔣公以其所爲牡丹詩百篇屬余序。發而讀之，犂然有當于余心。蓋余之所難于詩者，詹事已備悉之，故能則于古而與之不相似也，是變窮美盡而復有所入者也。故其意義多前人所未及，而一物之微，詠之至于百篇之多，而莫有自相因襲者焉。余于詩，畏難而不敢試者有年所矣。今詹事苦其心以力取之，余時得而觀之，以足吾意，樂何如也！今而後，余益可絶意於爲詩矣。

楊千木文稿序

自周以前，學者未嘗以文爲事，而文極盛；自漢以後，學者以文爲事，而文益衰：其故何也？文者，生于心而稱其質之大小厚薄以出者也。戔戔焉以文爲事，則質衰而文必敝矣。古之聖賢，德修於身，功被於萬物，故史臣記其事，學者傳其言，而奉以爲經，與天地同流。其下如左丘明、司馬遷、班固，志欲通古今之變，存一王之法，故紀事之文傳；荀卿、董傅，守孤學以待來者，故道古之文傳；管夷吾、賈誼，達於世務，故論事之文傳。凡此皆言有物者也，其大小厚薄則存乎其質耳矣。

魏晉以降，若陶潛、李白、杜甫，皆不欲以詩人自處者也，故詩莫盛焉；韓愈、歐陽修，不欲以文士自處者也，故文莫盛焉。南宋以後，爲詩若文者，皆勉焉以效古人之所爲，而慮其不似，則欲不自局於蹇淺也，能乎哉？

時文之於文，尤術之淺者也，而其盛行於世者，如唐順之、歸有光、金聲，窺其志，亦不欲以時文自名。吾友楊君千木，才足以立事，義足以砥俗，聽其言，觀其貌，不知其爲文士也。及出其所爲時文，則窮理盡事，光明磊落，輝然而出于衆。蓋其心與質之奇，不能自祕者如此。既爲論定，因發其所以，使學者知所務焉。

何景桓遺文序

余嘗謂害教化敗人材者，無過於科舉，而制藝則又甚焉。蓋自科舉興，而出入於其間者，非汲汲於利則汲汲於名者也。八股之作，較論、策、詩、賦爲尤難。就其善者，其持之有故，其言之成理，故溺人尤深，有好之老死而不倦者焉。余寓居金陵，燕、晉、楚、越、中州之士，往往徒步千里以從余遊。余每深矉太息，以先王之教、古人之學切於身心者開之。始聽者多惘惘然，再三言，其精神若爲之震動。惜其人皆散處四方，不獲久與之居，而觀其誠有所變化也。

歲辛卯，以事返桐，光甥正華持一編示余，曰：「此何生景桓文也。吾女弟歸於生，生不幸早夭，垂死屬某曰：『方子與吾生同鄉，而未得一見其人，子能使序吾文，死不恨矣！』」發而視之，其持之有故，其言之成理，蓋其心力嘗竭於是而有得焉，無怪其至死而不能釋然也。

夫死生亦大矣，生中道夭，不以爲大慼，而獨惓惓於制藝之文，蓋科舉結習入人之深如此，而況先王之教化所以漸人於性命者哉！使移生所以好制藝者而大用之，則守死善道，不足爲生難，此古之人材所以强立而不返者衆歟！生與余生同鄉，又嚮余之篤如此，惜乎吾不及其生之時而相與往復其議論也。序其文，所以恨余之不遇生也。

喬紫淵詩序

余兒時見家君與錢飲光、杜于皇諸先生以詩相切劘，每成一篇，必互相致，或閲月逾時，更索其稿以歸而更定焉。余慕其鏗鏘，欲竊效之，而家君戒曰：「汝誦經書、古文未成熟，安暇及此？且爲此，非苟易也。」年二十，客遊京師，偶爲律詩二章。數日，涇陽劉陂千忽相視而嘻曰：「吾有所見子詩，信子之云乎：『藝未成而襮之，後自悔焉，而莫可追也。』子行清文茂，内外完好，何故以詩自瑕？吾爲子毁之矣！」余自是絶意不爲詩，或以詩屬序，則爲述此，而以不知謝焉。

丁丑夏，授經白田，喬君紫淵請序其詩，三數而未已也。余雖心知其工，而猶持前説以謝焉。君書識古法，余愛而索之，因録漫興一章示余。其次聯云：「文章幾輩誇行遠，性命初知有苟全。」余誦之瞿然，若登高山，履危石，臨百仞之淵，而足垂在外也。蓋是時，余方治春秋，辨正注家之紕謬，而自爲義例。生徒朋游有來叩者，爲陳其義，往往侃然自任，以爲必傳于後無疑，而君因以詩諷也。嗚呼！其用意爲不苟矣。昔歐陽子以「勤一世盡心于文字爲可悲」，蓋深有見于逾遠而存之難；而近時浮誇之士，不求古人所以不朽之道，而漫爲大言，將以惑夫世之愚者。君之意若歐陽子所云，則望我厚也；其以浮誇者見疑，則責我嚴也。且中有疑而正告焉，非交友忠而不務爲道諛者，能如是與？余因是欲序其詩以爲報，而未嘗面許之。

又數年至今壬午，君來金陵，謂余曰：「子終不序吾詩，豈吾詩不足以序乎？」余于詩雖未之能也，而其得失則頗能别焉。家君有言：「孔子論詩曰『可以興，可以觀，可以群，可以怨』，漢魏以來，作者非一，情無貞淫，事無大小，體無奇正，辭無難易，其傳于後者，必于是微有合者也。」君一爲詩，而使余數歲之中，苟發言而怵然，苟廢學而惶然，余于是得興觀焉。其爲賜大矣！君既開余以道，余安得而靳其言也。

隱拙齋詩集序

仁和沈生椒園少喜爲詩，嘗受業于鄉之耆長舊有位人，月鍛季鍊，其詩遂工。大江以南稱詩者，多歎以爲莫及也。已而來京師，能詩之聲日著。京師之人亦無與相甲乙，如在江南時。今又學于余，顧其意，若有不安于其所已學者而求進焉。余韙其意，而竊自慚非其人也。

雖然，嘗聞之矣：先王採詩之法行，不獨士大夫能爲詩；閭巷之間，氓隸之賤，以至婦人女子，率意歌謠，咸可觀焉。今十五國之風具在，可考而知。顧其後列國諸侯、卿、大夫燕饗聘問，其所稱引況喻，率不出三百五篇之詩，無一人焉自爲詩以相贈答者。孔門七十子之徒，皆異能之士，而許其可與言詩者，僅賜與商。由是言之，詩之爲道，淺者得淺焉，深者得深焉。生思進乎其所未學者，即于詩焉求之其可矣。

噫！今之士爲詩者多，未嘗爲生之學而輒自喜者尤多。然則如生者，人第謂其詩莫能及，抑又何也？雍正庚戌八月朔日，桐城老友方苞。

古文約選序例 代

太史公自序：「年十歲，誦古文。」周以前書皆是也。自魏晉以後，藻繪之文興。至唐韓氏起八代之衰，然後學者以先秦盛漢辨理論事，質而不蕪者爲古文。蓋六經及孔子、孟子之書之支流餘肄也。

我國家稽古典禮，建首善自京師始。博選八旗子弟秀異者，並入於成均。聖上愛育人材，闢學舍，給資糧，俾得專力致勤於所學，而余以非材，實承寵命，以監臨而教督焉。

竊惟承學之士必治古文，而近世坊刻，絶無善本。聖祖仁皇帝所定淵鑒古文，閎博深遠，非始學者所能徧觀而切究也。乃約選兩漢書疏及唐宋八家之文，刊而布之，以爲群士楷。蓋古文所從來遠矣，六經、語、孟其根源也。得其枝流而義法最精者，莫如左傳、史記，然各自成書，具有首尾，不可以分剟。其次公羊、穀梁傳、國語、國策，雖有篇法可求，而皆通紀數百年之言與事，學者必覽其全，而後可取精焉。惟兩漢書疏及唐宋八家之文，篇各一事，可擇其尤，而所取必至約，然後義法之精可見。故於韓取者十二，於歐十一，餘六家，或二十三十而取一焉；兩漢書疏，則百之二三耳。學者能切究於此，而以求左、史、公、穀、語、策之義法，則觸類而通，用爲制舉之文，敷陳論策，綽有餘裕矣。

雖然，此其末也。先儒謂韓子因文以見道，而其自稱則曰：「學古道，故欲兼通其辭。」群士果能因是以求六經、語、孟之旨，而得其所歸，躬蹈仁義，自勉於忠孝，則立德立功，以仰答我皇上愛育人材之至意者，皆始基於此。是則余爲是編，以助流政教之本志也夫。雍正十一年春三月，和碩果親王序。

一、三傳、國語、國策、史記爲古文正宗，然皆自成一體，學者必熟復全書，而後能辨其門徑，入其窔突。故是編所録，惟漢人散文及唐宋八家專集。俾承學治古文者，先得其津梁，然後可溯流窮源，盡諸家之精藴耳。

一、周末諸子精深閎博，漢、唐、宋文家皆取精焉。但其著書，主於指事類情，汪洋自恣，不可繩以篇法。其篇法完具者，間亦有之，而體製亦别，故概弗採録，覽者當自得之。

一、在昔議論者，皆謂古文之衰，自東漢始，非也。西漢惟武帝以前之文，生氣奮動，倜儻排宕，不可方物，而法度自具。昭、宣以後，則漸覺繁重滯澀，惟劉子政傑出不群，然亦繩趨尺步，盛漢之風邈無存矣。是編自武帝以後至蜀漢，所録僅三之一，然尚有以事宜講問，過而存之者。

一、韓退之云：「漢朝人無不能爲文。」今觀其書、疏、吏牘，類皆雅飭可誦。兹所録僅五十餘篇，蓋以辨古文氣體，必至嚴乃不雜也。既得門徑，必從横百家，而後能成一家之言。退之自言「貪多務得，細大不捐」是也。

一、古文氣體，所貴清澄無滓。澄清之極，自然而發其光精，則左傳、史記之瑰麗濃郁是也。始學而求古求典，必流爲明七子之僞體。故於客難、解嘲、答賓戲、典引之類皆不録，雖相如封禪書亦姑置焉。蓋相如天骨超俊，不從人間來，恐學者無從窺尋，而妄摹其字句，則徒敝精神於蹇淺耳。

一、子長世表、年表、月表序，義法精深變化，退之、子厚讀繼、子，永叔史志論，其源並出於此；孟堅藝文志七略序，淳實淵懿，子固序群書目録，介甫序詩、書、周禮義，其源並出於此。概弗編輯，以史記、漢書，治古文者必觀其全也。獨録史記自序，以其文雖載家傳後，而别爲一篇，非史記本文耳。

一、退之、永叔、介甫俱以誌銘擅長。但序事之文，義法備於左、史，退之變左、史之格調，而陰用其義法；永叔摹史記之格調，而曲得其風神；介甫變退之之壁壘，而陰用其步伐。學者果能探左、史之精藴，則於三家誌銘，無事規橅，而自與之並矣。故於退之諸誌，奇崛高古清深者，皆不録。録馬少監、柳柳州二誌，皆變調，頗膚近。蓋誌銘宜實徵事迹，或事迹無可徵，乃叙述久故交親，而出之以感慨，馬誌是也；或别生議論，可興可觀，柳誌是也。於永叔獨録其叙述親故者，於介甫獨録其别生議論者，各三數篇。其體製皆師退之，俾學者知所從入也。

一、退之自言：「所學在辨古書之真僞，與雖正而不至焉者。」蓋黑之不分，則所見爲白者，非真白也。子厚文筆古雋，而義法多疵。歐、蘇、曾、王亦間有不合。故略指其瑕，俾瑜者不爲揜耳。

一、易、詩、書、春秋及四書，一字不可增減，文之極則也。降而左傳、史記、韓文，雖長篇，句字可薙芟者甚少。其餘諸家，雖舉世傳誦之文，義枝辭宂者或不免矣。未便削去，姑鈎劃於旁，俾觀者别擇焉。

明御史馬公文集序

有明御史馬公經綸奏議、雜文、詩、語録凡十卷，其孫騏集録而屬余序之。

公之仕也，適當神宗晚節，上怠於政而君臣不交，邊方軍紀漸蠱蠹於幽昧之中，而朝士大夫邪正之黨禍孽方萌，未知勝負之所在。公於此時遇事直言，每有所救正補益，而卒以此蒙大譴而奪其官。昔吾高祖太僕公事神宗，居御史臺，與公先後數年，在朝極論時事，與夫巡按楚、豫，所設施於治所者，皆人情所難。公與吾祖當日之居臺中，號爲中正和平，不務矯激以收時譽，而所言所行之卓卓如此。使當教化陵夷、士節不厲之時，而有一於此，其功名震乎人心，而文章播傳於宇宙，當何如者？然則當時士大夫之砥礪名行而守官者概不慚於其職，不可以想見哉？

夫教化之興，非一世之事也。三代之衰，自公、卿、大夫以至甿、隸，皆知守道與官，而以死生之際爲甚輕者，先生教化入人之深，而萬物皆有以立其命也。遷謫放流，人情所畏惡，毒肢體，濱死亡，士大夫之危辱莫甚焉。而明時臺之以言事廷杖者接踵，而蹈之如歸。蓋高皇帝以廉恥禮誼爲陶冶，士自居庠、序之中，而已知上所以待之不苟矣。進而歷於朝廷，益凜然上之所以相屬，與己之所以自處者。故方其盛時，上下清明，幾無一職不得其理。至於神宗之季亦少貶矣，而士大夫之居清要矜節行者，十常八九。雖不足以語于三王之盛，而要豈漢、唐所能望哉？惜乎！神宗不能審察于邪正之間，如公類者，非惟不用其言，又顯棄其身，而其後明政卒以黨敗也。

公詩文俱有典則，而論學之語尤洞然見斯道之大原，非剽襲於口耳間者。然則公之排擊僉壬，至於顛頓而不悔，皆有所由然，非激於一時之意氣而以爲名也。

今騏能暴公之遺文，而吾祖所論著，經兵火書皆散亡。今其存者，獨實録所載章奏，然亦略矣。故余叙公之遺文，盡然於纂述之無由，而嘆斯文之傳，亦有幸有不幸也。

甯晉公詩序

辛未、壬申間，余在京師，與吾友崑繩日夕相過論文，而崑繩所與交善者多與余游。是時崑繩客觀齋甯君之家，而其弟晉公愛余甚厚，間以其北游詩詣余曰：「吾所爲詩，未嘗以示京師之人，吾欲子與崑繩序而藏焉。」崑繩既有言矣，余應之而未暇以爲。嗣是相見，必以爲言。余曰：「凡吾爲文，遲速未可以期，待吾意之適，而後得就焉。吾與子朝夕游處，而以事羈於此者且數年，何患余文之不就哉？」是時，京師人多乞余文者，余時時勉應之，獨以謂序甯子不宜苟。又計其時之多暇，以爲爲之當無難，而不知浸尋觝滯至於久而未之就也。

癸酉之秋，與晉公朋試京兆，竟事，相見王氏宅。顧余曰：「子許序吾詩，今逾年矣。吾非以競於世士，將歸而示吾鄉之人與子弟焉。吾自吾之鄉聞子，吾鄉之人多慕子之爲人，而吾今與子爲兄弟交。子無言，惡知吾與子之交如是哉？旬日後各當歸散，會見不識何時，吾安能待子！」余聞之悵然，急歸旅舍爲序。序方成，未以示晉公，而以事南還。及家，胠橐發書，檢數年客游所爲文，未嘗有所脱落，而獨序晉公者不與焉。

又逾年，而觀齋自潁來金陵，遽相省。問晉公息耗，則聞其歸，而貧且病益憊。退而蹙然，顧念從事朋游以來，鄉曲之人好之者蓋寡，而海内之士或聞其風聲氣烈，一見相信如骨肉兄弟。平時游處往還，無間朝夕，疾困憂喜相聞。一旦蹤迹離異如參商，思其形貌辭氣，則胸氣爲之繚轉。又以余之窮於世，而凡世之術業志趨與余同，而心誠有愛於余者，其迍邅坎坷必與余類，若晉公者，所見皆然。吾以慨於心也。

晉公夙好余文，故書此遺之，以開其心。至其詩，則徒能記憶其工，而論之未得以詳也，崑繩之文備矣。

張彝歎稿序

余年十四五，從先兄百川與里中及近縣朋友往還，問其人可與久要者，則稱古塘、彝歎二君子。問其文可相拔以至於古者，而先兄難之，有頃而言曰：「亦二子也。」余疑焉。蓋是時二子之文，實無以異於衆人也。兄曰：「余察於二子之爲人矣：劉直樸而有恒，張儻朗而不僞。語曰：『高言不止於衆人之心。』猶斥鹵磽瘠，不能生良材也。故質美，則必能務學；而文之成，常肖乎其人。古人之文淺深純駁，未有不肖其人者也。其不肖者，非其人之未成則其文之未成也。若二子者，有其本矣。」其後，兄與余俱年長，奔走四方，朋游中相親信者漸廣，而不相見則思之深，相見久而不能捨去者，未有如此兩人也。

古塘初爲鏗鏘絶麗之文，其後沈潛於六經之訓義，而歸於簡實。按其義，不當於聖賢之意者亦寡矣。彝歎之文凡數變，皆能闡事理，窮人情，其境無不開也，其體無不備也。蓋二子能務學以成其文，而卒各肖其爲人如此。余與二子居，議論則相抵，文章則相駁，往往詰難紛紏，彼此各不相下，必先兄出一言折之，乃各得其意而無争。彝歎家高淳，去金陵二百里，而古塘與余兄弟孤行遠游，蹤迹常不得合併。獨辛巳歲，先兄與余家居，而古塘歸自楚中，彝歎亦以事數至金陵。時先兄已負疲疴，獨二子至，輒據几談笑，怡然終日，殊自樂也，而先兄竟以是年冬齎志以殁。自先兄之殁也，余愴然無所依，獨與二子相見，則心暫開；而二子之思先兄，幽痛隱默，亦僅次于余也。

今年秋，彝歎舉于鄉，總其所爲文數百篇，使余與古塘決擇而刊布之。古塘欲獨存其近歲淡樸深老者六七十篇，而余慮膚于學者不能知也，欲兼存其少作以誘進蒙者，而古塘持之。惜乎吾兄亡而無所取正也。余心氣敗傷，家事紛擾，竟未得備覩其文，而爲之決擇，聊爲序其大意如此。其取舍評論，則多出於古塘云。

劉巽五文稿序

己巳冬，余自督學宛平高先生澄江公署歸，過無錫，訪先儒東林講學遺址，因就其杖者張君秋紹而求其邑人之可交者。秋紹曰：「吾邑劉氏有二賢士：一曰言潔，今貢入成均；一曰巽五，爲諸生。」因與秋紹就巽五於其居。其爲人沖和平易，容婉而氣清。退謂秋紹：「是有東林人遺意也。」後隨宛平公至京師，介鄉人宋潛虛以交於言潔。其爲人剛大嚴毅，使人一見而斂其邪心與驕氣，退謂潛虛：「是其氣象，儼然東林人也。」

言潔愛余如兄弟，在京師逾年，旬日中未有不再三見者。間問其世係，則與巽五同出自光禄本孺公，蓋東林賢者之子孫也。言潔幼工時文，在京師則專爲古文，稿成，余必見之，而巽五之時文，亦多流播四方。余嘗私評二家之文，或剛大而嚴毅，或沖和而平易，又莫不各象其爲人也。言潔行身爲學，介然不苟同於流俗。余與潛虚每擬之高、顧諸公，而不幸中道以殁，則所以繼光禄之傳，而推大其鄉先生之遺業者，獨在巽五矣。

余與巽五皆宛平公所取士，又同舉於鄉，而不得時見。今年秋，巽五授經金陵，始熟而察焉，其爲學，其行身，與言潔異其外而同其中者也。巽五爲諸生時，其課試之文已布於四方。成進士後，有制義二集並行於世，而巽五自擇其尤者彙爲一册，而屬余序之。巽五之學，於經、史、百子無不淹貫，而以爲時文，故其擇之也精，其語之也詳，雖其外不爲驚人之言，而理精體正。時文之可久存而不敝者，必此類也。

言潔嘗勸余盡棄時文之學以治古文，而余授經自活，用時文爲號以召生徒，故不能棄去以減耗其日力，而兩者皆久而無成。閲巽五是編，未嘗不爽然而自失也。

朱字緑文稿序

余自與朋友往還，未有先於字緑者。其始相見也，在丙寅之春，朋試於皖江。時余爲童子，字緑爲成人，而以時文之學相得，爲兄弟交。其後壬申，余授徒京師，而字緑亦至自山東。余時學爲古文，文成必以示字緑，而字緑亦出其贈醫某一篇示余。余曰：「子才可逮於作者，盍遂成之？」字緑曰：「吾多事未暇也。」

又其後丙子，聞字緑定居於杜谿而往就焉。字緑方築室而未成，見余至，忻然曰：「吾幸有數椽之庇，百畝之殖，可以老於是矣。子年方壯，儻不爲時所棄，則資我於山中，以卒吾業，而亦以成子之名，豈不快哉！」出其數年客遊之文，則所蓄愈厚，而其光輝然而不可遏矣。

又其後辛巳，字緑來白門，其所著書已數十萬言。余始見之甚喜，繼復大駭，久而慚且懼也。字緑曰：「子毋然！物之至者不兩能；吾時文之學，亦不逮子。」余曰：「是所謂家有琬琰，而羡人之瓦缶以爲富者也。且子獨不屑爲此，子爲之，亦當勝余。」時字緑棄時文而不應有司之舉者已數年。或勸其入京師，就決於余。余曰：「子之學成矣，而力有餘，雖復爲此無害。吾門祚衰薄，而家事多累。子昔曰我當出而子處，今子當出而我處。」因舉字緑前所以語余者，以屬字緑。而字緑北行，果逾年而成進士。復與相見京師，謂之曰：「子果用吾之言乎？」字緑曰：「子之言皆信。吾時文之學，亦可敵於子矣。」余索視之，自媿不如；三復而審究焉，則不如遠甚。

夫字緑之年長矣，其用功當艱於余，而其古文之學數年而成，時文則數月而得其勝，雖其資材有過人者，亦用心與力之篤且專，故能成功若此之速也。余得於天者既劣，而復因飢寒疾病憂患以廢日力而敝其精神，豈獨慚於字緑，雖欲所就之比於中人，不可得也。

字緑自訂其時文百三十篇，屬序於余。因念與字緑爲交之始末，而歷其進學之難易，而又以嘆夫治道術者，苟毋怠而止，皆可以造其極，而世之不能盡其才者衆也。

佘西麓文稿序

昔吾師宛平高公視學江南，士之尤當公心者，於吾鄉則苞與齊生方起，於歙郡則汪生鴻瑞、佘生華瑞。嘗語余曰：「子之文，深醇而樸健；齊生之文，從容而典則；汪生之文，幽渺而參差；佘生之文，微至而切實。苟勤而不已，皆于斯道能有聞焉者也。」又曰：「凡吾所取于二三子者，非徒外之文也，觀其言軌於道而氣不佻，其於人亦概乎能有立者也。」苞從先生游，蓋十年餘，凡三至京師，皆就學先生之家。每歷歲逾時而至先生之所，必曰：「子曾見於某乎？抑有聞於某乎？」

癸酉冬，余自京師歸，遊宣、歙。見佘生於祁門之西郭，而未暇叩其所藏也。乙亥，再入京師，而汪生適至，與持所業以正於先生。先生忻然而喜，因爲汪生道齊生、佘生。逾年，余以事南還而汪生留。又三年至今庚辰正月，余復至京師，而汪生以客死，浹旬而先生歿焉。見齊生於先生之喪次，相視飲泣而不能語。蓋余與齊生皆於己巳侍先生于江州，違隔而不見者，越十年矣。

余將歸，而齊生以文屬余序，余愴怳不能就其詞。至金陵，而佘生亦以其文來，所造益深於曩時，各有變化，而大意不越先生之所云也。夫先生向之所許於吾數人者，蓋有所試以知其將然，爾時未之能也。今二子之所造，則庶乎能實先生之所云矣。獨恨先生所望於吾數人者，非徒外之文，乃二子之文成而先生已不得見焉。而汪生者，其身既死，其文亦散失而不可收，則余於二子之文，豈能默然而已哉！故書以示佘生，且遺齊生，以志先生所望於吾黨者，蓋不止於是也。

伍芝軒文稿序 代

往者丁卯之歲，吴中士人論天下乙科選首之文之稱其舉者，皆曰浙東伍生。索而視之，犂然有當于余心也。又數年，余奉詔至闕，而生尚與其曹偕計吏于京師。余既已訝其久而未遇，而生以其業朝夕請。余然後知余向之所得于生者，猶未足以既生之實也。

夫上之人莫不欲下無遺才，而才者不必收；下之人莫不務精其業，而精者不必遇。豈真有莫之爲而爲者邪？生始一舉而駕浙東八郡之士，何其易也？而今蹇不進者且十年餘，又何難歟？然生用此學日以富，文日以奇，充然溢于中而輝于其外，則生之屈未始不爲伸也。漢、史傳諸儒，或久不得舉而明經義，蓋古而然矣。今生于世尚未爲無所遇者，而其才猶不能盡伸如此。其他一無所試以枉其才者，可勝道哉！

溧陽會業初編序

古者教民必有其地，所以聚其耳目心志而使之一也。與同業者，非兄弟姻親，則鄉鄰熟識。其行既得相觀以善，而詩、書六藝之文，鄉先生長老旦旦而言之，而子弟耳熟焉，各竭其資材以相鑽礪，故其入之也易而漸者深。後世所以教民者既非其具，而所號爲庠序學校者，不過有司按期以莅，而士不得朝夕從事焉。故事雜言龐，而志益以苟。其間學與道之代張，反出於私有所承，而非以從上之令也。

夫經學始於漢而盛於宋，其間老師宿儒自召其徒以講誦之，故其學者各以爲己所私得而惜其傳，而施於事、見於言者，亦能不易其所守。自帖括之學興，而古人所以爲學之遺教墮壞盡矣。然當有明盛時，其能者頗於經義有所開闢，而行身植志，亦不苟同於流俗之人。及其中葉，尤尚文社，連州比郡，必擇衆所信服以爲之宗，其旨趣各有所歸而不可易。與同業者，文學志行之顯於時，則榮之若身有焉；而瑕敗者，耻之若身與焉。雖其所學與古異，而一其耳目心志以相鑽礪，而惜其所私得者，猶之古也。

今世之爲時文者，其用意尤苟，以爲此以取名致官而已，其是與非不必問也。而余聞見所習，則宜興、溧陽之間，其學者猶兢兢然重之。蓋其地僻，罕舟車商賈，而多桑麻之業。其學者群萃州處，耳目心志一於是，而以爲不可苟焉，亦其習尚然也。

今年春，余客澄江，宜興儲君禮執示以在陸草堂課文，用意多不苟。其尤者，氣質雅近古文。而今溧陽狄太史向濤，復聚其子弟鄉人課文，遠問於余。發而讀之，其材雖各有所就，而并沐浴於古，以發其英華，波瀾意度，大略與在陸草堂之文相近也。

余多病少學，於時文尤疏，誦諸君子之所爲，嘆賞其工而已，豈有足以相益者哉？諸君子之鄉，薦紳耆儒多深於文律者。太史之文固嘗流通當世，足爲楷法；而儲氏有老師曰同人，太史昔與同學，而在陸諸君所取衷也。壤地相接，諸君子往而問焉，必有相得而益彰者。若余則勞苦憂病，患日力之不足，有晷刻之暇，必併力於先儒解經之言，而其所得，往往與科舉之士所守者異道。以故朋游間多見謂迂誕，而莫與翻覆其所疑。諸君子若於是有取焉，則余固願褰裳而前以相質也。

循陔堂文集序〔一〕

古之治道術者，皆以有爲於世者也。故得其志，則無所爲書；其以書傳，皆不得已於世而有言者也。周秦間，諸子所學雖多駁，而善擇之，則皆有當於實用。自漢以降，文之成體者數家，其於道雖不能大有所明，而述古義，陳時事，必有爲衆人知見所不及者。其間，雜家文不能成體，而持之尚有故。惟明之興，學者尤以文爲貴，士大夫少著名字，必有集行於時，而未幾已澌滅無餘；其傑者亦若存若亡，精氣不足以自振於世。蓋其設心務學之初，即專主於爲文，則所以爲文者無其本矣。

余少與歙縣吴東巖交，觀其人，類有道術者。年近七十，始出其所爲循陔堂集示余。其論錢幣，以爲白金之行，特盛於有明中葉，而民患皆自此生，及喪奠用七之違禮失義，皆前之人所未嘗及；其他辯禮俗之流失，警人心之昏蔽，無苟作者。嗚呼！是所謂不得已於世而有言者

〔一〕本篇及以下十二篇輯自方望溪遺集序跋類，第六至十八頁。

歟？歙俗：喪自外至者，不以殯於宮。君之母卒於吴，君奉柩入自門，升自阼階，入適所，殯如禮經。其堂名「循陔」，痛不得於此養也。夫君之學篤於古，而又能達於世事如此。使其志得行，豈於世無所損益者耶？而窮且老，徒以其文傳，世之人又未必能知其有當於實用也。後有君子可審擇焉。

治古堂文集序

三代以前，學者恃源而往，故周於德、明於政者，未有不達於辭者也。三代以後，學者溯流以尋源，故優於文者，其行於身，施於事，必概乎有異於恒人。蓋其誠心欲自奮於文學，則朝夕所循誦非聖人賢人之言，即前古成敗興壞之迹也；所與游處必一時博聞有道術者。如是，而爲不義，則内愧於心，而外慚於友朋。若夫仕而不學，進則役役於持權者之門，退則寄意於聲色技術而與宵人狎，其志安得不日昏，行安得不日毁哉！

坦安吕公既仕而於學彌篤，治古文，凡士之抱學與文者，必昵就焉，若懼其不我欲也。其爲文所取甚博，而義理一軌於儒先，其大者蓋有輔於道教，而小者亦多所開闡，非苟焉以文藻自矜者。公在臺中以正直著稱，其後漸歷通顯，二司農卿，遭時太平，循分舉職，雖無赫赫之功，而數十年中無一事爲衆所瑕疵者。其家居，則孝友忠信式於鄉人而聲遠聞。雖性資所禀之厚，抑亦務學求友之助也。

余知公之文，舊矣。公既没，其子憲曾以序請，故因論公之文，而并及其行於身施於事者，蓋有由然。士之釋褐趨朝而遂謂學非吾事者，聞公之風，可以怵然而自失矣。

半舫齋古文序[一]

癸丑歲，高郵夏君醴谷捷南宫，文名藉甚，而未與木天之選。時予教習庶常，以三江五湖考命題，醴谷爲文示予，見其援據精確，氣色淵古，竊謂時賢遠不逮也。嗣予删定唐宋八家文，醴谷間出議論，與予相辨難，往復至再三不厭。雖所見略殊，而指歸不異，予益重之，知其醞釀者深矣。後醴谷舉鴻詞科，歷奉天子簡命，膺校士之任，著述日繁，波瀾愈老，視向之所爲殆有進焉。余益嘆醴谷之邃於學，而其傳將浸廣也。

往者，姜君西溟與予論古文之學，至前明而衰，至本朝而復振。今醴谷崛起於後，以嗣興爲

[一] 原編者注：此文從原書(半舫齋古文)卷首録出。

己任，擇而精，語而詳，駸駸乎與侯、魏諸子比烈，其亦昌黎所云「能自樹立、不因循」者與？披閲之暇，爲書其大略而歸之。望溪老人方苞。

李雨蒼時文序

余自始應舉即不喜爲時文，以授生徒强而爲之，實自惜心力之失所注措也。每見諸生家專治時文者，輒少之；其脱籍於諸生而仍好此者，尤心非焉。凡以時文質者，必以情告：未暇及此。

吾友雨蒼善言古文，所見多特出於衆人之表，與之辨義理，尚論古人，其胸中之奇，不可探而竭也。一日，以時文數篇詣余，余責以敝精神於蹇淺，雨蒼曰：「子姑寓目焉。」退而發之，朗然心開，惟恐其篇之終也。次第索觀，積至四十餘篇。蓋其胸中之奇發著於此，凡語涉倫紀，惻然足以感動人之善心；其陳古義以覺愚衆，使觀者耿然如有物於胸中。噫！孰謂時文而有是乎？即以是爲雨蒼之古文可矣。

雖然，吾終爲雨蒼惜之也。蓋諸生家見之，既謂不足以合有司之尺度，而脱籍於諸生者又概以爲時文，而不給視，是以有用爲無用也。使移此而發之於古文，其暴見大行於後而增重於文術者何如哉！吾願雨蒼之治時文，以是爲終而嚴斷焉，可也。

陳月溪時文序 代

柳子厚云：文章者，士之末也。然立言存乎其中，即末以操其本，可十七八。時文之體晚出，又文之末也，而其道尤難。蓋諸體之文各自抒其指意而已，而兹以代聖人賢人之言，非要於理之大中，不可施也；理正矣，苟非心之所自得，而獵取先儒之説之近似者，以自粉澤，亦無取也；明於心，當於理，而天資之材不足以達之，誦數講問不足以充之，終不能以自振。甚矣，其成之難也！及其既成，則文之體格意度莫不與其人之性行規模相似，是所謂存乎其中者也。

余夙聞安州陳鳴九先生學行重畿輔。康熙五十□年，承乏令正定，而先生適掌教事，命其次子月溪從余游。其學知取原於經，其爲文泛濫子、史，而以北宋諸家爲宗。久與之處，又識其行身植志之不苟也，每語人曰：「陳先生所蓄積，其發於生乎？」生年雖少，以爲諸生知名早，再上公車，恒負屈稱。及雍正二年，升於禮部，廷對遂冠上甲。衆乃信余言之不謬，而余亦自喜所期於生之信有其徵也。

雖然，文章者，士之末也；時文者，又文之末也。生雖以是角能而屢克，而以觀古人，則所謂文者，豈惟生之所已能乎？生既資古聖賢人之言以自獻，又際我皇上政教維新、群材奮興之會，繼自今，世之所責於生者，將不獨修於家之質行也。試觀北宋諸家之文，與其人平生之性行、立朝之規模無不相似者；生慕其文，則宜知其所存於中者矣，況文與所存於中之每上者乎？然則，繼自今，生所以繼先人志事，而無負師友之所期，則更有難焉者矣。與生同學者將刻其時文，而請序於余，乃書以勖之。

劉梧岡詩序

余平生游好多得之遠方，而故里則甚稀。蓋自弱冠奔走四方，以謀衣食，非喪疾不得家居，雖聞其賢者，未暇從之游，凡所知，皆童子時朋游於庠序者也。

往者，吾友退谷論次時文，多稱引劉君梧岡語，余心識之。而梧岡居江□，數授徒遠方，無緣合并。及雍正二年，余蒙赦宥，請假歸葬，始叩梧岡之廬，而以他出辭。退谷曰：「曷再往？」即相見。察其容貌辭氣，而異其非時文之士也。乃邀退谷與行營山澤間。酒酣，退谷輒誦梧岡詩，梧岡亦自誦其詩。其格調熔冶於古人，而胸中塊壘時鬱然流露於語言之外。間叩以諸經疑義，問答如響，然後知梧岡非獨爲詩人之秀也，因太息恨相見之晚。而梧岡相視而嘻曰：「吾與子相識久矣。」蓋余童子時始試於縣令，即與梧岡偕，視得交於退谷乃先焉。

余平生好爲山澤之游，而苦不能爲詩。他年若得歸休故里，與梧岡、退谷逍遥於名山廣壑間，中有所得，則假二君子之詩以出之，其樂何如！梧岡以詩屬余序，因書以報之。

徐蝶園詩集序

衆人之於仕宦，常逐逐而不□者，彼上之不求所以自致於君，下之不思所以負責於人，而惟其身之利焉，故操之則慄，舍之則悲。君子難進而易退，非以爲名也，所見者大；故其進也，常覺其志之難稱；而其退也，如釋重負然。昔歐陽公生北宋之隆，遭時行志，功見而名立。自世人觀之，不可謂非仕宦之滿志者矣；及讀公思潁詩，然後知公之胸中固有歉然不自足者。古之君子自待厚而不欺其志者類如此。

徐公蝶園方少壯，爲憸人所搆，罹刑禍，毁身家，百折不回，顛沛勞辱，處之若素。及晚歲與余交，則已被上知遇，出秉節鉞，入參帷幄，信用體貌，班聯中莫與比并。而自視常缺然，惟以過不得聞爲憂。非自待厚而不欺其志，焉能及此乎？間出其詩屬余序。觀其前，無哀怨之音；暨其後，無歡愉之言，而仁孝忠誠時溢於筆墨之外，蓋其性行亦於斯可見矣。傳曰：「譬諸草木，枝葉必類本。」此之謂也。抑吾觀歐公之思潁也，豈期退□以待老而務自暇哉！良以居高位，受主知，任天下之責，而大懼德業之弗終耳。故吾序公之詩，而備論平生之志事，以示後之讀其詩者，而又以使公益厲其初志焉。

關公訓言序

董子曰：「正其誼不謀其利，明其道不計其功。」程、朱宗之。其教人以爲善而去惡也，必先奪其禍福之見。故近世勸善之書主於事應者，多爲學者所排擯。然程、朱之説，蓋究極乎天道人事之變，故必決去學者私意之伏藏，而後可以順性命之理也。易曰「積善之家必有餘慶，積不善之家必有餘殃」，書曰「作善降之百祥，作不善降之百殃」，則道其常，使中人以下皆知所勸懲以定其趨向，其義實兩行而不相悖也。

夫學者日誦程朱之説，然能篤信力行，而不少留其私意者幾人哉？而欲以達於農工商賈、婦人孺子，難矣！關公訓言不知所自始，相傳以爲術者降神而録其語。兹復輯奉行者之事應而繪之圖，以刊布焉，使覽者披其圖以傳其事，雖不曉文字者可以口授目視耳聞而相感動也。

夫房中之樂，女婦之常事也，而周公用之閨門、鄉黨、邦國，以化天下，吹豳詩，擊土鼓，逆暑迎寒以勸農者，是編之作亦此義焉耳。學者果能盡性命之理，自無取於此，然亦何事排擯，以阻中人向善之志與？是爲序。

孫文正公遺書序

高陽孫文正公文集一百卷、奏議三十卷，生時已行世。兵火之後，歸安茅元儀得之頹垣敗屋中，南樞范景文刻而傳之。公自記歷官舊事四卷，定興陸善繼所記前後督師之略二十六卷，皆已鋟板。公既殁，奇逢既纂公年譜，公之孫將刻督師事宜、車營百八叩，屬余爲序。

此公天啓初當關部署寧遠前屯，招兵秣馬、布營壘、數軍實之簿籍也，而根柢濟用之實即於是乎存焉。蓋方是時，化貞逃，廷弼退，奉命經略者皆視爲必死之地，惶懼遷延而不敢前。自政府中樞以及關内沿邊軍民，皆欲盡棄關以外土地人民，苟保關門而不可得矣。自公之出，守戰之規模立定，不震不驚，不急不遽，若農之有畔，若綱之在綱，百將一心，三萬衆齊力，期年之後，不可勝之形成，而進取之機已伏。此真所謂三代之師旅，大儒之遠猷也。

公之始仕，志氣即㦗乎海内之名賢，不待事業而顯；其既試也，功勛震動乎中外之耳目，義烈常留於萬世之人心，亦不待紀載而傳。然是二書，實整軍經武之成法，持危定傾之老謀。故公既罷，賴公遺教以支柱者猶數年。逮公之法盡廢，所用之人盡亡，而國勢遂必不可爲。後之有志於經世之學者，能一一切究，而識其精神所運用，則雖遇大敵，臨險艱，不致倉皇而失所措矣。

濟生語録序

自禪宗既開，凡學佛者所謂守戒律，誦經號，一切皆爲末迹，其心之精微非言語文字所能傳也。而自唐以後，以禪名於世者，其弟子莫不記其師之所受於老宿，所宣於徒衆，以爲語録。凡據名山古寺、通都巨刹稱大師者，人各一編，不可選記。以其理超於形聲法象之外，故其相問相答，可意會而無所稽循，不可究詰，則竊其近似以欺愚俗者亦不少矣。我皇上聖明天縱，灼見性道大原，以佛之理清浄可以養心，慈仁可以利物，萬幾之暇，時用息游，探厥清源，凡自古名僧語録之傳於後者，其誠妄淺深、出入離合，毫釐分寸不能逃於聖鑒。余以朝夕承事，得奉訓誨，以自治其心性，警覺提撕之下，苦思力索，久之，亦微有見焉。間與佛子語，其胸中實有知見與竊其近似者，亦略能辨之。

揚州學佛者定悟呈其師濟生語録請序，余閲一翻閲，所守甚正，所見亦實，蓋概乎其有聞，而非雷同剿説以取名於世者。然吾聞濟生尋師問道，每依會下，必執苦身之役，爲衆所難任者；及名稱大著，達官貴人迎主講堂，多辭不就，或暫留，尋復他去，於聲利避之若浼。然則其超悟皆自實行得之。定悟誦師之言，則法其操行，而終始勿渝焉，可矣。

黄宗初譜序

吾友退谷以所定黄宗初譜示余。始祖以遷於金陵者爲斷，遷於金陵者以丘墓爲徵，或世著而名佚，弗敢飾也。紀其世，紀其名，紀其配，紀其葬地，外此無及焉；雖祖若考之質行，無溢美之言。其能絶去世俗之情而足爲後法如此。

夫天下事苟一以義理處之，未有不得其安者，而衆每以爲難，則世俗之情累之也。退谷少窶艱，所以務學勤身，而事其父母也難；及其長也，克己存愛而化於兄弟也難；及其老也，仕方通，相知者比肩津要，可計日得美仕，而毅然告歸，以治丘墓、序譜屬，尤世俗之所謂難也。而退谷則胥無難焉者，一斷以義理而已。

退谷語余，其一世二世三世墓，告歸後始求得之。又訪之宗老，譜分於浙之永嘉，自前世常相通，將往求上祖之失名者。蓋不獨其譜可法，其艱難而成此譜，尤可法也，豈惟黄氏之子孫展是譜者，當凜然於退谷尊祖敬宗收族之義哉！

劉氏宗譜序

吾桐多名族，而劉氏居其一。蓋詩禮相承，不事聲華，而世多文士也。劉之先有名䂵者，以太學生與修永樂大典，宗譜得錫寶璽。自是厥後，子孫績學種文、詩文名家者代不乏人。但其性多恬退，抱膝長吟菰蘆間，不樂與貴顯者接，故声施不甚顯。昔北地主盟詞壇，烜赫一時，而歸熙甫以老舉子抱遺經於荒江寂寞之濱，聲光暗淡；迨榮華銷歇，熙甫之文獨留傳宇内。乃知詩書文字之樂，南面王不與易也。

余家世居龍眠，與劉氏代有姻婭，故知之獨詳。乙卯夏，兒子道章以事還桐，值劉氏修葺世譜，以書來告曰：「劉之諸君子欲得大人一言，以光家乘。」夫余之言烏足以重劉氏之譜哉！

先王之以親睦教天下也，既畫井田，又聯之以德，立爲宗法，使之合族而食；序以昭穆，冠婚則告，喪葬則赴，歲時伏臘，揖讓進退於宗子之庭，風何古也！自宗法亡而譜牒以興，蓋譜以繼宗法之窮，尊祖而收族者也。世風不古，於顯赫者則攀附之，而五服之親或至等於行路，先王親睦之風蕩然矣。

吾聞劉氏之譜，直以遷桐者爲始祖，而他無所攀援。於各支之子姓，婚娶生卒必書，有子無子必書，而至親則尤加詳。其嘉言懿行作爲傳贊行狀以闡揚之，若遷、固之序傳，靈運之述祖德焉。其有蕩閑逾檢者，則直書其事以垂戒，而略不爲之諱。是譜也，豈惟可以昭示後人，而亦凡作譜者所當傚法也。通議大夫内閣學士兼禮部侍郎同里方苞拜撰。

龍溪蔡氏宗譜序

以余所聞見，百年之中，金陵宦族富家，未有再三傳而不敝者。論者咸謂江流赴海，至此有泄而無蓄，蓋地脉使然，非也。自江左偏安，士大夫好清談，以風流相尚，禮俗遂漸於習尚，加以山川平曠，多名園古剎、清池異石、老樹嘉葩，自始春以至杪冬，嬉戲觀游之節會，無月無之。惟盎無斗儲，笥無完衣，然後爲士者始伏案吟誦，以望科名；行賈者冒險艱，忍飢勞，以冀贏餘；坐列負販者纖嗇筋力，以累錙銖。及父兄既得所欲，則子弟安居暇逸，惟知勝地良辰之可娱，甘食美衣，争鮮鬭妍，而欲其學業之不荒，資産之不耗，得乎？

宋南渡時，蔡氏自河南考城遷龍溪鎮。至明末，諱二周者始舉於鄉，官兵部郎中，子姓相承，科甲不絶者凡四世，故金陵稱爲故家。其家方隆盛時，以上祖墳墓多迷失，支派名字莫詳，未敢爲譜。□□□□司馬之曾孫也，念迷失者既不可追，而近支繁衍，自司馬起家爲大夫，已爲宗子，不及時爲譜，更將焉待？乃於窶艱中矻矻求墳墓，訪宗派，積二十餘年，而後世次遷徙，卒葬之大概始可序列。譜既成，無意中又得先世墳山一區於句容縣□□□。噫！思之而不得，鬼神將通之，豈不信與？

□□，亡妻之弟也，請序其譜，情迫而辭哀，故不得已而有言，因究論金陵之禮俗，以爲法戒。其前此之由熾昌而衰耗，有一不應於余言者乎？然則，後此之所以光啓其宗社者，居可知矣。同晉氏之東，王、謝二族衣冠人物爲世所崇者，垂三百年，豈地脉與今有異乎？微獨蔡氏，凡生長於兹土者，皆可以自强於人事矣。

四書疑問序[一]

道之難明也，異端亂之，俗儒、僞儒亂之，堅守真儒之説，不擇是非者，更從而亂之。甚矣！

[一] 本篇輯自美國哈佛燕京圖書館藏清乾隆刻本李灝四書疑問卷首。

微言未晰，大義終覺有乖，一説二三，學者之大患也。蓋自孔、孟既殁，異説蜂起蚊集，陰陽、名法、堅白、縱横，楊墨、老釋之徒角立競勝，以與吾學相敵。爲俗儒者弗獲窺尋千聖墮緒，不過苟且傅會，以衛斯道之粗迹，而斯道之精且微，僞儒又以閃倏滉漾之言巧相汩没，由是陷生民於禽獸，坑六籍於焚餘。善乎荆川唐氏有言曰：「古之亂吾道者，常在六經、孔氏之外；後之亂吾道者，常在六經、孔氏之中。六家九流與佛之與吾六經、孔氏並也，是門外之戈；六家九流與佛之説竄入於六經、孔氏中，莫之辨也，是室中之戈。」斯言也，豈不以僞儒之害勝於俗儒，更勝於異端耶？

然吾謂當今之害，不在異端、俗儒，并不在僞儒。僞儒之害，害其從事斯道者也。當今之害，患在群奉真儒，不知别白，貿貿焉是其所非，非其所是，反授外道以入室操戈之柄，而害且徧天下。即若孔子大聖，吐辭成經，其經只在魯論，易繫二書，散見者不過大學、中庸，其他雜述於家語、戴記、諸子百家中者，抑且荒唐糾繆，不可守爲典訓。二程遺書，朱子亦嘗採摘精粹，訂其訛謬，不概輯也。然則朱子之學，孔、孟以後所稱間世真儒也，其德其業，雖集群聖之大成，而畢生纂述，豈無前後異詞、彼此異見者乎？又豈無因人異説，考覈失是者乎？至於語類所編，文集所載，錯雜牴牾，頗若飛蓬亂繭，外吾教者，適樂藉此以售其黨邪陷正、陰釋陽儒之計，而竇全書者，方且曲意彌縫，左右調合，資以説經，作爲制舉義，是重朱適以輕朱也。

間嘗反覆漢、唐、宋以來四子疏解，恍悟朱子羽聖之功，實冠群儒。思取全書，陰折其衷，歸於一是。歲月蹉跎，有志未逮。不意海内篤學之士有南豐李生者，先得我心，早發其覆，噫！可謂勤矣。夫書所以明道也，道之不明，哆言何益？道之克明，雖删經如河汾，不爲狂；擬易如子雲，不爲僭。今李生，西江人也。西江之學，多左象山陸氏，而李生獨尊朱子，且於朱子知所抉擇，豈非志於明道，孟子所稱豪傑之士哉？

癸丑夏，來遊京師，曾挾六經解介曹子謂亭、蔡子芳，三謁余，余驚嘆，以爲俗學夢夢，是真超越風塵之表者。丙辰，復以鴻詞就試，更出所訂朱子疑問商確，余始喟然太息，謂李生是編，知者許爲紫陽功臣，不知者必斥爲狂爲僭，然而善讀朱子者，必有以察之矣。

時乾隆丙辰歲仲秋良日桐城友人方苞書。

方望溪文集全編卷九

書後題跋

書韓退之學生代齋郎議後〔一〕

異哉！韓子之議薦享，以爲齋郎之事，而學生不得兼也。夫離道德與事物而二之者，末學之失也。古之教者、學者，精粗本末，未嘗不相貫，雖灑掃應對，皆以順性命之理，而況薦享以交於神明乎？稽之尚書、周官、禮記，割牲制祭，天子實躬親之，其得與於薦享者，非顯諸侯，則達官之長與貳。乃以爲賤者之役，而學生不得爲。嗚呼！其亦不思之甚矣！動作禮義威儀之節，君子所以定命也，反不得與能文通字書比重；用事於宗廟社稷之地，至於「思慮之不固，容貌之不莊」，則其人頹惰委靡不能有立可知矣。乃見謂「通經」而冀其「有贊於教化」，是何本末名實

〔一〕本篇以下至跋石齋黄公手札，原爲望溪先生文集卷五。

之交眩與？曰：慮其不習也。嗚呼！使學者舍其所當習，而攻其所不必習，末世之政，禍民者非一端，而此其本也。射御戰陳之不習，而以付於悍卒武夫；理財決獄之不習，而以委之胥吏，皆齋郎薦享之類也。姦與亂循生，斯人惴惴而莫必其命，實由於此，而韓子猶未之悟與？

夫古者學有大小，而道不分於精粗；任有大小，而人不分於貴賤。故於學無遺理，於人無抑材。自魏、晉以還，尚浮言，别流品，而隋、唐益厲之以科舉，於是乎學者舍其所當習，而騖於無實之文詞。習於此者，斯以爲賢；得於此者，斯以爲貴，而先王之道鬱不行者，越數百年。夫所貴乎豪傑之士者，謂能識道之歸，而不溺於所習也。以韓子之智，而猶蔽於此，況以中材處晻世，而能無眩哉？是故先王慎所以導民者，誠畏其習也。

又書學生代齋郎議後

或曰：「子之言辨矣。然語云『籩豆之事，則有司存』，何謂也？」曰：「此爲孟敬子言之也。古之爲教也，童而習禮，少長則執事於賓祭，至於四十而仕，五十爲大夫，禮樂之器，豈尚有操之而不習者乎？悼公之喪，季孫尚以喪食爲疑，而捷公爲鄙倍之言，悍然而不顧。則其無忠信之心，而容貌顔色無一不遠於禮可知矣。乃沾沾焉詳於末數而以自喜，不亦悖乎？故曰：爲敬子言之也。若學生，則宜習焉以備他日之用者也。夫俎豆之事，孔子嘗以對衛君矣。自孔子言之，則所以爲東周者，即此而在矣。而自孟敬子言之，則直有司之事耳。動作禮義威儀之節，君子所以定命也。魯侯不違禮，而女叔以爲亡徵，則言固各有所當也夫！

書韓退之平淮西碑後

碑記墓誌之有銘，猶史有贊論，義法創自太史公，其指意辭事必取之本文之外。班史以下，有括終始事迹以爲贊論者，則於本文爲複矣。此意惟韓子識之，故其銘辭未有義具於碑志者。或體制所宜，事有覆舉，則必以補本文之間缺。如此篇兵謀戰功詳於序，而既平後情事，則以銘出之，其大指然也。前幅蓋隱括序文，然序述比數世亂，而銘原亂之所生。序言官怠，而銘兼民困，序載戰降之數，銘具出兵之數，序標洄曲、文城收功之由，而銘備時曲、陵雲、邵陵、郾城、新城比勝之迹。至於師道之刺，元衡之傷，兵頓於久屯，相度之後至，皆前序所未及也。歐陽公號爲入韓子之奥窔，而以此類裁之，頗有不盡合者。介甫近之矣，而氣象則過隘。

夫秦、周以前，學者未嘗言文，而文之義法無一之不備焉。唐、宋以後，步趨繩尺，猶不能無過差。東鄉艾氏乃謂文之法，至宋而始備。所謂「强不知以爲知」者邪？

書祭裴太常文後

韓公自言所學，先在辨古書之正僞。周、秦諸子如管、莊、荀、韓，可謂顯著者矣，而案之皆有僞亂。余嘗欲削其不類者，以無溷後人，而未暇也。韓公之文，一語出則真氣動人。其辭鎔冶於周人之書，而秦漢間取者，僅十一焉。今集中乃載祭薛中丞、裴太常二篇，意淺直，多俗韻，在唐雜家中，尚不爲好，而謂公爲之與？二篇乃同官聯祭之文，意者他人所爲，公名載焉。公文重於時，故二家子姓矜爲公作，而編集者莫能辨耳。公省試文明白曲暢，無甚可愧者，猶自謂近於俳優者之辭，則二篇決知非公作也。

夫文之高下雅俗，判若黑白，學者猶安於習見，而莫知别擇，況聖人之經，其微辭隱義，辨在毫芒，蔽晦於前儒承授之説，而不察不著者與？此未可爲不知者道也。

書柳文後

子厚自述爲文，皆取原於六經，甚哉，其自知之不能審也！彼言涉於道，多膚末支離而無所歸宿，且承用諸經字義，尚有未當者。蓋其根源雜出周、秦、漢、魏、六朝諸文家，而於諸經，特用爲采色聲音之助爾。故凡所作效古而自汩其體者，引喻凡猥者，辭繁而蕪句佻且稚者，記、序、書、説、雜文皆有之，不獨碑、誌仍六朝、初唐餘習也。其雄厲悽清醲郁之文，世多好者；然辭雖工，尚有町畦，非其至也。惟讀魯論、辨諸子、記柳州近治山水諸篇，縱心獨往，一無所依藉，乃信可肩隨退之而嶢然於北宋諸家之上，惜乎其不多見耳。

退之稱子厚文必傳無疑，乃以其久斥之後爲斷。然則諸篇，蓋其晚作與？子厚之斥也年長矣，乃能變舊體以進於古；假而其始學時，即知取道之原，而終也天假之年，其所至可量也哉！

書柳子厚辨亢桑子後

亢桑子之僞，柳子厚辨之。晁氏謂唐天寶中，詔求其書不得，而襄陽王士元乃假託焉。士元年世先後於柳雖不可知，然果詔求不得，而僞者晚出，則辨宜及之。且是書剽剟戴記、諸子語甚衆，而子厚第云「首篇出莊子而益以庸言」，又「以文章取士」及「被青紫章服」，爲唐以後人語明甚；不據是斥之，而獨以劉向、班固無其録爲疑。然則今所傳者，又可謂即子厚之所斥邪？

書李習之平賦書後

吾少讀孟子，至「周公思兼三王，以施四事，其有不合者，仰而思之，夜以繼日，幸而得之，坐以待旦」，求其解而不得也。及治周官，然後知周公之心，惟孟子知之。蓋萬物之理難盡也，人事之變無窮也。一間未達，則末流之弊且四出而不可弭。惟周公之聖，乃有以知其不合，而思之如此其深，得之如此其難耳。故後王代興，其政法之大者，必暗與周官之意合十有二三，然後上下安，歷年永。既其後侵尋變易，舉其合者而盡亡焉，而國非其國矣。此無他，是乃天地之盡，王道之極，而舍是則無以紀綱乎民物也。

唐李翱作平賦書，後儒多稱焉。其爲説亦捃摭春秋傳、周官注疏以爲端緒，而其歸宿則大謬於聖人。謂：「一畝之收，無水旱以一石爲下則；而百里之賦，粟至三十四萬五千石有奇，帛至十一萬五千匹有奇。」雖吴、越上腴，横征暴斂，亦豈能歲得此於民哉？

周官辨五地，規井牧，既斥其餘以爲藪牧園圃，則所井皆沃衍也。而同井之田猶有不易、一易、再易之辨，然後土力均、人功稱而賦法平。今以畝一石爲下，則沙磧斥鹵之區，有大穰而不及所料之半者矣。此其弊非隱深難見，而翱乃懵然自以爲得，曰：「是復古而爲十一之征。」猶幸其人微，其言輕，自唐以後，無取而施用者，而瞀儒耳食，猶嚾嚾焉以爲經世之良圖，豈不甚蔽矣哉！

書李習之盧坦傳後

文士不得私爲達官立傳。李習之與退之游，此義宜夙講，而集有東川節度使盧坦傳，事迹平叙，無杼軸經緯，後無論贊。豈習之嘗欲筆削國史，故於所聞見，偶録以備取材，其後史卒未成，而編者誤以入集邪？

吾觀周、秦間諸子，其傳顯著者，尚多爲後人僞亂。太史公作史記，藏之名山，副在京師，然中間多駢旁枝：如秦紀後覆出襄公至二世六百一十年事；田單傳別載君王后、王蠋語。蓋當日摭拾群言以備採擇而未用者，不知者乃取而附綴焉。故退之自言所學，首在辨古書之正僞，然則文之義法，不獨作者宜知之也。

書邵子觀物篇後

余讀邵子觀物篇，不能究知其義，問諸朋儕，則曰：「子好之，則能知之，是書之祕，可心喻而不可言傳也。」夫聖言之精者，具易與春秋，學者雖不能極其隱深，而大體固昭然明白也。世乃有理之至者，而不可以言傳乎？

邵子自謂：「因春秋以通易。」今觀其書，以秦穆首四伯，謂其有功於周，伐鄭而敗，悔過自誓，幾於王道；以晉文侯遷平王於洛，而進其裔孫於齊桓。其於春秋所書事迹顯著者如此，則夫天造物化之絪緼於無形者，其盡可詰邪？

余於是書，固未能窺其樊，然世之自謂知者，其果能好之邪？抑韓子所云「惟怪之欲聞」，而利其不可稽尋者邪？

書朱注楚辭後

朱子定楚辭，删七諫、九懷、九歎、九思，以爲類無疾而呻吟者，卓矣。而極詆反騷，則於其詞指若未詳也。弔屈子之文，無若反騷之工者；其隱病幽憤，微獨東方、劉、王不及也，視賈、嚴猶若過焉。今人遘疾罹禍殃，其汎交相慰勞，必曰：「此無妄之災也。」戚屬至，則將咎其平時起居之無節，作事之失中，所謂「垂涕泣而道之」也。雄之斯文，亦若是而已矣。知七諫、九懷、九歎、九思之雖正而不悲，則知雄之言雖反而實痛也。

然雄之末路譸張苟免，未必非痛屈子之心所伏積而成，文雖工，其所以爲文之意則悖矣。豈朱子惡其爲文之意，於詞指遂忽焉而未暇以詳與？

書陳氏集説補正後

余少治戴記，見陳氏集説於記之本指，時有未達而反以蔽晦之者。及得崑山徐司寇所刻集説補正，而惑之解者過半。念此必吴中老儒勤一世以爲之，恨子孫不能守而流傳勢家；又怪司寇聽其假託而不辨也。既而思秦、周以前，作者名不概見，蓋胸中所知見，不能自已，而欲傳之其人，豈以争名於没世邪？

厥後見嘉定張樸村叩之，曰：「此吾鄉陸翼王先生所述也。先生於諸經多開闡，兹其僅存者耳。」夫秦、周以前，作者雖不知其誰何，而無有假託者。吕不韋、劉安名以書傳，然衆知其非不韋、安作也。若陸氏此書，非樸村爲徵，則他人據而有之矣。以是知無實而掠美者，必有物焉以敗之也。

無錫顧隆吉嘗以其鄉先進華氏宗旦儀禮喪服或問示余，明白純正，可與陸氏此書比並。華氏於三禮皆有述，而學者一無聞焉。然則司寇聽其假託而不辨，亦未可厚非也。

書歸震川文集後

昔吾友王崑繩目震川文爲膚庸，而張彝歎則曰：「是直破八家之樊，而據司馬氏之奥矣。」

二君皆知言者，蓋各有見而特未盡也。震川之文，鄉曲應酬者十六七，而又徇請者之意，襲常綴瑣，雖欲大遠於俗言，其道無由。其發於親舊及人微而語無忌者，蓋多近古之文。至事關天屬，其尤善者，不俟修飾，而情辭并得，使覽者惻然有隱，其氣韻蓋得之子長，故能取法於歐、曾，而少更其形貌耳。

孔子於艮五爻辭，釋之曰：「言有序。」家人之象，系之曰：「言有物。」凡文之愈久而傳，未有越此者也。震川之文於所謂有序者蓋庶幾矣，而有物者則寡焉。又其辭號雅潔，仍有近俚而傷於繁者。豈於時文既竭其心，力故不能兩而精與？抑所學專主於爲文，故其文亦至是而止與？此自漢以前之書所以有駁有純，而要非後世文士所能及也。

書孫文正傳後

當明之將亡，其事最偵者，莫若殺袁崇焕與罝公閒地。然間諜之言，當其時，迹猶難辨也。莊烈愍帝嗣位之二年，公自家起，受命危難中，復已失之畿甸，定將傾之宗社，其才不世出，而憂國忘身，帝所親見也。及關門靖，寧前收，屯營立軍，民始有固志，而内蔽於姦僉，緩餉愆期，以掣公之手足；外則政權不一，分操割裂，以亂公之成謀。至大淩覆敗，按其末，則失律喪師者，丘禾嘉也。循其本，則敗謀速禍，乃撤班軍，改成命，主議之廷臣。不明徵罪之有無，乃以無識者追咎築城，而聽公引退，廢棄八年，不咨一語，卒使巷戰力屈，闔門就死。此天下所歎息痛恨，不能爲帝解者。

蓋方是時周延儒、温體仁已深結帝知而得事柄矣。二人皆忠賢餘黨也，自忠賢時，已誣公欲興晉陽之甲，而公之再用再罷，以至於死，實與二人之秉國相始終。延儒之獨對，體仁之密揭，所以構公於冥昧之中者，豈可測哉？觀公始至，召對平臺，帝親以京城相屬，越日而出公於通。則群邪之側目於公而攙公於帝者，其術蓋多變矣。公既死，帝嗟悼，命優恤。當國者猶忌其義烈而多方以格之，況生時懼公功成而位居己上者乎？而爲所蔽壅者，乃憂勤恭儉明察之君。嗚呼！此立政所以畏憸人也。

書盧象晉傳後

宜興盧豪然備録家傳，乞言於余。余告之曰：「正史既具，外此皆贅言矣。」及觀其祖象晉請效死邊外，而當軸者始欲致罰，卒擯絶之。竊歎鄙夫之階禍多端，而娼嫉其尤烈者也。不惟才德勳庸出己之上，必不能容；即未達之士少見鋒穎，即防其異日之難馴而豫遏焉。不惟國之安危、民之死生、萬世之詬厲，絶不以概於心。即情見勢屈而身罹禍殃，亦有所不暇計也。

明之亡，始於孫高陽之退休，成於盧忠烈之死敗。沮高陽者，惟知高陽不退，已不能爲之下；而不思高陽既退，邊關社稷之事已不能支。擠忠烈者，惟知置之死地援絶身亡，然後私議可行；而不思忠烈既亡，中原土崩之勢已莫能馭。當是時，邊事孔急，凡求自試於師中者，無不立應，而獨於象晉難之，徒以忠烈之故耳。

嗚呼！方莊烈愍帝嗣位之初，首誅逆奄，非不欲廣求忠良破姦憸之結習，而所委心者，則周延儒、温體仁，每摧抑忠良以曲庇之。逮延儒誅，體仁罷，國勢已不可爲矣。而繼起者復祖其故智，嫉賢庇黨，以覆邦家。鄙夫之轍迹，自古皆然，無足深怪。所可惜者，以聰明剛毅之君，獨蔽惑於媢嫉之臣，身死國亡而不寤，豈非天哉！嗟乎！不平其心者，師尹也。而家父「以究王訩」，傳者推之曰：「辟則爲天下僇。」有國者可不慎乎！

書楊維斗先生傳後

辛未、壬申間，余在京師，時四明萬季野爲横雲山人草創明史，凡魏忠賢餘黨齮齕東林、復社諸君子者，雖有小善，必摘發其心術，使不能掩大惡。一時馳逐聲氣之士雜然曰：「東林始於高、顧，忠憲無遺議矣。涇陽退居鄉里，而遥執朝柄，進退海内士大夫，豈君子所爲？復社始於張、楊，海内朋從者萬餘人。楊以鄉貢士里居，而逐顧秉謙於吴門，屏吕純如、錢裔肅，使士大夫不得與之齒。自古處士横議，其氣燄未有至於斯極者。」時吴門汪武曹、何屺瞻亦好持清議，爲之氣噎。而吾友北平王崑繩惡鄒南皋主議殺熊廷弼，亦謂「迂儒豈知天下大計」。宣城梅定九、西江梁質人、慈谿姜西溟，各有論辨，以質於余。余正告之曰：「凡所謂清議者，皆忠於君利於民之言也；而忠於君利於民，未有不害於小人之私計者。故小人不約而同仇，即用其言以擠之，以爲是乃心非巷議誇主以爲名者也。由是忠良危死於非罪，而無道可以自明。故君子之有清議，不獨在位之小人惡之，即未進之小人亦嫉之。蓋自度異日所爲，必不能當夫人之意也。不惟當時之小人惡之，即後世之小人亦惡之，以爲吾君一旦而有鑒於前言，則吾儕之術不可以復騁也。」三君子頗誦吾言，由是倡爲是説者多病之。

嗟乎！顧、楊二先生之事，誠少過於中，然當是時，宗社之滅亡無日矣，人主孤立無輔於上，小民困死無告於下，而群姦盤結於中，故不得已而呼號憤發，置其身於死地，以冀君之一寤，即古忠臣孝子枕干之義也。如謂諸君子以清議賈怨於小人，則宋之程、朱，未聞遥執朝柄與姦人相角。等而上之，則孔子之温良恭儉，言不過物，而當其時，已不免伐檀削迹之怒矣。凡群小所指爲誹謗以陷忠良者，乃黄帝之明堂，唐堯之衢室，有虞氏之旌，夏后氏之鼓，殷湯之總街，周武之靈臺，所側席以求之，虚中以聽之，舍己以從之者也。漢、唐、宋、明舍二三誼主而外，亂政涼德，姦人敗類，無世無之，惟禍延於清議，誅及於清流，則其亡也忽焉。蓋必如是，然後忠良凋盡，百度皆昏，而國無與立也。

秀水朱竹垞曾於吴江吴扶九所得復社姓名録，以其後事徵之，死於布褐而無聞焉者十之三，當官不苟、學行顯於四方者十之六，自毁其名行者特十一耳。明福王時，阮大鋮上言：「孔子之門人三千，而楊氏聚徒有萬，不反何待？」御史王實鼎繼上復社渠魁一疏，必欲置先生死地。自古善人以氣類相感召，未有若復社之盛；小人誣善之辭，亦未有若魏黨之可駭詫者。而易代以後，猶有謂先生爲已甚者，人心之陷溺若此，君臣朋友之道蓋幾乎息矣。

康熙己未，睢州湯文正自監司復入翰林，充明史纂修官，奏：「順治九年世祖章皇帝特旌明臣范景文、倪元璐、劉理順等從莊烈愍帝死社稷者。請元年、二年以前抗拒本朝、臨危致命諸臣，據事直書，無庸瞻顧。」聖祖仁皇帝嘉與，頒之史館，以爲成命，由是明季諸賢義烈皆得顯見。乾隆六年，明史成。先生之孫繩武以本傳辭事太略，請余别爲文以識之。余曰：「無以爲也。萬氏所定史稿，以先生與徐公汧合傳，謂並死於水；今欽定之史已正其誤矣。『臨刑不屈，首已墜而聲從項出』，既大書特書，則小者不足道矣。」惟逐秉謙屏吕、錢之義，與涇陽之顯明臧否，至今爲淫辭所蔽晦，故表而出之。九原可作，當以余爲知言，而暢然於鄙夫貿儒五藏之癥結，可一朝而盪滌也。

書涇陽王僉事家傳後

國之將興，其時非無姦憸陰賊之臣也，政教方明，而賢者持其樞柄，則務自矯革，以取所求，或伏抑而不敢逞。國之將亡，姦憸陰賊之臣，必巧遘機會以當主心，而賢人君子少得事任，常有物焉以敗之。若是者，豈人之所能爲哉！

涇陽王僉事徵，當明崇禎朝，以邊才由司理擢按察司僉事，監登萊軍。未閲月軍變，落職歸田里。甲申三月，聞莊烈愍帝殉社稷，七日不食死。公少時即慕諸葛武侯，演八陣圖，仿木牛流馬，制械器，皆可試用。其家居見流賊猖獗，倡築魯橋城以保涇原，鄉人賴之。曩令監軍登萊，得期月之暇，撫循士大夫，則兇弁無從煽亂，而公之才實可顯見矣。乃方起遽踣，持國論者不信罪之有無而輕棄之，此可爲流涕者矣。

然公之功能猶未著也，孫高陽久鎮邊關，功在社稷，而廢棄八年，卒使城破巷戰，闔門就死。其所遇乃憂勤恭儉之君，親見其困於逆閹，又賴其力以收畿疆、紓國難，而終奪於姦憸，豈非天哉！少師爲諸生時，即徒步歷諸邊，以天下爲己任。蓋其始也，不以事任之不屬而弛其憂；其終也，不以事任之不屬而讓其死。是則諸君子所自爲正，而不聽命於天者夫！

書潘允慎家傳後

辛未九月二十一日，日將暮，檢架上散帙，見濟寧諸生潘允慎家傳，載其衝擊流寇，脱祖母死地，奮身蹈火，出兄於燔薪。匝屋長吁，夜參半不能寐。蓋惟明之亡，事與古異，君非有涼德也，朝非有暴政也，衆非有離心也，無食無兵，池湮城圮，梟張之賊勢如猛火，而守令學官奮死守禦，殺身殘家而不悔者，無地無之。薦紳士民廟哭巷戰，户號人厲，併命於鋒鏑者，無地無之。其如允慎之保身與親，泰然而無患者，千百中無十一也。

蓋至莊烈愍帝嗣位，而累世之忠良已盡於逆閹之斲喪矣。其未罹門户之禍，如孫高陽、盧義興、孫雁門諸公，復危死於姦憸之擠陷。故自周延儒、温體仁得君以後，凡内服大僚、外秉節鉞、久安而無患者，皆巧佞姦欺、庸鄙忍心之人也。社稷之傾危，生民之禍亂，漠然不以關其慮，而朋謀私計，諂附權要，惟恐失意於幾微。武夫則無小無大，皆痛心於文臣之節制，言路之紛糾，轉以養賊脅上爲自安之計。是以人主孤立於上，蒸黎糜沸於下，土崩魚爛，一潰而不可收。豈非天命遐終，故多生亡國之材使恣於民上，而剛正憂勤恭儉之君，亦陰奪其鑒，使嗜姦人之疾味，以至於敗國殞身而不寤與？嗚呼！此又自古亡國轍迹之一變也。

書熊氏家傳後

周官之法，國有大事，諸子「帥國子而致於太子」，以守王宮；掌固頒守政於士庶子，以帥衆庶。蓋惟士明於義理，能爲衆庶之倡，雖至危死而志不可奪也。明之末造，流賊横發於中原，延蔓海隅。其以諸生捍衛鄉里、而破家亡身、殘其支體者，荒陬小邑必有數人焉。蓋不經亂亡變故，不知古聖人制法之心，凡事皆然，而茲尤其顯見者矣。

余遊四方，所至長老各有述，而語在搢紳間者，惟睢州湯潛庵先生之母，流賊破睢州。罵賊，賊怒，支解之。閩中鄭侍郎重之父。父字華振，聞變，自山莊挈其妻入城守禦。城破，登樓舉火，並自焚死。然鄭父之義，不若湯母之遠聞。因是歎死者之義聲，又以子孫爲顯晦；然於視死如歸之義，則固無加損也。

自張獻忠出没楚、蜀，江西寇亂，至國初未已。每有警，城邑士民爭竄山澤。熊孔敷者，新昌諸生也，城將陷，獨不肯避。其子迎龍使家人以母出而獨身侍父。俄而賊至，孔敷端坐不起，賊怒，手刃之。迎龍以身蔽，左額受刃，目睛綴眶外，仆地，告哀不已。乃免其父。南豐梁質人作傳，以傳其事。其曾孫暉吉於余爲道義交，以余衰病，必欲其祖見於余文。乃告之曰：「吾聞善人必有後，今子之志行端直，是乃祖之義心孝德有以開之也。然書傳所記，祖若父之令名，每賴後之人而章徹。子果能比迹於湯公，則奕世以下，猶將溯源於高曾而有所興起焉！又何藉於余言？」既以語之，因爲書於傳後。

書曹太學傳後

歙縣曹晉袁持其祖太學君家傳索余文。其傳，亡友王崑繩所作也。太學君以義俠著於鄉，而尤爲薦紳所傳述者，則其邑給事中方有度、浮梁御史黄龍光忤逆奄魏忠賢被逮，君厚賂緹騎，邀至家留一日，爲經紀家事。方逆奄之熾也，在位諸賢既以身殉國，而一時士君子及閭閻之義民，號呼感憤，與諸賢相攀援而不避其禍者，大不異於東漢之末也。當是時，上之政刑雖傎，而下之禮俗可不謂盛矣哉！

蓋一代之風教，常視乎開國之君。漢光武不敢以仕屈嚴光。而明祖之歸蔡子英於擴廓也，縱敵國之謀臣而不忍傷其義。即是二者，固足以振一代之士氣，而使之不苟於自待矣。然二君之能此，則有本焉。光武微時，嘗從師受經。而明祖所致諸儒，實承朱子之學，所以啓沃其心，而使知風教之爲重也素矣。是以經師之傳，莫盛於東漢；而朱子之傳注專行於明。其漸摩既深，故及其衰也，政亂於上而義明於下，士氣之奮揚，雖鈇鉞鼎鑊之威莫之能奪也。

嗚呼！所以致此者，豈易言哉！有國者之厲其士民，與有家者之化其子姓，一也。晉袁之交余，經患難而彌篤，而其父右軍急兄弟之難，有古烈士風，吾見太學君之澤被於再世矣。其行誼之詳，則見於崑繩之文而無爲更舉也。

書王氏三烈女傳後

三烈女傳，金壇王若霖志其世父之女二及族姊同時死土賊倪文炳事也。明將亡，中原、楚、蜀已盡燬於流寇。及愍皇帝殉社稷，東南盜賊蜂起，長老所傳女子自投於水火及駡賊而斃於鋒刃者，不可勝數。女教之盛，前古所未有也。蓋自高皇帝定六宫之禮，盡革前代昭儀、充華、美人諸號，而皆以德命。帝室之女不得再適，著於令典。而愍皇帝之殉社稷也，后實先之。禮教之所漸摩，志氣之所感動，蓋有不知其然而然者矣。

竊嘗歎自古亂亡之釁，不過數端，或以權姦，或以女寵，或以宦寺。其造亂者，不過數人，或竟得保其首領以殁，而使天下忠臣、義士、孝子、悌弟、貞婦、烈女，無罪而併命於水火盜賊之間，且身死而名傳者，千百中無十一焉，豈非造物之不能無憾者哉？

雖然，人之生也，莫不有死。其能順性命之理而死者，是得全其所受於天者也。若晉羊皇后之富貴康寧，雖愚夫豎子皆知爲不幸。則如三烈女者，雖謂之考終可也。用此言之，雖與三烈女之死同，而泯滅無聞者亦可以無恨。而有或知之，則不忍聽其無傳者，吾黨之義也。

書孝婦魏氏詩後

古者，婦於舅姑服期。先王稱情以立文，所以責其實也。婦之愛舅姑，不若子之愛其父母，天也。苟致愛之實，婦常得子之半，不失爲孝婦。古之時，女教修明，婦於舅姑，内誠則存乎其人，而無敢顯爲悖者。蓋入室而盥饋，以明婦順。三月而後反馬，示不當於舅姑而遂逐也。終其身榮辱去留，皆視其事舅姑之善否，而夫之宜不宜不與焉。惟大爲之坊，此其所以犯者少也。近世士大夫百行不怍，而獨以出妻爲醜，閭閻化之，由是婦行放佚而無所忌，其於舅姑以貌相承而無勃谿之聲者，十室無二三焉，況責以誠孝與？婦以類己者多而自證，子以習非者衆而相安，百行之衰，人道之所以不立，皆由於此。

廣昌何某妻魏氏刲肱求療其姑，幾死。其事雖人子爲之，亦爲過禮，而非篤於愛者不能。以天下婦順之不修，非絶特之行不足以振之，則魏氏之事豈可使無傳與？

抑吾觀節孝之過中者，自漢以降始有之，三代之盛未之前聞也。豈至性反不若後人之篤與？蓋道教明而人皆知夫義之所止也。後世人道衰薄，天地之性有所壅遏不流，其鬱而鍾於一二人者，往往發爲絶特之行而不必軌於中道，然用以矯枉扶衰，則固不可得而議也。魏氏之舅官京師，士大夫多爲詩歌以美之，余因發此義以質後之人。

書直隸新安張烈婦荆氏行實後

往年或以烈婦荆氏行實視余，其兄公張侍御天池所述也。義烈動家人，衆視其雉經，不敢曲止。及見侍御，叩烈婦平生，則其佐夫以養母也凡八年，而家人不聞其聲，諸嫂皆愛焉。其死也，嗣子灼幼孩，號踊如不欲生。

嗚呼！柔順者，婦人之正也，而昔者聖人之繫易也，以陽剛爲女德之賢。余嘗見將死而信其婦之必身殉者，曰：「婦性剛，既有成言矣。」余前知其戾忍而非剛也，既而晚節末路，乃有不可道者。蓋剛者，天德也。天地之氣，藹然而温和者爲陽，慘然而凜慄者爲陰。凡婦人之順於舅姑，宜於家人，慈於子姓者，皆陽明之發也。故其變也，激而爲義烈。其勃谿於舅姑，傲很於娣姒，殘刻於僕婢者，皆陰慝之作也。故其變也，忍爲邪惡而不慚。夫坤，陰之純也，順極而健涵焉。故其象爲馬，其用爲「永貞」，而象傳揭之曰「大終」。

余始入京師，見宛平張氏女，未嫁而死其夫。又其後則長白官爾佳氏，飲藥與夫同命。聞之審者，則清澗白氏，夫死，夜自經，有氣起室中，白如長虹，與荆氏而四矣。婦之殉夫，辭事多同，故於白氏無紀焉。兹以與侍御交，具得荆氏之性行，而因以悟聖人繫易之由，故總所聞見而並論之，以明彰女教，且使爲人夫者，監此以考婦德，而無所蔽焉。

書烈婦東鄂氏事略後

康熙癸巳，余自南書房移蒙養齋，修樂、律、曆、算書凡十年，始知滿洲禮俗：兄弟姻親相依相恤，婦人勤女職，事舅姑，於古禮爲近。同好二三君子之家，能盡爲嫡之禮，使妾不能忘置所生之子而乳其遺孤者，曰撒克達氏，禮部侍郎兼掌院學士留保之母也。乳之者，郭氏也。盡事繼姑之禮以格於姑而式其家者曰李氏，洮岷道按察司副使赫黑之母也。守爲嫠之禮，母家貴盛，欲奪其志，獨身逃歸，依其夫之養母以育其孤，無食無衣而誓死不還母家者曰佟氏，御史大夫敦青巖之兄所棄妾子羅音代之妻也。盛年過禮而從夫以死者曰官爾佳氏，留侍郎從兄完顔保之妻也。余嘗謂本朝勃興，衆皆以爲武威無敵於天下，自君子觀之，則王業之本，受命之符，蓋於是乎在矣。

乾隆九年，余臥病北山，故人子吴殷南至自吴門，致太守雅公兄子隆德之妻東鄂氏事略乞余文。隆德之父倫君與余共事蒙養齋，嘗屬余擇師以教隆德兄弟。太守風節著中朝，膏澤溥吴郡，余義不得辭。惟是婦殉其夫，事迹多同。隆德之妻所異於官爾佳氏者，惟俟問自經，彼則飲藥而衆不能遏耳。欲獨爲傳，非衍以膚語，不能成章。竊念人紀者，政教之本也；閨門者，人紀之源也。二三同好家人之淳德異烈可傳者已得數人，則不接於余之耳目者可知矣。遭變而著名者如此，則安常履順、篤厚於人紀、周浹於禮意者可知矣。隆德繫近天潢，故東鄂氏得荷國恩旌表。其餘皆故家卿族，能致高賢名輩之表誌，以發揚於遠邇，則窮巷蓽門、艱貞苦恨而湮滅於無聞者，更不知其幾矣。故凡數所知見而備論之，以昭國家風教之盛，俾達於史官，得據爲列女傳之總序焉。

書高密單生追述考妣遺事後

乾隆六年季春，余以兄子之喪，病不能興，單生作哲緘致其所述考妣遺事，起視之，氣結不能終篇。念幼隨先君子播遷隱閔，先兄嘂余曰：「此二親之窮於命也，而於我與若之身心，則大有造焉。在昔堯、舜、禹、湯、文、武、周公，皆遭父子君臣兄弟之變，而孔、孟亦少孤。蓋惟遭變，然後可以見其極，故使聖人身之，以爲萬世之標準焉。」

當吾之世，志行越衆者三人：睢州湯潛庵之母，爲流賊所膊；關西李中孚之父，糜爛於戰場；博野顔習齋，父流亡，母改適，匍匐萬里，始得父墓，見異母之妹，招魂而歸。蓋功利嗜欲薰鑠流毒於人心者深且固矣，非猛藥惡石不足以攻除，故三君子以此各成其艱苦傑特之行。

生之考妣，羈窮不異於吾親，而皆早世，則視余更酷矣。生無兄弟，自今以往，即速致要津，贏資聚，以爲妻子之光榮，可矣。欲雞豚之逮親，可再得乎？惟德惟義，是謂顯揚。然則生之所以自處，於兹可早定矣。君子之爲學也，深其功，識猶患淺。抗其志，行猶患卑。必能志七聖人之道，然後可繼三君子之行。毋若余之負所命於兄，而混混以没世也。

題黄玉圃夢歸圖

癸亥秋，玉圃過潭上，出此圖索題，别後不忍更展，故底滯。逾年，以書來速。嗟乎！臣之事君，義也，無所逃於天地之間，而古稱倍親而仕。蓋既承國事，則此身非親所獨有，故有四牡之詩，有奉使聞喪之禮，皆人子所不忍言，故曾、閔之徒，必不可强以仕也。

玉圃家京師，仕不離親。其復起也，觀察河南，故思歸之切，形於夢，志以圖。若余則弱冠飢驅幾二十年，難後蒙恩供奉内廷，每歲首夏，辭老母出塞，迨冬始歸。玉圃之夢，乃余旬月中數見，而不可以數計者也，尚忍題斯圖哉？玉圃終其身常依二親，適守官在外而不得視太夫人含殮。余則竟世栖栖，依親日甚少，而老母之終，會當反役，蓋所遭各有幸不幸焉。

然余惟塞上之，行爲承公事。回思少壯，徒以奔走衣食，孤行遠游，爲父母憂，歲時伏臘，春秋佳日，奉觴御食而親色笑者，蓋無幾焉，撫心更何以自解邪？故書之以志余恨，而弛玉圃之悲。乾隆九年孟秋朔後三日，望溪方苞撰。

跋石齋黄公手札

公與寳應喬侍御手札十有四。其十有二皆短札，乃崇禎十五年，自戍所復召入都，晨夕往復語也。長言者二，時則引疾南還，越中諸賢築學舍，留公講問，而侍御適爲巡按，一答其始至通問之書，一將以使事反命而特致之。

考公之事莊烈愍帝，陳言對命，無一不與帝心相違。二三執政祖魏忠賢故知，力排異己。公三進三逐，廷杖八十，移獄鎮撫司，考掠者四，一朝而脱囚籍，則於政事之得失，君子小人之消長，凡有見聞，無不與同心者思所以挽正。及引身以退，匿迹於嵁巖深谷之中，而民生之苦病，吏治之煩苛，軍事之失圖，柄臣之誤主，身在局外，猶責其友以必言，而冀君之一寤。蓋君子所性根於心，而不能自已者如此。

嗚呼！莊烈愍帝嗣位於國勢傾危之日，一時忠良雖觸忤憎惡，偶有感發，未嘗不幡然易慮而親之任之也。然卒之如公，如念臺劉公，志在竭忠，而窮於效忠之無路。如孫文正，如盧忠烈，志在奮死，而扼於投死之非時。皆由媢嫉之臣，相繼而居腹心之地，其術百變，能使東西易面，人主自爲轉移而不覺耳。如而夫者不能放流，乃與之朝夕深言於帷幄，雖當平世，猶不能無生亂階，況屯難已成之後乎？聖人繫易，謂難之解，驗在小人之退，而於五發之。位乎天位者，可不服念哉！

跋先君子遺詩[一]

先君子自成童，即棄時文之學，而好言詩。少時耕牧樅陽黄華，有江上初集；既而遷於六合，有棠村集；康熙甲寅還金陵舊居，有愛廬集；庚午後有漸律草；辛巳後有卦初草：計三千

[一] 本篇以下至題舒文節探梅圖説，原爲望溪先生集外文卷五。

首有奇。先君子弱冠，即與宗老塗山、邑人錢飲光、黄岡杜于皇遊。諸先生皆耆舊，以詩相得，降行輩而爲友。諸先生名在天下，當世名貴人立聲譽者，皆延頸索交，而先君子遊於酒人，日與山農野老往來酣嬉，用此窶艱，衣無著，日不再食。諸先生或爲諸公道之，即動色相戒曰：「公毋累我，使以詩爲禽犢。」

廣陵人鄧孝威嘗於杜于皇所見先君子詩，以入詩觀二集。先君子再致書，必毁所刻而後止。晚歲，小子苞請録諸集貳之，弗許，曰：「凡文章如候蟲時鳥，當其時不能自已耳；百世千秋之後，雖韓、杜作者，以爲出於其時不知誰何之人，獨有辨乎？且諺曰『人懼名，豕懼壯』，爾其戒哉！」

先君子既殁四年，而苞以南山集牽連被逮，下江寧縣獄。制府命有司夜半搜書籍，江寧蘇侯夕至，諭婢僕「凡寫本皆雜燒」，而諸集遂無遺。惟姊夫曾退谷口熟五言律五百六十三首，斷句二百四十五聯；又於里人篋藏壁揭者，得各體九十八首。

嗚呼！苞以冥頑，玩先君子所戒以禍其身，終不得歸守丘墓，而先君子平生精神日力之所寄，又以不肖子之故而灰燼焉。苞之罪上通于天矣，乃涕泣取所得遺詩，校録鋟諸板，以志悔痛，且以廣先君子之戒於無窮也。

書高素侯先生手札二則

己巳夏四月，余以歲試見知於先生。秋七月，招入使院。辛未，從遊京師。先生軫其飢寒，開以德義，一出入，未嘗不詰所有事也；所與往還，未嘗不叩其爲孰誰也。蓋自癸酉以前，未嘗旬月去乎先生之側，而凡所爲文，先生皆指畫口授焉。

甲戌後授經四方，閱月逾時，先生通書，必索所爲時文，蓋知余素厭此而督之。丙子，試京兆罷歸，將不復應有司之舉，悉散所爲時文於生徒朋游，獨先生所點定不敢棄擲，並數歲中手札，巾笥而置之先世藏書櫃中。

戊寅，先生以書督應鄉試，己卯果得舉，將請先生序其文，以行於世。至京師，而先生已寢疾，數進見，未忍言。入試於禮部，未竣事而先生歿，歸至家，發向所藏，則與遺書並朽蠹矣。余文以散在生徒朋游間，收之尚得十七，而先生所論次，無一存者。余天資蹇拙，尤不好時文，累日積久以至成帙，皆先生督責敦率以爲之，而先生所講授，反不得少留集中，以誌師弟存歿之誼，此余所以日夜悔痛自責而無以容也。

是書乃戊寅見遺，命就鄉試者，以得之最後，未入巾笥中，故得獨存，而今丙戌六月朔後七日，復於散帙中得之。時生徒朋游以余登會試榜，彙刻前後所爲時文，因以冠於簡端，並記先生所以切劘之意，以見余時文之學之所自，而先生筆墨素不肯假手於人，故評訂之語皆不敢妄託焉。

先生孝弟之行，自鄉人及朝士大夫皆載其言；而才識卓然，足爲物所倚賴，則有待而未施，故世無知者。余於誌銘既陳其大略，至於處己待物，博大敦篤，粹然有古賢之風，叢細之事，無不可以法後學。

苞生長山澤，獲事先生，時甫去父母膝下，絶不知交際中所謂世情者，徒見書傳所載古人語言行事，以謂直可推行於時。先生四十，爲文以壽，謂：「古之君子，愛其人也，則憂其無成。孝弟者，人之庸行；而先生所表見於世，尚未有赫然如古人者，苞大懼先生之無成也。」先生命張於庭。逾月，語余曰：「生所與交，慎毋以文贈！」余請其故，先生曰：「今之贈言者，以爲禽犢也；而生所陳皆古義，恐重爲尤。」余未答。先生曰：「吾有所試也，世不可與莊語。日生所以壽我者，意良厚；而吾客見之，皆謂吾有不肖之行，而爲生所譏切也。」余曰：「何弗撤也？」先生曰：「吾正欲使諸公一聞天下之正議耳。」

余始至京師，下帷先生之廬，夜讀書，有童奴者欻爲鬼聲，余惡而抶之。越日，先生遍召府中童奴，指曰：「某某有過，生爲吾抶之。某某，使吾弟鞭之，昌尤頑梗，生恐不足以創也。」自是府中童奴皆慴，莫敢忤余。又逾年，始聞余所抶乃太公侍者。太公患余之妄，讓先生甚切。先生恐童奴恃此以無禮於余，又恐余時親抶之，以損太公之歡也。余臥齋在兩宅中間，其東爲先生賓醮之堂，其西爲太公燕私之齋。僕某遘厲疾，公移余於西齋。京師人言是疾善傳染，致湯藥者隔簾牖而委之，溲溺並積，久之臭達於外，近者不堪，余議僦屋以遷焉。先生急止之曰：「吾賓從可暫謝出入，謹避其惡，無傷也。吾聞疾甚者不可以變更，震蕩之，無生理矣。」數月竟瘳。

先生之心厚於仁，而能盡在物之理如此，凡余所不及聞知者，可類測也。使天假之年，而得展所藴於世，雖赫然如古人者，豈不足以致哉！以此知古之發名成業與無所顯於時者，皆會其所適而然，未可以既人之實也。余以重得先生遺迹，追念夙昔所感被於先生者，因並志之，又以見余之所師於先生者，蓋不徒以文術也。

刻百川先生遺文書後

先兄六歲能爲詩，十歲好左史、太史公書，未冠通五經訓義。旦晝治事，暇則與朋游徜徉郊原墟莽間；夜誦書，或危坐達旦不寐。叩所以，不答也。爲諸生，自課試外，未嘗爲時文。苞每遠遊歸，出所爲詩歌古文及詁經之言相質，先兄亦不喜，曰：「古之爲言者，道充於中而不可以已也。汝今自覺不能已乎？」同學二三君子，曾刊先兄課試文曰自知集者行於世，先兄弗快也。

乙亥、丙子授經姑孰、登、萊間，學子課期必請文爲式，遂積至百餘篇，而與朋游往還酬贈，亦間爲詩歌古文，常録爲四册，貯錦篋中。苞請觀，未之出也。曾出以示溧水武商平、高淳張彝歎，旋復收匿，蓋恐苞與二三同學復刊布之。

辛巳冬十月，先兄疾困。苞偶以事出，入户，見鑪灰滿盈，退問侍側者，則錦篋中文也。自先兄之殁，四方同學愈思見其遺文，遍索於生徒朋游，僅得二十篇，因與前集並刊布焉。蓋時文雖先兄所不好，而其發之必有爲，所謂充於中而不可以已者，亦於是可見矣。

癸酉，余客京師，先兄郵寄十餘篇相示，内丘王君永齋持去。姪道希云：「庚辰春，蕪陰夏君虎文相過，别時手一册與之。」今二君皆殁，其子弟若能求索得之以暴於世，不獨先兄之心神賴以不泯，亦可以見其父之能知言而取友也。

詩歌古文竟無存者，獨曾爲督學磁州張公賦絡緯一篇，擬南樓讌集序一篇，載江左文選；廣師説一篇，上長洲韓公，朋游間多有之。因附録，以見先兄之蓄於中者有待而未發，而偶發者又自以爲不足而焚滅之，使學者因是以想其所用心焉。

附刻弟椒塗遺文書後

弟椒塗，少穎悟。以余與兄困于諸生，授徒在外，家君命視米鹽，而弟暇竊觀書。余與同臥起，往往寐覺，弟猶伏几；體素羸，余與兄恐致疾，每爲文，必怒之，未嘗一給視。久之，弟亦不敢自出。將卒，始出制義二十餘篇，曰：「吾心力嘗困于是，異日尚爲吾存之！」余與兄封識，不忍發也。又數年發之，始知其已得慶曆諸公奥祕，以文少不成帙，未可單行。今擇其尤者十篇，附在先兄遺文之末。

弟性情質，行略見余所爲誌銘，故並列簡端，以志余兄弟三人少小相依之艱，中道别離之痛，而余單獨一身無以奉二親之歡，所以計處身心者，獨難也。

書先君子家傳後

此亡友宋潛虚作也。潛虚少時，文清雋朗暢；中歲，少廉悍；晚而告余曰：「吾今而知優柔平中，文之盛也，惟有道者幾此，吾心慕焉而未能。」然世所見潛虚文，多率爾應酬之作。其稱意者，每櫝而藏之，曰：「吾豈求知於並世之人哉？」度所言果不可棄，終無沈没也。是篇，其中歲所作，自謂稱意，櫝而藏之者。潛虛死無子，其家人言：櫝藏之文近尺許，淮陰某人持去。或曰尚存，或曰已失之矣。嗚呼！是潛虛所自信爲終不沈没者，其果然也邪？

書諸友公祭先母文後

此光生正華作也。正華於余爲彌甥。戊子，余歸故里，見其時文異之，遂從遊龍眠山中。一日晨起，讀莊子齊物論，未朝食已成誦。試以他書，日誦萬言。因與至金陵，以女甥妻之，入贅于馮氏。數年中，徧誦五經及周、秦間諸子書，於古文詞皆得其門徑。余北徙，復來相依；授徒歷數家皆不合，衣敝履穿，而歲時必少有所蓄以遺其親，妻子之生計弗問也。戊戌冬，館某家，資用始少給，而腓下腫，逾歲七月竟死。

正華美鬚髯，狀貌偉然，見者皆爲動容，而賦命之薄至此。賤貧固不足道，使造物者不奪其年，其學之所就，豈可量歟！孔子曰：「秀而不實者，有矣夫。」嗚呼，惜哉！

書時文稿歲寒章四義後

憶辛未秋，余初至京師，偶思此題，成四義；言潔、潛虛、詒孫三君子深許之，遂訂交。余每以事出，必詣三君子；三君子以事出，必過余。問辨竟日，往往廢其所事而歸。壬申冬，言潔還錫山，引余至其寓，教以植志行身之事，相語至夜半，已寐復起，坐達旦。既歸後，余客涿鹿，又遺書過千言，示余以所處。

癸酉秋，詒孫還青陽。余與共乘單輪席車出郭門，已交手背行近半里，詒孫復下車呼余，立道旁哭失聲，曰：「吾與子會見不知何時，或數年，或十數年，不終隔絶足矣！」詒孫在京師時，不三數日必宿余寓，酒罷往往無故悲嘯，夢中或大哭。余驚起而詒孫尚未寤，詰之，則終不肯言。既歸，余見青陽人，問徐子悲憂窮蹙之故，乃知其天屬遭遇，蓋古聖賢人所難處者。余恐其以恨苦殞生，再致書喻以徒死無益，而詒孫已成心疾矣。再答余書，漫言他事，不及所以。去年冬，余在澄江，夢見詒孫，面積垢，向余赫然無言。心怦怦不能自克，尋復自解，以謂夢寐之事，不足深究。逾歲七月歸金陵，而潛虛來告余曰：「詒孫死矣！有吴生者，至自青陽，言其心疾至昨歲轉劇，泣笑類顛者。一夕張燈，書數十紙不休。妻子問故，曰：『告吴君，此書致我友宋子、方子。』既又索書展視，一一自焚之。開户出，若將便溺，久不返。妻子怪而迹之，則已死村外小溪中，頭面泥漬。」時余一子始殤，意忽忽不樂。及聞詒孫凶問，出郭西向號而哭之，不復覺子死之痛矣。

言潔先三年丙子以疾卒。余與潛虚俱在燕南。其邑子邵君羲書客金陵，偶心動，歸往省之。既瞑復蘇，惓惓以不得見余與潛虚爲恨。羲書爲余言，未嘗不流涕。言潔蓄道德而有文章，余意其爲天所生以扶樹道教之人，而不得竟其業以死，此理數之不可究測者。然觀荆公之銘深父，則古嘗有之。若詒孫之孝弟純明，粹然有儒者之質行，而死於非命，則自書傳以來，吾未之見也。使天下不知詒孫之所以死，則無以白詒孫之志；使天下知詒孫之所以死，又恐傷詒孫之心。此余與潛虚所以幽痛而不敢言也。

言潔、詒孫皆有子，雖幼，頗能承父學。恨余與潛虚困窮無聊，未有以扶進而存恤之。欲刻其遺文，亦未得就。近以坊人刊余文稿，檢舊篋得此四義，覆閲之，詞義甚粗鄙。然念得交于三君子自此始，因不自棄。四義向者自寫兩通，一言潔閲，一潛虚、詒孫閲，以硃墨别之。言潔閲者，留北平方允昭所，數年索歸，崑山張闇成持去。潛虚、詒孫閲者，内丘王永齋持去，而允昭、闇成、永齋先後皆奄忽矣！念之終夜氣結，晨起志之。時己卯十一月朔日，船過寶應書。

記時文稿行不由徑二句後

余己巳歲試，受知宛平高素侯先生。辛未後，從入京師。先生命閉特室，勿與外通。大司成新安吴公謂先生曰：「吾急欲識此生！吾擇生徒之尤者，與子弟會文，生能過我乎？」余以疾辭。又數日召飲酒，再三辭。公因自訪余於寓齋，余因先生以謝曰：「某名掛太學，而部牒未過，以賓客見，義不敢也；以生徒見，又非所安，請稍俟之。」

公以癸酉二月，禮先於余。秋闈畢，余始報謁，仍執不見之義，而公愛余益厚。公卿間或問太學人材，必曰：「有方生者，將至矣！耿介拔俗之士也。吾未得見而知之最深。」用此，見居門下者，皆若有憾焉。

是題乃所以試教習諸生者，余偶擬作。篇末云云，蓋感公知己之義也。及余名過牒，而公已去太學，尋歸道山，竟未得一見。每與公子東巖兄弟言之，未嘗不氣結良久也。

題舒文節探梅圖説

以芳潔之物自比其體，原於橘頌。公之遭遇，衆皆見爲芝蘭之萎折，而公乃自比於西山之梅，托根僻壤，含華結實，得自全其臭味。振古忠良求仁取義之心，皆可於公言見之。

書諸公贈黄尊古詩後〔一〕

余自中歲以後，交遊日稀，雖當世知名士，或不聞其姓字。近益衰病自弛，親知故舊以文墨相屬，十無一二應者。雍正六年孟冬，竇應劉篁村持一軸一帙過余曰：「黄君尊古，奇士也，年今七十矣。少學繪畫，嘗獨身行萬里，徧覽海内山川面勢，以發其奇。名公卿賢士皆樂與之遊，争爲文與詩以張之。獨自念與先生並世而未得面，必丐一言而歸老焉。」余固辭，篁村委而去。

歲既晏，偶展其軸，則高山深林，余意中所欲覯之氣象也。發其詩，平生執友並前輩知余深者，凡六七十人與焉。余生山水之鄉，幼而樂之。顧終身栖栖，比邑連郡數百里間，衆所熟遊，未得一遇目。每當舟車奔走，遥望林泉，中心輒惘惘然。又閲諸君子詩，其言笑音容，宛然余前，而無一存者。用此始而欣然，既而益愴然也。因書以附諸君子之語後。

〔一〕本篇以下至記時文稿有爲者譬若掘井一節後，原爲望溪集外文補遺卷一。

黄君名鼎，虞山人。

書李雨蒼札後

吾友永城李雨蒼，年七十有八，而好學不衰。乾隆二年冬，以書來，言：「有孫廷直，聰明質仁，甫成童，徧誦五經，而夭死。念所學莫之能承，每發書，輒隱慼而中輟焉。」

憶余出刑部獄，過所知，其人初授館職。飭之曰：「君自是可一意於古人之書矣！」作而曰：「吾不能，未敢爲違心之議也。」時人爭傳：余行後，某立招狎客，吹竽擊鼓，號呶竟夕，以祓除不祥。他日，以實叩之。曰：「果有是，敢匿情乎！吾輩於書，特陽浮慕之耳，若誠好之，不祥孰甚焉！」嗚呼！觀廷直之夭枉，豈得以斯言爲妄哉！

在昔吾弟椒塗及亡友張樸村之子直方、李剛主之子習仁皆然，求其爲之者而不得也。及觀程邵公誌，乃知人之賦生精一者，間值而難久焉。又觀邵子所云，而知天之生人，其精神固不能以數聚焉。嗚呼！二子其知之矣！豈書能爲之祟哉？

記時文稿興於詩三句後

海寧許公視學江左，時余在京師。公遺宛平高先生書，稱爲江東第一能文之士。還江南，謁公于澄江，未嘗執諸生之禮，稱謂用後進所施於先達者。越日，公招飲。使院同謁者聞之大駭，余乃自悔失禮，而公愛余益厚，居門下者乃莫能先焉。

癸未，榜揭。公見韓城張先生言：「闈中得曠九號卷，淵懿高素，有陶、鄧之風，必海内老學。」細叩，則余文也。二場屬對工者，尚能舉其詞。余時南歸薄遽，未得繼見。逾歲而公出理北河，每見朋游，必屬曰：「爲我語方君：家貧親老，乃爲舉世不好之文，以與群士競得失，將以爲名邪？何所見之小也。」

今年入試禮部，易爲嚴整明暢之體。蓋感公相責之語，而自悔曩者辨義之未審也。此篇乃臨場揣摩之作，故并記所由，以識余之鄙劣，而數爲賢者所器重，蓋深懼其無以稱焉。

記時文稿有爲者譬若掘井一節後

此乙酉江南鄉試題，表弟鮑季昭文，抑於同考而爲主司所賞，刊入鄉墨，余未之奇也。攜入京師，灊虚、大山、北固皆嘆賞，安溪李公以爲天下奇才，當勉以著述。余歸寓覆視之，仍無奇。還江南，偶以三題課兄子道希，因自擬作，審察題義，取鮑作再三視：其首篇，詞義俱拔出先輩之外；次篇理備法老，更無從出其範圍；惟三作精神未旺。因握筆爲之，含意聯詞，便覺其文亦親切有味，中幅竟沿其意，惟前後稍展拓耳。

夫以親戚暱好之文，再三審視，猶幾失之。世之司文章之柄者，未必有過人之明，而一不當意，遂棄如遺迹，他人善之，轉生媢妒，何其用心之不恕也？記此使聞者省焉。

題韓宗伯家書〔一〕

幕廬韓公外迹似兩晉名輩，而立朝大節，避權勢，砥礪廉隅，則東漢諸賢之風規也。湯文正每言中朝正人，必首公。

癸未首春，公扈從南巡，余往送。親賓滿堂，獨肅余至特室，自言生平甚悉。逾年，公遂歿。叩其遺事，子若孫或未知。每見曾與公共事者，省公所爲，則多公與余言所未及也。

〔一〕 本篇及以下二篇輯自方望溪遺集序跋類，第十九至二十頁。

乾隆五年，公第六孫曾持公長禮部時誡諸子手札，請題簡端。事瑣辭質，而關於人道者甚深。公之行身，即是可概見矣。曾也勉之，毋徒以珍重手蹟爲「無忝爾祖」也！

題教子圖

周官大司徒：「正月之吉，懸教象之法於象魏，使萬民觀教象，浹日而斂之。」天官及夏、秋二官亦如之，惟春官無文。蓋禮職所掌，其用在郊廟朝廷，故執事者自肄於官府，若治教政刑所以示萬民者，則揭其法並圖其象，而懸之象魏。然後，民之秀者喻其義，樸者睹其形，耳濡目染，雖婦人小子可以與知焉，此教之所以易入而漸民者深也。然欲民之帥吾教，必執事者身爲之倡。故四官之師，又以正歲帥其屬而觀焉。

胡君□□爲其友沈君□□索題教子圖，六七而不倦，余無以謝焉。易於家人之象曰「君子以言有物而行有恒」，蓋欲成教於家，必身爲之儀，然後可則而象也。沈君教子而爲之圖，殆欲其子朝夕觀焉，以興於教；亦自觀焉，而正其所以教也與？胡君年甫壯，朋子八人，其天性抗直，給事勤敏，蓋進而至於顯仕也，不遠矣。故因題是圖而爲舉易象、周官之義，使知愛子者必教以身；又知古之教其民，常不異於教其子也。

題盧忠肅公象昇讀禮圖[一]

噫！此斗瞻盧公軍中讀禮圖也。彼緋袍入政府者，其有愧於此夫？桐城後學方苞拜題。

[一] 直介堂叢刻本（以下稱「直本」）作盧忠肅公象昇讀禮題圖字。題下云：「此文從盧忠肅公全集卷首録出，原文係侍郎八分書手蹟摹刻。」

方望溪文集全編卷十〔一〕

書牘

與閻百詩書

昨所論「孔子殁，子張欲師有若。而記載『子張死，曾子有母之喪』，則曾子問一篇，皆母在時所講問」，可正子瞻所譏於程子之誤，宜筆於書。至病「程、朱删易經字」，則不敢不多爲反覆。蓋專易經字者，漢儒之病也。程、朱所删易甚少，而皆依於理。

僕每見周、秦以前古書，字形與聲近，則衆書所傳多異，即一書諸本中亦有增損改易。竊歎古書不可通者，多以字訛而人莫能辨也。如商書「自周有終」，酒誥「爾尚克羞耇惟君」，解者支離牽合，終不可通，若「君」與「周」互易，則其義不待詁而明矣，蓋篆體二字本形似也。

〔一〕本卷原爲望溪先生文集卷五。

韓退之羅池廟詩乃「此方之人，惟侯是非」。按其前後辭意，昭然明白，而「此」以形訛「北」，「惟」以聲訛「爲」，子瞻不能辨，又自爲之説，而大書深刻焉，則其讀書觀理之不詳可見矣。莊子外篇「舜將死，真泠禹曰」，不易爲「遺令」得乎？史記封禪書「至梁父矣，而德不洽」，謂「梁父」非衍可乎？

僕嘗自恨寡陋，見古書字訛，無所證據，而不敢擅易，願得博極群書者以正之。故欲化足下之成心而求助焉，非敢以辯翹明，惟足下鑒之！

與孫以寧書

昔歸震川嘗自恨足迹不出里閈，所見聞無奇節偉行可紀。承命爲徵君作傳，此吾文所託以增重也，敢不竭其愚心。所示群賢論述，皆未得體要。蓋其大致，不越三端：或詳講學宗指及師友淵源，或條舉平生義俠之迹，或盛稱門牆廣大，海内嚮仰者多，此三者皆徵君之末迹也。三者詳而徵君之志事隱矣。

古之晰於文律者，所載之事，必與其人之規模相稱。太史公傳陸賈，其分奴婢裝資，瑣瑣者皆載焉。若蕭、曹世家而條舉其治績，則文字雖增十倍，不可得而備矣。故嘗見義於留侯世家曰：「留侯所從容與上言天下事甚衆，非天下所以存亡，故不著。」此明示後世綴文之士以虛實詳略之權度也。宋、元諸史若市肆簿籍，使覽者不能終篇，坐此義不講耳。

徽君義俠，舍楊、左之事，皆鄉曲自好者所能勉也。其門牆廣大，乃度時揣己，不敢如孔、孟之拒孺悲、夷之，非得已也。至論學，則爲書甚具。故並弗採著於傳上，而虛言其大略。昔歐陽公作尹師魯墓誌，至以文自辨，而退之之誌李元賓，至今有疑其太略者。夫元賓年不及三十，其德未成，業未著，而銘辭有曰：「才高乎當世，而行出乎古人。」則外此尚安有可言者乎？

僕此傳出，必有病其太略者。不知往者群賢所述，惟務徵實，故事愈詳，而義愈陋。今詳者略，實者虛，而徽君所蘊蓄，轉似可得之意言之外。他日載之家乘，達於史官，慎毋以彼而易此。惟足下的然昭晰，無惑於群言，是徽君之所賴也，於僕之文無加損焉。如別有欲商論者，則明以喻之。

答喬介夫書

原集題書答友，起數行不明書開海口及車邏河事，蓋刻文時有顧忌也。先生曾孫傳貴刊集外文，重出此篇，題作答喬介夫書。今從彼本，而仍編於此。鈞衡識。

蒙諭：爲賢尊侍講公作表誌或家傳。以鄙意裁之，第可記開海口始末，而以侍講公奏對車邏河事及四不可之議附焉，傳誌非所宜也。蓋諸體之文，各有義法，表誌尺幅甚狹，而詳載本議，則擁腫而不中繩墨。若約略翦截，俾情事不詳，則後之人無所取鑒，而當日忘身家以排廷議之義，亦不可得而見矣。國語載齊姜語晉公子重耳凡數百言，而春秋傳以兩言代之。蓋一國之語可詳也，傳春秋總重耳出亡之迹，而獨詳於此，則義無取。今試以姜語備入傳中，其前後尚能自運掉乎？世傳國語亦丘明所述，觀此可得其營度爲文之意也。家傳非古也，必阨窮隱約，國史所不列，文章之士乃私録而傳之。獨宋范文正公、范蜀公有家傳，而爲之者張唐英、司馬温公耳。此兩人故非文家，於文律或未審。若八家則無爲達官私立傳者。韓退之傳陸贄、陽城，載順宗實録。順宗在位未逾年，而以贄與城之傳附焉，非所安也，而退之以附焉者，以附實録之不安，尚不若入私集之必不可也。

以是裁之，車邏河議必附載開海口語中，以俟史氏之採擇，於義法乃安。凡此類，唐、宋雜家多不講，有明諸公亦習而不察。足下審思而詳論之，則知非僕之臆説也。

與翁止園書

苞白止園足下：僕晚交得吾子，心目間未嘗敢以今人相視。及遘禍，所以憫其顛危，開以理義者，皆不背於所期，是吾子所以交僕之道已至也。有疑焉而不以問，則於吾子之交爲不稱，故敢暴其愚心。

近聞吾子與親戚以錐刀生隙，嘖有煩言，布流朋齒，雖告者同辭，僕堅然信其無有。然蘇子有言：「人必貪財也，而後人疑其盜；必好色也，而後人疑其淫。」毋吾子之夙昔，尚有不能大信於彼人者乎？僕往在京師，見時輩有公爲媟嬻者。青陽徐詒孫曰：「若無害，彼不知其不善而爲之也。吾儕有此，則天厭之矣。昔叔孫豹以庚宗之宿致餒死，叔向娶於巫臣氏而滅其宗。蓋修飭之君子，不獨人責之，天亦責之。」詒孫之言，可謂究知天人之故者也。

僕自遘禍，永思前愆，其惡之形於聲、動於事者無幾也，而遂至此極者，既將以士君子爲祈嚮，而幽獨中時不能自灑濯，故爲鬼神所不宥。吾子高行清德，豈惟信於朋友。雖鄉里間愚無知者猶歎羡焉，然則子之行身其慎矣哉！

僕又聞古人之有朋友，有患難而相急，通顯而相致，皆末務也。察其本義，蓋以勸善規過爲先。僕自與人交，雖素相親信者，苟一行此，必造怒而逢尤。僕每以自傷，然未敢以忖吾子。於前所聞，既信吾子之必不然；然後所陳，又信吾子必心知其然，是以敢悉布之。

與李剛主書

九月中，自塞上歸，附書相問，而息耗久不至。仲冬望後二日，或致函封，發之則太夫人行述也。呼兒章讀之，篇終而郎君長人之狀附焉，驚痛不能夕食。太夫人耄而考終，在仁孝者猶難爲懷，況重以長人之夭枉乎？此子天民之秀，非獨李氏所恃賴也。僕不能自解，豈能爲吾兄解。然有區區而欲言者，言之則非其時，而重傷吾兄之意；不言，則於交友之道爲不忠，是以敢終布之。

易曰：「洊雷震，君子以恐懼修省。」僕平生所遭骨肉閔凶，殆人理所無，悲憂危蹙中，每自念性資迫隘，語言輕肆，與不祥之氣，實有相感召之理。以吾兄之德行醇懿，而衰暮罹此，語天之道，有不當然者。竊疑吾兄承習齋顔氏之學，著書多訾謷朱子。習齋之自異於朱子者，不過諸經義疏與設教之條目耳，性命倫常之大原，豈有二哉？此如張、夏論交，曾、言議禮，各持所見，而不害其並爲孔子之徒也，安用相詆訾哉？記曰：「人者，天地之心。」孔、孟以後，心與天地相似，而足稱斯言者，舍程、朱而誰與？若毁其道，是謂戕天地之心。其爲天之所不祐決矣。故自陽明以來，凡極詆朱子者，多絶世不祀。僕所見聞，具可指數，若習齋、西河，又吾兄所目擊也。

僕自今年來，食飲益衰，塞外早寒，得上氣疾，幾死者再焉，恐一旦委溝壑，則終無以此聞於左右者，是僕負吾兄夙昔相愛重之誼而死有餘責也。昔泰伯無子，伯魚早喪，況吾兄子姓甚殷，固知所陳理弱情鄙，不足移有道者之慮。然君子省身不厭其詳，論古不嫌其恕。儻鑒愚誠，取平生所述訾警朱子之語，一切薙芟，而直抒己見，以共明孔子之道，則僕之言雖不當，而在吾兄爲德盛而禮恭，所補豈淺小哉？

聞太夫人既祔葬，僕身拘綴，兒章疹後不可以風，將使獻歲赴弔，先此代唁，并呈長人哀辭。其遺腹若天幸男也，則速以報我。臨簡哽咽，不盡欲言。

與安徽李方伯書

得來教，忻悚合并。執事服官有年，聲績顯布中外，尚恐民治有缺，越二千里而詢於愚儒，今而知所至稱賢，不苟然也。

安徽諸郡吏民所公患，莫若採鐵：初額僅七萬觔有奇；大府上言「宜撥移産鐵之地」，部議駁責，轉加三倍。自是無敢及此者。儻能與有司詳議，白大府密劄奏聞，而陰有以慰户部及内府諸郎吏之心，然後露章以請，則無橐者壅遏之患矣。

又凡害之已見者，人知憂之，而伏積於無形者則昧焉。往者遂寧張公子爲懷寧縣令，謂周官「荒政，弛山澤之禁」，令民得縱漁樵。自是以後，歲小祲，衺惡民千百爲群，決隄防，毀墳禁，莫可禦止。古者山澤隸於官，故弛其禁以利民，今則民力所自營而租賦之所從出也，可任其相劫奪乎？用此二十年中，皋陸陂池少遠於宅舍者，民皆棄置而不務孳息。薪材魚鼈，價踴三倍，使常利坐失於伏闇之中，而亂心生於理平之日，非早遏其流，異日必爲亂本。昔宓子治單父，齊師將至，父老請曰：「麥已熟矣，請使邑人出自刈傅郭者。」三請，宓子不許，曰：「寧使齊人刈之，令吾民有自取之心，其創必數年不息。」此仲尼之徒深明於先王以道立民之意也。

其他法久弊生而宜革者，如鋪設總甲以稽竊賊，而爲賊謀主；江置汛地以防大盜，而爲盜窟；宅里立鄉約保正以息爭察訟，而鬭辨繁、壅蔽生。執事久官南中，聞此必熟矣。若能與所司詳議而改紀之，俾良有司奉行有成效，則下其法於諸郡，非一時之利也。

凡茲所陳，或關於大府，或責之有司。或議於同官，執事皆可爲之樞紐。若官中之事，以執事之仁明，必曲得其次序久矣，無待於某之瀆告也。

與安溪李相國書

老母數日痰氣襲逆，倍甚於前，晝夜無寧晷。某於此時尚何心及外事，而有不得不爲閤下言者：昨聞某官虧空一疏，遠近爭駭。果用其議，則旬月中，故吏誅戮者數千人，械繫而流者數千家。期年之内，天下郡縣承追之吏，奪官者十八九。凡今之吏，孰是畏名義而輕去其官者？操之太蹙，必巧法別取以求自脱。恐繼自今，愚民得安其生者鮮矣。聞大司寇韓城張公止其議至再三，彼於同官尚不忍其動於惡，況閣下日與天子議政於廟堂，而可使國立謗政，民滋其毒哉？

又聞在事者多云：「天子不嗜殺人，將從末減，放流而止耳。」嗚呼！刑罰之施，惟其當否耳。使所虧庫金，果群吏侵欺以便其身家，雖誅戮之不爲厲。而陷此者，多困於公事採辦與大吏之誅求，其坐驕奢不節者，十無一二焉。故數十年來，執法者明知其弊而姑寬假之。若以放流爲輕罰而可亟施，則未知其去死刑一間耳。即以某身言之，聖上赦其死罪，又免放流；而老母之北行也，家人以赴任爲言，舟車之適，與無罪者等，徒以異水土思鄉井而遘此篤疾。今諸公不昌言某議之非，而徒恃天子之寬仁；萬一果如所料，用其議而從末減，則此數千家老弱無罪而死者，不知其幾矣。

閣下嘗語余曰：「聖人之心，即吾人之心也。今使吾人殺一無罪而得爲王侯，必不爲也。則聖人之不以天下易此，無疑也。」某嘗誦之，以爲明道之言。然則閣下宜用此言於今日矣！以去就爭之可也。荀子曰：「馬駭輿，則君子不安輿。庶人駭政，則君子不安位。」體國之義，當重以爲憂，非徒望閤下爲盛德事。伏惟鑒察！不宣。

與徐司空蝶園書

河北諸路旱荒，聖主減膳弛縣，詔廷臣言事，而群公未聞進嘉謨以佐百姓之急者。夫備災宜豫，非倉卒所能舉。今野荒民散，而新穀不生，所可爲者，惟無使舊穀妄耗耳。古之治天下，至纖至悉也，故蓄積足恃。周官：凡酒皆公造，民得飲酒，獨黨正族師歲時蜡酺耳。漢制：「三人無故共飲，罰金一鍰。」三國時，家有酒具，行罪不宥。誠知耗嘉穀於無形，而衆忽不察者，惟酒爲甚也。

今天下自通都大邑以及窮鄉小聚，皆有酤者。沃饒人聚之區，飲酒者常十人而五，與瘠土貧民相校，約六人而飲者居其一。中人之飲，必耗二日所食之穀。若能堅明酒禁，是三年所積，可通給天下一年之食也。其藏富於民，與古者耕九餘三之數等。孟子曰：「聖人治天下，使有菽粟如水火。」豈宛言以欺世哉？凡民間用酒，莫宜於祭祀婚姻，然周公制法：「不耕者無盛，不績者不衰。」祭無盛猶可，況以歲凶而去酒乎？至公家之事，不過歲祭孔子廟及賓興鄉飲，有司自可及時以釀，周官所謂事酒是也。

今功令通禁燒秫爲酒，而他酒及酒肆無禁。故衆視爲具文，而官吏反得因緣以爲姦利。宜著令：凡酒皆禁絶。令到之日，有司巡視鄉城，已成之酒皆輸公所，俾其人自賣而官監之，盡而止。過此以往，有犯禁者，其店房什器官没之。若私釀於家，則紳衿褫服，白衣决杖。罰用漢法，凡境内有酒肆而有司不能禁察者，奪其官；首舉者，賞五十千。夫周公當重熙累洽、年穀順成之日，而使天下有祭無盛、喪無哀者，非故欲拂人之情也，不如此，不足以齊衆阜財而使長得其樂利也。俟數年之後，穀粟陳陳相因，然後用漢法變而通之，間歲官賜民酒户三斗，俾儲以共祭祀婚姻養老疾。有非常之澤，然後賜酺。如此，則政有常經，且可以正民之禮俗矣。

世人樂因循偷苟，有述古事陳古義者，輒目爲迂闊。然自公卿大夫吏士務適時宜而羞爲迂闊者，蓋數十年於兹矣，則其效可睹矣。太夫人春秋高，不敢告公以難行事，如此類，言之者無過，而實良圖。望宿留聱言。

與徐司空蝶園書

公體中尚未霍然，不宜以外事相撓，而有不敢緩告者：近聞漕船膠凍濟寧以北者，七千七百有奇，沿途剽劫，百十爲群。計每船篙工不下十數人，皆奇民無家，獷悍酗博。平時回空，官督晝夜兼行，暫時停泊，附近村落客船必遭竊攘。況聚十餘萬飢寒之人，連屯數百里內，又承東土凶饑盜賊之後，設有猾桀者乘此瑕釁，恐不獨沿途居民之害也。公宜密劄奏聞，乞上察訪，早爲區畫。

又聞湖撫以兑漕期悮，請改雇民船。議下九卿，各省將用爲式。夫漕船官具，衛丁本有秩廩，故量給資糧，以募篙工。然猶私載民貨，多方補苴，始能砦給。若雇民船，其費數倍，官不能具，必抑派里居，則賦法不可問矣。七月間，楊君千木自河上以書來，言聞通倉陳米充溢，宜停運一年。歲祲之地，其糧聽有司出糶，俟秋成仍糴滿原額，分兩年帶運。如此，則民食可充，漕船可修，河道可治。此利之顯見者，尚未知中有伏害否？幸與練事者詳議之。

又自今年來，各省報荒，不約而同辭，不請賑，不請蠲，但乞減價糶常平倉粟，事後仍率屬蠲補。夫常平倉粟之空十餘年矣，此天下所明見也。此議行，則糶粟之價，補倉之粟，必有所出。不識有司皆自其家篋金輦粟而至乎？抑粟與金天降而地出乎？是被災之地，轉應苛斂庫金數十萬。秋成之後，加徵倉粟數十萬。繼自今，災民惟恐有司之報荒，而主計者且利荒報之踵至矣。

公位正卿，年七十，宜日夜求民之疾，詢國之疵，而上言之。上方鄉公，又閔公衰疾，僕任其無大咎。若因此失官，則亦可以暴平生之志，謝衆口之責矣。惟公熟計而審處之！

答某公書

自得手教，沖愓累日，以公知某之深，而猶未達愚心，不可以默而止也。比者浮説日滋，故謂公宜怵然爲戒。在某自能聞流言而不信，而公則不宜謂自反無是而忽之也。

聖人繫易，於乾之九三曰：「君子以終日乾乾〔一〕，夕愓若厲，无咎。」又曰：「二多譽，四多懼。」三猶愓也，四則懼矣。豈止於怵然爲戒乎？戒之云何？苟非道義之交，必多方限隔，俾不得親附是也。孟子所謂三自反者，君子處貧賤而遭横逆則然耳。若遭時行志，則不惟自反，必將使實德實事，有以大服天下之心，而誠無不動，古人軌迹，昭然可睹。其然，則尚安用戒哉？然其初則必自能戒始。往年宵人妄言，能自通於左右。某以告，公益嚴毖。二三同志不避怨嫌，而昌言於衆，至於今，則寂然矣。此無稽之言亦宜怵然爲戒之明效也。然浮言難息，較甚於影射。蓋影射有迹，而浮言無迹也。息之難，則所以絶其根源而避其疑似者，宜尤力焉。

來示又云：「相信相知」如某，「而猶惑於僉邪之言」，得某書，「憮然者久之」。則未察愚心，而於事之理，亦未達也。公於某患難相拯，情好久長，而數以無稽之言瀆告，過當之語相規，

〔一〕「以」，周易原本無。

非相知相信之深，而能如是乎？然公位極公相，而惟恐布衣窮交不相信、不相知，即此見公之自待也厚，而視某亦不輕，此某所以於無稽之談，自覺不以告而心不能安，義不可止也。以富鄭公之賢，而蘇洵憂其無成。伊川程子謂「於國家大事，知而不言，爲名教罪人」。蓋古之君子於夙所愛敬，則責之倍嚴，忠之至，厚之至也。若某所云，不過憂讒畏譏，世俗之淺意耳。然自某而外，恐亦無用此數數於左右者矣！公試思：聞知舊被謗，而置若不聞者難乎？抑崎嶇而必以達，規切而一無隱者難乎？審此，則可知鄙人之心矣。

更有請者，我皇上德政日新，若因水災延問大臣，急宜開陳者，約有數事，若盡獲施行，功在社稷；即措注一二，亦澤被群生。謹條列别簡，惟宿留聱言。何日得暇，尚當就公面議之。

與常熟蔣相國論征澤望事宜書

僕聞古之制戎狄者，欲大創之，則必堅壁以示之弱，蹙縮佯敗以驕之，委之畜産財物車甲以中之，使狃於屢勝，深入逐利；然後設伏要擊，一舉而撲滅之，李牧之守趙邊是也。漢武設謀馬邑，蓋用牧之遺教，不幸爲單于所覺，故不得已而與之毒逐於沙場。然其行師，近者不過數百里，遠者千里。惟絶幕之師，衛、霍並出，窮戰比勝，爲千古所震耀。然師之所極，不過二千里，臨翰海而止耳。自是匈奴遠遁，幕南無王庭，則漢亦不復追躡矣。蓋道里可計，日月有期，饋餉相踵，芻牧以時，吾之士氣未衰而馬力未竭也，然後長技可用，而敵不能支。

其成功於絶域，惟貳師之服大宛，陳湯之滅郅支，常惠之折龜茲，而是三者，皆非行國也。其城郭邑聚、人民産業不可移徙，則其心有所繫，力有所極，而吾之計謀有所施。是皆循數推理而知其必然，非幸勝也。蓋郅支畏漢遠徙，依康居以國，而不禮其君，殺其女，徧虐其國人，則先自敗而瑕釁可乘矣。漢自武、昭立都護，治烏壘，據西域之中，屯田積粟，厲兵撫衆者四世，則地利得，形勢强，道路悉矣。烏孫諸國皆承漢節，同時而發其兵者十五王，則郅支之羽翼盡矣。入其境，呼康居貴人與定謀，傳其城。康居以萬騎環城而備其逸，郅支單于聞漢兵至，欲去，疑康居怨己，爲漢内應。又聞烏孫諸國兵皆發，自以無所之，已出復還。則計慮周矣。郅支既滅，計其戰死生虜及降者不過三千人，而漢以十五倍之衆壓之，是謂步師衽席之上，取敵囊檻之中，必克而無疑者也。至於龜茲，則國尤小，道尤近，故不戰而自屈。惟大宛之師鑿空創始，用力甚艱。然自衛、霍屢出，斬馘動數萬，單于懾伏，威震百蠻，而甲卒之屯酒泉以北者十八萬。故貳師再行，當道小國，莫不迎軍給食，遂屠侖頭，平行至宛，則所憑之勢厚矣。然天下騷動，傳相奉伐宛，漢兵之出燉煌者六萬，負載私從者不與焉，而終不能入其中城。軍入玉門者萬餘人，故自前世皆以爲得不償失也。然前世之藩籬在邊塞，而我朝之藩籬在四十八家。故謂澤望跳梁，可置而不問，皆未知聖祖皇帝之廟謨與我皇上之遠慮者也。但其地絶遠，非旬月可到；又逐水草移徙，無城郭可指。其鄰近之國，雖仰我威德，至於臨敵決機，恐未能實心效命。萬一我師既至，而彼復遷徙鳥舉，而前勞盡棄，後策益艱。專制閫外者非不知此也，徒以造謀未審，暴師逾年，勞費已深，而無尺寸之效，恐聖主責言，無辭以對。故堅持前畫，謂賊有可平之道，遷延歲月，以緩譴訶，而不暇爲國長計耳。

以今之勢，莫若先爲不可犯，以待賊之瑕釁。相度山川面勢，道里走集，擇可耕可牧之地，宿兵屯田。召募邊民習苦耐寒者，塹壕築壘，據其中央，臨制四旁，俾近西内屬諸部有恃以無恐。賊至則併心一力，彼此相援，乘機阻隘，必使大創；賊不至，則深耕廣蓄，牧馬練士，以揚軍聲。然後以本朝威信，漸披其與國。嚴邊市之禁，使王侯貴人非邀恩賜予，無由得錦繡、采繒。部人非通邊市，無由得茶布絮纊、養生送死之具。使其鄰近部落，一如漢時西域諸國，兵可發，君長可呼。然後明暴孽賊之罪，布告諸部：有與交通者，永絶互市；有能破其軍擒其將者，以功小大，厚立賞格，使上下欣羨；有能連兵合謀執其君以獻者，即分其土地人民以予之，賜金百萬，他物稱焉。使孽賊孤立恫疑，而與四鄰相猜，然後可俟其瑕釁，一舉而撲滅之也。

僕荷兩朝聖主如天之仁，斷脰刳心，不足爲報。而辱公以古義相取，幾三十年。願俟獨對之頃，剴切直陳，雖不能遽奪衆議，而聖明天縱，一二載後必重思公言，而審定國家之本計矣。

望毋以爲老儒之常談而忽之！

與孫司寇書

朔後一日薄暮，書吏送秋審册到。僕以討論三禮及閱庶常課藝事方殷，未得到班。次日薄暮，書吏持審單至。見雲南絞犯吴友柏改緩決。隨繙供招：釁自友柏起，既迫殺親兄之子，并傷寡嫂左右手及族弟。窮兇極惡，萬無可原。夫聖人不得已而有刑戮，豈惟大義，實由至仁。蓋致天討於有罪，則不敢不殺。哀民彝之泯絶，則不忍不殺。所謂「刑期無刑」，「辟以止辟」也。

自古典刑之官，皆以刻深爲戒。故宅心仁厚者，不覺流於姑息。又其下則謂脱人於死，可積陰德以遺子孫。不知縱釋兇人，豈惟無以服見殺者之心。而醜類惡物由此益無所忌，轉開閻忍戾之風。是謂引惡，是謂養亂，非所謂邁種德也。

昔虞舜「刑故無小」，其命官曰「怙終賊刑」，而皋陶稱之曰：「好生之德，洽于民心。」周公東征，破斧缺斨。東人歌思，以爲「哀我人斯，亦孔之將」。執事以儒者操事柄，望布大德，勿以小惠爲仁。即改前議，仍所讞爲情真。若有人禍天刑，皆歸於僕，死者亦於公無怨也。望勿以爲過言而棄之!

與顧用方論治渾河事宜書

康熙三十七年,直隸巡撫于成龍以渾河衝半壁店,近其祖墓,奏改河道迤東入淀。安溪李相國繼撫直隸時,僕屢爲切言:「奏復故道,當如救焚拯溺,少遼緩之,即不可爲謀,後三十年近畿之地,無罪而死者不可數計矣。」今不幸而所言已驗。昨見吾友與直督李合奏河道事宜,源流利病,鑿鑿有據,且欲爲永久計,具見賢者忠實惻怛之心。但不識更改河身廣拓遥隄之後,渾流遂不入於淀邪?若仍入淀,則可免淀外之衝決奔騰,而終不能免淀中之淤塞,其患正方興而未艾也。蓋直隸之有二淀二泊,乃天心仁愛斯民,於大地凝結時,設此大壑,以受塞北畿南之衆流,以免多方之昏墊。而于成龍乃以私心一舉而敗之,至今已成錮疾。若更不能原始要終,定其規模而底績焉,則終潰敗而不可收拾矣。

竊思所奏,謂「故道已爲旗民田廬所占,復之甚難」,是也。而僕之愚心,則謂復於安溪作撫時,則有利而無害;至於今,雖不畏難不惜費以復之,止可少獲數年之安,而終無救於十數年以後之大患。審形察勢,決然無疑。

吾友試思：自改故道未四十年，而二淀已填淤過半。而自前明以至康熙三十七年，渾河之水未嘗不由淀以達運河，而絶無填淤，其故果安在哉？議者謂故道南入會通河，流清而甚駛，故無停淤。此得其一，而未知其二也。河流雖駛，能盪刷泥沙使不停耳，能使泥沙别出於兩淀之外哉？蓋緣夏水未起之前，秋汛既落之後，渾河經流，本不甚大，其挾衆壑之泥沙而沛然莫禦者，惟伏秋之漲爲然。而河行固安、霸州時，其故道本無隄岸，故散漫於二邑一二百里之間，旬日水退，而土人謂之鋪金地者，皆泥沙之所停也。停於二邑之平地者多，則會於清河而入淀者少，而又以數百里之深淀容之，故三百餘年雖少淤淀底，而不見其形。自故道既改，則渾河之泥沙，無纖微不入于淀，故三十餘年而填淤過半。淀既半淤，則故道雖復，而由會通河入淀之道及西淀之中必所在淤塞矣。雖歲加挑濬，人力有限，十年之後，終不能免全淀之盡淤。淀既盡淤，則子牙河挾畿南諸水以入淀者，勢無所容，必横穿南運河；渾河挾塞門諸水以入淀者，勢無所容，必横穿北運河。更遇伏秋異漲，則近河之地，城郭人民，皆一朝而化爲巨浸矣，尚忍言哉！

今欲爲河道民生永久之計，必别開河道，俾濁流不入淀池，直達於淀河下流之丁字沽，而留東西二淀未盡填淤者以受會通、清河及子牙河伏秋之漲，然後可得數十年之安。苟得數十年之安，而時時修築挑濬不失其宜，則亦可永久而無患矣。僕之愚心，欲循三角淀之外，迤邐而南，别開一河，廣三十丈，深五六丈。河成，乃於春水未起，秋汛既過之後，引注濁流於其中，而閉其入淀之道。河形磬折而斜入於丁字沽，去三岔口、海河不過十餘里。但於十餘里間，開拓運河西岸之隄，使河身寬闊足以容納衆流，而增培運河東岸之隄，廣厚一倍，以防其震撼，則可保無虞矣。且於新開渾河二十里之外，順河身延築遥隄，使伏秋汛漲有所遊盪，則不致更有衝決矣。

僕未嘗身經其地，惟按圖籍循數推理而建此議，不若吾友躬臨目見昭晰無疑。望審其形勢，揭其情狀，以開愚蒙。如或可行，即改前議而懇陳之。古之君子功不必自己成，謀不必自己出，惟期分國之憂，除民之患耳。况兹事體大，實億萬人生死所關，而非一世之利害哉。

昔世宗皇帝命怡賢親王總理河道營田，首命别求一道，俾渾河直達海口而不入淀。聖謨洋洋，一言而盡京畿之地勢，究河道之源流矣。若能奉先帝之遺意，除蒸民之劇憂，定此遠謨，萬世永賴。在皇上則爲輔相天地之實事，在吾友則爲保障億兆之奇功，而僕四十年胸中之痞塊一旦消釋，亦可以死不恨矣。若大綱既定，其餘節目，當續布之。

與鄂少保論修三禮書

三禮自注、疏而外，群儒解説無多。所難者，辨注之誤，芟疏之繁，抉經、記所以云之意，以發前儒未發之覆耳。故僕始議人删三經注疏各一篇，擇其用功深者各一人，主删一經注疏，一人佐之，餘人分採各家之説，交錯以徧，然後衆説無匿美，而去取詳略可通貫於全經。爾時，公即手書以示諸君子，而應者甚稀。

其後王學士分主儀禮，甘司馬主戴記，更立條例，計人數，俾各纂數篇。僕爲言：「人之意見各殊，所學淺深亦異，分操割裂，則一經中脉絡且不能流通，而况三經之參互相抵者乎？去取詳略之大凡且不能畫一，而况别擇之精粗，删剟之當否乎？」衆皆默然。僕曾以告公，未見宣布。退而思曰：「豈謂吾不宜越畔而耘哉？」用是不敢固争。

今更以儀禮相屬，雖已成之例，難以改更，而後此規模豈可更不早定。夫周官注疏及訂義、删翼諸本，皆僕所點定也。其未定者，獨永樂大典中所録取耳。分纂二三君子皆用功多年，私心竊謂庶幾乎可畫一矣。及各成數册，比類而參校之，雖大體不失，而去取詳略，意見多殊；分剟屬聯，措注亦異。僕與鍾君晼反覆討論，以求其貫通，所費日力，幾與特著一書等。觀此，則儀禮、戴記注疏及各家之説，樊然殽亂，而宿無定本者，其端緒之難理，殆有甚於斯矣。

李侍講南還，既以潘進士嗣事，則未竟之書，宜以相付。但僕見士友間留心於是經者甚少，望公面詢潘君暨姚徵士，擇定一人，俾速就功役。俟稿本既就，僕當手訂一篇，並作按語，就中擇能者一二人，依式討論，俾彼此不相抵。若周官卒業，衰病之身尚留人世，自當與諸君子早夜孜孜，不敢畏難而志怠也。

與鄂少保論喪服注疏之誤書

河間獻王所得邦國禮，自漢不能用，至唐而亡。孔、賈作疏，惟宗鄭注，後儒遵守，於喪禮之大經，承誤而不知其非者，約有數端。猶幸其綱領尚存於春官司服，而散見諸官者，一一可徵，參以儀禮、戴記，其謬悠可得而正也。

一則以儀禮喪服「齊衰三月」章曰「庶人爲國君」，遂謂圻外之民，爲天子無服。不知曰國君者，以明大夫君，則其臣有服而民無服耳。溥天之下，皆天子之民也。諸侯爲天子牧民則民爲之服，而况天子乎？康成既誤謂無服，故注檀弓篇，遂云「三月天下服」，專指侯國大夫服繐衰而言。獨不思文承「國中男女服」之後，則謂天下之民明矣。使服者惟侯國之大夫，則宜特文以見之，而漫曰「天下服」，使習其讀者，第知天下之民皆服，而不知服者惟侯國之大夫，記禮者不宜若是之憒憒也。喪期之變，自漢文帝始，詔曰：「令到，出臨三日，皆釋服。毋禁娶婦、嫁女、祠祀、飲酒、食肉。」則漢文帝以前，天下之民，皆齊衰三月，不得嫁娶、祠祀、飲酒、食肉無疑矣。

一則謂公卿、大夫、士之妻爲王齊衰期，於后無服。侯國之命婦於夫人亦然。蓋因喪服無明文，黄氏榦臣爲君服圖，亦未叙列耳。然司服職曰：「爲天王斬衰，爲后齊衰。」而昏義申之曰：「服父之義也，服母之義也。」公卿、大夫、士視后猶母，爲后服母之服，而其妻則無服可乎？

古者嫂叔無服，而於娣姒則以同室而「生小功之親」。外命婦爲王服，而於后轉無服可乎？周官凡稱大喪，皆謂王后也。內宰，「凡喪事佐后治外內命婦，正其服位」。肆師，「大喪令外內命婦序哭」。春官世婦，「大喪比外內命婦之朝暮哭」者。內司服於九嬪世婦外，別共凡命婦之喪衰，正謂公卿、大夫之妻耳。可以後儒無稽之言，而廢周公之典法哉？儀禮「不杖期」章曰「爲夫之君」，蓋以婦人爲君且有服，則后夫人不待言耳。禮經中文略而義該者，如此類甚多，則外命婦於后夫人並不杖期無疑也。

一則據儀禮「繐衰七月」，謂「諸侯之大夫以時接見於天子」，故有服，而士無服。不知繐衰在大功之下，小功之上，大夫服此，則士正服小功無疑矣。即如此職於大夫曰：「其喪服加以大功小功。」於士曰：「亦如之。」遂據此謂士無繐服可乎？若以接見天子爲義，則諸侯之大夫，固有未達於王朝者，有雖聘頫而不得接見天子者，小行人職「大客則儐，小客則受其幣而聽其辭」是也。諸侯之士有從君而達於王朝且任之以事者，掌客職，凡「介行人宰史皆有牢」；象胥職，「王之大事諸侯，次事卿，次事大夫，次事上士，下事庶子」是也。且使從君朝覲，適遭大喪，卿大夫皆繐衰，庶人縞素，而士獨服吉可乎？程、朱治經，多盡屏漢儒之説者，以折衷義理而決不可通故也。

群儒曲護舊説，亦約有數端：一則謂庶人爲國君齊衰，又爲天子齊衰，則爲二統，而例以爲人後者，爲其本生父母。不知爲人後者，服雖有降，而無絶也。若圻外之民無服，則竟絶之於天子矣。況民爲國君，非爲人後之比。太宰職：「以九兩繫邦國之民，一曰牧，以地得民。」則雖諸侯不過爲天子繫屬此民，與師長主友之屬等耳。故侯國有災，「移民通財，舍禁弛力，薄征緩刑」，必待大司徒之令。大宗伯「以荒禮哀凶札，以弔禮哀禍裁，以禬禮哀圍敗，以恤禮哀寇亂」。小行人所至之國，「札喪則令賻補，凶荒則令賙委，師役則令槁禬」，皆所以救民之死病也。天子保民如子，而民戴之如父母，一旦天崩地坼，而不爲數月之服，不惟義不可以苟止，而情亦不能苟安。如以二統爲嫌，則男子爲父斬衰，又爲君斬衰；婦人爲夫三年，而夫在又爲長子三年，亦爲二統矣。毋乃害義傷教而不即於人心乎？

一則謂婦人之從服必降於夫，夫爲后齊衰期，妻不宜同。獨不思父在爲母期，而婦爲姑亦期；婦爲舅姑同服期，而不問子之斬與齊。則外命婦爲王后、君夫人同服期，而不問夫之斬與齊。王后之喪，外命婦之喪哀哭位，備見於諸官，而可以臆説亂之乎？

一則謂諸侯之大夫既降爲繐衰，不宜庶人轉承以齊衰。不知服之輕重，義各有當。大夫之降爲繐衰，以不得上比於王臣耳，若民則天子之民，義無所嫌，故期以三月，而齊衰不降。猶旁服有大功小功，而世適之於高、曾，並齊衰三月也。禮以義起而緣人情，學者反求其本，則於一曲之説，昭然若發矇矣。

與來學圃書

吾友舉用方自代，朋友之交，君臣之義，並見於斯，可以風世砥俗。但大臣爲國求賢，尤貴得之山林草野、疏遠卑穴中，以其登進之道甚難，而真賢往往伏匿於此也。若惟求之於平生久故、聲績夙著之人，則其塗隘矣。萬一聖主命以旁招俊乂，列於庶位，將何以應哉？

抑又聞當官守道，固貴於堅。而察言服善，尤貴於勇。前世正直君子自謂無私，固執己見，或偏聽小人先入之言，雖有灼見事理以正議相規者，反視爲浮言，而聽之藐藐；其後情見勢屈，誤國事，犯清議，而百口無以自明者多矣。必如季路之聞過則喜，諸葛亮之諄戒屬吏，勤攻己過，然後能用天下之耳目以爲聰明，盡天下之材力以恢功業。吾友此時正宜用力於此，且與二三同志者，交相勖，時相警也。餘不贅。

與呂宗華書

仲春使歸，一札想已徹。僕曩者妄删崑山徐氏所刻宋元經解，嘗爲吾兄略言之而未悉也。是書卷帙既多，非數十金不可購。遠方寒士有終其身不得一寓目者矣。有或致之，觀之不能徧也；有或偏之，茫洋而未知所擇也。僕幸童稚時，先君子口授經文；少長，先兄爲講注疏大全，擇其是而辨其疑。凡易之體象，春秋之義例，詩之諷喻，尚書、周官、禮記之訓詁，先儒所已云者，皆粗能記憶。藉是爲基，故是編之删，雖不敢確然自信，然大醇而不收，甚駁而妄取者，則鮮矣。

僕始從事於斯，以爲一家之説未徧，則理或有遺而心弗能饜也，雖至膚庸，甚者支離謬悠，而一語未詳，終不敢決棄焉。及徧一經，然後知三數大儒而外，學有條理者，不過數家；而就此數家之中，實能脱去舊説，而與聖人之心相接者，蓋亦無幾。因復自惜，假而用此日力，以玩索經之本文，其所得必有過此者。然積疑之義，未安之詁，發書終卷，必一二得焉，則又治經者所不可廢也。自惟取道之艱，思竭不肖之心力，以爲後學資藉，俾得參伍衆説，而深探其本源，遂過不自量而妄删焉。矻矻於車船奔迫、人事叢雜中，蓋二十餘年，而後諸經之説粗畢。惜方删取時，計此生不能更周覽，凡可有可無之説，多過而存之。又宋、元諸儒，文字繁委，頗有數語可盡，而散漫至千百言者，皆未暇泠汰。兩年以來，衰病日深，大懼此業不卒，將抱終古之恨。欲於南中招學子數人，編而録之，次第郵致，更加討論，排纂成書，而量其程期，役必浹歲，計所眥給，歲必百金。朋游間近有一二人爲倡，而苦無繼之者。是書之成，豈惟蒙者二十餘年日力所耗竭哉？實數百年儒先精神所併注也。果能卒業，異日遇有力者傳而布之，俾承學之士，苦於崑山原刻之難致，與觀之而難徧者，一旦饜足其心，而省其功力之十八，其爲踴躍當何如？又況支離謬悠之説，始學無主，多見謂新奇，或棄周行，趨邪徑，以自投於荆棘，賊經侮聖，日蔓以延，廓而清之，以爲斯道之閑，所關豈淺小哉！此僕區區所以重惜其無傳也。

然是書不難於異日之傳布，而難於目前之編録，衰疾之身，懼且不能待矣。吾兄家故貧，洗手奉職，自無力以及此。然此宇宙間一公事也，凡辨書名，有心有目者，皆與有責焉。惟宿留斯言，苟遇其人，則誠告之，或有自遠而相應者與？僕與吾兄，非世俗之好也，餘生之事，惟兹爲急，是以敢切布之。

答楊星亭書

雜記：「父爲長子杖，則其子不以杖即位。」小記：「父不主庶子之喪，則孫以杖即位可也。」庶子有對適以爲義者，「冢子未食而見適子，庶子已食而見」是也。若爲喪主及主子之喪，則衆、適皆稱庶子，小記「庶子不繼祖禰，庶子不爲長子三年」是也。父宗子也，而主長子之喪，則義起於祖若父之正體者也；父衆子也，而主長子之喪，則義起於子與孫之傳重者也。若以衆子之貴而主焉，則輕正體傳重之義，而傷衆子未貴者之恩。

或以奔喪記所云，而謂衆子之喪，皆父主之，則未知所云乃衆子之成人而未室，受室而無子者，禮以窮而變耳。記曰：「凡喪，父在，父爲主；父没，兄弟同居，各主其喪。親同，長者主之；不同，親者主之。」衆子無子，而尊行異爵之弔賓至，非父主之而誰主邪？父没矣，無子者之喪，非兄弟主之而誰主邪？其特制同居爲主之禮者，蓋慮兄弟衆多，或徙家於異國，或同國而異居，或遠出而不返，必待異居之長適來主其喪，則事有不舉而時不可待，故以權制，俾同居者主之，所以便人情而達禮事耳。如鄭氏所詁，鄭注：「各爲其妻子之喪爲主也。」則曰：父没，各主其私喪可矣。「兄弟同居」之文，不亦贅乎？「各主其喪」之文，不亦曖昧而不可别白矣乎？孔氏不知以有子無子爲别，而以同宫異宫爲斷，益誤矣。衆子而有子，雖父在，固其子主之矣。又何「親同，長者主之；不同，親者主之」之云邪？如無子也，雖異宫，非父爲之主而誰屬邪？

幼季衆子也，而有子，父不宜主其喪，望以此正告之！訃辭與式，則詢諸其鄉之長老君子。行禮不求變俗，大體既正，則細者姑從其國故可也。

答尹元孚書

九月十月之交，舊疾復作，寒戰喘急，守氣幾不能自存，不期望後漸平，手札到日，已能倚牀而坐。今食飲有加，憑几觀書，可至十數頁。自矢必嗣事於儀禮，未審能卒業否？

太夫人葬祭之禮，酌今古而取其中，甚愜予心。惟虞後更有卒哭之祭，尚仍舊説。又於謝賓引四禮疑、儀禮節略語，顯與經背，不知新吾、高安何疏忽至此？宜究切而辨正之。

令嗣長君秀偉，始相見，即告以英華果鋭有用之日力，不宜虚費於時文。今居大母之喪，自達其情而應乎禮經，乃聞見中所寡有，又欲置科舉之學而學禮。偉哉！能如此設心，即聖人之徒也。北方之學者，近有孫、湯，遠則張、程，不過終其身不違於禮而已。孔子之告顔淵，惟以非禮自克。蓋一事或違於禮，一時之心或不在於禮，則吾性之信智義仁皆虧，而無以自別於禽獸。長君信能設誠而致行之，天下後世將推原於賢父之倡正學，大母之集天休，於世俗所謂功名，洵可以視之如敝屣矣。而賢欲使從學於某，則不敢自匿其情。戴記七教，分朋友而爲三，朋友之長者即師也，其幼者即弟子也。師之道，周官復分而爲二：以賢得民之師，乃大司樂職所謂有德者也。以道得民之儒，即大司樂職所謂有道者也。曩者賢通書于某，辭意類孔、石二公之於孫明復。固辭至再三，而意益誠，語益切，遂不敢終辭。蓋以師儒之義，不明於天下久矣。使時人得聞孔、石二公之義，實有關於世道人心，而孫氏之説春秋，某自忖省，亦可以無愧焉。今長君欲學孔、顔之學，非兼道德而有之如程、朱者，不可以爲師。某章句陋儒，雖粗知禮經之訓詁，於外行疏節亦似無瑕疵，而清夜自思，父母兄弟，無一不負疚於心，所謂薄於德、於禮虚者也，何足以爲長君師？而賢又擬之西山父子之於考亭，則於賢亦爲過言矣。管子曰：「任之重者莫如身，塗之畏者莫如口，期而遠者莫如年。以重任，行畏塗，至遠期，惟君子乃能矣。」古之以禮成其身者，類如此，而世尤近，事尤詳，莫如朱子。長君果有志焉，一以朱子爲師足矣。必欲受業於愚，則講其節文，而導之先路，竊比于胡、李、二劉而已耳，所以自成，必於管子所云，日自循省焉。望更以此申告之！

答申謙居書

李渭占至京師，見足下所爲聖木行狀，無世俗蕪濁之氣，因謂如此人當益勸學，俾治古文。適得來示，乃復記憶丙戌之春，聖木爲言生徒中有秀出者，即足下也。

僕聞諸父兄：藝術莫難於古文。自周以來，各自名家者，僅十數人，則其艱可知矣。苟無其材，雖務學不可強而能也；苟無其學，雖有材不能驟而達也；有其材，有其學，而非其人，猶不能以有立焉。蓋古文之傳，與詩賦異道。魏、晉以後，姦僉污邪之人而詩賦爲衆所稱者有矣，以彼瞑瞞於聲色之中，而曲得其情狀，亦所謂誠而形者也。故言之工而爲流俗所不棄。若古文則本經術而依於事物之理，非中有所得不可以爲僞。故自劉歆承父之學，議禮稽經而外，未聞姦僉污邪之人而古文爲世所傳述者。韓子有言：「行之乎仁義之途，游之乎詩書之源。」茲乃所以能約六經之旨以成文，而非前後文士所可比並也。姑以世所稱唐、宋八家言之，韓及曾、王並篤於經學，而淺深廣狹醇駁等差各異矣。柳子厚自謂取原於經，而掇拾於文字間者，尚或不詳。歐陽永叔粗見諸經之大意，而未通其奧賾。蘇氏父子則概乎其未有聞焉。此核其文而平生所學不能自掩者也。韓、歐、蘇、曾之文，氣象各肖其爲人。子厚則大節有虧，而餘行可述。介甫則學術雖誤，而內行無頗。其他雜家小能以文自襮者，必其行能少異於衆人者也。非然，則一事一言偶中於道而不可廢，如劉歆是也。然若歆者，亦僅矣。以是觀之，苟志乎古文，必先定其祈嚮，然後所學有以爲基，匪是，則勤而無所。若夫左、史以來相承之義法，各出之徑涂，則期月之間可講而明也。

來示云三至京師，聞僕避客，次且而不進。僕敢自侈大哉？凡叩吾之廬，多汲汲於名稱，而欲僕爲之羽翼者也。如是，則務學之根源絕矣。僕疾病衰疲，安能舍己所務，與之佔佔而喋喋乎？若足下資材既有可藉，而渭占又極言內行之修，固所願見而重以此事相勖者也。

八家集，僕無暇點定。足下所知識有在京師而能任此者，當以舊本付之。是不可得，則俟會面而講以所聞。僕嘗爲儀禮喪服或問，戴記附焉。此人道之根源，以足下方讀禮，録其易忽者數條以質，惟切究之。餘不贅。

答程夔州書

散體文惟記難撰結，論、辨、書、疏有所言之事，誌、傳、表、狀則行誼顯然，惟記無質幹可立，徒具工築興作之程期，殿觀樓臺之位置，雷同鋪序，使覽者厭倦，甚無謂也。故昌黎作記，多緣情事爲波瀾。永叔、介甫則别求義理以寓襟抱。柳子厚惟記山水，刻雕衆形，能移人之情。至監察使、四門助教、武功縣丞廳壁諸記，則皆世俗人語言意思，援古證今，指事措語，每題皆有見成文字一篇，不假思索。是以北宋文家於唐多稱韓、李，而不及柳氏也。

凡爲學佛者傳記，用佛氏語則不雅，子厚、子瞻皆以兹自瑕，至明錢謙益則如涕唾之令人㱁矣。豈惟佛説，即宋五子講學口語亦不宜入散體文，司馬氏所謂言不雅馴也。

寄來二作皆不苟，所薙芟數語，乃時人所謂大好者，他日當面析之。此雖小術，失其傳者七百年，吾衰甚矣，兒章粗知其體要，不幸中道殂。賢其勖哉！

答程起生書

足下以周易要論相質數年矣，而未敢爲序，非故難之也。余成童爲科舉之學，即治周易，自漢、唐至元、明，言理、言象數之書，未有不經於目者。就其近正者，不過據聖人所繫之辭，隨文解意，而謂其理如是，其取象如是。至所以取是象，繫是辭，確乎能見其根源者，百不一二得焉。故學之幾二十年，於前儒所已言，一一皆能記憶，而反之於心，則概乎未有所明。乃舍是而治春秋、周官。以春秋比事屬辭，五官各有倫序，可依類以求，而互相證也。其後與安溪李文貞公論易，至乾坤之二爻，歸妹之初九、六五，始灼見聖人繫辭取象之本義，確乎其不可易，見周易觀象。而余於朱子所疑於渙之六四，亦若微有得焉。卦自否來，下三陰爲小人之朋，六上居四而成渙，則小人之群散矣。當否之時，國疵民病，蘊積如丘山。一旦小人之群散，則凡此者皆渙然冰釋，其功效非尋常思議所及也。故諸爻惟此爲大吉，正彖傳所謂「剛來而不窮，柔得位乎外而上同」也。故四爲渙主爻。乃知卦爻之辭，皆有確乎不可易者，特後儒之心知弗能貫徹焉耳。

足下嘗言：「學易者果明於陰陽剛柔德位之當否，而協諸本卦之時義，則亦可以得其比例。」文貞易通論已略見此義，而要論中所開闡，又多通論所未及，惜乎不得使文貞見之也。昔余以易叩文貞，輒有以開余，而余不能有開於文貞。文貞以春秋、周官叩余，亦時有以開文貞，而文貞之開余者則少。假而足下得與文貞面相質，覆之所發必更多，惜乎並世以生而不得一遇也。若天假余年而於易終有所明，當爲足下序之。

與陳密旃書

數年前與公始相見，竊其意象，即不類於時人。自是每見滇、黔人士至京師者，必問當官實政，稱循良者不約而同。又徵於同宦南中者，果不悖於所聞。故客冬方呻吟枕席間，聞公至，蹶然而興，再過寓齋，不覺其言之長也。

適接來示，知所云果刻著於心，而力言於大府。不惟喜宇宙間又得一實心體國之人，足爲民依。且自喜於天下賢人君子，每一見而得其崖略，欣暢如何！

監司之體，在辨屬吏之清濁，而邇來廉辨敏肅者，尤當觀其所由。以爲義之所宜，心之所不安而然者，必能明政恤民，久而不變。其怵於功令，謹身寡過者次之。别有文深躁競之吏，假此以速進取，則其終，不至於寇虐詭隨而忍爲大惡不止。凡善伺上官指意，而操下如束溼薪者，皆此類也。

位者天位，職者天職。其賢者能者，雖有憎怨，必釋吾憾而任舉之。其不爲民所賴者，雖吾近親尊屬，必斥而去之。壹以官爲準，壹以人爲衡，吾之愛憎喜怒無幾微可雜於其間，而況親故之請屬、長官同僚之意鄉乎？

往者安溪李文貞巡撫畿内，僕有親故爲屬吏，公將擢之，僕力言其非人。河間王振聲曰：

「子與夫人終不相見乎？」僕曰：「何爲其然？使無播惡於衆而自驅於罟擭陷阱之中，乃所安全而愛厚之。」其後果大刻於民，不終其官。乃謂僕無妄言。足下久練世事，無可效於左右者，故偶及此，想賢者所見固然，亦無俟僕之瀆告也。

建昌果廉能，宜早思所以處之。恐足下驟遷他省，雖知其善，不可如何。惟審察之！

與吴見山書

抵京見某公，詰以「兖州性資洞朗，其出牧、政教浹於民，而或云子若不滿何也」，某公愕然曰：「往年吾與商有無而不能應，然未嘗以聞於人，子獨惡乎聞之？是必兖州疑余有憾而先自標白也。若用此有違言，則余之生平盡棄矣！非兖州之病也。子視余豈淺之乎爲丈夫者哉？」觀其意色，似出中心之誠然。吾兄幸察之，恐傳言者乃有憾於某公，而搆之於吾兄也。

僕道經兖境凡數百里，民皆曰：「太守信寬靜易良，獨未察吏胥情僞，輕出牒票，假以作威漁利。」沿河小吏亦曰：「凡督公事，文書可驛致者，往往差役，食飲道齎之外，求索百端。太守豈知此哉？」僕平生於得意之友，不敢以私干，而政令之不即人心者必以告。蓋朋友之交，道在輔仁，而莫先於規過。每見今之爲交者，多面相悦而退有後言。其聞他人詆訾，則漠然不概於心，而匿不以聞。凡此皆務容悦，將私便其求者也。是爲薄於友，而苟賤其身，故常用爲戒。然亦有所聞非真，勇於責善，爲朋好所苦，至見疏而齎怒者。以吾兄性資洞朗，與僕非一日之好，故不敢以俗情隱度，而道其所聞。

記曰：「上酌民言，則下天上施。」惟速更而糾察之。即別有所見，亦明以告我，俾得究切往復，務理之得，事之當，而無容心焉。古之爲交者，蓋如是耳。

與某公書

接來示：「自分此生，恐無緣更畢志於經學。」此嗜學者之衷言也。然古之人得行其志，則無所爲書。聖人作經，亦望學者實體諸身，循而達之，以與民同患耳。一命之吏，苟能職思其居，天德王道，將於是乎寄焉。矧膺古牧伯之任，環地數千里，視其注措以爲休戚者乎？

僕竊觀近代所號爲鉅人長者，大率以生人爲仁，而不知生其所不當生，則仁於生者，而大不仁於死者。以有容爲德，而不知容其所不可容，則德於有罪者，而大不德於無辜者。傳曰：「惡人在位，弗去不祥。」惡在他人，而引爲己之不祥，何也？力能去之，而任其播惡於衆，則惡非其惡也。是謂拂天地之性，而虧本心之明，無不祥大焉。

抑又聞君子之行，必嚴於終。往者環極魏公踐履淳實，立朝諤諤，爲勢家所憚。造辟之言，天下矜誦，以爲無愧古賢，而論定之後，竟不得與湯、陸齊稱，徒以巡察畿輔，不復有特操耳。孝先張公天資渾厚，可欺以方。其撫江蘇，間有過舉，未愜衆心。一旦奮不顧利害，排擊儉壬，然後平生志事，昭然若揭日月而行。吾子歷令、守、監司，漸登大府，仁聲義問，所至翕然，惜無由著直節於中朝。然就今所居之地而言，其職之所當言，則視張爲易，視魏則尤易矣。信能舉邦人所重足而望，海内士大夫所傾耳以聽者，揚於王庭。使天下知儒者之學，剛柔無常，應物而動，皆可以爲後世標準，其有功於聖道爲何如？又安用口吟手披，爲處隱就閒者之經學哉？

僕晚交得吾子，道義之合，視平生昵好，殆有過焉。故所以致相愛重之道者，惟兼魏、張之直節，而比肩於湯、陸。幸無以爲妄言而漫聽之！

與李覺菴書

適聞足下改官巡撫山東。足下門望資格，得此非過，而僕若有意外之幸者，以舊遊齊、魯間，私心所蓄，欲藉手於足下以發其端緒也。

僕嘗謂今居古岳牧之任者，不在飾小仁著小義，惟當建設長利，廣厲風教，爲國家厚根本。

僕嘗自濟寧赴清河，道經馬闌屯，彌望不見邊際，地沃衍而無居人，窮日之力始抵逆旅。茅屋數區，舍後麥高六七尺，其莖不足以任其穟。問何以無耕者，曰：「每水至高丈餘，則廬舍没矣。」僕生長山澤，習農事，凡下地利圩田，築隄障水而人耕其中，時蓄洩，歲入倍平壤。江介故有大澤，南宋時，土人獻策，開永豐、太平諸圩，六七百年以來，宣、歙諸州皆仰食焉。永豐、太平之隄，有高至三丈者，今馬闌屯水深才丈餘耳。苟訊之土人，校三十年内，水最大時高幾許，其土之粘埴而便爲隄者何所，域其地之三四以爲圩，歲得穀當數百萬斛，而東南之漕可減半矣。

僕又嘗客淮、揚間，見河壖棄地多肥美，問何以然，曰：「恐歲祲而責税急也，或既墾而原占者來争也。」往者聖上免各省歲賦，動數十百萬。儻能上聞：當豐年存山東歲賦之半，俟荒祲募民興築，相地勢所宜，爲大圩數區。起其土以爲隄，而環隄爲大川，通溝澮相輸灌以利船舟。官治廬舍，給牛種，募民耕之，此上策也。其次，則先使富民試之，豫爲奏請，堅明約束：有能開地爲圩者，便與爲世業，可私買賣，敢以故籍争者，重罰之。土熟二十年，而後薄征其租賦。苟一人得其利，則繼者不召而麇至矣。夫長利所以不舉者，以衆不能見其端而憚於作始也。使永豐、太平之圩不築，則至今爲巨浸耳。聞徐、豫、兖、冀間棄地，與馬闌屯相類者甚衆，使次第修舉，雖東南之漕可全罷也。古之聖人能使菽粟如水火者無他焉，務搏民於生穀而土無遺利，所謂善富天下者取之於天地也。

又僕曾經孟廟，旁殿塑像爲老婦，曰孟母也。後殿爲少婦，美容飾，曰此夫人也。古者虞祭而外，春秋常祀，皆有男尸無女尸，惡其褻也。子孫於先妣，猶不爲尸，況設少婦之容於宫牆瞻仰之地哉？不意孟氏後裔愚蒙至此！宜即開諭，使易爲木主。又聞齊、魯間，盛興三教祠，雖闕里亦有之。宜令有司奉至聖先師塑像，瘞之學宫。其祠仍聽合祀釋迦、老子。凡此皆世人所目爲迂闊不急之務也，而教化之興，實由於此。

抑又聞郡守縣令，民之師帥，所使承流而宣化也。乃今守令以諸生爲蟊賊，諸生視之如仇，上下交相疾，而望教化之行也得乎？往者長沙陳公滄州守江寧，始至即諭：「諸生有行誼修飾而進見以求益者，吾與之爲賓主之禮。其毁廉隅證争訟者不禁，但檄諸縣簿載其名，歲終報府，俟督學按試時上之。」終公之任，諸生無證訟者。及公在理，士民號泣而從，如急父兄之難。然則謂士不可以教諭者，妄也。

俗之敝，民之疵，蓋非一端。兹政教之尤大者，足下果能信而行之，當悉所聞，繼以進。

與萬季野先生書

僕性資愚鈍，不篤於時，抱章句無用之學，倔强塵埃中，是以言拙而衆疑，身屯而道塞。獨足下觀其文章，察其志趣，以謂並世中，明道覺民之事將有賴焉。此古豪傑賢人不敢以自任者，昧劣如某，力豈足以赴其所志邪？某於世士所好聲華，棄猶泥滓，然辱足下之相推，則非唯自幸而又加怵焉。蓋有道君子，重其人則責之倍嚴，使僕學不殖而落，行不植而敂，足下將有不得於心者，此僕所以每誦知己之言而忻與惕并也。

蓋嘗以古人之道默自忖省，其無所待而能自必者，獨先明諸心爲善不爲惡而已。至欲體道以得其身，非極學問思辨之功所謂篤行者，終無本統。僕先世雖世宦達，以亂離焚剽，去其鄉縣，轉徙六㭘荒谷之間，生而飢寒，雜牧豎朝夕蘇茅汲井，以治饔飧，未能專一幼學，優游浸潤於先王之遺經。及少長，則已操筆墨，奔走四方，以謀衣食。或與童蒙鉤章畫句，嗷譟嘤嘤；或應事與俗下人語言，終日昏昏，憊精苦神。其得掃除塵事，發書翻覆者，日不及一二時。古之謀道者，雖所得於天至厚，然其爲學，必專且勤，久而後成。故子曰「發憤忘食」，其學易也，曰「假我數年」。今僕智識下古人千百，而用功乃不得十一，如乘敝車罷牛，道長塗，曲艱絶險，又值樛枝盤根，絓其縿而關其軸，不亦難乎？以此知士有志於古人之道，不獨既成而行，有命；其成與否，亦天所命也。然行之以不息，要之以至死，其有得於身與有得於後，則吾不敢知！南歸後蹤迹，具與崑繩書。幸索觀，時賜音耗，以當講問，吾之望也。

再與劉拙修書

前承命辨别某氏詩説，倉卒奉答，姑就所云，略爲剖析，而私心所蓄，未能盡吐，謹續布之。僕少所交，多楚、越遺民，重文藻，喜事功，視宋儒爲腐爛，用此年二十，目未嘗涉宋儒書，及至京師，交言潔與吾兄，勸以講索，始寓目焉。其淺者皆吾心所欲言，而深者則吾智力所不能逮也，乃深嗜而力探焉。然尚謂自漢、唐以來，以明道著書爲己任者衆矣，豈遂無出宋五子之右者乎？二十年來，於先儒解經之書，自元以前所見者十七八。然後知生乎五子之前者，其窮理之學未有如五子者也；生乎五子之後者，推其緒而廣之，乃稍有得焉。其背而馳者，皆妄鑿牆垣而殖蓬蒿，乃學之蠹也。

夫學之廢久矣，而自明之衰則尤甚焉。某不足言也，浙以東，則黄君黎洲壞之；燕、趙間，則顔君習齋壞之。蓋緣治俗學者，懵然不見古人之樊，稍能誦經書承學治古文，則皆有翹然自喜之心，而二君以高名耆舊爲之倡，立程、朱爲鵠的，同心於破之，浮夸之士皆醉心焉。夫儒者之學，所以深擯異端，非貴其説之同也。學不明，則性命之理不順。漢代儒者所得於經甚淺，而行身皆有法度，遭變抵節，百折而其志必伸。魏晉以後，工文章垂聲於世者衆矣；然叩其私行不若臧獲之庸謹者，少遇變故，背君父而棄名節，若唾溺然。由是觀之，不出於聖人之經，皆非學也。乃昔之蠹學者，顯出於六經之外；而今之蠹學者，陰託於六經之中，則可憂彌甚矣。如二君者，幸而其身枯槁以死，使其學果用，則爲害於斯世斯民，豈淺小哉！

僕於朱子詩說所以妄爲補正者，乃用朱子說詩之意義，以補其所未及，正其所未安，非敢背馳而求以自異也。程子之說，朱子所更定多矣。然所承用，謂非程子之意義可乎？

吾兄謂小序亦不可盡廢，最爲平允。然其無據而未甚害義者，朱子已過存之。其已删而猶可用者，以鄙意測之，不過風雨、伐檀、蒹葭數篇耳。其所已辯，則終不可易也。有不當者，仍望反覆之。

答禮館諸君子書

殷同饗燕之説，二三君子重以爲疑，旁引互證，懼來者之瑕疵，誠意感人，而終有未帖於愚心者。蓋辨其所從生，而推之以至於所終極，則前儒所云，胥無當於事理之實也。夫殷同所施者何政哉？即巡守殷國削黜流討加地進律之政耳。六典既施，每歲正月又和而布之於邦國，舍巡守，别無特施於天下之政。唐、虞五載一巡守，至周而易以十有二年，六服再朝，更不親巡，以考其所述之職，則時過人亡，有無所施其黜陟誅賞而遺憾於民心者矣。先王卜征五年而歲習其祥，祥習則行，不習則增修德而改卜，是雖以十有二年爲期，而是年不行，次年可更卜也。既可改卜，無爲偏徵天下之諸侯。如謂六服殷同，可又遲十有二年而後巡守，則更無是理。其或王既篤老，若嗣王沖幼，又或大親衰疾，不可久離，必酌徵州伯、卒正、連帥之忠誠可倚、威德夙彰者，州各數人，以諮謀而發命焉。如舜攝位，而咨十有二牧；武王克商，徵九牧之君，登豳阜以望商邑：其事蓋曠世一見，而禮必絶殊。若一歲而偏徵六服之諸侯，一時而盡空一方之君長，則決知其無是也。

由是言之，殷同於方嶽而施其政，乃巡守之常經。其間舉於王都，則循用祀方明、將幣、禮賓、發命於壇宮之禮節耳。若饗必於廟，燕必於寢，則朝覲宗遇之禮宜然，而於會同勢不能行。姑就時會言之，方各數州，州分五等。所徵各四三人，而廟堂已不能容矣，又況殷同偏徵九州之侯伯乎？且饗於廟中，獻酬各有數，以次相及，日不過四三人，蓋兼旬而莫之能偏焉。凡禮賓客在野在外則殺禮。司儀之職，「爲壇三成」，「公於上等，侯伯於中等，子男於下等，其將幣亦如之，其禮亦如之」。則所謂禮者，祼酢饗燕無不該也，昭昭然矣。大行人職，上公將幣，「王禮再祼而酢，饗禮九獻，食禮九舉，出入五積，三問三勞」，則王禮備包衆禮明矣。注於此經，禮亦如之，獨舉祼酢，不知何據？後儒疑將幣祼酢在壇，饗燕仍反國中而於廟於寢。其蔽實由於此。祼可壇，則饗亦可壇；祼各於其等，可同時而卒事；則饗各於其等，亦可終日而卒事。野外殺禮，茲其尤著者也。饗則各於其壇之等，燕則并升於壇之堂，胡爲其不可與？

二三君子堅持舊說，不過謂饗燕乃宮室中事，不宜行於野外耳。夫祼酢之禮重於饗燕，而或可或不可，不識其所以異者何也，抑謂饗燕則有牲俎而異於祼酢乎？然牲俎可於壇薦方明，而獨不可以獻賓客，又不識其所以異者何也，況掌舍之職，專主會同，其設「壇壝」之等，以待將幣祼酢，則設「帷宮」以待饗燕明矣。幕人之「共帷幕」，掌次之「張大次小次」，皆曰會同，又其明徵也。帷四周以爲宮，幕其上以爲蔽；張大次使群聚以待事，張小次使各就以暫休。將幣及祼酢時，無所用之。見於春秋傳者，襄王饗晉侯於衡雍，猶可云既作王宮；宋公享晉侯於楚丘，晉侯宴魯侯於河上，鄭伯享趙孟于垂隴，不於壇壝帷宮，安所得廟寢哉？

至於「犧象不出門，嘉樂不野合」，則有爲而云然也。周公舊典，本無諸侯私爲會盟，而饗燕於國外之禮，故假是以沮齊侯耳。天子巡守殷國，首舉柴望；征伐所至，則有「類造上帝，封於大神，祭兵於山川」之禮。禮樂之器，或具於方嶽之明堂，或載於主車之前後，必然而無疑者也。淮水之詩，鼓鐘瑟琴笙磬俱備；宋公道享晉侯，而舞桑林；況天子之巡守、軍旅、會同乎？蒙者所見如此，而未敢備載於承修之書，以二三君子尚不能無疑，安望衆人之咸喻哉！

禮經殘缺久矣，申之會，子產、向戌獻合諸侯之禮六，而楚人無一見焉，則會同之禮與朝覲絶殊者多矣。河間獻王所得邦國禮五十六篇盡亡，而諸君子專據侯國僅存之聘、燕；漢儒臆決之說，傳記雜出之言，而曰：若者必禮之所無，壇宮不可饗燕，禮器不出門，野外不合樂之類是也。若者必禮之所有，十有二年王不巡守，則徧召六服之諸侯，受幣祼酢於郊壇，仍反國中而饗於廟，燕於寢是也。不亦汰乎？願諸君子一以事理之實求之，而毋桎於舊説也。

答禮館纂修書

禮文殘缺，國喪尤甚，宜僕之有言而不信也。然先王緣人情而制禮，心所不安，不可以前儒既有是説，而溺於所聞也；不可以經傳本無是文，而遂謂古無是禮也。前辨已詳，今更以人情驗之：「放勳殂落，三年，四海遏密八音。」文王之化始行江漢，而南國之詩曰：「父母孔邇。」猶曰聖人之感人心，神化而不可測也。周室衰微，王澤既竭，而衛風曰：「伯也執殳，爲王前驅。」秦風曰：「王于興師，與子同仇。」宋仁宗之崩，史稱「深山窮谷，莫不悲號」，而況周室盛時，以「四海爲一家，中國爲一人」，政教流行，烝民樂利，有終身之戴，而無一日之喪，民之心忍乎？本國之君臣，亦聽其民之晏然無變，尚何以作其親上死長之誠，而敵王所愾乎？

至婦人爲夫之君，喪服有明文。外命婦爲王后哭位喪衰，周官可考。某所推衍，不過諸侯之士，宜從大夫之繐衰而期以五月耳。外命婦之爲王后、爲君夫人服，極於齊衰期，而不論其夫之斬與齊。以婦爲舅姑準之，而知其不可以有異也。侯國大夫士之妻之於王后，服與喪期並同。其夫以庶人男女齊衰三月準之，而知其不可以無差也。

與一統志館諸翰林書

苞頓首白：僕未受事時，舊志勿論。既立條例後，新纂一郡稿成，隨命學子校勘，次山再之，僕三之，始發謄録，及觀清本，而罅漏又自見矣。班覆之而更寫焉，自視若無遺憾，及各府州志畢萃，而叉牙相抵者且百出矣。諸公勿謂此文事之淺者，心與目畢至焉，而後知其曲艱也。

明統志爲世所詬病久矣，然視其書，尚似一人所條次，譬爲巨室，千門萬户，各執斧斤任其目巧，而無規矩繩墨以一之，可乎？是書所難，莫若建置沿革，山川古蹟；振奇矜能者，大率博引以爲富，又不能辨其出入離合，而有所折衷，是以重複訛舛牴牾之病紛然而難理。不知辭尚體要，地志非類書之比也，所尚者簡明，而雜宂則愈晦。然簡明非可强而能，必識之明，心之專，偏於奥賾之中，曲得其次序，而後辭可約焉。其博引而無所折衷，乃無識而畏難，苟且以自便之術耳。故體例不一，猶農之無畔也。博引以爲富，而無所折衷，猶耕而弗耨也。且或博焉，或約焉，即各致其美，而於體例已不一矣。望諸公以公心酌人言，以實心集公事，而毋師其成心，僕敢不虚己以聽乎？

與程若韓書

來示欲於誌有所增，此未達於文之義法也。昔王介甫誌錢公輔母，以公輔登甲科爲不足道，况瑣瑣者乎？此文乃用歐公法，若參以退之、介甫法，尚可損三之一，假而周、秦人爲之，則存者十二三耳。此中出入離合，足下當能辨之。足下喜誦歐公文，試思所熟者王武恭、杜祁公諸誌乎？抑黄夢升、張子野諸誌乎？然則在文言文，雖功德之崇，不若情辭之動人心目也，而况職事族姻之纖悉乎？

夫文未有繁而能工者，如煎金錫，麤礦去，然後黑濁之氣竭而光潤生。史記、漢書長篇，乃事之體本大，非按節而分寸之不遺也。前文曾更削減，所謂參用介甫法者，以通體近北宋人，不能更進於古。今并附覽，幸以解其蔽，必欲增之，則置此而別求能者可也。

方望溪文集全編卷十一

書牘

與鄂張兩相國論制馭西邊書〔一〕

傳貴本作與鄂張兩相國，王本作與蔣張兩相國，文中略有字句不同。三相國皆先生至交，一書蓋通與三公，而標題特舉其二，故偶有不同，觀傳貴本與清河書即正集與蔣相國論征澤望書可知。今標題從傳貴本，文從王本，以文義王本詳備。且傳貴本世既共見，王本世未見也。集中新刻，凡與傳貴本小有不同者，皆據王本也。鈞衡識。

苞聞出位之謀，先聖所戒。然古者國有大事，謀及庶人。周官少司寇「掌外朝之政以致萬民」，「王與三公六卿「以叙進而問焉」」。蓋以食土之毛，皆有忠君憂國之心，而詢於芻蕘，所以盡天下之耳目思慮以廣忠益也。而士之義又與庶人異，學先聖之道，仁義根於心，視民之病，猶吾

〔一〕 本篇以下至與劉大山書，原爲望溪先生集外文卷五。

兄弟之顛連焉；視國之疵，猶吾父母之疾痛焉。故先王之制，使士傳民語，則己所欲言得自達於君，或因公卿大夫以達可知矣。荀卿論將，以爲「事莫大於無悔，至無悔而止矣，成不可必也」。

往歲西師坐失機宜，僕先事爲公等言之而卒如所料，其可悔者非一事矣。主將不能料敵制謀，偏裨不能決機應猝，而宿兵絕塞，日引月長。苟非吾君吾相先定其規模以固根本，而徐俟孽賊之瑕釁，則異日之悔，且有不止於是者。苞荷兩朝聖主如天之恩，辱兩相國知愛，不以衆人相視，苟知而不言，是虧仁而愆義也。故敢冒陳其大體，惟詳擇焉。

一、古者守在邊塞，而本朝之守在四十八家。故謂澤望小醜，無事誅鋤，皆愚儒也。懸軍深入，士馬力竭，彼更遷徙鳥舉，則我師不戰而自屈。且山谷阻深，徑路盤互，設以偏師截我輜重，其害將不止於無功。此有心者所同知，有口者所共言，無煩瀆告。苞所慮者，守非其法，與無守等，且將爲國宿憂，而别生瑕釁耳。古之制馭戎狄者，必設間示弱，誘使深入，而後能一舉而踣之。姑勿遠引，聖祖仁皇帝親征噶爾丹，惟誘至昭木多，故西師得而邀擊之也。往年之事，儻主將好謀，偏裨材武，用昔人易將減竈之法，設伏警備而大創之，則其氣奪，其謀沮矣。即來寇者他部，使孽賊聞之，亦足以折其姦心。明者不悼往事，苟能懲此而定兵謀，易前轍，則未必非我國之福也。軍志曰：攻不足者守有餘。今若易攻而爲守，則用其兵之十三，用其財之十五而泰然矣。十取其三，則兵精；以財之五養兵之三，則士宿飽而能力戰。賊不至，則以休吾力而盡之於溝樹壘屯。賊至則以逸待勞，以鋭擊罷，既得人和，又乘地利，可使匹馬隻輪不返。是謂廟謨，精神可以折衝者也。

一、往年之事，循數推理，造謀者孽賊，而寇掠者非盡孽賊之部也。嚴冬沍寒，地鮮宿草，冰堅無泉，安能舉大衆行數千里而襲人哉？必青海鄰近諸番，深怨年羹堯誘殺其族類，陰附孽賊，聽其指使而伺間竊發。宜詰實於軍將邊吏，而赦其欺蔽之罪，且周諮博訪邊人歲市於諸番者，必具得其迹。其然，則必以鋭師進剿，殲厥渠魁，以彰天討。但國威既立，即可肆赦脅從，開以恩信，使畏威懷德而悔心漸萌，乃可長久。語曰：「强不能偏立，智不能偏謀。」若欲斷絶根株，恐不能盡其種類，是愈堅孽賊之黨而益吾敵也。

一、自孽賊跳梁，先帝命設守於阿爾太，以護西北舊屬諸部；設守於巴里坤，以鎮青海新附諸部。近聞大軍所駐，過此各千餘里，按以兵法，急宜撤還故地。蓋以言進剿，則去賊界尚遠，而馬力既竭之後，輓輸倍難，所謂行百里者半於九十也。邇聞變法，糧至察汗瘦兒交卸，更易車馬轉運到軍，其地之人甚以爲苦，恐亦未可長久。以言設守，則我軍撤回千餘里，賊若來寇，亦更遠千餘里。其力愈疲，其心愈孤，而我師得還久駐之地，衆心安定，氣勢自倍。兩軍各設左右翼，去大軍百里，駐以偏師，爲犄角之勢。並築城堡，壕壘再重，可樹則樹之，近泉則溝之，壕外錯設梅花阬與品字阬。賊至，則所寇之地固守，而無寇之軍更番出勇士數人，篝火緄礮，夜再三擊其營，使驚起即潛歸。賊晝夜不得休息，兼旬之内未有不遁者矣。遁而截其歸途，或衝其肘腋，内外夾攻，不盡殲必大創矣。此所謂帝王之兵以全取勝者也。

一、兵不在多而在精，況遠戍荒徼，勢不能多，但使將得其人，士皆壯猛，衣糧倍加，樂佚輕戰，則一可當十。假而飢寒羸怯，雖多無益。且慮心怨氣餒，臨敵恐駭，一隊奔潰，合軍摇心。又喀爾喀阿爾太之地，群山盤紆，徑路回互，我軍設守，則形勢可據；賊欲來寇，則顧盼恫疑。又喀爾喀諸部與彼世仇而託我宇下，便於徵調。戍守之兵，大軍五千，左右翼各二千足矣。巴里坤地勢平曠，餉道少近，大軍可萬人，左右翼可四五千人，以情勢揆之，戍守之地，賊必不敢再窺。主閫外者不徒尚健勇，必得有文武材略識大體者駐阿爾太，則於西北舊屬諸部千里之内，其酋長之智愚、卒伍之勇怯必周知之，嘗試劑度而勤撫馭，俾緩急能爲我用。駐巴里坤，則於青海諸部及近邊雜番，必開以威信，使知作慝則勢必翦除，順服則永得安集；而又嚴關塞互市之禁，使其貴賤男女日用必需之物，非誠附於我，必不可得：則賊黨日披，而我軍之勢愈壯矣。

一、徵兵滿萬，不如召募數千。内地且然，況遠戍荒徼，不獨各路徵兵心孤意怯，即召募於山、陝腹内，亦不可用。惟極邊之民，耐寒習苦，天性勇鷙，披甲戴胄，負糒嚙冰，日中而趨百里，用以守禦，則忍飢勞而能力戰；閒居無事，則習耕種而利興屯。但人情非得厚利及有配耦，不能使久居危苦之地。凡應募之兵，實係壯勇，在軍則受兩人衣糧；其有父母妻子，本州縣歲給口糧；五年番代，仍補沿邊行伍；與其家鄰近者，且賞銀五十兩爲資本，以贍室家。其有願取妻子長住屯所者，以兩口爲限，官爲裝載，到屯之日，計口給銀，俾轉資於獨身而倍受衣糧者。十數年之後，屯田大興，丁男漸衆，應番代者即以在軍丁男充補。田廬相望，姻親作伍，愛護身家，衆心成城，便爲金湯重鎮。兩地主將，必任沿邊宿將久著威名者；偏裨必屢經戰陣或素有謀略者；小校簡之行伍，能服百人，始得爲百夫之長。如此則爵必稱材，而人思自奮矣。巴里坤兵將專用漢人，而以忠實滿大臣一人贊畫，賜衛卒百人。阿爾太則用滿甲士千並妻子以往，如各省駐防之兵，而使重臣將之，宗室郡王監之。其餘兵將，亦用漢人。凡耕戰責之漢將，撫馭西北諸部責之滿將，而勑以彼此一心，協規併力，毋得掩功推過，則蔑不濟矣。

一、塞外凡有山之地，其旁即可耕種。又民物所聚，則天地之氣應之而燠。熱河風氣早寒，及聖祖皇帝每歲駐蹕，商農輻輳，末年遂與内地無異，山腰澗側皆宜四種百蔬，其明效也。阿爾太山谷迴互，最宜屯田。巴里坤雖無高山大陵，尚有平岡小阜，旁近土魯番之地，水泉皆熱，頗宜秔稻。且無山之地，但築短垣，高至尋丈，蔽遮西北疾風，以護新生弱植之苗，即可有穫。但人情習于偷惰，而官吏視爲具文，故未得其效。凡利之所在，人皆賁、育。宜著功令，應募之兵，除例給衣糧外，但能力耕有穫，歲終加賞，以多寡爲差。所收高粱、菽、麥可充軍食者，官出倍價以羅之。其餘蔬穀，聽其以土性所宜，自畜犬豕雞鶩。官吏將校有敢侵牟强丐者，毫髮以上，必置重典。如此，則貧者襁負而至，併力争時，而土利可博矣。數年之後，屯積既饒，饋餉可減。又關中沃野千里，古稱上腴，加以河泉可資灌溉，故土人稱水田百畝，可當山田四五百畝，值歲旱荒，且勝一二千畝。聞鄭、白二渠及寧、靈、涼、肅舊興木田，外如終南沿山州縣與鳳翔之岐山、寶雞，甘州之秦、涼、洮、岷，山泉川浸，可引溉者甚衆，但創始疏鑿，非民力所能任。若設專司，選能吏，依山瀕河，所在相度，發國帑，就農隙，爲民通渠引泉，則水利可倍。關中粟多，然後增價招商，而漸致之塞上；塞上粟多，則轉運軍前，較之輓輸於他省及陝西腹内，道齎減半。此似費而實省，暫勞而久逸之術也。

一、自古制馭羌戎，惟恃茶、絲、布、帛、銅、鐵諸物。聞西北諸部，惟澤望絶遠，不仰給於中國，其餘蒙古雜番，非此無以爲養生送死之具。年羹堯領川、陝，所以能使戰士盡力而民不困於供億者，徒以私人販茶、布於諸番，所獲不貲耳。古者，欲責邊將成功，必使大饒於財。蓋不饒於財，無以養奇策之士，則不足於謀；無以恤戰士，則難作其氣；不能厚雄毅過人之士，則不能責其臨敵奮死以爲倡。況縱間諜，鈎敵情，非有重賞深恩，能使出入於死地而不貳乎？今出奇計，宜禁一切出口之貨而立四市：西北諸部則立市於阿爾太，青海諸部及雜番則立市於巴里坤，縱商賈轉貨，而官司之。非歸附本朝者，不許互市，則近我諸小部，不招而自來，不約而自固矣。其東北舊屬諸部則立市於東邊，西南徼外諸部則立市於四川、雲南邊界，皆略計來市各部人口衆寡，而量出之，無使多取而轉販。阿爾太、巴里坤市租，即賜主將偏裨，使繕戎器，厚養戰士，所謂事一而兩得者也。所慮道里踔遠，途多侵盜，商旅不前，則仍於山、陝沿邊酌立二市，而歲撥三邊市税以賜兩軍各數十萬金，然後諸用不匱。但設立税格，寧輕毋重；嚴飭市司，寧寬毋刻。但使商賈爭趨，番戎總至，所獲自贏。從來司關嚴刻，則正税難充，寬恕則遠近爭湊，轉得奇羨。此恒物之大情，不可不察也。

一、管子曰：「堂上遠於百里，堂下遠於千里，門庭遠於萬里。」此言壅蔽之傷國也。凡事皆然，況行師萬里之外，使士出入死地，而軍情不得上達可乎？李牧守趙邊，市租皆輸幕府，日擊數牛以饗戰士，所以守不可摇，而戰則大克也。往年進勦，士衆日不再食，飢羸疾困；凡解衣糧、軍器、火藥歸自軍前者，言人人同，而主將不以聞。其後我皇上明目達聰，量增口糧，然猶未能盡飽也。春夏之交，阿爾太軍前群馬驚逸，卒伍飢死數千，言人人同，而主將不以聞。西北諸部，惟丹津王效忠本朝，諸部轉心嫉之。喀爾喀徹臣汗部曲六百餘騎，自軍前背主潰回，遇丹津王部落，殘殺婦孺，劫掠牛馬，不能盡驅者猶刺傷之。諸部坐視不救，聽其載妻子什物從容遠去，則衆情居可知矣。而自軍前來者私語親故，皆憂形於色，及至公所，則言四十八家樂從征調。人情如此，凡事可以類推。陝西承辦軍需十七年矣。聞往年造車買騾，民間所費，逾官價六七倍不等，我皇上得盡聞乎？猶賴聖恩，屢蠲田租，故民力雖竭，心猶能諒。苟曠日持久，勞費不息，或遇水旱，實可寒心。蓋壅蔽者，凡事之大患，而軍情尤甚，此弊不除，雖有深謀至計，無所用之。二公必切言於上：凡先事蒙蔽，後乃敗露，或訪聞得實者，必置一二人於重典；然後遣文臣有器識者參軍事，遇要事得陳奏，與主將副將參相制，然後情實得聞，而措注可無悮也。

一、我皇上聖明天縱，所以決計進剿，聞因俄羅斯、荷蘭諸國環澤望之西北者，皆與孽賊有隙而應本朝，時不可失。以情理揆之，疑奉使者甘言取好而非其實也。往年徹臣汗部落叛逃，聞收匿者即俄羅斯。俄羅斯久與我互市，猶陰險若此，則其他可知。聞孽賊所畏惟俄羅斯，歲納貢獻。或與俄羅斯要約：能禁孽賊侵盜，然後互市可常，不然則止。亦牽制之一策。若謂我師深入，諸部實心相應，共爲犄角，疑未必然。

一、古者官立監牧，以頒馬政。我國家疆圉無外，公私耕戰之馬，皆資於口外。邇來武弁空糧，革除殆盡，犒軍繕器，苦無餘財。宜出自聖恩，凡大小武臣願販馬於蒙古諸番以自資給者，不拘馬數，入塞過關，毫釐不稅。其餘商民出口販馬，亦大減稅額。且於山、陝邊鎮，酌立馬市三五。敕諭近邊蒙古雜番，期以四月、九月將馬赴鎮，具數報官，任與兵民交易，亦毫釐無稅。嚴飭鎮將，約束牙販，不得希圖小利，遇馬到者多，勒減馬價。若兵民不能盡買，官給時價，盡數收留，散布軍屯。蓋一次失利，則來者漸稀。但得馬到者多，則耕戰有恃，官民交利。且良馬盡入中國，即番勢漸弱，欲爲寇盜益難，而附屬中國，不得不固矣。

一、聞大西洋去荷蘭國不遠。西洋國俗所不可缺者，惟内地之茶。不識俄羅斯、荷蘭諸部，亦賴茶以愈熱疾否？果爾，則與西洋人要約：既久與中國互市，必爲我通荷蘭諸部，俾與我同心，探賊東來，即出兵以乘其虚。果能摧破賊軍，或牽制使不敢動，我國歲以金幣、名茶凡所寶貴之物酬之。若受吾約，則賊必相猜而不敢輕動。西洋人若不用命，即不許互市，必深懼而求得其要領矣。又茶之爲物，輕細易運。凡閩、廣海關出茶，宜有定數，不得多載，以防轉販。

一、從前因罪發往邊外屯田職官吏民，宜以聖恩赦宥，輕者還籍，重者安置别省。蓋士大夫素知禮義，繫心室家宗族，當無異志。若凶狡小人，孑然一身，寒苦飢羸，必懷怨忿。竊恐日與番戎往來，黠者誘之，或潛探軍情，或逃奔爲用，異日必爲邊境生釁造禍。漢之中行説，宋之張元、李昊，亦前車之鑒也。昔唐太宗、元世祖皆百戰而得天下，智略如神，將良士武，師行有律，異代莫及焉。太宗之征高麗，世祖之征日本，或土壤相接，或舟楫可通，然且殫力竭財，亡衆無功，以成大悔，徒以攻守之勢殊，客主勞逸之情異耳。

苞於西域山川形勢及軍中情事，未得備悉，第就傳聞一二，以意揣度，自多未中。然循數推理，斷可信者，則攻守之本計耳。苟欲刻期進剿，窮其窟穴，則形勢甚難，恐未能必達。昔年額倫特之師，可爲明鑒。若未能必達，而更懸軍深入，運餉倍艱，經年累歲，無傷於賊之毫末，而我已重困。萬一四十八家心離於征調，秦民力竭於徵輸，諸番窺伺，別生事端，何以善後？二公不於今日懇悃開陳，以定廟謨，異日情見勢屈，聖主責言，將何辭以對？謂計慮不到，則非所以副委任之專；若知而不言，更非至忠體國之義。即今衆口嗷嗷，愚者直歸怨於二公，其明者則深望二公之能轉移而或無由自達，或可以達而不言。

苞卧病兩月，氣息厭厭，自念生世幾何，既爲知己懷憂，而喑默自便，則愧負此心。故於伏枕呻吟之隙，日記數語，涉月而後其略粗具。欲藉手於二公，以報兩朝聖主如天之德，而亦以答二公夙昔知愛之深。曾子曰：「鳥之將死，其鳴也哀。」惟鑒其忱，恕其愚直而審聽之。

與鄂少保論治河書

考工記云：「善溝者，水漱之。」明嘉靖中，潘公季馴以治河顯名，論者以比禹功。其實不過引山東駱馬諸湖之水入黄河東北岸，以盪其沙；引洪澤湖之水自清口入黄河西南岸，以盪其沙：用是黄、運安流百有餘年。

自康熙初年，總河靳公開中河，以避糧船溯黄而上百八十里風波之險，於漕運實便，而清水之出東北岸者下移百八十里，地平而流緩，不能復刷北岸之沙，由是河身日墊而高，歲加黃堤以防其決。繼事者莫知省憂，以致康熙三十年後，黃水倒灌，清口淤塞，下河州縣歲被其災。聖祖仁皇帝指授方略，命張公鵬翮塞高堰諸壩，疏清口引河。四十餘年漕運客商皆便，此其前鑒也。

一、自靳公奏請自淮安至揚州，運河止宜每歲加堤，不必挑濬，永著爲例。淮揚士民萬口同聲，謂堤與城並，人將爲魚鼈，怨詛百端。某嘗譬曉之曰：「靳公，知河道者也。舊制：冬三月，閉天妃閘，以濬運河。以黃、運河身相等，故可濬耳。自中河既開，徐州以下，北岸無漱黃之清流，河身日高，安得不每歲加堤以防潰決乎？黃河加堤，而運堤不加，則自黃入運，勢如建瓴，清水雖大，亦不能敵黃，而濁流之灌運必矣，況又濬而深之乎？」其士人終迷不悟。不料有倡濬運之謀者，而其害立見矣，此目今運河病證之最難救療者也。將來必仍每歲加堤，如靳公初議，然後其患可除。然非增築堤基，廣厚加倍，其上難更加堤，雖強加之，亦難成而易潰，此理勢之必然也。

一、明時有欲洩洪澤湖之上流，自盱眙鑿通天長、六合，出瓜埠入江者，潘公季馴以爲中亘山麓，必不可開，況上流洩，則清口入河之水弱，而不足以敵黃。此百年以前之形勢也。自康熙末年，河決武陟入洪澤，而湖之淤墊幾半矣。目今湖水小則不足以敵黃，大則漫高堰而衝下河諸州縣，漕運亦爲之阻。若上流可洩於江，則開建石閘十餘所，水小即下板實土，蓄水以敵黄，水大則量開閘板以洩暴漲，實此時之良策。但開鑿山麓甚難，必數年而後成功，苟可行，不宜畏難而蓄患也。

一、水土之性，必土著耆民，乃究悉其原委。明潘公季馴自言：嘉靖中，受命治河道，憂懼無措，所至，即進群叟與長年三老而問之，乃知河性喜故，三已四起，終以此成功。兩年來，淮揚士人皆言新開河口閘壩，乃故河督靳公曾用之而未見其利者。其後張公鵬翮再三審度，始定舊閘，黄、淮相安四十餘年。自開新閘，害已立見，萬口咨嗟，尚可專己護前，而置漕運之險艱、下河數百萬生靈之阽危於不問乎？黄、淮異漲，必在伏秋。春末夏初，水勢中平，即新口舊口皆可通行，亦不足恃。試思有明中葉，潘公季馴承淮、黄並決之後，修復故道，而安瀾者百有餘年。康熙初，靳公易之，别開新河，釀成河身日高俯臨城郭永不可救之患。遂寧張公亦承河防大壞之後，修復清口故道，而河沙漸散，海口復通，後人守之，安瀾者已四十餘年。奈何堅信一二愚妄人之言，而欲掩已見情形，行且夕難保之危道乎？目今兩河衆兆皆言：大有益於河者，莫過於張公所築磨盤墩，宜急復之；最有害者，莫過於新築之攔黄壩，急宜毁之。河督仁明，豈難從民所欲，特恐造謀之愚妄人復進宛言，變亂是非，以虧賢者之德業，宜苦口以忠告之。

與鄂相國論薦賢書

聖主求賢之諭，殷切感人，但其中尚有宜分别者：如湯、陸二先生，湛心聖學，深明古賢以道事君之義，誠難多覯；若陳璸不過絶包苴，守官碌碌，無一事可稱；彭鵬晚節，且私利身家矣。目前已蒙上知者，如徐士林、王安國宜任正卿；陳德榮、魏定國、晏斯盛久練吏治，使爲巡撫，可保境内和寧；雷鋐、陳仁熊、暉吉列於九卿，遇大事必能陳義不苟：凡此八人以視陳璸，必有過之無不及也。其告歸不出者，如西安太守王紹文；沈於下僚者，如莊亨陽之勁直，王之鋭之孝友純篤，鍾晼之澹然名利，黄世成之好學砥行：如或進用，以視陳璸，必有過之無不及也。其他不知其才識志行而不受一錢如李梅賓者，尚不一而足。

以某一人所灼知如此，果能實心搜揚，何患無人？古之人豈能借才於異代哉？九卿不言無怪也，公若不言，恐聖主自此有忽視天下士之心，所關不細。望必上章列奏，或進見面陳。存此論於天地之間，即異世而下可使人聞風而興起。且使蔽賢者内自慚而外懼公議，中材勉於爲善。非公不能用此言，非某不敢以此聞於公，惟鑒之！

寄言

康熙六十一年，河決朱家海，漫入洪澤湖。時滄洲督河，僕告以障塞黄流入湖之口，急於塞決河。滄洲深以爲然，而尋即世，繼事者遂以黄流入湖而清，湖中見田數千頃爲瑞，則此時已成不可治之疾矣。

今淮、揚、徐、泗之民，惟知歸怨於高公拆磨盤墩，開新閘，不知淮流漲溢，成於洪澤之淤墊者十之七，增於清口運河之淤墊者十之三。士人之議及友人之書附覽，望博咨審察。若果有當，則以至誠開導任事者，告以萬口同聲，而吾兄亦實見其宜然，萬不可言聞之於僕。緣高公移閘拆墩時，淮揚士民積薄爲厚、聚少爲多而言其誤，洋溢於京師。僕與高舊好，再書争之，而事已垂成，不得已以告於吾君。西林出視河，又切言早宜修救。不意西林至淮，旬月中水落波平，轉謂僕所言不實，以至有今日。目今舍土人所建三策，雖神禹復生，無能爲謀。蓋非利害切身，積久考驗，不能灼知水土之情；非實有與民同患之心，不能以身任利害。

僕見惡於九卿要人，自廷議北河始。僕謂非於淀外别開一河，導濁流直達海口，則憂無可弭。要人曰：「子書屋中人也。顧總河、李宫保之明達，久諳河事，吾輩乃絀所奏而用書屋中議，如無成功，孰任其咎？」僕曰：「其然，諸公連章治某之罪可也。」不得已乃私於用方。及西林鄂公參用僕議之二三，數年中幸無大決。及直督決計復霸州、固安故道，則不崇朝而災及於田廬矣。蓋故道本不當改，既改，至數十年後，地形、人事、物理大異於前，必不可復。用方解任，與僕相見於京師，乃曰：「吾今而知子淀外開河之議，終不可易也。」夫以用方之實心爲民，與僕相信之深，尚不能全用僕議於莅事之初。蓋隱伏之害與創建之法，惟水土爲難先見。若吾兄不能得於同事者，則惟直陳於聖主。除蒸黎之沈憂，建百年之長利，雖以身任怨惡可也。且既入事中，此時不言，他日情見勢屈，聖主責言，可以不知謝乎？況衆口嘵嘵，安知無以上達者？餘不贅。

與謝雲墅書

南歸時未得晤語，接手書并贈詩，氣意懇悃，惻惻感人，至援皇天，信斯文之不絶。三數誦之，不覺胸氣勃然發動。僕十年來，辛苦不休，屢摧折不以悔退者，幽默中實以此自恃，不意自足下發之也。僕學與時違，加以性僻口拙，與世人交，不能承意觀色，往往以忠信生疵釁。在京師數年，見其文，好之而不非笑者，寡矣；知其文，不苦其人之鈍直而遠且憎之者，又寡矣。足下獨相察于幽默之中，而愛之厚如此，何用心與世人確然異向也！

然僕竊有懼焉：古之能以文章振發於世者，多出於賤貧、羈旅、憔悴之人，非以其心無所繫於事，用功專而日力暇乎？賤貧、羈旅、憔悴未有如僕，而用功之不專，日力之不暇，亦未有如僕，是僕徒抱古人之憂，而失其所可樂也。僕以窘窮，授經客游以自活，近十年矣。資求於人，不得任胸臆，雞鳴而起，憊精越神，舍己所務，以事人之事。其得執古人書，沈潛反覆者，計唯山行水涉、旅宿餘閒，與夫嚮晦獨坐，人事歇息之候耳；而又嬰久痼之疾，每作輒數月，坐起眠食，昏憊不得寧，世間百物人情所喜好者，賤貧、羈旅、憔悴之身既一無所覬，獨於古人之書，自謂可以飽足其嗜好與世無争，而其艱難不獲行意，至於如此，彼造物者之苦其生，亦甚矣哉！

夫古之人固有崇高顯榮，事業功德光著於身，而又得優游于文學，以永其没世之名者矣。蓋天之所與，不惜多方以致其厚如此，則所薄者，惡知不徒以坎坷屯塞苦其生，而并不使發憤於文章，矗有所立以自表見哉？僕恐足下之望僕者深而所以信天者太過，未見其誠然也。

僕以十月下旬到家，八日復飢驅宣、歙間，風雪寒苦，臘月來歸。開春將遊吴中，并棹浙東、西，未審與足下繼見何時？胸中之思，不能宣盡。頓首，頓首。

與劉函三書

苞白：自君侯出官廬陵，僕顛頓東歸，潛伏荒江，與外事隔絶，邇來京師，始知君侯到官數月，旋復棄去。歡豫忭蹈，不能自名。僕既于今人中得君侯，而中心疑者復四三年，乃今釋然，大暢夙昔慕用之心，而悔小人隱度之不當。君侯，君子也。敢不究悉所懷？

始者與君侯相見江淮間，得聞所以去官之由。後遇池陽徐生，爲言其邑劉侯悼爲吏者不得行意，動以戕賊其民，視去其官如機阱。僕聞而慨然，以爲不使不仁加乎其身，乃今復有其人。及至京師，遂與二三同儔，交相傳説，奮顔攘臂，稱于多人之中，以醜頑鈍叨穢之徒。既而君侯復至京師待補，諸君驚愕，走問于僕，日四三人。僕雖爲君侯解于諸君，而私心惴惴，竊懼君侯之不實吾言也，遂爲文以道前事之善，且要言焉；屢置懷袖中，相見則蹙蹜不敢出，非敢以世俗人疑君侯，僕竊有所懲也。

僕自客遊以來，所見當世士大夫不少，與之虛言理道，或論他人出處去就，其言侃然，其狀毅然，雖好疑者不忍謂其欺。及觀其臨事，或至近之理，蔽而不察；微小之利，繫而不舍。今君侯當官，而僕以棄官爲文，好忌諱者見之，必以爲不祥之言，而今而後，始可出吾文以相示矣。君侯實爲君子，而僕自虧知人之明，僕以愧于心；然君侯之言可以復于僕，而僕之言可以信于諸君，數歲以來，所願望而不可必得者，此也。聞君侯定家金陵，與敝廬相違數武，惟鄰是卜，僕今得所歸矣。杪冬到家，相見不遠，先此馳候，不宣。

與某書

僕與吾子，孩提遊處如兄弟。自僕餬口遠方，十年不再三見，而吾子所以交僕之道，若異于往時。豈僕有所得過邪疑焉？而不敢請，非所施於吾子與僕之間也。

往者僕在江南，聞吾子入京師，處虞山翁尚書門下，名譽籍籍公卿間。及僕至京師，或告曰：「子知某所以交於尚書之道乎？有某人者，於尚書言無不行，素嫉子。某於稠人中，數詆子怪僻謬妄以陷之，其人果欣然願交，以此得志於尚書。」僕曰：「怪僻謬妄，吾或有之，吾友偶道其實耳！」既而告者同詞，僕退而思曰：「記不云乎？管子困時，嘗欺鮑叔，叔終善遇之。吾友親老，家窘空，尚書力能振之，徒用我爲質，以苟慰某人者耳，其心豈非我哉！」既而見吾子相歡如平生，遂不復疑。

乃者褐甫謂余：「某短子，每顧我而瞿然。」大山亦云吾子言僕好忌克，與人相鎮以名。僕聞而惕然。子短僕於他人，僕何敢疑？二君子之言然，則子真以僕爲不肖矣。僕誠不識子之所謂名者何也，「君子疾没世而名不稱焉」。修身立言以有望於後，則百世之人不可欺，雖忌克無所用也。若雕文騁辭，以誑時無識者而取譽焉，又可以爲名乎？且忌雖不肖之心，其發必有由，未嘗田弋，豈忌獵者之有鶉豜哉？吾子其未之思乎？憶兒時與吾子嬉戲北山之陽，坐草間歌呼相屬，未嘗知有學問文章，今乃以名相鎮邪？僕與宋、劉二君子，雖以道義相砥勖而爲交，未若吾子之久故也。僕有不善，吾子豈不可面責之，而必借二君子之言以相警哉？僕與吾子非可以離異之交也，不敢匿所懷，惟吾子示之。

與喬紫淵書

僕生平不喜爲人序詩，今爲足下强發之，以曩者詩句相規之切，以爲報也。篇中有一二須自明者，在足下好古，晰于文律，豈復有疑？恐時人怪之，可持以解其惑耳。

昔歐陽公嘗自發所以爲文之意，而深恨困于群愚；然所辨皆立言之意，愚者昧之，無怪也。近人好爲詆訶，凡稱謂之一定與字句之裁于古者，已所未講，旨極詆不疑，誠可歎也。子者，男子美稱。秦、周以前，風氣質古，儕伍得爲君臣之稱，故諸子之書，有稱時人曰某子某子者。唐、宋以後，討論益密，凡口語呼「子」，代「爾」、「汝」也。筆于書，非其師不稱某子，不則其生平道術所宗，無泛施者。僕曾爲朋友作文稱某君，或譖以爲薄且疏之之詞，不知王介甫序其舅詩蓋君之，韓退之稱柳君、崔君，乃子厚、斯立也。「所」字義兼虛實，童子習訓詁者所共知。僕庚辰試禮部文，有「同功異所」，乃荀子正名篇語。而一時讙囂，謂以虛字斷句，如見怪物，不崇朝而偏于都下，足下所目見也。夫諸子之書，閲者或不經意，若「所」字斷句，則五經四子中可按者以十數，即不本于荀子，而以意爲之，亦無可深怪也。篇中「吾有所見子詩」，以實字用，本史記趙世家。時人見此，僕毋乃又負前者之謗邪！

僕又嘗與同學張彝歎過時輩齋中，几上列某君文集，極推其經學。僕信手翻見其輓詩，以龍輴作仄韻，詫之。其人自護，因稱曰：「引用之誤，雖古人有之。」僕曰：「六朝詞人有之，唐、宋作者吾未之見也。」其人求勝不已，詰朝過我曰：「韓子送陸歙州序『專而不咸』，曹成王碑『剜黄梅，鐩廣濟』，使今有此，子其或恕之！」僕曰：「『不咸』見左傳，又見國語，又見諸子書，不可悉記。管子小匡篇『剬令支，斬孤竹』，韓師其意也。況此類即意爲之，亦造言之奇，非引用之誤。」世人少見多怪，有争氣而不可與辨如此。僕非畏此輩人譏訕，偶牽連及之，以發足下之笑耳。然足下能謹藏吾文而勿以示世之人，則愛我尤厚矣。引筆不覺盈紙，無復檢局，惟鑒之！

與吴東巖書

苞白：前月中聞足下南歸，一書附遞卒馳候，接手教，具悉别後動止，甚慰。又聞褐甫諸君欲刻足下所爲時文，此僕私懷所素蓄也。僕許序足下之文數歲而未報者，非敢慢也；凡吾爲文，必待情與境之自生而後能措意焉；重其請，則發之愈難，是以久而觝滯，而今則雖欲爲之，而勢不可也。僕往在京師十年，以時文序請者，未嘗一應。蓋謂文所以立，義與意也；時文之爲術淺，而蘊之可發者微，再三序之，其義意未有不雷同而相襲者矣。况局於情勢，違其心，以枉是非之正而交相蒙，尤立言者所禁也。

自癸未爲朱君字緑、張君彝歎創爲之，遂不能復却，數月中所作至十餘篇，雖不敢過違其心，而困於義意之無措者屢矣。其許而未及爲者尚倍之，而謝不爲者不可勝數也。因此爲戒，以正告於朋齒，非特著一書，義意有可開闡者，不敢承命爲序。守此而不變，已數年矣。今若爲足下復發之，是資未爲者以相責之分，而後更無以謝也。足下與僕交厚而文又甚工，人將疑僕有擇而爲之，其視發於他人，得過必甚焉。或謂僕當爲足下作序而遷其時日，既而思之，亦欺德也。文之意義，必緣情與境而生，使僕爲此於數歲之前，其情與境必有所發矣，今既過而追之，則情與境非真而義意無由立也。

足下淹貫經史，所注古詩、子、史，皆卓然可以行世，僕出荒言以附不朽，未爲無日。若時文之工，則曩與褐甫篇疏而句訂者不少矣，又安以序爲哉？僕生平自期，無不復之言，深悔爲此不早，致負諸責。惟足下愛我之厚，當能鑒察，不宣。

與熊藝成書

辱書，命序所爲時文，僕邇年自禁：非特著一書者，不爲作序。非敢要重，緣以時文來屬者多，力有不給，非此無以免責讓也。所惠教，檢閲一週，既駭且歎。足下齒甚少，足不出户庭，而觀所爲文，已似深練於世事者，取材之博，用意之精，雖與老師宿儒較其毫釐分寸，無不合焉。以僕之久故，亦未知足下所造能至於是也。

然古人有言：「善養生者，在鞭其後。」爲學亦然。僕始見虞山陶子師，示以時文。子師曰：「吾不願子爲此，吾亦無暇爲子決擇也。」僕曰：「子奈何號爲時文之家而言若是？」子師曰：「固也。惟予如聽虎者色變，而心知其痛也。惟予如賈者遇盜於中山而盡失其資，故呼後人以勿由，而不覺其聲之疾也。世之人材敗於科舉之學千餘歲矣，而時文則又甚焉。唐宋文家世所推者八人，自蘇洵外，未有出三十而不登甲科者也。蓋天將誘之以學，必使其心泰然無所係戀，而後功可一也。其英華果鋭不銷鑠於叢雜猥鄙之物，然後氣不挫而精盛强。苟無七君子之遭，則決而去之，如洵可也。」僕時心感其言，顧如傭隸，備極困辱，終不能離其故地，日思自脱，以至於今，而犬馬之齒已不後於子師見語之歲矣。每恨所學無似，輒悔不用其言，遇朋游中資材日力足以有爲者，必舉以告之，而聽者多漫然，蓋其所難在決而去之也。

今足下爲天所相，而與七君子者同其遭，使僕不發此於足下，則爲失人；足下聞此如衆人之漫然，則亦爲失言矣。以足下之鋭敏，苟用所盡心於時文者以從古人之學，僕任其將有得焉。異時特著一書，藏之名山而使僕序之，則僕亦可挂名簡端而無所還忌矣。僕與足下非一日之好，故敢發其狂言，幸勿以示外人！

答劉拙修書

承示馮君詩説，命質言其當否。想因僕于朱子詩説有所補正，恐其異趨，故以試之，此吾兄盛心也。僕説詩雖有與朱子異者，而所承用，皆朱子之意義。至馮氏紕謬，本不必爲吾兄陳述，然往聞吴中人甚重其學，姑因吾兄所舉，少發其誕，俾宗之者有省焉。

馮君之言曰：「朱子説詩，只成山歌巷曲，絶不似經。」異哉！雅、頌、二南，就令鄙俗人説之，豈能使成山歌巷曲若變風之鄙俗者！必曰此經也，皆合于韶、武，則朱子所云不知以教何人、用之何等鬼神賓客者也！又曰：「詩人不以比、興分章，如朱子則所謂興者，皆重複無謂。」朱子説詩，以意義切附者爲比，其全無交涉與少關而不甚切者爲興，未聞以複者爲興也。詩人雖未嘗先以比、興分章，而及其既成，則或出于比，或出于興，不可比而同。至複而不厭，則本文固然，楚辭及漢、魏詩人猶師用之。馮君縱不解，亦不得爲朱子罪。其他無稽之談，尤背誕不足與辨也。

僕嘗謂經者，天地之心，説之果當，則必合于人心之不言而同然者，而世人多曰吾欲云云，所以病也。僕曾見楚人某，于廣座中議論風發，詆朱子無纖完，座人無不變色動容者。僕徐進曰：「君所不足朱子者，可實指乎？」其人首以變易小序爲言。僕曰：「請舉毛詩義，若者如彼，若者如此，而君自決焉！」至十餘發，僕避席而請曰：「其然，則繼自今願君毋詆朱子！凡君所可，皆朱子之説也；所否，則小序也。」其人意阻，竟酒默然。凡馮君之説，皆此類也。然則朱子之説，合于人心之不言而同然者，明甚矣！乃小序與朱説兩無所用其心，而漫言以欺世者也。

僕生平不喜道人文字短長，以馮君所言關于經義，又爲吴中學者所宗，恐波蕩後生，故質言之。有不當者，望吾兄反覆焉。

與白玫玉書

僕少誦書史，竊慕古豪傑賢人，求之鄉里間，惟劉君古塘、張君彝歎有狷者之操，因就而友之。然嘗惜其規模過隘，長遊四方，所見當世知名士不少，未有如古所云者，而二君子且倜乎遠矣。及與足下相見至再三，退而自喜，以爲乃今始見三秦豪傑，而二君子常疑焉。及僕禍起倉卒，大吏中夜閉門會鞫，勢若湯火，近者麋爛。足下微服，冒衆隸相調護，既就逮，爲紀家事，拮据藥物，以供老母，逾年如一日。二君子始以僕爲知人。

今賴天子仁恩及於寬政，二君子及衆戚黨作計御老母而北，已於二月下旬抵京。故特馳報，俾足下胸中痞結早得消釋也。方秋中，僕在塞上，忽聞賢兄下世，蠹然心傷，寢食不能自克者久之。念賢兄忘長吏之勢，與僕爲布衣交，勸善規過，孜孜若不及。戊子、己丑間，僕數歸故里。吏事之暇輒相呼，言笑連晨夕，今遂成異世事。詩曰：「相彼雨雪，先集惟霰，死喪無日，無幾相見。」古之人當朋友燕樂之時而豫計及此，有由然也。

足下久無四方之志，然望以僕故，附知交車馬之便，一至京師。足下試思與僕訣江寧縣獄時，意中料僕作何狀，今幸不死，又免四裔之投，相去三千里，豈可使此生不再相見邪？僕知足下聞吾言，將中夜以興，傍徨衢路而不能自已也。僕鬚髮已白十之五六，想足下尚不至此，願努力自愛。西望於邑，頓首，頓首！

與劉古塘書

得手教，隨奉答。首夏復致書并古文付徐于皇，想尋已徹。前示云去年曾兩賜書，訊之于皇無有也，而僕寄兩札後，絶無音耗，殊不可解。退之嘗怪時人，有耳不自聞其過，每用自懼，願與二三君子交警之。

近聞彝歎去浙，叩所由，乃以書院課文，吾兄每易其次第，及封入俾自定，則久而不發。吾兄天資孤直，僕所心畏，然亦有用意過當者。以彝歎之智，豈猶不能定課文之高下？果有不當，豈不可面商而顯易置之？彼爲人師，不能主決課文，尚何顔面立於諸生之上邪？又聞徐中丞爲彝歎買妾，而深拒固辭，尤可駭痛。僕爲此進規于彝歎屢矣，皆曰「無其資」。今得賢者代爲部署，而復避去，何以見先人于地下邪？僕于彝歎切直之言已前盡，不敢復致書，吾兄尚宜自引過而申勸之。二君子行誼，僕無能爲役，而改過之誠，交友之忠敬，則有可相觀而善者。願足下平心察之，兼以語彝歎。止園近者行身植志，頗能堅定否？爲我道，薄遽不暇別爲書，所欲切劘，即所進于二君子也。

與劉紫函書

昔見吾兄居季弟之喪，隤然氣盡，得長籍凶問，即爲吾兄憂。今子之病，吾昔日所屢經也。若之何，若之何！每念窮愁抑塞以及疾病憂患，在吾輩處之，頗無甚難，而造物者必使天屬凋喪，以糜爛其心腸，則降罰亦稍過耳。

吾兄所遇，信爲慘痛，然尚其順而常者。若僕邇年爲人數中不足置之人，死不足塞責，而又不可即死，猶逐逐衆人中，語言飲食，每見天日之光，輒悚然自愧畏，所以措置此心者，不大難乎？行身至此，尚欲抗言先聖之經以示來者，即此自覺愚妄，無羞惡之心。但念先世四百年爲清門，一旦以别族疑罪，盡室播遷，不得奉丘墓；惟於斯道粗有所明，使後世讀其書而知其所承學於祖父者，猶或可覆蓋前行之惡耳。

來示云「子弟中近頗有好古者」，此不獨爲劉氏光，即蒙者所述，亦庶幾有所付託矣。長籍到官已七月，僕作誌時，未得其詳；其可傳者，幸明示之，當更表而碣焉。古人修辭，貴立其誠，以聞之晚而覆書之，與前誌不相悖也。會見無期，惟各努力自愛。東望於邑，如何可言。

與陳滄洲書

南豐曾氏所謂蓄道德而有文章者，當吾之世，惟明府兼之。先母得銘，不肖子所藉以覆蓋者多矣。前所呈行狀，尚有未盡者：先母性惻怛，僕婢負罪，必求其情而得其所可矜。苞兒時，見婢某竊蔬材匿户下，以告，母徐曰：「彼自需用耳，非竊也。」苞兄弟三人，弟早夭，兄亦多病。

歲己卯，苞舉于鄉。母泫然曰：「汝兄弟倦遊始歸，汝自今又不得恒在吾側矣。」里中某官，母七十，歸爲壽，逾月，其母趣之北上。吾母聞之曰：「是謂不有其子也。」苞與亡兄以窮乏，常客遊燕、齊，母積憂思，晚歲成心疾，每作，必命苞扶持，登城東北望，惘惘不能歸。蓋苞兄弟遠行時，母心神逐而往也。

誌銘每事必詳，乃近人之陋，古作者每就一端引伸，以極其義類。兹更舉數事，恐或有感發，非以多爲貴也。

與徐蝶園書

首夏一札寄候，想尋已徹。某夏中病幾困，入秋始少閒，然髮鬚黑者無幾莖矣。行與心違，俯仰内疚，不復自置人數中，想亦知己所心惻也。

浙中水災得上達，足覘賢者能急民病。救荒之政，古人多有，然某所目擊無益而有害者，莫如設廠作粥。蓋飢寒之民離家就食，晝暴夜露，或遭風雨，必成疫厲，不若用曾子固之説，計所應得，一舉而賑之，尚微有益也。

每見大府賓客家僕出在外，必生口語，近聞北新關併歸節下，勢不得不遣人分守津隘，所望時加督察。蓋往時關吏，自府、道以上皆得糾詰，商民大刻，尚可訴之大府，今併歸大府，則無一敢言者矣。儻付託非人，則課滲于隸胥，而怨歸主者，所關不細。大君子設施必各有條理，而蹇拙之人尚復云云者，恐利權所集，壅蔽者必多方也。

楊孝廉三炯以不得志於禮部，自效南河，洗手奉職，屢障險隄，自河督以下皆知其才，而委署題補，輒歸捷足者，蓋積習使然。不識可昌言以達之否？當官幹實之才，耳目中甚少如楊君者，守一職則能一職，在一方則利一方。今將老矣，而蹉跎不進，大君子愛惜人材，爲國家樹根本，不當以爲分外事，故敢私布之，非爲楊君謀也。

與龔孝水書

蒙語王生，諭以不宜過舉先儒之名，不勝刻著。僕以治經與胡公所見多别，又怪其於召陵之盟，謂齊桓能以禮下楚，庶幾王事。於紀、魯禦寇之師，責以憤然與戰，非已亂之道。竊疑曲學阿世，心不能服，而口不覺象之。然及聞誨言，考公生平志事，若揭日月而行。愧悔之深，若負瘡痏。蓋未詳古人本末，而妄生疑議，乃心體之病，非口過也。久不奉教于君子，閉門孤學，轉增其放。自今當痛懲艾，仍望時時訓迪，抑其邪心，庶幾不至冥行而自以爲得也。

與王崑繩書

苞頓首：自齋中交手，未得再見。接手書，義篤而辭質，雖古之爲交者，豈有過哉！苞從事朋游間近十年，心事臭味相同，知其深處，有如吾兄者乎？出都門運舟南浮，去離風沙塵埃之苦，耳目開滌；又違膝下色養久，得歸省視，頗忘其身之賤貧。獨念二三友朋乖隔異地，會合不可以期，夢中時時見兄與褐甫輩抵掌今故，酣嬉笑呼，覺而怛然，增離索之恨。

苞以十月下旬至家，留八日，便飢驅宣、歙間，入涇河路，見左右高峰刺天，水清泠見底，崖巖參差萬叠，風雲往還，古木、奇藤、修篁鬱盤有生氣，聚落居人，貌甚閒暇。因念古者莊周、陶潛之徒，逍遥縱脱，巖居而川觀，無一事繫其心，天地日月山川之精，浸灌胸臆，以鬱其奇，故其文章皆肖以出。使苞於此間，得一畝之宫，數頃之田，耕且養，窮經而著書，胸中豁然，不爲外物侵亂，其所成就未必遂後於古人。乃終歲僕僕，向人索衣食，或山行水宿，顛頓怵迫；或胥易技係，束縛於塵事，不能一日寬閒其身心。君子固窮，不畏其身辛苦憔悴，誠恐神智滑昏，學殖荒落，抱無窮之志而卒事不成也。

苞之生二十六年矣，使蹉跎昏忽，常如既往，則由此而四十五十，豈有難哉！無所得於身，無所得於後，是將與衆人同其蔑蔑也。每念兹事，如沈疴之附其身，中夜起立，繞屋傍徨，僕夫童奴怪詫不知所謂。苞之心事，誰可告語哉？吾兄其安以爲苞策哉？

吾兄得舉，士友間鮮不相慶，而苞竊有懼焉。退之云：「衆人之進，未始不爲退。」願時自覺也。苞邇者欲窮治諸經，破舊説之藩籬，而求其所以云之意，雖冒雪風，入逆旅，不敢一刻自廢。日月迅邁，惟各勖勵，以慰索居。苞頓首。

與劉言潔書

僕北發時，曾寓書褐甫以問，未得息耗，心常懸懸。僕以四月中旬至京師，曩者南中故交，分散殆盡。出見諸少年佻達輕靡，争玩細娱，逐微利，終日群居，漫爲甘言鄙詞以相悦，僕於其間，噤不得發聲。因念與吾兄同在京師時，見時輩剽竊浮華，以干時譽，蹶蹶然惡之，不謂今之所見，更異于昔也。

五月中去京師，授經涿鹿，所居左山右城，岡巒盤紆，草樹蓊翳，四望無居人，鳥鳴風生，颯然如坐萬山之中，平生所樂，不意于羈旅得之。暇時登城，遥望太行、西山，氣色千變，下視老農引泉灌畦，天全而氣純，意欣然慕之。因悟十年來好古學文，辛苦勤厲，古人或無以過，而所得未有若古人之可以久而不亡者，道之不聞而不有諸身之過也。道之不聞而其言傳，自古至今未有一得者也。身則無是而强爲聞道之言，則其出也，不能如其心；而其傳也，人能知其僞。即以僕身言之，去膝下色養而思以所得于外者爲親榮，皆古人所明戒而躬自蹈之。其他行身處世，道載古聖賢人之書，口則誦之，心則知之，而行則背之者甚衆。如此而不悔悟，不獨古聖賢人所羞，雖欲其身無媿于山農野人，將不可得，既以自懼，亦願吾子之思之也。

僕先世有遺田二百畝，在桐山之陽，歲入與佃者共之，故不足給衣食。使能身負耒耜，蓺麻菽，畜雞豚，便可贍朝夕之養，伏隩潛深，而疲痾疊嬰，筋骨脃委，不能任力作；獨行遠遊，乞食自活，窘若傭隸，有終身不息之役。聞子之鄉有先民遺風，子弟敦樸，儻爲招學子數人，稍有所資，以釋家累，且息于近地，漸可爲歸山之謀。君子成人之美，況吾兄愛我甚厚，當不以爲後圖。苞頓首。

與賀生嵂禾書

賢到官學，計已浹月，學子中聰明秀傑有志於通經希古者，頗得三數人否？所留四書文一帙，已閲一過。大概有所感觸而後爲之，借題以發攄胸臆，明季幾社、復社前輩文多如此，其後行身强半有氣骨。但以賢之鋭敏，宜乘年力方盛而盡之於經書、古文，庶幾濟於實用而垂聲於世，亦當十百於時文。即官學中亦宜擇其少有志者，使各治二經，治詩者兼春秋，治書者兼三禮，暇時講問資治通鑑所載歷代政教賢姦已事，管夷吾所云「多備規軸」也，異日人材必由此出。餘不宣。

與顧震滄書

近世治經者有二患：或未嘗一涉諸經之樊，前儒之説罕經於目，而自作主張以爲心得，不知皆膚學舊説，前賢已辨而絀之矣；或摭拾陳言，少變其辭氣而漫無所發明。吾子寄示春秋大事表，凡漢、唐、宋、元人之書，皆博覽而慎取之，其辨古事，論古人，實能盡物理即乎人心，此僕所以許爲之序而不辭也。而負諸責以至於今，則有説焉：歸安溪李文貞公周易通論初成，屬余序之，愚自忖于易概乎未有所明，覺虚爲讚美之言，無質幹可附以立也。高淳張彝歎少與余共治春秋，及書成，以道遠難致，要言他日必爲之序。今僕治儀禮，九易稿而未能盡通。若舍己所務，究切李、張之書，則力不能給；後二故人所屬，而先新知之請，則心不能安。故南歸後，新安程起生晨夕相見，而所著易通，至今未序也。

若天幸儀禮之業得終，李、張二書既序，當次第及之。太倉顧玉亭亦言有詁釋古書數種，欲寄余訂正，聞其身近已淹忽，歐公所云「勤一世以盡心於文字」，洵可悲也！不識其書已成否？吾子與久故，宜問其家人。餘不宣。苞頓首。

與韓慕廬學士書

自昌黎韓子有言「莫爲之前，雖美弗揚；莫爲之後，雖盛不傳」，士之取名致官，有所希於當世者，莫不挾此以要於王公大人，王公大人不得已而强應之。前與後兩非其人，而交相蒙，以苟爲名。或迹勤而意不屬，或交合而道無可稱。苞竊恥之。

往者壬申與同邑錢先生飲光道遇楚江，言閣下有書，極賛苞所爲文。苞心識焉。昔歲客遊京師，適會閣下敦召至闕，逡巡逾年，未嘗敢以足迹接乎堦墀。閣下以大雅之業，剗刮俗學，振起吴會之間。數十年以來，絶徼荒陬被儒服者，莫不挾册咨嗟，望若雲漢。其在京師，布衣羈旅之士，尤欲得一言之譽，矜而誦之，以自張於朋齒。獨苞與閣下，未見而相知，積數年之久。幸而合併於一地，其勢可以相通，而猶逡巡於一見者，蓋自懼所學之無成，而無以厭屬乎好我者之意也。

其後宋子潛虛爲言：「閣下辱問，至於再三。不獲已以其未成之業，質於左右，而閣下乃深進之，以謂深山窮谷尚有能者，掩匿潛藏而無所窺尋其聲迹，或未可知；至於耳目所及，無能敵者。」苞聞之怵然不克於心。夫天下賢人君子而於我有溢美之言，雖或有所試以知其將然，而既以重遠之事屬我，則在我懼其不堪，而其人亦將卹焉憂我之無成。苞自童稚，未嘗從黨塾之師，父兄命誦經書，承學治古文。及年十四五，家累漸迫，衣食不足以相通，欲收召生徒，賴其資用，以給朝夕，然後學爲時文。非其所習，强而爲之，其意義體製，與科舉之士守爲法程者，形貌至不相似。用是召謗於同進，屢憎於有司，顛頓侘傺，直至於今，而幼所治古文之學，日亡月削，寖以無成。

語曰：「物之至者，不兩能。」三數百年以來，古文之學弛廢陵夷而不振者，皆由科舉之士力分功淺，未由窮其塗徑也；而時文之行，必附甲乙科第而後傳。終始有明之代，赫然暴見而大行者，僅十數人；而此十數人者，皆舉甲乙、歷科第者也。其間一二山谷憔悴之士，窮思畢精，或以此見推於其徒，發名於數十年之間，而若存若亡，侵奪沈没以歸於盡。蓋由其用無所施於他事，非舉甲乙、歷科第，科舉之士常棄而不收。不能自張於其時，安能有所傳於其後邪？夫時文之學，欲其可以傳世而行後，其艱難孤危，不異於古文；及於既成而苟不爲時所收，則徒厲其心而卒歸於漫滅，可不惜哉！

若苞之爲文，其不篤於時以自困躓，效已見於前事矣。常欲決然捨去，自放於山林，不復應有司之舉，以一其耳目心思於幼所治古文之學，而家窮空，資求於人，使斯言一出，便爲怪民，當時無所用其學，生徒不欲聞其言，雖欲爲黨塾之師，鉤章斷句，以贍朝夕，且不可得，其不亦難乎？抑又有難者，「誨人不倦」，古之道足於己而思以同其所得於人者也。若苞者方當從師務學之不暇，而違心拂志以事此者且十年餘。每當發書翻覆，生徒小大更起問業，廢輟數四，不能終卷。講畫既畢，神志眊然衰竭，如物緘封不可復出。日復如此，何由得見古人情狀？苞有先世遺田百餘畝，在桐山之陽，歲無旱潦，可食家人之半。使更得相知有氣力者少潤澤之，使其身寬然無求於人，便可屏百事，抱書窮山，以竟其所志。顧世有力者既不相知，而相知深者又力不足以振之。混混塵事中，傯然若終身之虜，雖欲不爲衆人以没世，不可得也。私心所蓄，素不敢爲世人道，偶然感發，不能自已，言非其量，惟閣下愛我之厚，進我之勤，當不以爲狂惑。懇悃之私，不能宣備。苞頓首。

與慕廬先生書

逾歲以來，未得以書問自通，緣家兄疲痾，蹙蹙無暇。不意昊天不弔，遂使不得延其一日之命，以亥月二十一日泯焉長逝。先兄之生也，三十有七年。自成童以至於今，於古聖賢人之道，無分寸之不合，而獨困於修短之數。此天不欲封殖善人，使人之類有知，於先兄何恨？獨令生者無以自處此心耳。

先兄於苞，自六七歲時，即同臥起，課以章句，内有保母之恩，外兼師傅之義。乃自少有知識，即各奔走四方，閲歲逾時，然後得一歸，歸又不能並時。其並時，則豫懷離别之恐，欣暢未畢，感慘繼之。庚辰五月，苞歸自京師。七月，兄歸自桐城，舊疾漸已。私心自喜，以爲兄疾不至大困，而藉兄之疾以羈係此身，旬歲中可以并依庭闈，從容食息，以安神形，而數歲獨學所蓄疑義私旨，因得從兄講問。不意逾月而臻，逾歲而極，而兄弟之分遂止於斯也。嗚呼酷矣！

閣下所知，獨先兄課試之文耳，此最所不措意也。其少之所蓄，蓋將以萬物之不被其功澤爲憂。其於文章，蓋不得已而託焉耳，而傳、誌、記、序，固已可錯於柳、歐之間。每誦經書，輒得疑義，尋端竟委，開通奥賾，皆前人所未嘗云。苞嘗以説經見推於朋齒，皆先兄之餘論耳；而不肯自爲書，每曰：「世士苟有論述以欺並世愚無知人特易耳，求其精氣之久而不亡，暉光之日新而不晦蝕，非所受之異而積終身之力以盡其才，未可以苟冀也。吾與汝幸年少，當更以數年經紀衣食，使諸事略定，然後結廬川巖，以二十年圖之，或可自擇其有能所立否耳。」苞嘗意天之生兄，必非無爲，豈謂中道而摧之如此！每出見市人有首有趾蠢然群動者，不可計數，而兄乃不得與此輩共處天日之中，老氏所謂造物之不仁，斯爲甚矣！

計苞此生無日不在辛苦憂患中，然未嘗以自懟者，以有吾兄共事二親耳。天若更以他凶害加於其身，固受之怡然；乃獨使與兄中道而相捐，不已極邪！老親旦暮强爲開顔，或側聞中夜而啼。時見幼孤群呼笑嘻，此心畫然如劌；步趨庭闈，形影如值；坐對書史，或觸手迹，感平時授受之意，心神慘沮，不能終卷，繞屋徬徨。自今以往，不惟世俗所謂功名視猶泥滓，即夙昔妄意古人立言之道，而曾竭其不肖之心力者，亦棄之如遺迹矣。而又有不可已者，小妹適謝氏孤子，其家資累萬，皆爲姻家馬姓所奪，妹及其家人數口衣食於某兄弟者，蓋數年矣。近以先兄久疾，未得客遊授經，先世遺田百餘畝蕩棄已盡，不能復相顧。老親於慘痛之餘，增此沈憂，無以自解。妹姑王氏向者屢赴有司求直，輒爲馬姓所抑，置之不問。近聞制府廉静無欲，此正孤寡有告、姦豪束手之日也；而大府例以此等爲細故，不加省録。方今閭閻公患，無過豪强侵陵孤弱，所以然者，皆緣大府不加省録，而州郡有司則皆其氣力所能傾動也。大府若能時發一二，以警千百，則吏民折服，威風遠馳，所益不細。未審閣下能一爲誦言否？先兄彌留，猶欷歔及此，且命以告閣下曰：「知我無如公。公爲文以表吾墓，且爲了此，吾死不恨矣！」

兄生平無遺行，疾且革，愀然語某曰：「君子成身實難。吾自謂植志已固，乃昔督學邵某以非刑加我友劉君，吾將率諸生倡大義攻之，既而恐嬰暴人之怒，委蛇中止，至今恨此。」兄生平大端可爲學者標準甚衆，苞既誌銘，將納諸壙，敢請閣下表而揭之阡。誌銘別録敬呈，其語多流俗人所驚，幸勿以示人！方寸瞀亂，言無倫次，伏惟鑒察。

與徐貽孫書

苞白：去年五月中，自褐甫處得吾兄手書，云池陽賈人持來。比欲作書相報，違隔久遠，所懷藴積，措筆不知所從。越日而賈人遽歸，日延月滯，以至於今。想吾兄久不得吾息耗，意中殊不自得也。

苞嘗歎近世人爲交，雖號以道義性命相然信者，察其隱私，亦止借爲名聲形勢。其確然以道相刻砥，見有利，止之勿趨；見有害，勉之勿避：諒其人之必從而後無悔心者，無有也。顧念朋好中，獨吾子能行此於苞，獨苞可行此於吾子耳。苞與吾子性各僻隘，才用不宜於時，苟逐衆人汲汲取名致官，雖倖獲之，適足以來時患，其所志者，終豈可得哉！私計己所得爲而不爭於衆者，獨發憤於古人立言之道，以庶幾後世之傳。然所争愈大，則其成也愈難。自有載籍以來，志節功業光顯耿著之人，纍纍相望，而文章之傳愈久而彰者，數十百年中往往而絶也。豈其爲之者之不衆歟？毋亦所積者薄而精氣不足以自存也。苞向謂吾子才可逮於作者，相期以此事自任。蓋謂能盡其才，所得當有不止於是者，若據所已至，不獨苞之無似，即吾子之果異於衆人者，亦未見也。

苞近者自悔向所學，皆登枝而捐其本，背源而涉其流，久之當就蕪絶。用是自創，即欲抱經窮山，以求古聖賢人之意，而家累係牽，日爲事物淩雜所困。吾兄居遠州部，夙少人事，宜以數年掃除百務，聚古聖賢人之書，沈潛翻覆，使其義意貫達於心，然後擇性所喜好而力可以幾者，專治其一體，窮探力索以疆其徑塗，然後行之不息，以待其久而至焉。人生少壯而老，事境參差百出，轉相糾纏，其得從容無爲，委身於問學者，常無幾時，失而不爲，則終不可復。且聰明智慮，當其時濬而導之，使有所載以出，則終以不亡，時過而昏，不能復爲我用。苞之生二十八年而吾子加長焉，使侵尋玩暍，年倍於今，而所得於中者，與今無異，雖欲不與世俗愚無知人混混以没世，豈可得哉！

又凡骨肉天屬，雖古聖人、賢人不可奈何，竭吾心而正其道可也，而悲憂窮蹙以苦其生，則君子亦無取焉。憶在京師，與吾子時起居，怪子意色間時有不自得者。因爲我叙述平生遭遇，搤腕欷歔，若無所樂其生。時時如此，恐致疾病他患，他蹙然荼然，意緒日以隳敝，將不能復發憤於詩書以自强。吾子勉之！日觀古聖賢人之書，則知所以自處。有所業而孜孜以望其成，亦可藉以自理其心而通其鬱塞也。語云「交淺不可言深」，若苞之交於吾子，若此者豈不可得而言哉！

吾子書云：「欲往廬陵，省其令劉君。」聞劉已去官，想此行可已。苞以朝夕不能自贍，仍將北遊託所知者，旬日間必發，恐吾兄不曉，故留此以報。賤貧屯塞，各竭蹶以謀其身，非以事故，適然會合，不能特賃舟車以相存顧，一朝解手，終不知繼見之期，惟各淬厲，毋自同於衆人，其義乃不相負。苞白。

與章泰占書

苞白泰占足下：僕自少習爲時文，四方君子所以不棄而願與爲交，徒以時文爲可也；而僕與諸君言此，若見瘦疣而代爲不適者，雖謂僕匿情以翹明，無以解焉，而僕非敢然也。

計人之生，自離童昏，聰明思慮可用於學問文章者，不及三十年，過此則就衰退。其端緒既得而充長以俟其成可也，及是而致力焉，則勤而無所矣。自時文之學興，雖速成而悔悟早者，無慮已耗其半；可用，獨向衰之半耳。孟子謂「人皆可以爲堯舜」，孔子稱「十室之邑，必有忠信」者，謂性命之理，我固有之者也。至從事于學問文章，則才有能有不能：苟限於天，雖勤一世以盡心，無所益也；而才之庶幾者，多爲世味所溺，以自敝於章句無補之學；又或心知其不足事，而束於父兄之命，雖欲捨去，而其道無由，至能悔悟自決，則已後而失其時矣。此近世之學可比並於古人者，往往而絶也。

足下資才可從事於斯，向之所學亦少有可藉，而身復無所牽制，使能絶意於時文以從所當務，雖古人不難至，所難在足下之自決耳。僕嘗恨往者心力誤役，以至時過而不可追也。每遇以術業相商者，不憚盡言極辨以起導之，而聞者多不信。今發此於足下，則無慮不見信也。足下之學，向者蓋兩用之，而於此非未嘗一涉其樊者也。使由是而致一焉，將有味乎吾言。不然，而他日如僕之悔，亦有以信僕之不妄矣。足下於時文，以視並世知名者，誠無所先後；然苟欲窮其徑塗，如明時唐、歸諸君子，非更以十數年之力，未敢爲足下信之也。移此以一於古人之學，則所進豈可量哉！且以諸君子之才而所學未有若古人之卓卓者，力分而不能兩達也。安知其不用此爲悔，而足下乃欲復蹈其轍乎？語曰「無告不知」，足下宜可以知此，而僕不言，則爲失足下。至僕不序人詩文，其義具答吴東巖書，並以奉覽。所惠教，如命點定，不敢逆相委之意也。區區之懷，言不備宣，伏惟鑒察！

與劉大山書

辱手教，命序新編時文。僕不爲詩文之序已數年矣，況自先君即世，肝疾愈劇，脅脊偏痛，經絡瘀傷，惴惴焉惟不能保其軀命是懼，尚安能含意連辭而就其説邪？

來示云：「是編之文，世多不好。」此無怪其然也。僕始於南中見之，意謂吾兄之文自當異於衆人，汎覽三數十篇，猶未悉其精藴也。後至京師，每自爲是題，必取吾兄所爲較之，然後知用意之深，其辭與理確然不可易也。每欲逞思力以出於吾兄所云之外，而皆多駢旁枝之義，然後心折意阻而歎爲不可及，出語朋游，則已有謂阿其所好者矣，以僕與吾兄之昵好而又夙所敬畏也。然閱是編，至三數十篇而有所未喻，必待自爲以相較而後知之，況衆人之寓於目而不求其意者乎？自古文之不敝於永久者，往往當其時則鬱焉。韓、杜之文其暴見而大行，乃在北宋中葉。近世歸有光，同時人亦不相知。蓋言之出於己與顯晦於世，非偶然也。

吾兄前稿始出時，不旬月而偏於天下，然僕從朋游几案間竊窺之，其所篤好，大抵皆少時氣勢充溢聲容鏗麗之作耳。其達於理而辭無枝葉者，十不一二取焉；是吾兄前者之文，雖舉世人好之而未必能知也。然則今此所爲，苟有知者，何必舉世人皆好哉！抑吾更有疑焉，自有知識所見同學諸君子，凡以時文發名於世者，不惟其身之抑塞，而骨月天屬多伏憂患，遘慘傷，使其心愍焉若無以自解。獨吾兄所遇近順，而亦微有不快於心者，豈區區者而能爲祟邪？抑獵取古聖賢人之言以取資於世，而踐於身者不能實，是謂欺德，而爲造物者所不祐邪？吾兄行身之篤，素信於友朋，而僕猶以是爲言，蓋古人之相切劘，不嫌於嚴且密，至於文之不諧於俗，乃其所以逾遠而存也，復何惑哉！

幽憂無聊，獨思與平生故人相見，而散在四方，無一數晨夕者。有南來人幸時示我音耗，以通遠懷，兼語二三好我者。言無倫次，伏惟諒察！

與德濟齋書[一]

臺灣未開，不過島夷一蟻穴耳；既開之後，沃野千里，粟溢泉、漳，物產豐盈，盜賊覬覦，故叛亂頻作，幸而速平，若措注失宜，不惟七閩之憂，乃濱海九省之劇患也。雍正□年，督撫請築郡城，僕爲駁議，視鄂、朱二相國。先帝尋改成命，特降明諭，以覺群愚。乾隆二年，大吏復請，九卿中無一知有前諭者，僕檢示，然後相顧愕然。公今作督，若不能遠慮，則終無可望矣。蓋郡城一築，設有變亂，官軍雖入鹿耳門，必坐困於賊，僕前議所已詳也。然計萬世之安，非削除鹿耳門之險，終無完策。

往者鄭克爽、朱一桂之平，王師皆連艅澎湖之澳，以伺風潮。風潮時，激水高，港平，衆艘齊入，故功成於旬日。若賊先設守於澎湖，則我師不能暫停，況久伺風潮之便哉！其餘南、北路，

〔一〕此篇以下原爲望溪集外文補遺卷一。

不過打狗、東港、淡水、鹹水、笨港，巨舟可入，而大洋中舟無所泊，拒守甚易，攻入則難。若有雄傑多智數者，竊據其中，擁百萬之衆，粟支十年。我入則難，彼出則易，北至登、萊、天津、遼東，南至廣東，乘風帆皆旬日可到，豈獨閩、浙、江南前此數遭寇掠哉？

僕問之閩人，多云：「是乃天險，巨石互盤，下皆鐵沙，不可疏鑿。」此庸人之見耳。龍門、蜀江，上古皆能開通，況後世器械益備，人功益巧？山海關立鐵於海中，端溪之石，穿泉以取。鹿耳雖險，石出水面者，可火焚而醯解也。隱伏之沙，俾没人下鑿，深丈有五尺，則無不可入之舟矣。

公試集土人，叩以自鹿耳門通安平港，焚石鑿沙，廣五十丈，用人工帑金之數，懇切入告。先開門左右各二丈以爲式，然後次第興作，積以歲月，何患無成？其然則如廣東之瓊州，少建城堡，分設州縣，永永無患。否則一旦有故，欲如前此候風潮而入，不可得也。

與陳中丞書

僕常痛自先兄殁，尋常言動，不復有所畏忌；自劉君月三、張君彝歎殁，雖有耳不得聞其過。忽得手書，責以循不肖子道章之妄舉，且誦且懼，爲感爲愧！欲具列所以，則不肖子無以自比於人，欲隱而不言，則僕之惡亦有難自任者。是以涉月經時，而無辭以對也。雖然，執事乃不肖子所宗師而僕之畏友也，敢匿情乎？

往年八月，僕遘熱疾，而醫者以爲寒，藥物誤投，幾死者數矣。至仲冬望後稍蘇，聞道章闈墨，見之始大駭，詰其故，曰：「此謂廷先生所刻同門卷也。先生削定首篇，章謂與後二篇不類，請存其真，而以先生所定爲改墨。先生從之。章未嘗自刻也。」問其出幾時，則已徧流於朋齒矣。是子也，愚而自用，卑幼而自尊，其顯過則不聽於師，而隱慝則不告於父，一舉而四惡備焉。此僕所以隱痛而不忍言也。然僕未前見其文，則有不待辨而明者。其首篇多誹語惡調，其誤用經書者四焉，使僕見之，肯衆播其謬醜乎？今經書誤用者，已屬謂廷先生改刻，其明徵也。

抑更有恨者，士競文術而忘行義，其邪惡藏於肺腑，欲洒而濯之，師不能得之徒，父不能得之子。不肖子聞經書之誤用，則目熒而色沮，而失禮於師，取憎於父，則未見其内慚而食不下也。往者，京師士友知僕時危疾，頗有私責章者，章聞之蔑如，及見執事教督之言，始知以冥行上累其父，乃稍有懼心焉。使過此以往，終不能悛，則不惟執事宜揮之門牆，僕亦將舉古放逐之禮，庶其困而悔乎？執事徐察其他行，而時以告僕，則爲賜大矣。

濟寧分手後，曾屬楊君致周官集注。邇年時復改易，將更寫，並所著喪服或問及辨正周官、戴記、詩、書、子、史爲劉歆所僞亂者十餘篇相質。然非得信使，慮有浮沈，未敢輕付。言不盡意，勞積何如？

答翁止園書

往歲聞流言已達於山右，甚恨之，致書梁君以釋其疑，而杜謗者之口。不以告者，以吾兄之清介，而鄉人每反其事以相謗傷。不言其故，則無爲通書；直言之，又恐爭辨滋彰，如泥中之鬭獸。今年得兄子希及兒章家書，復告梁君：叙貼諸經，亦非吾兄不可屬。即以鄙意相聞，又附書家郵中以報，豈俱未達邪？

前後來示，僕再三推究，竟不識指意所屬。鄙意止就崑山刻本，存其可者，而不雜以注疏、大全，俾購者易得，而用功亦有節次，始事時已詳言之矣。至編纂，則通論大體者别爲一編，或弁於前，或附於後；章解句釋，各列本文下。此一定之法，吾兄所編易解既有成式矣。所謂詳閱者，欲吾兄於僕所採，芟其支蔓，於己所增，明注其旁，又已詳言而屢屬之矣。不知吾兄所謂立一主宰，設諸條例者，更有何等義法，是以難於置對耳。

僕嘗欲每經匯漢、唐至元、明義疏爲一書。其通論大體最要者爲綱領，其次爲總論。章解句釋者，則分八類：首正義，次辨正，次通論，次考定，次考證，次餘論，次存疑，次存異，存異則加辨斥焉。但專録崑山刻本，除去所載注疏、大全，則所謂綱領者絶無，而正義亦罕有，吾兄幸酌度！若正義尚多，則總論別編，不必標綱領。敘列八類於章句每條之下，不復以時代爲次，亦可使覽者開卷了然。自今先編春秋，次尚書，望切究之。不宣。

答劉月三書

連得手示，皆慮不孝子以哀致疾，此不孝子平日飾行隱情，以致久故如兄，猶未察其薄戾冥頑之實也。傳曰：「哀樂不失，乃能協於天地之性，是以長久。」故先王制禮，哭泣辟踊，所以達哀愠而安心下氣，於養生之道非有所違。不孝子所内自恨而不容於心者，少壯無良，重微利而輕色養。計數生平，在二親之側，日月甚稀。繼又自作不典，使衰疾之母北來就養，未獲數歲之安而永棄其孤。不孝子心絶志摧，宜十百於恒人，而自忖乃不及十一，此心頑然與禽獸無别。此故不敢匿情於執友之前，望語二三君子，使知不孝子不得復置於人數中，其辠殃不可少減。此義惟吾兄必灼見其然，是以敢私布之。

答梁裕厚書

聞足下南行，專爲排纂宋元經解，不獨信義著於朋齒，且使七百年先儒苦心耿著於世，而有功於先聖之遺經，非足下志力遠過衆人，豈易成此。來示欲並刻僕所删取五經大全，足覘所志閎遠。但大全行世近四百年，家有其書，且崑山刻本中所删取有不能遠過大全中所芟薙者矣，並刻之，恐轉生學者之疑。果能不惜工費，僕有批點補注史記、删定補注管荀二子，半大全之費，便可刻三書。其行世尤速，將期月而徧布於海内，可使學者因文以嚮道，益信經解之删爲不謬而争先欲覩也。

止園編次易説，尚未郵致。鍾勵暇從其父於江西，適有書至，尚未見足下手札。僕復書，期以事畢即過江寧。又聞中雷孝廉名鉉頗好古，近官國學，聞此舉，自矢明春不得於禮部，將告歸共成之。其學識亞於止園，而微勝勵暇。若有意相招，幸示復，便與要言。

此事非得二三人不能速成。僕始意總標全節，而序列各解於後，蓋恐細分，則有僅存經文而無解説者。即思小象傳無解者甚多；且此書本以補注疏、大全所未備，止列經文，亦可使學者知群言放紛，皆黄茅白葦，多駢旁枝，而一無所取也。不如壹仍注疏編次、大全所分節段，以便學者。已作札告止園，未審足下所見若何？惟切究之。

與梁裕厚書

發憤以十月朔閱崑山刻宋元經解删本，而事殷日短，涉月三日，始畢周易第一册。更清寫并原本寄覽，望校勘無訛，仍寄示。俟卒業，再議發刻。此書成，然後以僕所删大全，益以所擇注疏及折衷内群儒語，及是編切要者，别爲一書，則此經之義訓粗匯矣。

止園用古易編次，其説雖本朱子，但孔子始作十翼時，文王彖辭、周公爻辭本各爲一編，安敢以己所作與先聖並列？後世既以程朱及群儒語注彖辭、爻辭下，則以孔子之傳近附彖、爻，俾先聖相承相變之義，後儒引伸辨難之辭，開卷了然，未嘗非治經之法。況自注疏、大全流布海内，學者日習而心安之久矣。今必分之，使覽者既畢爻辭，而後别觀孔傳，則前説遺忘，義意無由浹洽，欲尋其相承相變引伸辨難之意緒，則方觀於此，而又檢於彼，反耗精而費日。凡此皆立異求名，非灼知治經之體要，而親嘗其甘苦者也。止園精神血氣日衰，仲秋抱疾，至今未全愈，大懼薄祜，未能久留於世，以觀是書之成也。悤悤不盡欲言。

方望溪文集全編卷十二〔一〕

書牘

答貫一書

得來札，所疑於喪服或問前後相抵者，甚善。自王生隆川没，不復有問難往復以開余者矣。戴記乃雜採周、秦間群儒之説，各有師承，本不可彙於一。欲削其相抵者，恐後之人復援彼以破此，而無益之辨滋多，故兩存之，以待學者之懸衡焉。

大記曰「期，終喪不禦於内者，父在爲母爲妻」，而戴德「喪服變除」則曰庶子之爲其母，居處飲食，猶三年也。無一日之服者，尚以三年爲期，況適子之爲母乎？禮以辨異恩義之等差，毫末不可以無辨也，而爲母一同於爲妻可乎？故「喪服變除」之義，可屈大記而并存之，俾議禮者有

〔一〕本卷輯自方望溪遺集書牘類，第二十九至七十頁。

考而取其衷焉爾。娣姪之攝内事，與入禦於夫，其道本不相干。如曰妻喪父母，既練而歸，妾從女君而服，亦宜逾歲不禦於夫，正所謂援彼以破此，而爲無益之辨者也。伯叔父兄弟子姓之期，皆三月不禦於内，而況娣姪之從服者乎？致其嚴亦三月而止耳。大夫之適子不降其妻，其義有二：一曰舅姑爲之大功，即葬有宜攝，所廢僅一時之祭耳；一曰妻一而已，不若伯叔父兄弟子姓之服之衆繁，而恩不可以偏伸，攝不可以數廢也。而此章未之及者，已於父在爲母妻見其義矣。惟切究而詳以告我。

答貫一

左忠毅云：「群兒碌碌，繼吾志事惟史生。」愚邇年天屬凋傷，衰病日困。聞遠近稱説，目前惟賢爲第一流人，爲之心開。雖不得侍太夫人色笑，但能使百世而下皆知有賢，皆知賢不得養母之苦衷，則百世而下皆知太夫人有良子，於孔子、曾子之所謂孝，亦可以無愧矣。素位而行，曲得其時義，尚其勉之！

與呂宗華書

使至，適值童奴逋逃，又迫公事，不暇營度爲文，故前書期以此月中旬。及與陸編修相見，始知葬有日，恐不逮事，乃於叢遽中勉就之。僕平生爲文，限以期日即不能就。又心所不愜，雖親知故舊，强而爲之，以塞其子孫之意，而文必不可存。惟此志就之甚易，而言皆稱心，以是知君子修辭必立其誠，而没世之名有理與數存焉，非偶然也。

然尚有欲自列者。古文義法之晦七百年於兹矣。此文出，吾兄族姻間必有疑其事實太略者。不知叙事之文，左、史稱最，以能運精神於事迹之中；若按部平列，則後代史家之陋也。其源實開於班史，然就其善者尚能審擇。如霍光事漢武帝宿衛三十餘年，其輔昭、宣，獨操國事十有三年，假而平列事實，如錢謙益之傳孫高陽，雖獨爲書數卷不能備也；班史於前事蔽以「出入禁闥」，「小心謹慎」，於後事蔽以「百姓充實，四夷賓服」，故所載不繁，而光之性質、心術、治法、功過纖微畢著。此志稱光禄公名位非盛，而爲中朝士大夫所計數，則當官之瑣瑣者不待言矣；旁治古文而心知其意，則詩爲專家不待言矣；與司農篤愛如此，則孝友睦姻之疏節不待言矣。中間讀書青要山，坐下迹深寸許，事雖微細，而實前後之樞紐，蓋此正學與行之根源，所以爲薦紳典型，而子姓亦則而象之也。

昔歐公尹師魯志爲時所疑，至爲文以自列。錢公輔乃宋聞人，介甫志其母，而妄欲有所增損。雖吾兄通曉文律，不至如公輔，而時人之信僕能過於歐公乎？是以敢先布之。墓志之體於子載，於孫否，女子及孫以凡舉，孫與女婿非有見焉不名。韓、歐成法不可易也。吾兄家聲及僕之文係四方觀聽，慎毋牽於俗而爲有識者所姍笑。節哀順變，務繼述之大，前書具之，不贅。

再與宗華書

古文最難發端，志銘爲甚。惟退之不主故常，而皆有典則，是謂文成而法立，故歐、王不能仰跂。此志首舉以光禄卿罷，乃義法之一定者。蓋具札不合儀式，非所舉之不當也。公之謹慎簡在聖心，而以歸休優老，則天子之恩意及公之生平即此可見。若循年齒、歷官順序而以是終焉，則索索無氣矣。假而隱深其辭，不惟衆所聞見難以曲諱，且使易世而下莫知其端委，將謂别有他故，不可以告人，則爲累大矣。原狀所述庸行瑣事過詳，規模轉覺狹隘。即是以求，光禄公不過文學爲時流所推，即質行亦中人之謹厚者耳。如僕所志，則隱然爲湯、耿二公外中州之文獻。以吾兄之明，自當無疑於此。

而僕自申至於再三者，僕每爲名貴人作志，其門生族姻必雜然獻疑，俾子姓回惑，若重有所難，故誓不復爲。非敢要重，以終困於群言，不若堅辭於始爲無過耳。僕第二札録在别簡，并宜鋟板，副志銘拓本，以訃遠方，庶作志之義明，而光禄公高風益耿著於天壤。僕與吾兄非比俗之交、一日之好也，故敢盡言無隱，惟鑒之。

與沈立夫書

昨奉過，聞比日復卧疾。凡疾，必慎於微。體既羸，則難爲療矣。足下讀書鋭敏，應事與人言略不省嗇神氣。周公曰："冬日之閉凍不固，則春夏之長草木也不茂。天地不能常有常費，而況人乎？"身非吾有也，爲子，則當爲父母顧其養；爲人，則當爲天地貴其生。疾病修短雖有定分，然必盡持生之道，而後可以聽於天。人生最難遘者，共學之友。僕病且衰，三禮未盡之緒，於賢者重有望焉，故不覺言之危苦。惟時繹思，操之勿失，而無異日之悔，則幸甚矣。餘不宣。

答李根侯書

得來示，俱悉進修不倦，甚慰。行身之道，經書及先儒所講備矣，擇其一二語，設誠而致行之，即可爲良士，僕又安能更有所發以益足下耶？但於文術微有知見，即如來札，少薙其支蔓，便可見古文義法，故不自揣而暴其愚心，惟究察之。

僕正月末病甚劇，今幸少寬，尚不能出户庭。承惠鹿膠，尤衰疾所宜，但記云：其色青白，而市肆所陳皆火赤。即惠寄者亦微赤，恐仍有他物之雜。往年，黄侍御自臺灣歸，以自治者見遺，色果清白，乃知記列諸膠之色，所以使用者不迷，而周官詳市政嚴飾僞之禁，良以所病於民用者大也。關東饒鹿角，荆薪甚賤，望選材集工親監視之，庶無飾僞。極知清貧無力及此，但所費不廣，且非其地則購之益難。僕不敢邀惠，能分我如干數而歸其資，則爲賜大矣。

與常熟蔣相國書

僕獲交近四十年，自難後，所以拯扶而安全之者，豈惟不肖之軀，先人之門祚實隱賴焉。古人竭心於所厚，莫若輔成其德業；近有二事，可以廣吾君之仁，揚吾君之明，而閣下之德業亦將增重焉。若知而不以告，非所以稱夙昔相待之義也。

比者聖恩廣布，凡侵挪虧欠贓私分賠皆得奏請赦免。其派委工程，力不能完者，雖未明列詔條，但侵虧贓私所犯至重，并得叨逾望之恩，則若輩豈能無待澤於下流之望哉？去冬，奉上諭：「凡官員聲聞不令，間令效力工程，以示懲儆，非犯罪至重應籍没家資者可比，督撫自應分別工程大小，量其力以任之。」是聖主之視若輩，實異於所犯至重之人，而其望恩視所犯至重者，必有甚焉。其中有借帑修工責令賠還者，倘援分賠之例，一爲陳請，必邀赦除。雖就中情事，局外之人未得周知，而閣下專領兹事，可不詳思而審處之乎？

又應山令張銷，吏畏民懷，聲烝江漢；及守廣州，粤人愛之如父，嚴之如師。曩以屬縣有盜越獄，罷官追緝。近聞期滿未獲，在常例罰本甚輕，而張以夙性耿介，多爲上官所銜，監司中有欲援某年特旨枷示之例以擠之者，其然，則張必死之。天地生才甚艱，試之而能績驗著者尤希。如此人者，豈惟使之扼腕而死，實傷海内志士及所部吏民之心；即放歸田里，亦竊爲國家惜之。

往者，滄州、儀封遭誣在理，僕不自量，切言於安溪。其後并獲湔滌收用，以功名終。天下士無不頌先帝之聖知，而安溪亦以此獲重譽。

先王之制：士傳民語。誠懼公卿位高勢隔，聽聞或有所壅，故使士傳言，俾得層累而上，以爲天子明目達聰之助也。僕闔門舉族戴聖主如天之仁，每見德政之施、賢良之擢，輒私心躍躍，寢食爲甘；又念辱閣下知愛數十年，衰殘垂盡，故不敢自疑外而暴其愚心，惟閣下鑒之。

與用方

使者行後，又一札付夔州，想已徹。自河決石林，僕重以爲憂。頃鍾君名照者到山相訪，以久諳河工，叩之，云：「微山一湖，俗稱水櫃，上自夏鎮，下及宿遷之駱馬湖口二百里，河道冬春水涸，皆恃所蓄之水以濟運。自河決入湖，至今未能築塞，湖心爲黄沙淤墊，不能復蓄水濟運。假而石林口今冬不合，則來年糧船溯流而上，并無縴路，誤運必矣。即或能塞，而微山湖無蓄水，河道又爲黄沙所淤，處處淺阻，必致稽遲，不獨商旅束手，百貨不通，爲小民之劇患也。吾友身肩事任，宜早以種種情形入告我聖主，乞諭新命巡河大臣作何措注；并請親至微山湖一帶，相度地形水勢，聲明害已顯見，事已後時。拜疏之日，即登程巡視，周咨審察，兼作書徧告河督及周侍郎、巡河御史，俾各抒所見，以相參伍。此疏宜即日繕寫，飛騎奏聞，若延至月半後則似前此漫不經心，直至患已迫近，恐糧運稽遲，先自洗脱。萬一聖主詰以三冬何不早言，將何辭以對？終必爲人受過矣。」僕聞鍾君語，夜不能寐，晨起草此，遣蠢僕賫送，望勿更參以無識人意見，遷延觀望，以貽他日之悔。不宣。

已作此札，鍾君又札告：聞視河者乃大學士陳與直督高。吾友當以運道阻塞，切告秉之，言非急奏用先年靳文襄開車邏河議，河身廣三里，堤高丈六尺，外築遥堤，以防溢出，束高、寶、興、泰七州縣積水，以出海口，則春麥秋禾種不入地。目前受賑七百五十萬人，終無生路；即我皇上安得歲備八百一十餘萬帑金、二百九十餘萬米穀以賑之？高公善人，亦宜苦口告以捨此更無急救民命之策，不惟前此聲名可惜，後來詬詈無窮；不惟此心自問難安，亦大懼漕運阻艱，流殍耗盡，終不免爲身家之害也。

又與顧用方書

漢以後言治河者莫善於賈讓。其上策在不與水争地，必遺川澤之分，使秋水盛昌有所游蕩，乃不至冲決四出；又謂宜徙冀州之民當水冲者，放水入海。此正今日濬治渾河之要道也。

僕以未知東安、武清二邑地勢高下、土性堅疏，故不敢爲必然之説。但言宜循三角淀外别開渾河之道，而去河身二十里延築遥堤。若二邑土性粘埴，地勢平曠，莫如竟用讓策，廢東安縣而徙其民，按圖，東安迫近，恐非徙其民不可。止留武清縣城，築廣厚大堤以護之。其餘村莊不必遷移，各效南方圩田之法，周回築堤高五六尺，則伏秋尋常汛漲可保無虞。蓋地面寬廣，則水勢緩散，深不過二尺，淺不過尺許，雖秋禾淹没，而春麥倍收。每歲築場納稼後，命民起土於窪地，以築平廣之墩，量地勢高下，歲歲增倍，自二仞至二丈而止，則雖有異漲，可各持資糧，老幼扶携而上，以俟水退。二百家之村，通計不過千人，墩廣二十畝，則棲託有餘地矣。如是，則遥墩雖不築可也。自秋杪至夏初，渾河經流循運河入海，本無他慮。惟至伏秋二汛，則設戈船二十號，尾繫鐵索菱及三角小毛，朝夕隨潮上下，則泥沙雖盛，亦不能壅。

吾友久於北河，於土性水勢知之必詳。凡僕所陳，必正言以斷其當否。其有當，則奏聞行之，吾友之職事可張；其不可用，則於僕格物致知之學，可觸類以自開通。是以敢悉布之。

與閩撫趙仁圃書〔一〕

接來示，自分此生恐無緣更畢志於經學，此嗜學者之衷言也。然古之人得行其志，則無所爲書。聖人作經，亦望學者實體諸身，循而達之，以與民同患耳。一命之吏苟能職思其居，天德王道將於是乎寄焉，矧膺古牧伯之任，環地數千里視其注措以爲欣戚者乎？

僕竊觀近代所號爲鉅人長者，大率以生人爲仁，而不知生其所不當生，則仁於生者而大不仁於死者；以有容爲德，而不知容其所不可容，則德於有罪者而大不德於無辜者。傳曰：「惡

〔一〕　本篇已收入本書卷九，唯末段文字有不同。

人在位，弗去不祥。」惡在他人，而引爲己之不祥，何也？力能去之，而任其播惡於衆，則惡非其惡也，是謂拂天地之性，而虧本心之明，無不祥大焉。

抑又聞：君子之行，必嚴於終。往者，環極魏公踐履淳實，立朝諤諤，爲世家所憚，造辟之言天下矜誦，以爲無愧古賢。而論定之後，竟不得與湯、陸齊稱，徒以巡察畿輔，不復有特操耳。孝先張公天資渾厚，可欺以方。其撫江蘇，間有過舉，未愜衆心；一旦奮不顧利害，排擊憸壬，然後平生志事昭然若揭日月而行。吾子歷令、守、監司，漸登大府，仁聲義問，所至翕然，惜無由著直節於中朝。然就今所居之地而言其職之所當言，則視張爲易，視魏則尤易矣。

夫時位之遷移、君心之向背，不可常也。遇此而不言，異日者，或欲言而不能，或有言而不信；又或他人言之，則下無以自解於民，上無以自白於君。三者之悔，吾知其必有一焉。惟詳思而速斷之！

與趙仁圃書

苞於平生知舊，一司民治，或掌文衡，即謝弗與通，而鄉邦之大府尤曲避焉。其或道義之交，間一通問，捨勸善規過無他辭，閣下所明鑒也。乃今有情則私，事則公，而義不可以苟默者，惟閣下詳察焉。

苞先世自江右遷桐城，仍世衣冠，鄉人以爲葬地實然；無如子孫世守，雖欲覬覦，莫可如何。禍緣康熙三十年，前不肖族長方遠，私許其子姻家錢燭犀之妻暫攢四世祖方圓道官山界内。康熙三十六年，燭犀遂乘間盜葬。敝族理論，隨憑約保約限起墳。不料方遠既死，燭犀亦死無後，是以久而未起。延至康熙五十年，遭家震愆，以族人方孝標事，吏議親族無已未服盡，皆當大辟。荷聖祖仁皇帝寬法，免罪入旗。邑中渫惡民陳子奇、陳覲文遂於道官山界内盜葬二棺，合族吞聲飲恨，坐視而不敢言。蓋惡民挾持部議，苟係墓下子孫，則當在入旗之列故也。因此，姦民錢洛訪、錢鵬南等遂妄意謀占風水，假刻康熙二年訟余姓傷其墳樹縣令鄔侯審語，聲言有遠祖之墳在方姓山界内，希圖再葬。

如天之福，我皇上嗣大曆服，體聖祖矜恤之心，拓覆載無私之德，特詔：除孝標嫡孫，一切赦歸田里。雍正二年，苞復蒙恩歸葬先父母於金陵。杪冬事畢，始還故鄉，按譜牒親視兆域；以假期既迫，趣裝北上，屬族衆控理。錢姓忽創立新碑，稱爲一世祖塋；陳姓則別移他山舊碑，樹盜葬二冢之旁，稱爲四世祖塋。江南之俗，凡上祖公共之墳，合族祭掃；子孫私葬，則合族共攻之。錢氏果有一世祖塋在方姓山界，何以子孫衆多，數百年不見春秋時祭，直至方族北遷，而後刻鄔侯審語，又待方族南還，而後立碑以識乎？陳氏盜葬之地，果係其四世祖塋，則斬祖脉而逼其壙，其公共子孫肯容其獨葬乎？此不待他證，第按所葬之地形、盜葬立碑之時日，而可蔽其罪矣。況敝族數百年相傳譜牒、印票、契券，歷歷可據乎？然自乙巳控於翁侯，已蒙拘訊，聚族守候三年，而不見理。翁侯去任，再控於倪侯，密訪私踹兩年之後，始斷「陳墳起遷，錢碑毁去」，遠近爭傳，以爲美談。雍正六年七月初三日再控，批準復勘奪，再進詞，批候密訪確實再行勘審。直至八年七月初三日，倪侯獨自到山私踹，初五質審斷錢碑毁去，陳盜葬新墳遷移。初七具呈求差押，批仰差速照原斷結案回復。初八日出票押陳姓遷墳，錢姓毁碑。而倪侯旋罷，遂底滯至今。

所以然者，敝鄉之俗：有爲人奴，雖富厚，衆皆不齒。錢姓雖非華族，尚有衣衿，自知罪莫能逭，遂與張少保家僕錢克光通譜，要以能通於在事者，則許入宗祠。克光利其然，陰爲謀主，是以累呼而不問，既斷而弗遵耳。始倪侯之久而不決，亦非爲所訪之未實也。敝郡宋、元以前，無以忠義發名天壤者。自洪武己卯科，五世祖法出正學先生之門，官四川斷事，燕王詔至，不拜；逮赴南都，過皖江，聳身赴淵：名載前史，邑有專祠，爲合郡鄉賢之首。錢、陳二姓所盜葬之山，即其父墓也。不獨合邑紳士同懷義憤，遠近聞者莫不駭痛，何待訪而後知？蓋終不能無疑於少保之家僕耳，豈惟邑侯？敝族與少保爲近姻者，依託幕下者，皆莫肯一言。苞聞之，始直告焉。少保瞿然曰：「吾未之前聞也。」立諭克光不得與聞訟事，復與苞要言：「若克光足迹一入府治，子以告吾，必不貸。」克光始懼，乃於所立新碑鑿去其名，然其恨隱而愈深矣。自是以後，遂大以酒食粟米市德於山下居民，始爲耳目，而深結衣冠中未明大義者，以「日久難稽」惑當事之聽。陳姓父子故博徒，凡邑中飲博健斗者皆依焉。倪侯聽斷時，會族弟正瑗借用母家張姓。以潼商道奉旨葬親，將回原任，陳子奇聚衆邀於路，幸先事而聞之，請於邑侯，大發役徒，護送出境，始各散去。子奇因聲言：年逾七十一，無顧忌，方族若更以「抗斷」赴控於上官，必要於路，以刀揕其胸。不幸十年以來，始事諸族人或老死，或赴選，或糊口四方，分散殆盡，其餘後生皆畏而不敢前。苞聞之，凡大府、監司、太守自内出者必躬謁泣告，且請面詢少保，庶知苞言非虚，而此案可結。不意諸公進則未聞以苞言白少保，退則未聞以此案詰有司，是以屬吏愈怠，姦民之術愈逞，而沮格到今。諸公若果以久遠難稽爲疑，則不必以敝族譜牒、印票、契券爲徵也，即以錢姓假刻鄔侯審語爲斷足矣。審語但言近在郊圻，并未指其墳坐落何處，東西南北孰非近郊，安知其爲宜民門外之道官山？又云「烟火萬家，實逼處此」，宜民門外，自昔居民不滿百家，其非此山明矣。且觀其辭氣鄙謔，字迹別訛，官文書未見有此儀式也。況自稱一世祖塋，而所立之碑乃界在方族序排四冢之兩冢間，果孰爲其始祖之墓乎？世有始祖之墓而與子孫一字横排者乎？豈始祖一人而有四冢乎？今倪侯所斷，既不及錢洛訪、錢鵬南揑造官文，立碑占山之罪，又未勒起前墳，而止於毁碑，於錢姓無損毫末，不過與雍正三年以前未立碑時等耳。敝族方追悔從前盜墳之未早起，而錢姓乃欲存碑爲後此占山之由，不亦悖乎？

觀碑名鑿去，則少保不直克光昭昭然矣。若疑少保雖從公議而不無蒂芥，則自言克光之後，苞與少保相歡如平生；倪侯至今寄寓吾鄉，少保待之，未聞纖異於往日也。竊痛先祖斷事公遭變砥節，骨葬江魚之腹，而不能保其父墓。今得大賢秉節，旬宣江介，萬物吐氣，忠魂耿耿，將不能無望於九泉。又數十年來，江南通例：編户之家以盜葬告，立責起遷，其在薦紳，則無一能自直者，想久在閣下鑒察中矣。若能特伸公議，少遏其鋒，於風教所關不細。此苞所謂「情則私，而義則公」者也。少保每遇諸公臨莅鄉邦，必告以族姻家僕少違禮度，必嚴法毋縱，縱之則轉有恨焉，言實由衷。倘荷閣下慨然執法，不獨衰殘之軀得見祖墓獲安，雖死之日，猶生之年；即少保益重閣下之風軌，而心喜相待之獨厚也。情蹙言哤，臨楮涕泣，瞻望如何！苞頓首。

與德濟齋書

公入而僕適出，數年離思，未得披豁。公宗臣，又醇儒也，忠言至計，會可言必急進之，不可以衆人之向背、時勢之難易，恩遇之或有隆替，少動其心，惟務心可對天地，義可質諸孔、孟、程、朱。而公又與衆人異者，重以祖宗監照。

僕已定登程之期，以欲與公一面，遲至初十，若不得，則此生無再見之期矣。實踐録稿已分爲上下二篇，聞送文穎館者分爲四篇。僕自不與館事，屢索觀，而竟不肯出，是以未得報命，望即録改稿見示。僕歸負土，必有餘暇，當更以前後二本參看切究，秋冬間當録清本奉寄。余載别紙，惟察之。

一、聖主以京畿未雨，徐、泗阻飢，日夜憂勞，聞已切諭北五省嚴禁燒酒。但燒酒車日入京門，關間仍收其税，非惟令不能行，亦且無以服衆，徒使有司胥隸得因緣爲姦利耳。宜除酒税，毁酒鍋，凡載燒酒之車并入官變價，以備賑荒。

一、江浙食米半取足於川、湖、江右。邇年四省秋收後，米價即一兩内外，較四十年前三倍，十五年前亦兩倍。萬一四省有連州比郡之荒，雖聖人不能爲謀。燒酒宜天下通禁，黄酒亦酌定成法，量州縣大小，大州縣額或十所，或七八所，或四五所。其坊必設於村鎮，地居鄉城之中。所取之税勿交納州縣。每秋成，命本坊就時價買米，即令收貯，歲十二月官稽其數，二月以後聽其推陳易新，勿責以息。官吏需索分毫，即視尋常贓銀，加倍治罪。如此，則酒坊亦不爲苦。數年之後積穀處處充盈，遇有災荒，有司就近給散，飢民領取，仍各還家，可免群聚露宿，日曬雨蒸，致成疾疫死亡相枕之患。此法既定，久之則常平可以不設。蓋常平利害相半者也。存七糶三，必申詳府道兩司督撫，一處文書未發，不敢擅糶；及至次第批準，而穀價已賤，不能如所請之數，難於發糶。故穀多陳腐，强派行户富民易以新穀，而民苦於無告矣。新舊交代，少有發變，彼此相持，而官亦窮於無告矣。取酒税以備荒，而坊有定額數，則承造者必萬金以外之富户。所獲利多，則荒政可以常舉；所獲利少，則承造者漸稀，而久之可以全禁，一如三代及明太祖時，菽粟如水火矣。

一、禁種烟不如禁酒之難，第用乾隆三年内閣大學士所議，盡依原奏。城外不許種烟，犯者拔其苗，撲其人，以田入官，招貧民耕種，則不動聲色而永無犯者矣。如此，福建歲多穀百餘萬石，江南多三百餘萬石，山東、江西二省約多三百餘萬石。不惟種烟，蘇、松最上之田皆種荸薺、通草，江西、湖南北多種蓮子，其利較五穀數倍，一并禁絶，則三省又多得穀約二三百萬石。五省中每歲穀多一千萬石矣。昔曹操、石勒僞定數州，即嚴酒禁，國富兵强，四鄰莫敵。明太祖始得江南之半，東征西討，軍餉不乏，以禁酒兼禁種糯稻耳。若能斷而行之，則三年之後，雖有乾旱水溢，可不廑聖主之憂勞矣。

一、三年大計，八旗軍政處分將校之例不可太嚴。太嚴，則操演必煩；操多費多，兵丁不得自營家計，其心不能無怨。萬一有事，安能用含怨之人而得其死力乎？不如減公操之期，而開一私習之例。每歲春秋，欽命大臣二人同本旗都統校閲，技精人勇者厚賞。三年大計，特命仁恕公正大臣校閲簿記，技勇出衆者，我皇上親閲，頒賞加倍；復拔其尤，使有進身之階。其將校則以兵丁精練者之多寡爲優劣，而賞罰進退之，則兵自勤於技，將皆勸於教矣。

此最急之務，千萬人所通知。外此宜遠慮者，莫若口外興屯築城。然不得其道，則常利未得，而人先驚懼。南方則制馭苗民，使常安而漸化。如此類，必相見乃可詳，餘不贅。

與德濟齋書

先斷事公諱法，苞五世祖也。明洪武初設制科，中己卯鄉試榜，出正學先生之門，爲四川都使司斷事。以不拜燕王詔羈囚，會正學十族逮赴詔獄，抵三江口，望見故山，東向再拜自沉；久之，尸不可得，以衣冠葬，事具欽定明史附正學傳。自先太僕葬金陵，子孫流寓者不得展墓拜祠，已四世矣。

先君子欲建專祠於金陵，命苞就先曾祖副使公舊圃故位定植。先君子既歿，始克作門堂三間，而苞及於難。出獄，復荷三朝聖主知遇二一，列位於朝。越三十有四年，復歸舊鄉，歎余生無幾，必當終先君子之志事。擬作三室，中室祀斷事公，西室祠祀遷桐始祖德益公以下三祖，東室祀太僕公。太僕公起家爲大夫，曾爲小宗祠於桐，子孫典守者竟摽棄之。擬於門堂書額曰「教忠」，從斷事公之志也；東室曰「合族」，從太僕公之志也。

古者，惟卿大夫有大勳勞，請於君，祫得及其高祖。程子則謂自庶人以上皆宜祀高曾祖禰。

苞，支子也，兄子道希承小宗，據苞，則宜自太僕公始；據道希，則宜自副使公始。去年春，道希又歿，若用古宗子之禮，則苞不得祀大父曾大父。故以義起，春秋時享，苞獨祭太僕公，副使公以下則道希之子惟敬先拜，而苞獻奠，以未成童，不能備禮也。曾子問：「君薨而世子生，見於殯，抱子者代之哭踴。」擬苞身後，則副使公以下立廟於惟敬之家，而更立別子不遷之廟於教忠祠西偏，遷東室太僕公之主以特祀焉。而東室則祀斷事公以後分支之祖，太僕以上積德累仁之祖。副使公始遷金陵，定祀別子廟之西室，世世不祧。禮窮則變。先生躬行仁義，禮教之所從出也，故敢以質正，而求爲之記。

寒宗雖鉅族，而遷江寧者多清門。先君子中歲窶艱，糊口四方。苞兄弟幼孩，每至春秋拜掃，先母典敝衣，以錢三四百命家僕持清香展墓，不能具肴蔬。不料姦僕連年不往，詭辭以復命。及先君歸，見先副使公元配趙恭人墓旁，被大柏村地棍盜葬二冢，控於郡縣者數年，苞又繼之，終不能起。柏氏族衆千餘，人多富强，先君控數年，郡守以上多批赴本縣告理；本縣雖準理，并不提訊，多至歲終注銷。及苞舉於鄉，面訴於上憲，特令上元縣劉令君訊明，證據顯然。忽因上憲升遷他省，轉爲柏姓寬解，致書於苞云：「古人澤及枯骨；君家世宦，何惜荒山二丈！」竟薄責看墳王姓人十板，不許柏姓更葬定案。劉令君卒於上元，柩方出署，投瓦石穢物大呼詬詈者數千人，城内外絡繹不絕。訪之耆老，皆知其事。

先君子每撫心泣血，命苞兄弟他年必置祭田。先兄早世，苞置圩田二百畝於高淳縣，山田百五十餘畝於江寧縣，皆在康熙辛巳以前。爲諸生時，則學使者宛平高公；始舉於鄉，則韓城張大司寇、太原張少宰三先生之助爲多。每見故家子孫多賣祭田，而寒族并及宗祠。望先生於教忠祠末附見祭田數語，蓋見於一代名賢兩江師保之文，則子孫不肖者妄念不生，而買者亦有所顧忌，而不敢輕受矣。僕年過朱子春秋已四易，恐一旦不宿，望早措意，使衰夫得目見。至勒石宗祠，則必俟公晉秩公相以後，斷不敢刻現秉節鉞之文也。

與王介山書〔一〕

致來諸古文辭并項羽本紀讀法，頗識高筆健，義法直追古人，而項紀一通，尤發前人未發，賢之用心勤矣。爲之點定，其冗者删之，付伻持去，賢以爲何如？

所示讀易乾、坤、屯、豐各卦，粗覽一過，知獨遵彖、象、文言諸傳，闡發透徹，似於諸先儒説易爲進。近僕鄉人程廷祚極好學，有所解易徵僕序，僕以平素究易未深，未之敢應也。今見此，

〔一〕直本題下注：「從天津王又樸易翼述信卷首録出。」

覺有起予者，留案頭細觀，幸卒成之，當與各所論著并序以問世。世不乏好學深思之士，知必有同然者矣。老生苞白。〔一〕

與友人 陳相國秉之，名世倌。

僕去歲仲秋失既冠之孫；孟冬，長子道章死，是以得手教久未報。賢尊宗伯公神道碑，以劉念台先生之學爲質幹，通篇脉絡係焉，如闌入御史大夫以後事，則爲駢枝。先生大孝尊親，合於孔子、曾子所云，則外此不足增重矣。曩者禮部以「未曾著書」，駁湯文正不宜從祀孔廟。先生潛心經學，僕曾以周官集注質正，未審别有闡發筆之於書否？近治儀禮，謹以喪禮三篇寄覽，望發其瑕疵，獨得之見，條列示我。衰病作字甚艱，不盡欲言。

〔一〕本篇後，方望溪遺集原有答友書一篇，經檢，該文與本書卷十一與熊藝成書相同，兹删去。

與友人書

江、浙舊仰食於江西、湖、廣，邇年江、廣米價亦兩倍以上，江、浙雖遇豐年，上游客米至者略少，價即騰踴，人心惶悸。直隸、山東、河南比歲皆阻飢，萬一更遇凶荒，雖聖主至仁，國帑亦恐難繼。及今欲爲久長之計，則宜立經法以開源節流；欲救一時之急，則宜有良圖以持危防變。謹條舉於左，以聽採擇。

所謂久長之經法：

一、則酒醪耗穀，宜有節制也。周公之法：公私禮事，皆臨期有司，始授酒材命造。漢初，重罰無故飲酒者，文、景所以致富庶也。曹操遷許，石勒建趙，首嚴酒禁。諸葛亮治蜀，至藏酒具者即加刑焉。明太祖定金陵，并禁種糯。蓋計中人一日所飲之酒，必耗二日所食之穀。果能斷酒一年，民間即可多積半年之食。今既不能斷禁，莫若重酒税，即用以備荒。先定條例：凡大省城内許開十坊，四鄉就大村鎮各開一坊，數不得過十。大府八坊，中府六坊，小府四坊；大州縣四坊，中三坊，小二坊；村鎮之坊必介在鄉城之中，不得過城内之數。無論黄酒燒酒，用米豆百石，則税宜稻十石，别貯一倉，以聽官調。減糶發賑，道里均，分散易，官民皆便。私開燒鍋槽坊者，與私鹽同罰。如此，則每坊用米二三千石，二十石一，即積稻二三百石。河北五路用黍豆爲酒者，用此比率。雖小州縣，每歲積穀二三千石，五年之後，雖大荒，民不艱於食矣。其出陳易新，仍使開坊者私其利，官不得撓。直至六年後，則官賣一年税穀以貯庫，充修城池、學校、官舍、橋梁，歲以爲常。

一、臺灣未平之前，沿江諸郡新米出，每石不過銀五錢、六錢。自開海洋，洋船一到，米豆價倍。邇來上憲深知其弊，嚴禁私放米豆出洋，告首者以其半爲賞。但沿路稽查者，不過差役兵丁，其得利甚多，習非既久，出首領賞，不若通同，容隱安穩，而長得厚利也。必奏明江、浙二省海關，每額税共六七萬兩，即皆逾額，其數亦不能甚多。聖主愛恤窮黎，每賑災荒，費國帑動數十百萬。若閉江浙海關，則漏孔永塞。粟米愈積愈多，中家皆能自保；即遭水旱，待賑者少而米價甚賤，隨處可買，費帑無多，通計所省國帑，較海關之税相十百矣。至洋銅洋貨，則福建、廣東、天津、登、萊海關不閉，依舊可致。其地粟米本少，即有外流，於内地亦無大損也。

一、種烟之利三倍於種穀，故兩江膏腴之地皆以種烟。陳公榕門巡撫江西，深知其害，奏惟城内隙地許種烟，外此皆禁，已蒙聖主允行。而部文少復開一竇云，近郊及村鎮，不種五穀之地亦許種烟，以此姦民種烟如故。若出示嚴禁，凡城外有種烟者，即拔其苗，枷責其人，州縣官記一大過，三犯必題參，則每州縣膏腴之地復爲良田，歲增稻麥豆麻一二萬石，合而計之，上下江歲增穀食二三百萬石，米價自漸平矣。又，蘇、松諸郡多以良田種荸薺、甘蔗，江西多以水田種蓮子，若并奏明，與城外之烟同禁，穀粟益多，乃足民之本計也。

與某書

始子叩吾廬稱師，而吾辭之堅，非相外也；計將爲講誦之師，則衰疾多事，無日力以副所求，將有進於是者，則吾身之無有，而又何師焉？及送子於逆旅，則不復辭，以子不牽於俗，而唯母之念，充是操也，可以擔負乎人道；吾身雖不逮，倘道其所聞而得能者，吾志猶有寄焉。

古人之教且學也，内以事其身心，而外以備天下國家之用，二者皆人道之實也。自記誦詞章之學興，而二者爲之虚矣；自科舉之學興，而記誦詞章亦益陋矣。蓋自束髮受書，固曰「微科舉，吾無事於學也」。故天地之大、萬物之多，而唯科舉之知。及其既得，則以爲學之事終，而自是可以慰吾學之勤，享吾學之報矣。嗚乎！學至於此，而衆安得不以儒爲詬病乎？

子之年長矣，既以得仕，而皇皇焉欲自得師，則所志於學者可知矣。雖然，所以務學之根源，辨之尤不可以不審也。將以爲名，則自致於父母兄弟者，皆以見美於人，而賊吾之本心；將以既其實，則所以備天下國家之用者，皆吾性命之理，而不可以苟遺也。自省自克於二者之間，而防其心之偷，乃百行之源，學者之始事也。子之歸也，果能專篤以厲所學，深固以植其行，俾齊魯之間後起者以爲表的，則吾與子之爲師爲弟子，所關不細。若曰：「予之年長矣，既有所得以爲親榮，可以優游而卒歲矣。」則皇皇焉欲自得師，義焉取哉？

吾平生非久故相親者，未嘗假以文，懼言之不實也。今特表賢尊之墓，蓋粗得其略於子之鄉人，又將慊子之志，而因以相砥淬耳。然記不云乎「大孝尊親」，使國人稱願焉，曰幸哉有子如此，是乃君子之所謂孝也。子能用吾之言以成其身，則所以爲親榮者大矣，亦安用余文之瑣瑣者乎？書不盡言，言不盡意，惟慎思而切究之。

答陳可齋書

聞賢入覲，聖眷益隆。西林又能廣求善言，而賢盡誠以告，甚喜。但目今四海清寧，而江浙沃土，細民無旬月之食，江西、湖廣米價三倍。又在位人材甚少。賢平心察之，九列中公忠體國，督撫提鎮實心憂民恤軍，而才識足以濟其志，風規足以正其屬，經文緯武、緩急可恃者幾人哉？自郡縣至藩庫，皆無多存貯，萬一饑饉薦臻，盜賊竊發，彌望皆束手無策之人，此愚之所以垂死而不能忘也。此乃世人所共知共見。至於用人行政，濯俗安邊，根本源流更有大且遠者。故常須與賢披豁兼旬，冀□聖主或有咨詢，惟賢尚能懇悃上達耳。與鄙人同心者，惟顧用方、德濟齋、陳秉之，而一二要人不惟深疾鄙人，并憎二三君子，此西林所以憂愚之致禍也。然愚惟與志同學同者交相砥勖，尋常軒冕皆避弗與通，又安知愚之所懷如是哉！

本擬三月末候賢歸途一晤，以河工海塘事方殷，賢必無餘暇。又愚自去年尋山歸來，老病日增，至今春更憊，恐此生竟無相見之日矣！言之慨然，餘不備宣。

答尹元孚書〔二〕

得手教，一切具悉。但辭意稱謂近於北宋孔、石二公之於孫明復者，在公則爲德盛禮恭，而僕非其人，實增慙汗！欲劖函丈等字敬璧，轉覺侈汰，是以敢直布之。

太夫人五十以前事緒既多未詳，獨詳後事，故以入家譜亦未爲不可。而僕謂宜爲年譜者，公先世自多潛德隱行，而無顯仕，則無功業可紀；未遭事變，則無奇節偉行可書。而家譜獨載婦德，則於體不稱。太夫人高行醇德，豈惟今世所希，即在古亦罕見，不若編年獨爲一帙，播流海内，可興可觀，其傳更遠耳。若苦窶艱時事多瑣細不可條舉，則以家道息耗，人事吉凶變遷，

〔二〕本文與卷十三答尹元孚實爲同一篇，本文義詳，彼之言簡。

或總數年、或十數年而括之曰：太夫人於是年幾何矣。此孔子世家義法也。略者略之，詳者詳之，唐宋名賢傳譜多如此，不必以前事簡略爲嫌。餘不宣。

答尹元孚書

來示欲刻周官餘論，即欲廣其傳，俟僕身後可也。僕以確守經書中語，於君不敢欺，於事不敢詭隨，於言不敢附會，爲三數要人所惡，常欲擠之死地，賴聖主矜憫，尚存不肖軀。周官餘論中欲矯革變易元明以來政法，使刊布之，則惡我者僅此誣枉，以相傾軋，故平生不輕以此書示人。惟冀公與廷彦輩二三君子變通其意，施於有政，或小有補苴，并不可以語外人。俟他日公等身爲宰輔，朝夕吾君之側，真見信用，不妨藉手以獻。世宗時，高安曾持首三篇入上書房，手録將進呈，桐城相國告僕，僕立止之。此三篇，聖主青宫時必曾見之。蔡聞之曾録五六篇，未知曾上達否？蓋直達於吾君，尚冀有輔於教治；若早暴於群小，則徒爲僕之禍胎。往時僕爲塞上屯田議，將上之，西林及來司寇學圃曰：「吾輩當面陳，子無以稿示人；使知子爲此議，則廷議必格不行矣。」公無謂天下人之心，皆公之心也。

與鄂長郎書

聞賢尊凶問，神志爲之摧喪。在賢尊，善始善終，亦復何恨！而老生所深痛者，國家失社稷之臣，天下士有志節者無所依賴，非獨以平昔交好也。

往者賢爲小人所構，老生屢致書賢尊，言自古名賢未有不經蹈折者，正可因此淬礪身心，進德修業。未幾時，聞聖主復擢居要地，夙夜虔恭，私懷甚慰。自今以往，所謂大孝者惟在立身行道，如楊叔節之繼伯起，范忠宣之繼文正，使他日載在史册，爲邦家之光。想賢所祈向固然，亦不待老生諄復也。餘不宣。

與陳秉之書

先生自長御史，及入内閣，所言所行，一應古賢繩墨。士大夫南來者，多言先生居政府，折節禮賢；而時輩務進取者，皆不求親近於公。山中人聞之，竊爲增氣。此正公操持有定，德業益光之明驗也。但於此時正宜審察有位者之底藴，博求草茅伏匿下僚沈抑之人才，以備聖主一旦之咨訪，引以自助，萬不可屬意文學辭華之士。僕閲世久，見此中絶少有本心人，望宿留聱言，徐觀其應否。

與執政書

江撫俞保甲一疏，見者莫不駭詫，以爲其害甚多，非徒無益。衆議四則呈覽。

據鄙見，則保甲之法必當行，而行之之法當通變以宜民。先年有或行此，民必甚以爲苦。蓋以專立甲長，則此人必廢生業，黠者或見事生風，希網姦利；又凡有辭訟，左右鄰牽連伺候官長，拖累無已也。莫若嚴行保甲，而不立甲長，十家輪管一日，周而復始。一日之中，不過定更以後，身到鄰家，有親友寄宿，即簿登年貌，雖正身以事他出，老婦稚子亦可延門入視，託鄰右登簿。所責於本甲者，止聚賭及造賭具、盜賊、私娼、宰牛四事，其餘户婚、田土、斗毆、辭訟，不問左右鄰。即有避罪逋逃者，止責本甲伺察，待其歸而共執之，不責以追捕。山隈水涯，就近五家七家即編一甲，不必滿十家，則人皆樂從，法可經久。若因議俞疏，奏聖上特諭行之，則民皆安堵，而諸弊之源可清。

與太守蔡公書

麥收後，米價益騰，以金陵民聚，雖大豐之歲，必待川、廣、江西客米，食乃可充。今上游米價皆貴，或官禁，或民禁，客載至省者甚少。自古救荒，不專恃公家賑發。周官荒政，大司徒令移民通財，士師掌荒辨之法。「令民通財」，富鄭公救青州，勸民出粟，得十五萬斛；趙資政救越州，募富人出粟，括僧道士食有餘羨者。

今民情甚急，若遠方之粟不至，雖嚴刑峻法不能禁其攘奪；攘奪既空，不能禁其爲亂。望公體賢尊先生仁義之心，父母斯民，捐養廉二百金以爲之倡，立印簿二，付上、江二縣令，勸省城内外富民紳衿合力救飢。糶簿到，老僕即帥子姪共出百金，以爲紳士之貳，義民高官佑願出七百金爲富人之貳。金陵城内外鄉鎮，富過於高者百餘家，與之等者約二百餘家，數千金者不可以數計。老僕除祭田外無一畝，子姪輩衣食尚不充，人皆知其爲攘奪所不及，尚出百金，則懼攘奪而樂輸者必衆矣。旬日中可得數萬金，收至二三千金，即陸續遣微官弁及胥役能者赴江、廣買米，貴置賤糶，庶幾民志有定，忍飢以待秋成。聞制府已遣人赴江、廣買米，金陵計口日食米近二萬石，不可專恃制府所買，必公私合力，陸續採買，周而復始，乃可共濟。

如公以爲可行，望即示一信，以便擬作救飢小引奉覽，以憑筆削。或先出簿，而以札告制府，或速告而後出簿，惟審察之。

答甘泉龔令書

君侯治行矯矯，乃以不得與鴻博之薦爲憾耶？學蘊而不聞，朋友之過也；能見而不進，長官之過也。君子無心焉。三禮之學，不識曩者曾殫心否？近無頃暇，不盡欲言。

答陳榕門書

以僕所見，正人君子居古嶽牧之任，惟此時爲多。大概皆潔己以守官，秉公以決事。其欲爲生民立命，大懼其無以養，無以教，而失其本性者，惟公則然。苟利於民，雖其後或累於己，而絕無顧慮，惟公則然。至不學者見謂迂闊，則振古如兹，雖聖賢無如何也。

小令郎痘殤，聞之心痛累日。以天之道，未有如公之孜孜爲善，邁種實德，而不得良子孫以大昌其世者，惟勿以累其靈臺。

僕今年六月上旬忽抱危疾，自分必死，立秋後忽漸愈，但食飲尚未能復常。關中檄示，正救時急務，凡章奏有切於康濟之實，及此類文書，并興利除弊，折獄禁姦，可爲良吏法者，宜彙輯爲一書，與前明新吾呂公實政録并傳於後，無疑也。

答陳榕門書

得手教，言有司匿災，大吏奉行具文，民窮於無告，令人流涕。就所至之地收恤流民，以待本地有收，聽其自回，乃富、趙二公救荒之法所未備。屢勸吾兄編次從前實政爲一書，非以爲名，欲使世有心者用爲楷法耳。

弟雖衰病，九治儀禮，益灼見聖人之心，頗以忘憂。忽得尹元孚凶問，半月來，氣短心孤。自南歸以後，李陳二方伯、莊副使皆中道而殂。元孚志事尤大，而天奪之速，是乃國之瘁、民之窮也。

數年來南中皆有收，而江西、湖廣米價加倍，江浙倍且過之，窮民在在與有司爲仇，不知雖罄長平倉穀亦無益也。吾兄幸實籌條舉以示我，吾黨中或有體國憂民者，當與言也。

與黄培山書

告歸五年，求一好經書識名義者，與之共學，竟未見其人，因念賢壯年不汲汲於仕進，授徒色養，似有志於斯。愚爲先忠烈斷事公建專祠，左厢有小屋三間，將以「敦崇」名堂，痛世教之衰皆由人心偷苟，不知敦厚以崇禮。必能行三年期功之喪，復寢之期一如禮經，有無與兄弟共之，不私妻子，始粗具「敦崇」之意，而比類以成其行。亡友四人，曰劉捷古堂、張自超彝歎、王源崑繩、李塨剛主，爲「敦崇堂四友」；及門則甯化雷鋐、桂林陳仁、黄明懿可與於斯。未審賢有志以爲己任否？其痛下功夫在好學力行，知恥遷善，改過日新。宜標揭楹間，觸目警心。餘不贅。

答劉任丘書

始相見於都門，即覺老先生與高陽李德孟臭味與吾輩相近。兒章歸，得手教，益信超然欲投高軌。竊觀古之能自樹立者，必視窮達險易死生爲一貫，然後能擔負名教，不中道而自弛。平生思得北方學者與相砥淬，邇年洛陽李餘三、安州陳廷彦、博野尹元孚皆時位少可以自達而身殂，甚憂斯道之孤，望公進德不倦，爲吾黨光。與李世兄通書，亦以此告。餘不宣。

答程葭應書

熊又昌回白門，接手札，時既冠之孫疾亟，不幸於八月下旬脆促。長子道章憂勞，故疾復作，於十月中旬長逝。百事俱廢，凡族姻生徒唁札皆不能答也。

前札稱謂儀式一與夔州同，在足下愛兄敬長之心出於至誠，但師弟子之稱，時人多苟用，必既其實，乃見古人之義。僕少壯遊四方，數至吾門，必請業而後已者三百餘人；及赴詔獄，入省視惟夔州一人。用此，難後三十餘年講以所聞者惟黄世成、雷鋐、劉芳靄等，不及十人。如足下之服義强仁，固愚心所願與步趨古人者，必以爲可師，必來北山講問旬月，定所祈向，力行不息，以希東漢諸賢之轍迹，以視從問文章者，則皆瞠乎後矣。若遥爲師弟子之稱，則不若以世講而爲道義交之得其實也。

足下平生善行，實世目所罕見，自當爲文以傳之，今以聯扁先，但止可懸書屋，隨時體驗，不必置普濟堂，以平生有題額及楹之戒，恐滋衆人口實也。

答鍾勵暇書

寄惠鹿茸，正衰疾所急需。但吾兄與大田豈能以珍物爲禮？望以原價告兒章，仍假於高行以償二君子。受而不辭，乃見古人之義。

爲我告海寧，其尊人外碑作於其長御史時，通篇以劉念台先生爲章法，不可入居政府事。不惟左、馬、退之長篇不可增減，即歐、王叙事文浮冗處不芟，而旁説則不可增，以有章法故也。餘不宣。

答馮生祁書

得來札，知去臘扶輤至家。尊公才識高出衆流，愚一見即決爲救時名臣，不意甫秉節鉞，遽爾淹忽，豪俊云亡，邦國之瘁，豈惟知舊中懷惻愴？然以死勤事，宜登册書，亦可以無恨於泉壤矣。

前札索苗疆圖及原議，屢問紀綱，皆云尚無確郵。會有司鍛煉兒子，勢正危急，旬日未得通問，而宅眷及郎君已西歸。今先以原議奉寄，録畢仍望寄我，將以付有心人，冀終見諸行事，亦公之志事也。都門繪圖人索價太高，已付河督顧用方屬存副本，候取回原圖，再寄。四金望市牲醴果蔬，薦告壽宫。

讀禮之暇，宜留心古人經世之學，以紹先烈。兄子遭誣，雖半得昭雪，而毒痛已極，近其兄以憂憤致疾，殁於望後三日，門祚衰薄，一至於此！衰夫短晷，心絶志摧，未知尚得首丘否？臨楮嗚咽，未盡欲言。

答單生

春秋通論義例未畫一處，得賢勘出，大有功於此書。簿書煩劇，中心尚能細入若此，豈惟敏鋭過人，亦凡事不苟，竭誠於師友之驗也。

惟納衛朔，舍同代之陳、蔡而首鄭，則有説。周之東遷，鄭以畿内懿親，首叛共主，繻葛之師，罪在不赦，突又以篡立，與兄弟争國，使王之討得行於朔，則次當及突矣。當是時，昭公既弑，子亹惴惴然莫必其命，故突厚自結於齊，與之謀紀。而宋公憑又自鄭入，以亂而立，則納朔之謀必突陰主之，而假手於齊、宋，以定朔而自爲樹黨也。魯與陳、蔡則聽於齊、宋耳，其不與伐以初入於櫟，子儀在鄭而不敢出也。此義當於細注見之。今已鋟板，賢他日於經説中并所遺魯夫人謚法，爲我存之。

易、詩、書、春秋、三禮，凡已行於世之書，愚皆别擇，欲各爲一編，以省後學心力，而使無歧趨。鍾君勵暇已編定春秋義疏，今嗣事於戴記，三年而未成，以在京師日力分於外務也。余經若賢能自任，則老夫餘生可優遊以卒歲矣。但其規模條理必面講乃可定。未審衰殘之軀尚能逮否？不宣。

答吕□□書

接來示，具見襟抱閎遠。聖主頒諭求賢，懇惻感人，而數月以來未聞諸公有所稱舉，一似并世竟無其人者。某竊謂彭鵬晚節已爲公論所棄，即陳賓廉謹外碌碌無一事可稱。就某聞見中，高出其上者十數人，惟比踪湯、陸，則信乎其未見耳。近觀明史，抗節致忠，死生禍福不入其胸中，一卷之内必有數人。就湯、陸立朝事迹衡之，湯、陸尚未之能逮也。二公不可幾及者，惟以道事君，能灼知孔、孟、程、朱之志事耳。某前書所云，不過當官干實，李武定、陳湘潭規模已略相近。等而上之，尚有大事在。以吾友坦易洞朗，有豪傑氣象，故復以此告，想不以爲闊於事情也。

兄子道永事，遠近相駭，近始少得昭雪，而其兄感憤成疾，於本月望後溘逝。衰夫心灰淚血，如或不宿，與公等相砥勖更無其期，故匆匆中略暴所懷。諸議未暇録稿，異日定當寄覽。餘不贅。

與亦老道丈書〔一〕

令親處撰文潤筆如已交來，望爲擲下，緣日來正覺拮据也。瑣瀆弗罪！弟方苞頓首亦老道丈。

答徐宜人書

宜人佳句久傳四方，曩賢郎見示，某以治經未暇批閲。頃承手書通問，兼示輓尹太夫人詩，章法格調深得少陵遺則，不獨近代閨閣中無倫比也。奩田事自當致書夔州，但其兄子久已成

〔一〕直本題下注：「此文從海鹽吴修石刻昭代名人尺牘中録出，原係摹刻行書。」

立，自作主張，不審夔州能指揮否？謹留二箋奉揚清風，董字海杯扇墜敬璧。如有餘閒，取平生最愜意之作，用各體字寫數篇，俾裱小册，以存墨迹。已刻經、子八種奉覽。中有服問一編，乃人紀根源，賢孫輩四書畢，便宜令熟讀講問。餘不贅。

方望溪文集全編卷十三

書牘

與陳占咸 大受[一]

始春得手札，聞來使已回，是以久未得復。愚臥病閉門，一無聞見。惟鄉來衆論，謂十餘年間大府廉静愛民者，未嘗無人，而多不能察吏，是以民不見德。凡爲吏者，三年以來，貪廉、仁暴、明昧，本難掩民口。其是非失實，大抵寄耳目者非其人。惟實按以政事，多採人言而參伍之，去其尤患民者，則百吏革心，而民實受其福矣。往者湯文正、于清端及目今德濟齋，所至得民譽，皆由於此。

又陳總憲在東夏時，曾有一事，至今民歌思之。濟寧州土棍聯衙蠹、武舉、劣生爲害。陳

[一] 本篇以下至答尹元孚，原爲望溪先生集外文卷十。

公訪聞，懲其尤者，放流二人。其餘六七十人，張榜通衢，令州、縣注册，不能改過，仍與聞外事，即時申報，紐解治罪。至今屏息，雖欲爲患於鄉里而不能。此天下通患，不可不留心訪察也。

邇來頭目痛不可解，亦懶於作字。餘不贅。

又

得來示及與兄子某札，具悉賢者察吏安民，事事實心，且曲盡苦心，私懷欣暢。愚札所以汎言治體者，離鄉三十年，土俗民情之變易，未由深悉；即有所聞，恐係愛憎之口，不可信也。賢既得之實見實聞，又能公聽並觀，不以耳目寄一二人，自各得其條理。近都下亦衆白於所劾之皆當矣。過嚴之疑，正由去重從輕，未能察君子之用心耳。凡治法莫如内寬而外嚴，目前尤爲要道。若不能，大畏貪劣者之志，則遺實害於民。愚前亦聞過嚴之語，而不以告者，深信其當如是也。聞今歲各屬秋成尚好，未審鳳、廬何似？言不盡意，臨風神溯。

又

凡大府清明嚴肅，而又能安静，然後實德及民。賢自秉節鉞，官吏士民相安，即此見真實力量。但聞事無細大，必親裁決，自是古賢用心。昔武侯固然，但聞見中有仿而爲之者，久之則重以自困。蓋小者一一致詳，則大者或轉疏略。幕中必求得信心人，小事一以委之。然後精神休暇，日力有餘，可專一以治大事。

今移鎮江蘇，事雖煩，而臬憲陳公深鍊世事，實心爲民，一切刑獄，可不大費心力矣。運司朱公耿直樸實。蘇常道王公雖未知其吏治何如，而共事書局時，知有志爲好官。崇明總戎陳公，心術坦白，頗有識見，吏疵民瘼，可備諮訪。欲得州縣官仁刻、廉貪、昏明、敏罷之實，必先於道府中得二三公正誠信人，參伍其議論，考證所見聞，乃得無誤。下江風氣與上江異，士大夫、商旅、伎術人，聲息日至京師，如潛菴湯公，大服其心者甚少。儀封之廉公，尚嘖有煩言。顧用方專以公誠簡静處之，數月中亦頗無異議。

愚今年來舊疾時作，幾不能支。悤悤不盡欲言，臨楮曷勝馳溯。

又

來書所言，事事皆處之得宜。至謂「歷事多，利害甚明，則受病即在此」，真古名賢語，可爲庸庸者藥石也。用方臨行時，愚囑一切吏疵、民病、漕運弊蠹，與賢商論，必大有益。昨力堂問救荒實政，亦告以誠心與賢經畫，必得其宜。力堂忠國愛民，直辭正色，爲中朝第一。別札中三條，以其行速，已告以大略，晤時，録原稿付之，當與公同心。且聖主鑒其忠誠，或可爲斯民福也。陳札即當作字封致，聞仲夏始得回。

又沿江居民大害，莫過於糧船東下。所過之地，遇蘆洲，則結束之柴，必搶大半。所駐之地近魚蕩塘堰，則恃衆强取，居民不能敵，有司不敢詰，即大府亦不能禁，以其爲別省之船。惟漕督嚴責運弁、運丁，尚可少斂戢。若訪於賢，亦望切言之。

愚自聞祖墓積水起攢，寢食不安，舊病竟難支，不知終作何狀？貫一事，古義可風。去臘已進周官，頗蒙嘉許。將以三月中告歸營葬。餘不宣。

又

先斷事公諱法，苞五世祖也。明洪武初設制科，中己卯鄉試，出正學先生門，爲四川都使司斷事。不拜燕王詔，本省羈囚。又以正學先生十族赴詔獄，至三江口自沈，尸骸不得，以衣冠葬，事載欽定明史正學傳。配享江寧南門外正學祠。專祠在桐城，有司春秋時祭；而自先太僕公葬金陵，子孫居江寧者，不能歸展墓拜祠。

苞擬建宗祠於江寧，名曰教忠祠。其地或於先曾祖副使公舊圃，或於壽州族祖震孺虎踞關山房。中室祀斷事公。西室祀始祖以下四祖。東室祀斷事公子某、孫某，爲分支之祖；太僕公之祖某公，爲積德累仁之祖。先太僕曾建小宗祠於桐城，子孫典守者竊摽棄之。今擬於三室之後，更作三室爲小宗祠，祀太僕公以下三世祖考。程子云：「凡士大夫皆宜祀高曾祖禰。」本世所通行，特太僕則不祧耳。教忠祠祭田二百畝在高淳縣，乃苞爲鄉貢士時所置。康熙壬午。小宗祠祭田百五十畝在江寧，苞爲秀才時陸續購得，拙集中所記泉井祭田，其一也。瑣瑣必敘入者，以服官後未增一畝也。望賢爲作教忠祠記，而小宗祠及祭田亦附見焉。每見故家祭田，多爲子孫所鬻。而敝族并及宗祠，若得大府名碩爲記其事，則不肖者妄念不生，而買者亦有所顧忌。

苞平生夢多奇應，七月杪，夢或告我來年將委蛻。記文祈速就，及余之見。其勒石，則必俟賢總制鄰省後，不敢躁也。又明初方、景二公祠，宋楊忠烈祠皆在江寧南門外，相去不過百步内外。正學墓無古木。楊祠與墓數十圍木。姦民下闕

又

前一札託程世兄致，想已達。近聞王次山老先生丁外艱。古者三老在學，吴門老輩如韓祖昭、葉爾翔皆精於時文，兼明古學，且人品端正，年近耄而視聽不衰。愚往年曾爲道其人，尚記憶否？若延爲義學師，實可不愧。望酌之！

又義學不宜專教府城貧士，貧士無才學者，始貪義學中飲食之費。宜用于清端遺法，移會學院，送三十内外屢試前三名兼通經史者，更訾相其材質，于公所取，止屢試第一，不問古學。試以時、古文而後留之，則當有人材出。但彼時義學中資用甚饒，近則不能。如有高才積學而以授經爲生者，必商度能以二三十金給其家，然後能遠出耳。于公所教四十餘人，以專課時文，其後未成進士而以舉人、拔貢者，不過十許人耳。若兼課以經學古文，而賢大府暇日時親臨，進諸生而告以行身植志之方，激發其志氣，則所成之人材，必有遠過於于公時詞章之士者矣。悤悤不盡欲言。

又

南歸後，得賢二札，大爲心開。每見士大夫平居陳義侃侃，及肩事任，遇小利害，輒自背其初心，而不顧人之非笑，滔滔者皆是也。賢能以義制事，當其時，不以世故人情亂心曲；既事，不以成敗利鈍生恫疑。此老生夙昔相期，而未敢必其果然者。今日見之，愉快爲何如！

憶昔安溪李公以直撫入相，余叩之曰：「自入國朝，以科目躋兹位者，凡幾？」公屈指得五十餘人。余曰：「甫六十年，而已得五十餘人，則其不足重也明矣！望公更求其可重者。」時景州魏君璧在側，退而曰：「斯人吾未前見，無怪乎見者皆不樂聞其言也。」三代以後，雖君臣志合，如孔明之遇先主，猶不能知無不言，言無不聽，安敢妄意伊、傅、周、召之事業。但既自獻其身，又荷主知，則宜有一二大節，使後世聞而興起。其次則訏謨壯猷，功在社稷。又其次則禦災捍患，實德及民。若碌碌奉其官，恥莫大焉。往歲徐、鳳、淮、揚水災，萬口同聲，謂能體聖主之心，父母斯民者，首濟齋德公，次吾友。安撫張公憂勤惻隱，而感頌未若二君子之殷；以鳳屬之災，未若徐及淮揚之廣且酷也。是賢於三者，已一有得矣。然歷觀唐宋名賢，必堅持此志，類之盡之，以終其身，然後奕世無疵焉。步山椒者，數盤以後，登陟愈艱。齊紈之潔，偶觸脂垢，雖數浣濯，不能去其暈。然則成敗利鈍，賢能不以爲憂，而不可不以此爲憂也。

先賢祠一簡，李老先生書一封，程世兄札一封，望驗收分致，餘則貫一能口云。臨楮不勝懷念。

又

每得手札，懷抱爲之一開。所慮人材日少，大吏以敢作爲能。或耽吟咏、薄案牘，使萬事隳壞於冥冥中。若左右輔弼有能入告我后者，尚可矯除。曾爲貫一切言之。邪人多易變，總由既得而患失，湯睢州亦不過能不變耳。愚與貫一常欲以睢州望賢，近來人望日重，可見人心之同。但行百里者半九十，洵有如來札所云耳。愚散體之文從不以示人，惟貫一輯得十八，賢慮其沈没，古人之用心。當命兒孫鈔寫，冬初寄覽。諸經解説共九十餘萬言，必得一通人能寫能對，與愚同寓，有疑即問，然後無譌舛，但非終年不能畢事。愚平生心力所竭，惟在别擇先儒經義。若能購善本，照樣删取點次，俾令嗣秀敏者治之，兼傳其學於湖南北之學者。其事大於存老生一家之説，其費適相等，不若舍彼而爲此也。

又黄岡杜于皇先生遺集，舊爲曹楝亭所得，後不知其所歸。滄洲竟世諏訪，未得其蹤。近金陵一貧家婦出一二册求售，索價百金，并古文幾二尺許，雖無關於世教，亦百餘年來一文獻也。若能約貴鄉中有心者四五人共購之，各鈔一部，亦大快事，以久已湮沈而復見也。前使者至，當即以子參參丁付之。昨已付程世兄百金。據程云：往年係百九金，而來札止四金。俟程回蘇時再報。輿圖已封付程。臨楮不勝馳溯。

又

仲秋出訪地師，兼尋舊友知醫者。地師他往，醫亦無效，脛腫如故，頭痛轉加，將若之何？連得二札，中云閲牘多則此心漸昏一則，乃古賢治心治事身體有得之言。國初圖大將軍海羽檄旁午，觀書不輟。湯文正之在秦中亦然。與賢所見略同。其他論人論事，皆有深識卓見。近見群賢志事，皆蜚摇無定。將來繼武睢州，惟賢是望耳！發來書籍收到。儀禮經傳通解，印點甚難其人。别簡所條舉，留意辨察。餘不宣。

又　前九札，映垣自都寄到，云得之陳公裔孫。此札乃厚子自雷翠庭讀書偶記録者。今合刊之。鈞衡識。

知老生志事者，莫如貫一與賢。天幸兩賢並爲聖主所特知。望重自砥勖，爲國家擔當世教，爲天地保護生民，各竭力所能致，以歸潔其身。並告同學諸君子，平昔不病老生爲迂闊者，此札閱過，即確寄貫一。

與魏中丞定國

及門劉生大櫆者，天資超越，所爲古文，頗能去離世俗蹊徑，而命實不猶。弟舉以鴻博，已入彀，而或檢去之，兩中副車。今以親老，不忍遠離，止得暫圖教職。公見其文，自知其嶤然而異於儕輩。弟復先言之者，以其數奇耳。其所著小稱集，謹以呈教。

與雙學使慶

劉生大櫆不但精於時文，即詩古文詞，眼中罕見其匹。爲人開爽，不爲非義，爲學幕中最難得之人。

告之。方苞白。

與雷貫一 鋐

大臣體國，莫急於得賢。必舉能不詭隨、志在忠君利民者三四人，以告聖主。見西林，以此告之。方苞白。

與族子觀承

得來札，重承節鉞寵命，惟有恐懼。古賢獲自天佑而身名俱泰者，其根源皆自此一念始。興利除弊，施實德於民，乃所以答主知，而開子孫以五世十世之福。餘各一箋，惟審察之。姪言文集中尚有宜商論者。無緣相見，幸詳列一單封寄。餘不贅。望老人字。

又

序必姪親行書，刻本必歐字。原本皆淮上、江寧拙工所爲也。愚於祠堂之左，老屋數間，名曰敦崇堂。有楹聯欲姪書。俗稱姪，非古也。署伯父望溪先生命書，後但書名。酌之！餘不贅。望溪老人白。

又

連得手札，久之始作答，衰疲可知。清涼寺碑記未知有暇爲書否？又太僕公小宗祠，欲姪楷書，盥若曾相聞否？適潘道兄過我，乃我搜會試卷所得士，爲人老成開爽，告假葬親及其兄，返山陰，故附書通問。餘不宣。望老九月二十九筆。

又

得來札甚喜，所見與愚不謀而同。下糧道諭，曲盡事理，言中肯綮，皆稱量而出，非幕中人所能代也。略易文移中字面，便似古人教令。以後凡有關治教文字，必自爲之，久之便可成集矣。葉君增俸，不獨余心爲之一寬，以安老儒，實盛德事也。清涼寺碑記，行楷一聽擇便。江寧刻工甚拙，若得好手，於浙中刻之，一水易達也。望老白。

又

扁聯並嘉，即付康在雙鈎鋟版。序内增入七十子之文一段，更覺醲至。此語老夫胸中常私以自勖，不意自姪發之。李漢序退之集，則以弟之子序伯父集，不用以改跋。餘列别簡，不贅。望溪期老人白。

又

望溪集偶鈔，如姪所云更定。再寄一部，並經、子七種。周官解辨，聖人經世之法；春秋通論，聖人斷事之義，乃擔當世道，爲國股肱者所宜用心，非經生之業也。時人於喪禮，百不一行，非惟不行，亦竟不知。老夫痛之，故爲或問一書，甚有關於人紀，聖主大孝，實行三年之喪，顧用方總督漕務時，刻之淮上。三年前，閩中監司並讀經史子集二册，刻頒各州縣儒學。嗣後關中、河南、粤西中丞、學使、監司各鋟版以示諸生。姪若作一序，述尊公與老夫雖遠兄弟，而居相近，少小相親。及水部公官京師，延劉北固教尊公時文，而老夫適入試京兆。每過寓齋，尊公即從問經史，或問及書後諸篇，手録而藏之篋笥者過半。姪叨爲岳牧，宜慶聖上之孝治，故鋟版以示書院群士及各州縣生童，將以助流政教，而亦以終先人之志事也。此書徧布於百城，則尊公之好學親賢，亦不没於後世矣。

又

自魏中丞以下十札，皆厚子搜録者。鈞衡識。

接來札，惻惻感人。兼旬以後，不得已仍治儀禮，營祠堂未竟之工築以自遣。惟夢覺，及清風朗月，尤難爲懷。静思賦命坎屯，竟世在悲憂窮蹙中。自告歸，獨坐山嵓，身心少覺安泰，故昊天不弔，俾餘生常戚戚耳。姪短札古雅，老夫皆篋藏。公餘，隨意以小箋書平生稱心詩句，備各體字，俾裝册子，時一展視。復梅少司寇書，到日若已回京，望即命奏摺人確遞。王生語，盥若口之，餘不贅。期大功望老人白。

與從弟雪泉

雪泉曾孫某出示此札，前路殘缺，録其後半如此，亦略見先生篤親之萬一也。鈞衡識。

楊樹灣田價，又從新債百餘金，尚未得成功。以鮑甥在省，樅陽存稻近百石，貴時不賣，近則不可賣矣。助叔父葬事十金。賣此稻時，鮑甥自送上。又命以十金付六弟，爲五弟典租四石。意欲明後年積至三十金，未知衰殘之軀，此志得遂否也？二兄又白。

與顧震滄 從春秋大事表録出。

承示春秋表諸序，乃知老先生始仕而顛，乃天心玉成，使有得於古，有傳於後也。僕戒爲時賢作序三十餘年，今必破例爲之。老病不能爲揖讓之禮，故不見一人。先生若枉存，自當披豁泉石間。

答尹元孚 恩露藏本〔一〕

得手教，一切具悉。爲母編年譜，古未之有，而太夫人志事與賢士大夫略同，乃婦女中特出之人，不惟今世希聞，即在古亦罕見。則孝子創例以爲世法，播流海内，可興可觀，人不能訾也。如苦寠艱時事，皆瑣細不可條舉，則總計家道息耗，人事吉凶改移，或數年或十數年而括之曰：

〔一〕本文與卷十二答尹元孚書實爲同一篇，本文爲彼文的簡本，亦或爲收藏者所删改。

太夫人於是年歲何矣。此史記孔子世家義法也。略者略之，詳者詳之，唐宋名賢年譜多如此，不必以前事簡略爲嫌也。望溪方苞白。

與顧用方尺牘[一]

凡大府不受賄，不聽請託，一以理斷，老吏揣摩，十得八九。儀封張公撫江蘇，老吏詭稱幕客有小徑可通，曰：「本官受賄囑，乃能如約批斷，一字不移。幕客擬批，本官或改易字句，無法可禁。但或行或止，或勝或負，或准或駁，如約所封財物，即日判割。」用此，大得所欲，道路喧騰。公猶不信，曰：「凡事皆吾自決於心，姦何從生？」久益有徵，乃深悔之。

僕思得一法，先期出示曉諭：「向來姦胥有誑稱幕客小徑招揺詐財者，惟予於一切文書辭狀，俱手自批定，幕客不能參議。且立内號，凡所批斷未發以前，書吏無由聞知。定例：清晨先發示單，批辭逐一開明，實貼照牆。直至薄晚，始命巡捕官於大門外發批回文書。次日始發内單，使書吏登簿，並發所準辭狀，下行各屬。自今吏民毋聽誑詐，並不必探寫批語。」其後滄洲陳

[一] 本篇以下至又與沈畹叔，原爲望溪集外文補遺卷一。

公、君璧魏公行之，弊果絶。

于清端公督兩江，數命田中軍傳諭屬吏，田抑揚其辭，而家累巨萬。其他督、撫、兩司，清正無私，而堂管、傳宣官假託取利者，不可勝數。宜除堂管，用愚蠢不識字人守宅門，而託道義之友或至親不容相負者監之。門外置雲板，凡屬官以公事求見，巡捕不得遏，即時擊雲板，門外即達簿記。或速或少遲，限日傳見，則此弊可除。

一、朝夕相見屬吏及書吏、僕從，萬不可少假以語言色笑。即不聽其言，而外人多求自通者矣。

一、本城屬吏及巡捕官口角便利善會人意者，即當遠之。雖不聽其言，外人數與之接，必謂能言事於左右。其人必乘間招摇，無從防備。

一、大府道在察吏，吏服民自安。然最忌者，寄耳目於左右親近。蓋小人無不好利，其是非必悖於公論。惟於辨事之明暗、寬刻、誠僞察之，而博訪於民言，乃可無誤。

一、進一善人，民未必遂受其利，以善人或無才，或不能盡行其志也。惟退不肖，則吏皆革心，而民免於害矣。但恐所謂賢不肖難得其實，必驗民所向背乃可憑。而欲知民之向背，亦難得其實；即私行親訪，左右先必反售其詐術，莫若參伍於衆言。凡州縣屬吏及教官，得暇必面見，必先問以地方利病。且明諭以泛詢非一塗，言若不實，將來即以爲大計優劣。聽其言，觀其貌，其公私明暗可大半得矣。然後訪以鄰境之吏治民生，隨即簿記。以三五人之言相參驗，則可漸得其實矣。

一、凡監司最惡文深，不顧吏民甘苦，專以己之進取爲急者。

一、言語樸直、不善承迎上司者，其中多正人，宜留神察之。

一、州縣有仁心、辦事平允者，宜恕其小過。

一、數年來，紳士頗畏法；而武斷鄉曲爲民害者，皆土豪光棍，以能賄通有司，結交胥吏也。自南宋以來，爲小民患者，皆在胥吏，天下同然。能確訪光棍衙蠹，一一置之重法，則政可行，民可安。

一、人命盜案，固當留心，而有司牟賄，多在户分田土。有上控者，必親提數事，得其實情，則重懲有司。民間寃抑，庶幾可減。

一、特造小書屋於宅門旁，小圓窗緊對傳桶，高麗紙糊；旁開徑三寸小窗，陷以玻璃。私語可聞，闕目畢見。從内室作夾道，高數尺，直通此屋。無事則躬坐焉，有事時亦時命樸實人坐此，可使欲作私弊者，怵然爲戒。

與沈畹叔尺牘

賢居臺中，所由已得正路，當久而益堅。然讀書人心血不足，易至羸弱。退之云：「先理其心，小小病自當不至。」愚雖一生在憂患疾痛中，惟時時默誦諸經，亦養心衛生之術也。

又與沈畹叔

老生初謂賢温温文士耳；及服官，風采可畏愛，私心甚快，望益振拔。雖家貧禄薄，而有道者稱願曰：「有子如此，則所以慰賢尊於九原，而揚太夫人之清譽者，遠且大矣！」惟良食，善保有用之身。

又與沈畹叔

聲山，吾故交，賢以身後文相託，從前未許作者，以多事無暇。且愚爲文，亦有數存其間，如夏重之誌，多年廢置，頃刻而成是也。但愚即爲文，亦不能多述狀中語。惟聲山居禁近，無忌嫉心；殁後，公論在人。即是表之足矣。二狀爲賢討論，附去。

戊申正月示道希〔一〕

得正月十日報，知嫂終不起。我乙巳夏已見魄兆，故前書屢及之，恐汝久病積憂，忽遭大故，損身以傷孝也。嫂爲未亡人，年已六十，無可甚哀。但在吾家逾四十年，未嘗一日安享，又死不見孤，其疾以膈噎，必因姻家相累以致此，可傷也！汝爲副使公以後宗子，未有嗣息，義宜致敬而不得致哀，故爲汝懸衡今古而取其衷，惟慎行之。

古人於父母，凡可以致隆者，無不盡也；而惟善行則不可鑿空構設。故學士大儒父母狀志或闕焉，蓋苟無大異於恒人，則不敢爲溢美之言以誣其親。吾家先妣自太僕王恭人以來，世有淳德，而譜無傳，墓無表。先君五齡失恃，故余於祖妣以上皆無述焉。汝爲母請志，情也。汝母在吾家，以承先妣，則上方不足；顧視諸子婦，則下比有餘。節以一惠，亦尚有可録者，當爲汝略存其實，汝輩毋妄有稱引。

〔一〕 本篇以下，輯自方望溪遺集書牘類，第七十一至七十九頁。

喪紀莫嚴於近内，故男女各有次，限以内外，偕作并息，雖有不肖者無由接於淫，非所以絶惡於未萌也。道希、道永即以母之室爲廬，介婦次冢婦之室。拜奠，夫婦易期，不得相面。廬不於中門外者，諸婦無所統，奴婢出入宜譏也。在禮居堊室，非時見乎母不入門，恐與内人接也，故不得相面。

道章宜三月不禦於内。然聞其爲姻家所累，世母號痛，連日不食，可伸哀至五月。示女幼失母相依，宜次吾家五月。若以家貧多事，不及期而歸，必與婿異寢。我難後，勤女撫於世母，如母必期後更伸禫服一月，乃得遺嫁。

嫂叔古無服。後世雖加以小功，於禮無所用哀。而我聞嫂之喪，氣結累日，蓋哀其事吾父母，日從竈上掃除也；哀其侍吾兄之疾，晝夜無寧息也。先君殁後，我以老母盥饋，責嫂益嚴，嫂常含怨怒，即道章亦疑余過當，不知此易所謂「過而亨」者也。兄將終，命嫂事無大小，受我節制，一如親聽命於兄。陳大義，謹細故，使相畏忌，正所以起教於微渺，故克至今，終無墮先兄之命耳。今内失長家老人，我無歸期，道章北上，道永歲至故鄉、繁昌、高淳；中門以内，女婦十人，無大男子，唯道希一人。必深體此意，嚴明禮法，俾上下斬斬。若仁而不武，患不勝言，久當知之。

喪，敬爲大，哀次之，瘠爲下。道希久病，羹用豕膏蝦卵，十日一肉食。道永則量其所能，行而勉之。

道希兄弟可先取我所著喪服或問逐條體驗。日看勉齋所編喪禮，次祭禮，次朱子所編儀禮經傳，旁及地理書，就劉丈梧岡講説。飯後經行，日五千步，以漸加，多多益善。秋冬自入山卜兆，事無先此者。

道希冢子，年長行端，諸弟一稟命，所不待言。昔予南歸，姑姊妹道冢婦日益修飭，今命主内事，而道永、道章之婦分日佐之，勤女、長孫女記錢物出入，月有要。二人出閣，則次孫女繼之。冢婦不得以無子自怠，勉持綱紀，使諸事有餘，則道希得自將息，爲免喪後生子之地。此吾家第一重事，亦冢婦義不可以苟委、情不可以苟安者也。群妾宜使識字，將來登記簿籍。

喪事主哀；而老疾不能致哀，則以敬達之。毋近婦女，毋嬉，毋游，毋縱談笑，毋醉，毋飽，敬之郛廓也。守此，則心不弛於逸欲，而身亦不敝於悲憂。我自先兄之殁，心氣淤傷，小有感觸，輒哽噎中滿，夜不能寐。前年得古塘凶問，去年寄園先生卒，杪冬聞嫂疾危篤，懼道希不能支，皆用此自鎮，因悟記所稱「無服之喪」及「有憂者側席」，義固然耳。未老無疾者亦宜知此，但於喪紀各勉致其哀而已。

家報紅籤，非禮也。可用竹紙，俟我服除，加古色箋。道希輩小祥易淡淞箋，至禫畢。

己酉四月示兄子道希

前聞汝與道章定計，遵汝父遺命，吾兄弟三人同丘；又能權義將葬汝母，而以叔母蔡氏祔，私心甚喜。如此，則義明恩洽，可以教世世子孫之爲兄弟者，可以教世世子婦之爲冢介者，吾世其興矣！

前書所云，以痛道希、道永皆有子而殤，異日我死，開兄墓以葬，或不能無疑。又陰陽家之説，據所聞見似亦有之。苟兄之靈已慰，弟之魄體有依，我即異穴而近依父母兄弟之側，情亦可安。所以託言我死之後恐道章溺於術家之説者，不忍正言以傷道希之心而益其疾也。不意道永歸，忽有異議。昔章子遭母之變，尚不敢欺死父，汝兄弟乃無故而背先人之治命乎？父母身後之事，人子主之，安常而無遺命者則然耳。汝忘汝父屬纊之夕，驅汝母及汝於户外，而命我獨侍乎？數十年以來，凡有吉凶事故，汝父必於我見夢，精爽炯然，倘違其夙志，則九泉之下私恨無窮！在道永不過以合葬父母爲安耳，吾家自姚太君以上不合葬者三世矣；且死而無知，合葬何爲？其有知，則背遺命而强置汝母於其側，不獨汝父怨恫，即汝母之魂魄亦有不安其宅者矣。我非受命於兄至再至三，何故狂易，必不使汝兄弟合葬父母？獨不畏汝母之鬼責乎？若終不寤，則任汝所爲，而别葬三叔父，即於右方築壙以待我，我將自爲銘預刻，以告族姻、友朋，俾道章異日不敢背也。所以任汝自擇者，恐汝私意回惑，故疾轉加。若以義衡之，雖不以三叔父祔，亦宜父母别葬，原父之心，爲此稍安，是謂事死如生也，尚詳思之。

己酉八月示道章

我初聞改葬世父叔父忽有異議，意兩兄實主之，不謂汝則爲梗。在兩兄以父母合葬爲安，雖不知仁有大小、義有輕重，而持之尚有故也；在汝，則處心積慮，不可以自問，而謂游言可掩飾乎？

汝見世父遺命，我固執之，而兩兄不敢違，乃曰：三人同丘，固無可言者，但合葬時或世父居中，或以行次，必父與世父宅正穴，而叔父祔其旁。忍哉言乎！是專信術家之語，謂叔父早死無後，而可置之地氣所不到也。鄙哉言乎！是惟恐置父於地氣所不到，而無以爲子孫之福利也。術家之言：相去咫尺，地脉各異，氣所不到，水蟻必生。果若所云，我與世父安措於吉土，而任叔父災於水蟻，揆之世父三人同丘之初志，悔痛當何如！是汝自爲不仁，且陷父於不仁；自爲不義，且陷父於不義。設心若此，子孫將斬焉，而謂可以求福利乎？

今與汝兄弟約：改葬得兆，任汝與術家相度，但世父必居中央，并爲三壙，而虚其右以待我。逾歲，穿壙外以驗之，水入中央則更遷，而我與叔父從焉；水入左方，則宅叔父於右方，而別穴冢前之左右；是不可得，則於大父母墓側。獨右方水入，亦如之。又南中葬必以冬，此葬師所以愚主人也。至冬，則地氣下降，雖有水不可得見。自今以往，擇日必於仲夏、季夏、孟秋，溽暑土潤，水之有無，立可見矣。燕俗：旬月中必葬，夏秋尤急，絶無土王不宜用事之説。汝兄弟但宜畏義强仁，自求多福，亦此爲可信，毋惑於俗言。戒之慎之！

庚戌年立秋后二日示道希兄弟

諭道希、道永、道章：我六月朔後三日夜中，右手第二指麻木；天明，欲起坐不能；竟日不食。自謂大命將至。服補中湯，次早思食能坐，又次日能立，又四日麻止，杖而行如常，但右膝辟强、胸腹内熱而已。人生如寄，雖少壯不可測，況衰老乎？

自痛此生虧缺人道，大父愛我最篤，而我愚蠢，每見大父以伉直簡傲爲時輩或名貴人所銜，退而切諫，不能愉色婉容，致大父不樂。大父知我愧不敢前，每就問家事，或命翻古書以解我慚。我不自敬戒，身陷刑罰，使大母驚怛逾年；幸荷聖祖皇帝如天之仁，得生相見，而衰病不任車船，在途遭火恐；又自京城移海淀，眩暈嘔逆，止道旁移時；既至，困不能興。三叔父將死，我以小疾避居野寺，不親殯斂。異日我死，斂用厭冠袒右臂，勿訃，勿作行狀，勿求志銘，使我負慝懷慚於地下。

臨終遺令，恐汝輩以爲亂命，故早正告汝。此札可呈四房三叔父、曾、鮑、謝三姑丈、吴思立表叔、吴佑咸先生、翁丈止園，抄白寄龔孝水、佘西麓、吴東巖、漪堂、曹晉袁、韓祖語、祖昭諸先生，恐異日遠方朋好生徒以爲詑。

示外曾孫宋啓錫

汝今年十有一矣，當知乃祖乃父中道脆促之悲，嫡母生母少而爲嫠之苦。必敬身，乃能承親治家；必力學，乃能守身制事。賜汝方鏡、端石。心不正，則色與貌隨之；行必端，當介於石也。小子勖哉！

代揚州太守張又渠課士牒

蓋聞士者，國之良材，庶民之表的也。惟皇上御極之初，躬詣太學，釋奠於先師，訓飭群士，增廣鄉會試定額及博士弟子員，良以禮教之典、風俗之美必自學校始。昔我先公巡撫八閩，移鎮江蘇，督倉潞河，所至必觀於國風，聚群士之優於文而行不悖者，立學舍，延師儒，以正教之。予不敏，承學於先公有年所矣。兹膺簡命，來守是邦，將以某月某日會諸生於學宫，而校藝焉。

予聞言者，心之聲也。聲形於外，則君子以知其中，而況四書之文以代聖人賢人之語？惟其有之，是以似之；惟其知之，庶幾近之。故自有時文以來，卓然名家者凡數十人，其文之氣格規模莫不與其性行相似；其或剽獵浮華，以干時譽，其人必詭僻邪佞，身名既毁，文亦應時消滅。然則學者之趨向可不預定歟？諸生幸各竭其心知，予將慎取焉。

爲劉氏諸孤求賻啓

劉君月三平生非義一介不取，客游歸，解裝輒盡於族姻。今遺孤四人，長者年十二，寡妻、弱女、妻之母、老婢凡八口，無一椽一壟；羈滯金陵，族姻無可倚。苞兄弟童稚即辱我友不遺，安得晏然？將賣故鄉遺田，以五十金先之，而求助於衆君子，冀得二百金，於金陵買負郭中田三十畝，中歲得米十二石，日一食一粥，母姊紡績以給薪蔬，庶可俟其長成。

我友夙心耿介，故非其親懿、故舊、同譜弗敢請也，非其親懿、故舊、同譜之賢者弗敢請也。

謹書二册，一致王若霖於江南，總南北所賻，并以付先兄長子道希，浮於所期之數即不得受。買田後，道希執契爲經理。俟諸孤能自立，擇其有志行者使經理，而不得付以契。其家别有急事，不得議棄田典租。諸孤中有富顯者，則以歸育嬰堂。二册所載互登之，若霖跋其後，一付道希，一付諸孤，俾後有考也。

爲子道章求婚鹿氏啓

恭惟執事，一代清門，累朝民譽。袁、楊素德，詎云簪紱之華；韓、吕家聲，克紹箕裘之業。成忠作孝，本内則爲始基；説禮敦詩，自女箴之不廢。大家有訓，世傳曹氏之型；謝女能賢，人説希深之妹。閫内之儀久著，宗室之教宜成。某自鄙虚庸，仰慚先緒。江東顧、陸，在昔稱華；關内景、昭，於今爲庶。藐兹賤息，貿爾顓愚，疆畝陳修，先疇未服；詩書呫嗶，舊學難承。念授室之必時，冀徽音之有嗣。敬敷筵几，齋告先期，遥望庭階，吉□是納。通兩姓之好，合以絲緡；締百年之盟，施於松柏。案陳廡下，非徒羡門户於崔、盧；饁在中田，尚克并勳庸於狐、趙。佇貽音指，曷任榮施！

方望溪文集全編卷十四

贈送序

送徐亮直册封琉球序〔一〕

皇帝御極之五十有七年，册封琉球國嗣孫尚敬爲中山王。故事：以部郎儀狀端偉蓄文學者，假一品服，奉册以行。天子命擇詞臣，衆皆隱度徐編修亮直爲宜。及命下，果爲介。

自秦、漢以後，中國有事於四夷，其爲將，則效命力於鋒鏑；其爲使，則折衝口舌之間，以求得其要領：故承命者多以爲難。今天子德威遐暢，方外鄉風，小夷喁喁，企瞻使節。承命者有將事之榮，而無失得之恤，故人争羡之，遭遇異時，亦物情之不足怪者也。

吾聞古之贈行者，必告以所處。今亮直之行也，雖折衝口舌之勞無事焉。又其地絶海萬

〔一〕本篇以下至贈介菴上人序，原爲望溪先生文集卷七。

里，政教所不經，即詩人所謂諮詢諏度者，亦無庸以告也。亮直夙以文學知名，兹其行也，其耳目震駭乎乾坤之廣大，而精神澡雪於海山之蒼茫，吾知其文章必有載之而出者矣。

送王篛林南歸序

余與篛林交益篤，在辛卯、壬辰間。前此篛林家金壇，余居江寧，率歷歲始得一會合。至是，余以南山集牽連繫刑部獄，而篛林赴公車，間一二日必入視余。每朝餐罷，負手步階除，則篛林推户而入矣。至則解衣盤薄，諮經諏史，旁若無人。同繫者或厭苦，諷余曰：「君縱忘此地爲圜土，身負死刑，奈旁觀者姍笑何？」然篛林至，則不能遽歸，余亦不能畏訾謷而閉所欲言也。

余出獄，編旗籍，寓居海淀。篛林官翰林。每以事入城，則館其家。海淀距城往返近六十里，而使問朝夕通，事無細大必以關，憂喜相聞，每閲月逾時，檢篛林手書必寸餘。

戊戌春，忽告余歸有日矣。余乍聞，心忡惕，若瞑行駐乎虚空之逕，四望而無所歸也。篛林曰：「子毋然！吾非不知吾歸，子無所向，而今不能復顧子。且子爲吾計，亦豈宜阻吾行哉？」篛林之歸也，秋以爲期，而余仲夏出塞門，數附書問息耗而未得也。今兹其果歸乎？吾知篛林抵舊鄉，春秋佳日與親懿游好徜徉山水間，酣嬉自適，忽念平生故人，有衰疾遠隔幽、燕者，必爲北鄉惆然而不樂也。

送劉函三序

道之不明久矣，士欲言中庸之言，行中庸之行而不牽於俗，亦難矣哉！蘇子瞻曰：「古之所謂中庸者，盡萬物之理而不過。今之所謂中庸者，循循焉爲衆人之所爲。」夫能爲衆人之所爲，雖謂之中庸可也。自吾有知識，見世之苟賤不廉，姦欺而病於物者，皆自謂中庸，世亦以中庸目之。其不然者，果自桎焉，而衆皆持中庸之論，以議其後。

燕人劉君函三令池陽，困長官誅求，棄而授徒江、淮間，嘗語余曰：「吾始不知吏之不可一日以居也。吾百有四十日而去官，食知甘而寢成寐，若昏夜涉江浮海而見其涯，若沈疴之霍然去吾體也。」夫古之君子，不以道徇人，不使不仁加乎其身。劉君所行，豈非甚庸無奇之道哉？而其鄉人往往謂君迂怪不合於中庸。與親暱者，則太息深矉，若哀其行之迷惑不可振救者。雖然，吾願君之力行而不惑也！無耳無目之人，貿貿然適於鬱栖坑阱之中；有耳目者，當其前援之不克而從以俱入焉，則其可駭詫也加甚矣。凡務爲撓君之言者，自以爲智，天下之極愚也。

奈何乎不畏古之聖人賢人，而畏今之愚人哉？劉君幸藏吾言於心，而勿以示鄉之人，彼且以爲譸張顛僻，背於中庸之言也。

贈魏方甸序

余窮於世久矣，而所得獨豐於友朋。寓金陵，則有同里劉古塘，高淳張彝歎；至京師，則有青陽徐詒孫，無錫劉言潔，北平王或菴及邑子左未生、劉北固，而吴、越、淮、揚間暫遊而志相得者又三數人。雖貧賤羈旅，未嘗一日而無友朋之樂也。惟乙亥客涿鹿，自春徂冬，漠然無所向。課章句畢，輒登城西南隅，坐譙樓，望太行西山，至暝而不能歸，雖風雨之夕亦然。自生徒及僕隸、居人皆怪詫，不知余爾時心最悲，思念平時所與遊處者，意愴怳不能自克也。逾歲東歸，將遂農力以事父兄，而家窮空，又時爲近地之遊。

戊寅冬，督學滏陽張公招至使院，賓從雜然，酣嬉聒譃，而余孤孑無與，不異客涿鹿時。有魏生者，居常嘿嘿，而意獨向余。問其世，則明天啓中，給事吏科，忤逆奄而死廠獄者，其曾王父也。次年春，滏陽公按試諸郡，惟余與生留舍署之西偏，庭空無人，時蔭高樹，俯清池，徘徊草露間。回憶曩者客涿鹿時，與生寂寞相慰，轉若有以自得者。

余倦遊，計以匝歲爲止，將就一二故人謀所以歸隱者，果竟得之，終老不出矣。然余縱得歸，而平生故交，自彝歎、未生外，皆飄零分散，無得安居而從己所務者，用此常以自恨而爲諸君子憂，而魏生言：自給事時，家無舊業，其父兄伯叔父十數人，皆仰食於生。生之孤竹遠遊，蓋自此始而未知其所終也。然則生之别，又遺余憂者矣。

送佘西麓序

昔公羊氏之説經也，其謬戾多矣，然猶幸顯悖於道，不足以惑人，而習而不察者，莫如「母弟」之説。故程子辨之，以謂母弟者，所以别嫡庶，嫡死則母弟以次立，非謂有疏戚於其間也。夫春秋之以兄弟書者，以其未有爵列，故以其屬稱，用别於公子之爲大夫者耳，曷由知其母之同異哉？程子所以不深辨者，徒以解時俗之所惑，而於經之本義有不暇詳焉耳。自吾有聞見，凡前子之於母，後母之於子，一視如所生者，十不二三得焉；異母之兄弟，篤愛而無間疑者，十不二三得焉。自子言之，則爲不有其父；自母言之，則爲不有其夫，豈非人道之極變哉？而相習爲故常，甚矣其不思也。

吾友佘西麓，博學有文，名稱蓋州部，而少壯未嘗一至京師，近六十忽來游。叩之。曰：

「昔吾有弟，能服賈以養吾親，吾是以能不離親於外也。吾弟死而家落，父不能葬，母無以養，故顛頓至此。」館於余逾年，凡春秋霜露，未嘗不痛其弟也；風雨寒暑，未嘗不念其母也。一日，告余將南歸，曰：「吾女弟之夫死，吾不歸，吾母疾將作矣。」因叩其家事，始知西麓少失母，母撫之不異於所生，而西麓之於弟妹，亦終其身無間疑。夫古稱孝者，多以後母之不慈而彰，而西麓之孝，乃以母之慈而隱，是其母子皆可風也。於其行也，遂見於文，兼著「母弟曰弟」，乃公羊氏之過言，而春秋本無此義，以補程子之所不及云。

附　通論一則[一]

諸侯之兄弟見經者十，傳曰母弟母兄也，奔者譏其薄于恩也；盟聘帥師譏其過于寵也。夫經書兄弟，未言其爲母兄母弟也，豈奔異母之弟，遂無害於恩乎？若譏過寵，則未見齊年、衛黑臂之以聘與帥師階亂也。以無知與剽之簒弑，而預譏年與黑臂之過寵，則義不可通矣。又況無知與剽之世系本不見於經哉？按左氏，秦伯之弟鍼懼誅也，衛侯之兄弱足也，公弟叔肸不義宣

[一] 此附輯自方望溪遺集贈序類送余西麓序後。

公而不仕也，他如齊年、鄭語、衛黑臀、陳黄、衛鱄、宋辰無一有職司者，而經以公子書者多執政，然則稱公子者大夫也，稱兄弟者不任職也。蓋公子之屬疏而無職者，其出奔見殺，皆不著于册書，惟君之兄弟特書之，盟聘帥師則見其未有職司而任國之大政耳，惟陳招前後稱公子，而殺世子偃師稱弟，則著其以親屬而忍爲大惡也。君之兄弟與公子公孫皆以其屬稱耳，微傳者無以知公子爲大夫，而稱兄弟者爲無職也。經固具此義矣。陳招前後皆稱公子，使非殺偃師，則竟不以弟見矣，是弟而爲大夫者固稱公子，而不稱弟也。以是知稱弟而不稱公子者爲無職也。會與盟聘帥師等也，虢之會，陳招稱公子，盟聘帥師獨不可以稱公子乎？然則稱弟之爲無職也審矣。諸侯之兄弟見經者十，而傳獨于陳招稱司徒，則公子爲大夫之稱審矣。盟聘帥師則寵任矣，而不得爲大夫何也？春秋時，卿多世職，居位任事既久，非有大故不得廢而使人代之也。而君之兄弟又不肯别居微職，故獨以其屬稱。王季子來聘，亦此類也。

贈潘幼石序

余數奇，獨幸不爲海内士大夫所棄，而有友朋之樂。然每怪平生故舊，其道同志相得者，所遇之窮，必與余類。交淺者其困亦淺，交深者其困亦深。或始相得，中道而棄余，與余迹漸遠，而其遇亦漸通。或當世名貴人，無故與余相慕用，而屯蹇輒隨之。吾不識其何以然，既而悟曰：「凡物之腐臭者，有或近之，則臭必移焉；是何怪其然。」或曰：「非此之謂也。物無知，人强合之，故其臭移焉。人有知，其臭味之不同者，孰能强之合也？蓋必其氣之本衰，或時之已去，而後乃與子相得焉。子惡用自引咎哉！」

潘先生幼石，余童子時以師友之禮交，而先生常弟畜余。先生文行重江表，方其壯盛，未嘗一至京師，老而來遊，閉一室。諸公貴人有索交者，一謝不通，而獨暱就余。先生以貧故客遊，至欲乏家事不問，而爲余教子。嗚呼！先生之趨舍，可謂與衆異心者矣。夫昔之不余棄者，尚或未知余之腐臭也，今則夫人而知之矣，而先生乃好之加篤焉。豈臭味之伺，雖先生亦有不能自主者邪！先生之歸也，余在塞上。留書索余言贈所處，因書此質之，吾知先生必憮然而歎余言之鄙也。

送左未生南歸序

左君未生與余未相見，而其精神志趨、形貌辭氣，早熟悉於劉北固、古塘及宋潛虛；既定交，潛虛、北固各分散。余在京師，及歸故鄉，惟與未生游處爲久長。北固客死江夏。余每戒潛虛：當棄聲利，與未生歸老浮山；而潛虛不能用，余甚恨之。

辛卯之秋，未生自燕南附漕船東下，至淮陰始知南山集禍作，而余已北發。居常自懟曰：「亡者則已矣！其存者遂相望而永隔乎？」己亥四月，余將赴塞上，而未生至自桐。潘陽范恒菴高其義，爲言於駙馬孫公，俾偕行以就余。既至上營，八日而孫死，祁君學圃館焉。每薄暮公事畢，輒與未生執手谿梁間。因念此地出塞門二百里，自今上北巡建行宫始，二十年前此蓋人迹所罕至也。余生長東南，及暮齒而每歲至此涉三時，其山川物色久與吾精神相憑依，異矣；而未生復與余數晨夕於此，尤異矣。蓋天假之緣，使余與未生爲數月之聚，而孫之死，又所以警未生而速其歸也。

夫古未有生而不死者，亦未有聚而不散者。然常觀子美之詩及退之、永叔之文，一時所與遊好，其人之精神志趨、形貌辭氣若近在耳目間，是其人未嘗亡，而其交亦未嘗散也。余衰病多事，不可自敦率。未生歸，與古塘各修行著書，以自見於後世，則余所以死而不亡者有賴矣，又何必以別離爲戚戚哉？

贈淳安方文輈序

文章之傳，代降而卑，以爲古必不可復者，惑也。百物技巧，至後世而益精，竭心焉以求其善耳。然則道德文術之所以衰者，其故可知矣。

周時，人無不達於文，見於傳者，隸卒厮輿亦能雍容辭令。蘇秦既遂，代、厲始脱市籍，馳説諸侯，而文辭之雄，後世之宿學不能逮也。蓋三代盛時，無人而不知學，雖農工商賈，其少也，固嘗與於塾師里門之教矣。至秀民之能爲士者，則聚之庠序學校，授以詩書六藝，使究切於三才萬物之理，而漸摩於師友者常數十年。故深者能自得其性命，而飈流餘燄之發於文辭者，亦充實光輝，而非後世所能及也。

漢之文終武帝之世而衰，雖有能者，氣象薾然。蓋周人遺學，老師宿儒之所傳，至是而掃地盡矣。自是以降，古文之學每數百年而一興，唐、宋所傳諸家是也。漢之東，宋之南，其學者專爲訓詁，故義理明而文章則不能兼勝焉，而其尤衰，則在有明之世。蓋唐、宋之學者，雖逐於詩賦論策之末，然所取尚博，故一旦去爲古文，而力猶可藉也。明之世，一於五經、四子之書，其號則正矣，而人占一經，自少而壯，英華果鋭之氣皆敝於時文，而後用其餘以涉於古，則其不能自樹立也宜矣。由是觀之，文章之盛衰，一視乎上之所以教，下之所以學，各有由然，而非以時代爲升降也。

夫自周之衰以至於唐，學蕪而道塞近千歲矣。及昌黎韓子出，遂以掩迹秦、漢而繼武於周人。其務學屬文之方，具於其書者可按驗也。然則今之人苟能學韓子之學，安在不能爲韓子之文哉！

吾同姓在淳安者曰文輈，以時文名天下。其於三代、兩漢之書，童而習焉。及成進士，則一以爲古文。其仕也，始出而顛。人皆惜其年力之盛强，吾獨謂天將開之，而使有得於古也。其前之學有可藉，而後之爲時也寬，聞吾言，可以速歸而從所務矣。

贈李立侯序

書傳所記，奮迹自己而立功名者衆矣，而德與言則常有祖若父淵源之自焉。其無可徵者，或緒遠而迹微，於世無傳焉耳，而可徵者十常六七。非獨道術之所漸然也，其得於天，清明秀傑之氣，實有以類相衍，而非衆人所得同者。

余游好中，資材可與學古而望其有立於德與言者，僅得數人，而幾於成者蓋寡。其語人皆曰：「吾爲境困也，時相迫也。」而悔而自責，未嘗不曰：「志之不固焉。」夫功必有所待而後成，若德與言，則根於心達於學而與時偕行者也，何境之能奪哉！

吾晚交得李君立侯，相國安溪公之孫也，氣清而識明，甫逾冠，於古人之學已見其端倪。相國德業於時爲卓，而經義則争先於前儒。立侯實朝夕承學，又其時則寬然也，其境則泰然也，然則天之所厚，而所就終遠過於吾儕者，舍立侯其誰望與？

抑余昔所交數君子，其資材與學所已至，皆概乎能有立者也。彼年如立侯時，自命何如哉！而或終以無成，或少有得而不能盡其才，即余亦未嘗不爲之惜也。故於立侯之歸也，爲道諸君子之所悔，以贈其行。

送李雨蒼序

永城李雨蒼力學治古文，自諸經而外，徧觀周、秦以來之作者而慎取焉。凡無益於世教人心政法者，文雖工弗列也。言當矣，猶必其人之可。故雖揚雄氏無所録，而過以余之文次焉。余故與雨蒼之弟畏蒼交，雨蒼私論並世之文，舍余無所可，而守選逾年，不因其弟以通也。雍正六年，以建寧守承事來京師，又逾年終不相聞。余因是意其爲人必篤自信而不苟以悦人者，乃不介而過之，一見如故舊。得余周官之説，時輟其所事而手録焉。以行之速，繼見之難，固乞余言。余惟古之爲交也，將以求益也。雨蒼欲余之有以益也，其何以益余乎？古之治道術者，所學異，則相爲蔽而不見其是；所學同，則相爲蔽而不見其非。吾願雨蒼好余文而毋匿其非也。古之人得行其志，則無所爲書。雨蒼服官，雖歷歷著聲績，然爲天子守大邦，彊域千里，昧爽盥沐，質明而莅事臨民，一動一言，皆世教人心政法所由興壞也。一念之不周，一物之不應，則所學爲之虧矣。君其併心於所事，而於文則暫輟可也。

送鍾勵暇寧親宿遷序

古之爲交也，粗者責善，而精者輔仁，至於爵位之相先，患難之相死，抑末也。鍾君勵暇始冠，余見之其師所，其後時往還，而徒視以衆人。舒君子展者，勵暇之友，亦余所善也。雍正丙午，子展有憂，勵暇急之，遂視其病，因治其喪，自杪冬涉三月上旬，迫試期不輟。是年成進士，以家事留京師。會選期不就，衆以爲疑。曰：「吾二親皆近六十，假而官蜀、粤、滇、黔，將若之何？」噫！勵暇之情，人人之情也；然吾未見人之數數然也。叩其所學，則誦易、詩、書，治三傳，旁及屈氏、莊氏之文有年所矣。嗚呼！其前行蓋基於此乎？因與考三禮而講以所聞。其家事畢，以未竟余説，留者復數月。

庚戌九月，將寧親於宿遷。乃正告之曰：「君子之爲學也，將以成身而備天下國家之用也，匪是則先王之教不及焉。若以載籍自潤澤，而號爲文儒，則秦、漢以降始有之，是謂好文，非務學也。君子之立身也，非比類不足以成其行，一出焉，一入焉，塗巷之人也。學也者，務一之也。其事必始於慎獨，而終於獨立不懼，遯世無悶，匪是而能一之者鮮矣。凡子之所已能，皆學者之疏節也。繼自今，其事乃日起，而蹈之益難。子往矣！繼自今，不學之友日誑誘於外，而妻子交訌於中，吾懼子之有基而復壞也。吾病且衰，將不復見子矣。願子時誦吾言，而勿自墮其力也！」

送張又渠守揚州序

儀封張清恪公廉察江蘇，始至，未受印篆，謁制府，即迴車過余。余固辭不獲命。公入曰：「吾聞子有年，迫欲相見一論學耳。」余謝曰：「某未知學，但聞守官之大戒二，其一義利也。公於此既皭然而不滓矣，進乎此則利害；非知命而不惑者，不能毋搖。」公喜曰：「吾固知子之論學必篤也。」

及公自閩移撫江蘇，首劾制府噶禮。人皆爲公危，而先帝卒直公而黜制府。方公與制府相持，會余以南山集牽連赴詔獄。制府遂劾公久閉余於官舍，不知所著何書，而先帝之矜余，實自此始。用此知人生稟命，各有所錯。其惑於利害者，徒自毁其德義，而於利害之定分，實無毫末加損也。及余蒙恩赦宥，而公亦内召，相見於京師，述前言，爲忻暢者久之。

公有良子曰又渠，余未得見，已聞其名字於鄉人。及爲户部員外，未數月，粤東援恩詔，請免宿逋數萬，同官皆難之，君力争，自復於長官，獲免。粤西、四川、滇、黔皆賴焉。由是知名，尋擢正郎，逾年特簡出守揚州。將行，乞言於余。余謂君於兹行，有所易亦有所難。昔武侯之德在蜀，子瞻嗣焉。蜀有善政，衆必歸美於瞻。今君所治，即先公所撫之士民也。未言而民先信之，令出而民争趨之，事半而功倍，此其所以易也。然少不如公，則邦人之責望，必過於他守。

君早歲見知聖天子，公卿交薦，異日名位之與先公並，不足爲君期也。所難者，德義之繼承耳。義利之介，余知君必無愧焉。其進乎此，亦惟前所以告公者而已。君既有意於余言，則余將拭目而觀君之始政矣。

送黄玉圃巡按臺灣序

康熙六十年夏四月，朱一桂搆亂臺灣，殺總兵官，據其城，監司、郡、縣吏並逃散。賴天子廟算，秋七月，叛者悉得，臺灣平。其冬，命擇臺臣廉静有才識者往巡視，而余同年友黄君玉圃實承命以行。

余聞臺灣之將有反側也，閩人及宦遊、行賈者，知之垂二十年矣。蓋其地踔絶海中，民不火食，自混闢未通外人。明亡，鄭芝龍始入據之。入國朝四十年，然後鄭氏歸命。置郡遣吏，農桑肇興，沃壤千里，百産豐饒；而土人愚惷恇悸，浮寓姦民因得巧法承賦於有司，而私其土，役其人，農收畜産，毫髮不得自專，甚者猱雜其妻子；而吏陰利姦民之奉，漫不訾省。思亂者，十室而九。故一二姦民煽數十百人，遂戕大帥，謀拒王師。蓋陰恃土人深怨，以爲一旦可竊據也。初鄭氏既覆，有謂此土宜棄而不守者，不知方其未闢於中國，誠不足爲有無。今則民衆百萬，粟支十年，屹然爲海疆重地。與閩、浙、江南沿海諸鎮相應接，則島夷洋盜不敢萌窺伺，内地逋亡者，無所伏隱，而菽粟百貨，歲溢於泉、漳。苟不能守，則害亦視此。故天子加意撫循，凡監司、守、令，必使大府任舉屬吏才實顯著者，始調移之。而大府所任，率平時善事其左右，興作採辦争先於群吏者。是以民重困而上不知，不至於爲國生患不止也。

夫粤東、閩、滇，今之吏所號爲沃區也，而民困於無告，視瘠土有甚焉。又功令：凡邊塞山海要地，吏雖已除，大府得易置。其所任舉，果有異於臺灣之群吏乎？由是觀之，法雖良，付之非人，其不能究宣天子之德意，而毒民以病國者，可勝道哉！君廉能夙著於吏部及臺中，其能綏靖此邦，已爲衆所豫信。然詩有之，「周爰諮諏」，「周爰諮謀」，凡此類，皆可因使事而歸告也。於其行也，言以要之。

再送佘西麓南歸序

雍正八年，議開博學鴻辭科，詔閣、部、院、司、府、寺三品以上暨直省督、撫、學臣舉學與行兼者。諸公多叩余以所舉，余應之曰：「稱此者實難，而辨所應舉則易。夫行必有迹，學與辭尤藝之外襮而與衆共之者，非若德藴於心，或深潛而不易識也。然必鄉國莫不知，天下莫不聞，然後舉者無怍，在人不疑，是則匪易耳。」因自計執友之存者，惟南昌龔纓孝水，歙縣佘華瑞西麓；遊好之久者，則嘉善柯煜南陔，淳安方桼如文輈。乃以四人者氾詢於群公，皆曰：「是誠無怍矣。」或曰：「其學與行信稱矣，而舉者則非宜。文輈前挂吏議，例不得與於斯。其三人皆就耄矣，徵之不能至，至矣能入試哉？」余曰：「雖然，使士知實至而名必附，無求而志自通，於風教亦小補焉。」

及檄下，則南陔疾已亟矣，喟然曰：「方君此舉，使海内窮士聞之，一嗚咽耳！」孝水亦病不能行，而西麓以乾隆元年孟秋至。余曰：「子尚能即事邪？」曰：「吾腕不勝書數年矣！固以請，而有地治者難之，戚友致道齎，念明天子方興聖治，吾扶杖天衢以觀德教，且得與衰殘執友講問，逾時而歸，此行豈虚也哉！」

衆試畢，余告二相國：將舉君爲太學六館師兼纂一統志。二相國以爲宜，而西麓決意治行，曰：「吾始願已畢矣。子視吾年力，尚能有立邪？將以爲名乎，抑有所利之也？」西麓孝友文學，爲鄉國所衆信久矣。兹行也，又以見君臣朋友之義，進退辭受之衡，故詳叙之以贈其行。

贈宋西玨序

雍正壬子春，余道逢相識人，甫下車，適有過而與言者，叩之，則亡友之子宋華金西玨也。接其語，觀其詩，久而益有意於其人。西玨大父冢宰公及父山言，再世以詩名。余爲諸生，冢宰巡撫江蘇，降爵齒而禮先焉。山言年較長，而視余若其所嚴事者。觀西玨之詩與其爲人，雖得之性資，抑祖若父淵源之所漸也。

余夙有作序之戒，而西玨以爲請，乃誦其所聞，而使自擇焉。先君子有言：「自晚周、秦、漢以來，治文術者，代降而卑，皆以爲氣數使然，非也。古之以文傳者，未或見其詩，以詩鳴者亦然。唐之中葉，始有兼營而並善者，然較其所能，則懸衡而不無俯仰矣。自宋以降，學者之於文術，必徧爲之。夫是以各涉其流，無一能窮源而竟委也。如曰氣數實然，則建安以後之綺麗，有陶潛者出，而渾然元古矣。李白、杜甫興於唐，而六朝雜家盡爲所掩。」今子於詩，既得其徑塗，苟日進而不已，豈惟接武於先人，安知不遂與古人相角逐乎？

曩子欲兼治古文，自今以往無庸也。子之年長矣，少壯之心知既役於時文，而今有官守，日力之留餘者，雖壹併於詩，猶恐其術之難竟也，而又可兼務乎？若夫植志行身之義，守官制事之方，苟欲稍異於衆人，而自儕於古人，其事更有艱且大者，即文術可置而勿事也。若尚能兼，則又詩之所藉以增重也。西玒能篤信吾言，他日宦與學皆成，而出其詩以質於世，即以是弁於簡端可矣。

送雷惕廬歸閩序

余嘗與漳浦蔡聞之太息生才之難，計數平生朋好如賓實、滄洲，後生中尚未見堅然可信其幾及者，而況古之人乎？聞之曰：「吾門雷生，即後起之賓實也。」始生見余於聞之齋中，即命請業於余。余固辭，而答以儕輩之稱者凡四三年，至是始受而不辭。

乾隆四年冬，其父惕廬至京師。生以告曰：「吾父兹來，蓋以察鋐守官之志行；又念漳浦師歿，未知所學於先生者何似也？」翼日，君過余，氣肅而容安，語無枝葉。自是益有意於其人。將歸，鋐請曰：「吾父願得贈言以不虚此行，惟鋐亦望先生爲揭父師勖厲之心，以爲此生之銜勒也。」昔曾子論大孝尊親，其實在國人稱願，以爲君子之子，是謂成其親之名。以俗觀之，則君之所以教，與鋐之所以承者，已足爲鄉人所稱願矣。然欲得此於海内之士君子，則必重自砥礪，要以終身，而後可定焉。至百世以下，使人推原於所生，必曠世一見之人，振古以來，可指數也。由是言之，鋐將無負於余與聞之之所期，則如賓實諸君子而可矣。欲盡尊親之道，而遠希曾子之所云，則其事蓋未有終極也。

君家閩、粵，竟世爲諸生，潛德隱行，余無從而得之。凡爲人子者，莫不欲歸美於其親。鋐所稱，亦未可徵引。第君之來也，將以察鋐守官之志行，則所以自檢其身者必嚴矣。以余爲群士所背馳，而獨信予言之無棄，則其胸中必确乎有主，而不隨時爲俯仰，即此可以定鋐之祈嚮矣。故於其歸也，遂見於文，俾其鄉人及海内士君子，異日皆有考於余言。

送官庶常覲省序

始子叩吾廬欲爲弟子，而吾辭之堅，非相外也。計將爲講誦之師，則衰疾多事，無日力以副所求；將有進於是者，則吾身之無有，而又何師焉。及再三云，則不復辭。以窺子之心神，若誠有志於謀道者，吾身雖不逮，儻誦其所聞而得能者，吾志猶有寄焉。

古人之教且學也，内以事其身心，而外以備天下國家之用，二者皆人道之實也。自記誦詞章之學興，而二者爲之虚矣；自科舉之學興，而記誦詞章亦益陋矣。蓋自束髮受書，固曰徼科舉，吾無事於學也。故天地之大，萬物之多，而惟科舉之知。及其既得，則以爲學之事終，而自是可以慰吾學之勤，享吾學之報矣。嗚呼！學至於此，而世安得不以儒爲詬病乎？

今子得館選，未數月而告歸省母，是子知學以得身，而識所祈嚮也。雖然，所以務學之根源，辨之尤不可以不審。將以爲名，則自致於父母兄弟者，皆以見美於人，而賊吾之本心。將以既其實，則所以備天下國家之用者，皆吾性命之理，而不可以苟遺也。自省自克於二者之間，而防其心之偷，乃百行之源，學者之始事也。子之歸也，果能專篤以厲所學，深固以植其行，俾泉、漳之間後起者以爲表的，則吾與子之爲師爲弟子，所關不細。若曰吾既有所得以爲親榮，可以優游而卒歲矣，則皇皇焉欲自得師，義焉取哉！

吾平生非久故相親者，未嘗假以文，懼吾言之不實也，而特表子王父之墓，蓋粗得其略於所治武强之士民，又將慊子之志，而因以相砥淬耳。然記不云乎：「大孝尊親」，使國人稱願，然曰幸哉！有子如此，是乃君子之所謂孝也。子能用吾之言以成其身，則所以樂其親而榮其祖者大矣。於其歸也，申以勖之。

送吴東巖序

康熙乙未仲春，吾友東巖南歸，過余爲别，將行，曰：「子不能歸，吾不能復來，兹爲永訣矣。」因相持，噭然而哭，不能自抑也。

憶癸酉、丙子間，余試京兆，則聞世胄以學行重朋齒者三人：曰歙縣吴東巖，山陽劉紫函，寶應喬介于，而三人者皆與余一見如舊識。紫函、介于號爲能時文，而東巖兼治古文。或謂古之道不宜於時，東巖弗顧也。每榜後，群士舉積學而上躋者與苟得者相提而論，以病有司之枉，此三人必在所計數。然其後二十餘年，更八九舉，而卒無一得者焉。

丙子後，介于招余授經於寶應，因往來淮揚間，而東巖適授經於廣陵，故余中歲與三人者相見日爲多。自余遘難，介于省余於金陵，及出刑部獄，復再至京師，而東巖亦至。回思少壯游從燕市時，不獨二君子以憐余，而余亦以憐二君子。

介于之歸也，余憹然若無所依，而今東巖復長往，將何以處余乎？東巖歸，將道淮以至於揚。其以余之狀語紫函，而爲叩介于，尚能北來以慰余之索居否也？

贈石仲子序

東村山人幼遘疾，弱足而志甚偉。有二子並英特：其長子爲諸生，余見其試牘，謂當早遇，尋成進士，入翰林，有聲。仲子八歲，能舉巨石重三鈞；將冠，與虎士搏，可仆四三人。山人欲余爲文以勖之，而未暇也。余南歸逾年，以書來告曰：「次兒得没人之術，能舍舟楫而越江河矣。」又逾年來告曰：「近使受書，補幼學。」蓋山人自大父以來，皆官禁闥，陷崇禄厚，故身雖不仕，常望其子輸力竭忠，而赫然有所樹立也。

往者余以衰殘，荷世宗憲皇帝暨今上搜揚，俾贊閣部教習庶常，竊慮辭章聲律未足以陶鑄人材，轉踼其志氣，使日趨於卑小。欲仿朱子學校貢舉議，分詩、書、易、春秋、三禮爲三科，而以通鑑、通考、大學衍義附之，詩、書、易附以大學衍義。春秋附以通鑑綱目。三禮附以文獻通考。以疑義課試。當路者多見謂迂遠不近於人情，惟高安朱可亭、江陰楊賓實所見與余同。久之，亦以違衆難行止余。余猶欲發其端，乃奏：「河北五路及邊方人，不諳聲律，宜專治經史。」果格於衆議。乃私擇其有所祈嚮者，喻以宜取幼所熟四書語，反之於身，以驗其然否。三分日力，以其一討論通鑑中古事。每相見，必舉古人處變而得機宜，遭危而必伸其志者，以警發之。山人之長子爲庶常時，聞之有素矣。今仲子學書，舍此亦無可置力者。

夫陸行不避兕虎，水行不避蛟黿，極所能不過偏裨之壯猛者耳。具大將之才識，而一歸於忠孝，非深究古今事物之變，而概乎有聞於道者不能。果能不誤於所趨，庶其終有立乎！若專恃藝勇，或假學誦爲進取之資，則山人本所以教者，豈爲此哉？遂序之以報，山人當有味於余言。

贈介菴上人序

佛之徒而儒行者曰介菴，雲南昆明人，從其本師蘭谷至京師。蘭谷閉門學易，絶人事者十餘年，獨時就余講問經義，介菴侍側，其意所向，無纖微不先得者。余嘗就其溷匽，修潔如小齋。叩所以，則下通水流，躬盪滌，日日而新之。

蘭谷之卒也，以腹疾困牀褥，無晷刻之寧，凡五旬有七日。介菴面若非人，期年之後，深墨之色始少變，而未復其常。余自反所以奉吾親，不能如是之誠壹也。蘭谷之書，歲時必易稿。介菴隨手録所增芟，皆能默識。豯鳴而起，端誦尚書、毛詩、莊、屈、左、馬之文，夜分不輟，而拚掃炊烹以事其師者，細大無遺。余學於父兄，未嘗有師，而承師務學，如是其篤專者，所見亦甚罕也。

嘗勸介菴，宜畜髮反爲儒。喟然曰：「吾師早見及此矣。某始冠，子千金，命之淮南，定居於其鄉，蘭谷如皋人，薙髮于雲南。立室家，爲視先人冢墓。曰：『吾已自誤，不可更誤人。』時某以師年已至，不忍離。今長矣，懼以家自累，而學與行終無所成，爲天下笑。且某幸有兄弟之子，以續吾宗。此身得寬然天壤間，百事不問，而獨從所好。苟再誤，悔其可追？」

介菴楷隸書，數十年少倫比，鐫篆爲時所珍。其持身交友，遠於流俗者非一端，而余獨標其志行，以覺吾子姓，兼示儒衣冠號爲孔氏之徒而行則背之者。

送馮文子序〔一〕

往者長洲韓公爲吏部，聽事而歸，喟然歎。余問曰：「公何歎？」公曰：「昔有醫者，與吾故且狎。吾叩焉，曰：『人皆謂子之醫能殺人，何也？』曰：『非吾之醫能殺人也，而吾不能不使之罷而死也。吾固知吾術之不足以已其疾也，而不能不利其酬，不獲已以物之泛而緩者試焉。其感之淺而與吾方相中者，固嘗有瘳矣。其浸尋反覆久而不可振者，吾心惻焉，而無可如何。』今某地告饑，上命發粟以賑，而大農持之，下有司核所傷分數。夫民之飢，朝不及夕，而核奏議賑在三月之外，有不罷而死者乎？吾位在九卿，與其議而不能辨其惑，是吾負醫者之責也。」余曰：「公所見，其顯焉者耳。凡官失其職，而事墮于冥昧之中，皆足以使人罷而死，而特未見其形也。姑以所目擊于州縣者徵之，水土之政不修，而民罷死于旱潦矣；兩造懸而不聽，情僞失端，而民罷死于獄訟矣；弊政之不更，蒙猾之不鋤，而民罷死于姦蠹矣。豈獨殘民以逞者，有殺人之形見哉？先己而後民，枉下以逢上，其始皆曰：『吾不獲已。』其既皆曰：『吾心惻焉而無可如何。』此民之疾所以沈痼而無告也。」

〔一〕　本篇以下至送吴平一舅氏之鉅鹿序，原爲望溪先生集外文卷八。

吾友馮君文子將令于禮縣，爲詩四章，自道其心與俗吏異。因舉昔之所聞于韓公及相語者以告之。蓋所望于良吏者，謂能已民之疾也，非徒不益之疾而已也。民之疾常伏于無形，而大吏之爲民疾者，復多端而難禦。令之職，環上下而處其中。下以致民之情，而上爲之蔽。慮于下者不詳，則爲民生疾而不自覺。持于上者不力，將坐視民之罷死而無如何。其術不可不素定也。君，韓公之門人也。能因是而自審其所處，則韓公之言，庶幾其不曠也夫！

送韓祖昭南歸序

昔長洲韓公再召，列於九卿。每廷議而歸，輒頹然自沮喪。余叩之，曰：「凡吾有言，衆若弗聞焉。將爲上別白之，則更有陰爲掣曳者，而其道必反矣。欲告歸，則上負吾君，而終亦莫能遂也。欲留，則内負吾心，而外赧於友朋。孰若曩者家居，浩然有以自得哉？」公諸子皆好文術，篤氣類，而仲子祖昭常在公側，故與公尤習。方公盛時，海内後進皆以不與門牆爲恥，余亦勤接引，而常患人材之衰，曰：「釣名之人，無賢士焉。孰是篤信斯言者乎？」

祖昭庚辰成進士，癸未散館，改官。甲申，公歿，御柩以歸，營墓兆，建宗祠，叙譜牒，暇則手一編教誨子弟，凡二十餘年。今天子嗣位，詔修明史，公卿交薦。君至，歲再周，分纂列傳具完，因告歸。時君同年友多登要津，館中後進皆願君少留，而君意甚決。將行，余語之曰：「惟子爵禄不入於心，視人人信有間矣。然君子之志事，更有大且遠者焉。子之先君，常欲振起人材，爲國家樹根本，而深患馳逐於科名者莫能應。今子之歸也，能奉此意，學古人之學以成其身，以陶鑄鄉之後進，則所以成孝與忠者在是矣。若惟逍遥山水間，爲忘世自得之人，則非吾之所望於子也！子之兄自成進士，閉門而不出者，亦二十年矣。歸以吾言正告之。」

送吴平一舅氏之鉅鹿序

古者先王之世，既授田里以治民之生，而又區四海之所環，以衆建侯國，使萬物連屬其鄉而聚其氣。農夫耕於其土，士仕於其國，耕與仕俱不出於其疆。其有工、賈、宦、學聘問戍役之行者，特千百之什一，而又得以時還息。生其世者，率常父母兄弟白首懽然保聚，無一日離别怨思之苦，而族黨親戚亦得攜持結連，綢繆相渥洽以飽足其意。嗚呼！上之所以區畫計處以求便其民之私者，可不謂詳且遠與？民之所得於其上而不自知者，可不謂厚與？

自周之衰以接於秦，破井田，廢封建，先王之澤不流，民生迫蹙，而其氣日以乖散。農夫失其田畝，以傭而耕，卒有旱潦，無以繫屬其身，散而四方爲奴虜矣。商賈衆而財匱，得所欲者益寡，或疲亡於道路，去其鄉縣，飄零失業，而無所於歸矣。仕者失其田禄，或千百里繫官于朝，或散而出於荒邊側境，無舟車僕賃衣食之資，同居之親不得與偕，愁居愓處而嗟怨矣。至於士之學先王之道者，無庠序以遊其身，無廩給以贍其父母妻子，坎壈失職，羈旅浮游以謀衣食者徧天下。故雖天下無事，水火盜賊之警不聞，而民生摇摇，常有離散之形，跼蹐悲憂之思。一室之中，父兄子弟，自孩童至於白首，懽然保聚無相離者，十不一得焉，而況族黨親戚之睽離而不可合并者，豈可勝道與！其所從來者久遠，世未始以爲憂。然上之所以待民者薄，而心易摇，自前世所以可憂者，未嘗不在於此也。

辛未八月，苞與舅氏相遇於京師。逾年夏，舅將之鉅鹿。苞既爲文述二十餘年散聚悲懽之迹。舅因太息，顧苞而言曰：「吾窮於世，竟以遊老。每當山行水涉，寒暑冰雪侵加，飢疲困頓，忽忽不知此身當所投措。數年中，儻得好事者少潤澤之，亦欲息足金陵之野，教誨子姪。且得與而翁而母朝夕相見。」苞因自念：以疾病之身，迫於窮餓，羈旅數千里外，缺然其心，不能一日以寧。其欲歸而事親從兄，耕田著書以自娱，與舅之志略同，未知何日以終遂也？即吾與舅兩人之身，而皆不得自便其情若此，以視古之爲士者潔居美服飽食而從容於庠序者何如乎？其父母兄弟之保聚，族黨親戚之渥洽，不亦甚可慕悦矣乎！

嗚呼！自漢、唐以來，儒者皆以謂先王井田封建之制不可復行矣，況陵遲以至於今，豈尚有望與？豈天遂忍斯民之苦，而莫爲之所也？夫吾與舅所志非甚奢，私計或猶得以遂。然民之生迫蹙，其氣乖散，而不得以自便其情，豈獨吾與舅兩人也哉！

送德濟齋巡撫甘肅序〔一〕

孟子言：士能尚志而居仁由義，則大人之事備；而求仁取義，則自無願於膏粱文繡始。嗚呼！伊、傅、周、召之事業，不可以望之漢、唐以後之名臣，其根源以此而已。惟漢袁安、楊震、諸葛亮、宋王曾、范仲淹天資近道，故其志亦嶢然特出於一代。然皆家世儒素，初未染於膏粱文繡，及學之成，行之堅，則雖富貴而無改於前度耳。

吾友德公濟齋，系出太宗。少藝勇絶人，年二十，櫜弓韜劍，篤志聖賢之學，閉户窮經三十年。其學尤專於易，所爲圖解，能引伸先儒之緒，而自發其心得。其躬行，則以養大體爲宗而實踐之。常避所應承公爵，俾兄子嗣焉。世宗憲皇帝知其賢，雍正十有三年，起家爲兵部侍郎。乾隆元年秋，出爲古北口提督。二年春，特簡巡撫甘肅。蓋以此地控制西域，固抱秦、隴，師旅

〔一〕本篇以下至送張略文省親序，原爲望溪集外文補遺卷一。

初罷，民氣未復，而武備又不可弛，布德壯猷，非公莫屬也。

夫治法兵謀，要本於仁義，仁者愛人，則惡人之害之；義者循理，則惡人之亂之。一路數千里之間，牧民訓卒，不得不寄之令守將校；其中可信其愛人循理者，未必十四三，而當防其害之亂之者，十常六七。大府以一人穹然於其上，耳目思慮不能悉周，而左右親故又未可深信，故朱子提舉刑獄，猶受誣於姦民，事久而後覺之。以公之篤於仁義，平生所實踐，設誠而致行之，吾既爲公必之矣。至於情僞百出變詐之設，能使東西易面，而人不知，必能深以通天下之志，幾以成天下之務，剛柔迭用，動静不失其時，然後能極於仁之至義之盡而無憾焉。

昔孔子嘉管仲之功，許以仁而惜其器小。子産爲政，主於嚴猛，而稱爲惠人。又曰：「子産猶衆人之母也，能食之而不能教也。」以是參互而求之，則大道之行，三代之英。子所云有志焉而未逮者，其根源與氣象規模，皆可得而見矣。叔父嘗述先君子之言曰：「武侯學伊、傅、周、召，而近之者也，乃自比管、樂，不欲使時人驚怖。其功之未成，而道亦微缺，蓋其遇爲之。管仲才略，正與相匹，而本原則未清。子産之規模亦近之，而視武侯之志氣慊乎上下，則迥異矣，以悃誠不及也。漢袁邵公、楊伯起、李子堅、宋王孝先、范希文皆願學伊、傅、周、召者，其志事與武侯同，而才略則遜焉。此不及子堅，以非儒素耳。」道永識。

送張輅文省親序

余嘗遘瘧寒疾，幾死於群醫。劉生大櫆偕其友張君輅文至，曰：「此不知病之陰陽而方與脉反也。」和劑飲予，數日而愈。自是衰疾恃君以無恐。乾隆五年冬，君以再世窀穸未營，兼圖兄弟之孤嫠以安其母，請假歸省，乞贈以言。以君之久故而德於予，予言可苟易哉？始君治舉子業，久不得入庠序，遊京師無所遇，自效於北河，浮沈卑散，一旦以相國西林公之薦，天子擢爲兵部職方司主事。計即弱冠登科，歷州縣，循階而升，爵秩不過與今等耳。相國之義，天子之恩，豈易稱哉？

凡國家設官分職，皆以除政之蠹，去民之疵也。譬之於醫，最上者消疾於無形，其次治之不失其方。若方與脉反，則日殺人而不自知。然醫者之失術，與仕者之曠官，事同而情則異焉。其視政之蠹，猶鄰有敝器棄材，謂匡而飭之，非吾事也；視民之疵，猶行見路旁之廢疾，心亦哀之，而謂非吾力所能及也。而凡可以謀進取便身家者，則思極慮周而無微之不達。蓋其精神心術併注於斯，則外此自有所不暇詳不能顧焉耳。嗚呼！醫之失術，衆共棄之矣，而巧宦者則陰敗其官，而衆爲之蔽，上莫由知。此政之蠹、民之疵，所以滋深而不可救藥也。

君行篤於家，信彰於友朋。果能以自力於家者，殫心職業；以無負於友者，勤恤民依，則豈惟加於容容者一等哉？余老矣，不獲見君志業之成。自今以往，守官守道，時以吾言反躬而實驗之。

送宋潛虛南歸序[一]

京師地隆寒，多風沙，郊關近所，無池塘林麓之觀，人畜駢闐，糞壤交衢肆。羈客遠人來遊此邦，與其風俗不相闇委，居無所適，遊無所娱，塵事囂然，無所發其志氣。又可怪者，佻巧諛佞浮囂之徒至此則大得所欲，賢人君子鮮不召謗取怒、抑塞顛頓而無以容，故論者常謂非仕宦商賈不宜淹久于此。而余獨念：潛伏山林深奥之中，所見聞不越鄉井，雖連州比郡數百里間，風聲氣烈相聞者，思與遊處往還，亦不可得；而京師，帝者之都，四海九州人士之所會，無用舟車僕賃之資、水涉山驅之苦，而得以盡交天下之賢傑，此又其可樂者也。

余從事朋遊間，頗得數人，其倜儻自負，而不肯苟同于流俗者，則或庵王生、潛虛宋生。或庵燕人，亥子間往來江淮，已與余相識；而潛虛與余生同鄉，志同趨，以余客遊四方，相慕用而

[一] 本篇以下至送稚學士蔚文出守西川序，輯自方望溪遺集贈序類，第八十至八十七頁。

不得見者且十年餘，而于京師得之，則余豈不亦有所樂乎此耶？余性鄙鈍，每見時輩稠人廣坐中，工于笑貌語言，輒俯首噎氣，及就二君子，證問古今，或風雨之夕，飲酒歌呼，慷慨相屬，若不知其身之賤貧、羈旅轗軻而不合于時者。

自或庵南遊湖湘，余已索然寡歡，實與潛虚相倚以增氣，而今亦以其大父之憂，卒卒而東。然則，余向之所樂于京師者漸以無有，知余志者益希，余豈能鬱鬱于風沙糞壤中，與時俗之人務爲浮薄哉！開口而言，則人以爲笑；舉足而步，則人以爲迂，余亦何樂乎此哉！潛虚之歸也，余爲道因緣會合之不可常，相與太息，曰：「子即書之以贈吾行。」是爲序。

辛酉送鍾勵暇南歸序

乾隆五年夏，勵暇南歸覲省，再乞余言，應之，而未暇以爲。逾年秋，復以展墓至京，將行，固以請。

憶予與安溪李文貞始交，勸以治古文。公曰：「吾于周易、洪範尚未入其藩，無暇及此。且子不聞市人之語乎？所出之財與物相當則曰值。禹八年于外，三過其門而不入；諸葛亮鞠躬盡瘁，死而後已，值也。嵇紹仕非其義，而以身殉；劉琨不度德，不量力，動乎險中，以陷其親，則不值矣。而況其每下者乎？夫治經，特適道之徑塗耳。以吾子之性資，不思接程朱之武，而務與歐、柳争，不已末乎？」余爾時亦心知其然，而溺于所習，未能決去，以專從其大者。志分而力薄，終老無成。每念斯言，未嘗不隱自悼也。

君以不忍離親，會當得官而不就者，數數然矣。此衆人所難，而自君子觀之，則人子之疏節，不足異也。古人之處而不出也，或求志以不疑，于所行若將終焉，則守先王之道，以待于後。假而優遊歲月，使其身終爲可有可無之人，其學爲可有可無之學，則豈若知效一官者，尚或少濟于民物哉！兹行也，吾與君後會難再期矣，惟自審所處，念兹在兹，而無遺他日之悔，可也。

過濟寧别楊千木

余與海内士大夫往還近五十年，自成童侍先君子，百年中耆舊猶間及焉。其間博記誦、富文藻、天性醇良、操行孤潔者皆有之；至于修身慎獨，而以聖賢爲必可幾，與夫材識確然足以立事者，則未見其人也。中歲，得清澗白玫玉，其疏節類古豪俊，其後得長沙陳公滄洲，又其後得吾千木。初定交時，以是語之，瞿然曰：「吾非其人也。吾觀漢、唐中智之仕任將相者，其於設施數變之後，皆究知其利害。往者，武進趙司農勂商人冒濫，請以採銅責督撫，吾心快之。不知令朝下而吏夕困，吏困而民又甚焉。以是而承國事，則僨事而枉民也必甚矣。」然余以是益喜千木用心於物理之實者，蓋非一日，而果足以有立也。間語滄洲，滄洲亦以余爲知言。

千木久困公車，求試於南河，久之，分司高堰。高堰自梁以來千餘年，爲淮、揚二郡利害甚劇。千本甫受事，而洪澤湖漲，下河居民當其沖者，日夜裝載離居，窮民倚擔以俟。千木晝夜立水中，率吏卒修救，水深没踝，凡四旬有七日，堰得不潰。時滄洲奉命巡河，歎曰：「方某果知人！」因與定交，慷慨相勖。時康熙五十九年也。贈詩云：正直消魑魅，精誠感昊蒼。今皇帝嗣位，滄洲實授河督，以高堰地重，非千木莫屬。三舉監司而不與，或詫之，千木曰：「若是者乃深知我也。」及陳公卒，身後之事惟千木爲之盡。雍正二年夏，余請假歸葬，道清江，淮以南之諸司，民譽莫并焉。逾歲北上，而千木移官濟寧，過其治所，河以北之諸司，民譽莫并焉。大府監司之賢者，獄有疑必付之，政有疑必咨之。余既喜所期於千木之不謬，而又以歎天之生才之難，與生而用之而竟之之尤難也。以玫玉之氣，而老死於窮巷；滄洲則屢進而屢躓，晚達而遽亡，曾不得展措於期月之間，惟千木今始見其端倪耳。

夫命於天者不可知，君子所自定，存于己者而已。千木之致功於險艱，動協乎衆志，皆其疇昔不敢自信之心所淬礪而出之者也。然是心也，疑謗交加則易動，而聲實既著則易弛，時省而力充焉，庶其終有立乎？千木乞言於余屢矣，行有日，申以勖之。

送稚學士蔚文出守西川序

韓魏公云：「大臣以李固、杜喬爲準，其弊猶恐爲胡廣、趙戒；若以胡、趙自處，弊將若何？」又曰：「琦平生仗孤忠以進，每遇大事，即以死自處，幸而不死，皆天扶持，非人所能也。」稚學士蔚文出守西川，索余言〔一〕，惟君可與言此〔二〕，故書之，以比于古者賦詩興導之意，即以爲余之贈言可也。

壽序

高素侯先生四十壽序〔三〕

苞聞古之學術道者，將以成其身也。孔子語曾子所謂「大孝尊親」者，使國人稱願，皆曰君

〔一〕原稿「言」下有「贈其行」三字，後自删去。
〔二〕原稿「惟」下有「稚」字，自删去。
〔三〕本篇以下至汪孺人六十壽序，原爲望溪先生文集卷七。

子之子也。自科舉之法行，士登甲科，則父母、國人皆曰：「其名成矣。所謂顯揚莫大於是矣。」人心蔽陷於此者，蓋千有餘年。

吾師宛平高公，少時遭家震慾，太公倅某縣，以事戍黑龍江。世父命公守市肆，公且市且讀書，卒成進士，入翰林。上書求代戍，詣通政司、都察院，皆不能達。會贖罪例開，乃涕泣告請於師友，卒贖太公以歸。祖母段太孺人年九十，母子重見；又六年，始考終。及公視學江南，太公、太母猶逮養，都人士莫不歎羨。自世俗言之，則公之名既成；即君子觀之，事父母亦可謂能竭其力者矣。

然余觀北宋丞相富公，節義功烈，與韓魏公相匹，而眉山蘇洵上書，謂「古之君子，愛其人也，則憂其無成」；今公爲文學侍從之官，嘗主鄉試，視學政，不失士心，亦守官者之常。余居門下數年，竊懼公循致高位，而碌碌無所成也。康熙壬申，公自翰林改官京卿，會强仕之期，故舉蘇洵告富公者以爲壽。

張母吴孺人七十壽序

以文爲壽，明之人始有之。然其知體要者，尚能擇其人之可而不妄爲。而壽其親者，亦必擇其人之可而後往求。今之人則不然，其所求必時之顯人，而其文則傭之村師幕賓無擇也。其所稱則男女之美行皆備而不可缺一焉，而族姻子姓之瑣瑣者並著於篇。夫古之良史，其紀事也，直而辨，簡而不汙，雖帝王、將相、豪傑、賢人，所著多者不過數事，而況鄉曲之人，閨中之女婦乎？言孝者稱舜與曾、閔，非他聖賢之不必然也，人之行或遭變以抵其極，而稱人者必舉其尤以見異也。且古人之事其親，可以致隆者，無弗致也，而善與惡則不敢誣。惡之可掩者，掩之而已；其身所絶無之善，則不敢虛加焉。古人之於友，求無不應也，而稱其善以著於後，則不敢過；蓋以善之未有者虛加於親，則爲不誠於其親。稱人之善而過其實，則其文無以信今而傳後。非知道之深，豈能無惑於此與？

張君自超，余所兄事也。太夫人七十，命予以文。叩所以爲文者，而張君曰：「吾母之壯也，事皆聽於吾父，既老而吾長焉，皆女婦之常耳，獨不喜吾應舉求仕，此吾所以無汲汲干進之心也。」噫！張君非事親之誠，知道之深，而能爲是言與？即夫人之賢可知矣。古之遭變而見稱者，非其人之願也。當其常，則務道之盡而無爲名焉。周之初，后夫人之德著於詩者，皆女婦之常也。其所以傳者，蓋將用之閨門、鄉黨、邦國以化天下而爲聲教焉。虞、夏以前，女婦之賢聖者衆矣，豈是之不能盡與？而無傳焉者，務道之盡而無爲名也。夫人處常而不務爲名，即道之盡可知矣。所不喜於張君者，以道之盡責張君也。張君歸，誦吾言以稱觴於堂，吾知夫人必忻然而樂也。

李母馬孺人八十壽序

自周以前，女婦之傳者多以德。秦、漢以後，多以節與才，而最幸者，莫若以子之賢。古之時，女教修明，婦人之有德者衆矣，而易、詩、書、春秋所稱，非后夫人，則帝王公侯之女婦也。然則有德而無聞焉者多矣。其以節與才顯，必所遭有大不幸者。然自北宋以後，十室之邑，著貞烈者，必有數人焉。其鄉里之人，有稍遠而不知其名氏者矣，而以子之賢傳者，炳然可計數也。然則爲人子而能以其母傳，尤孝之大者與！

抑吾觀自古才知功名之士，其父母不必盡賢者有之矣，而學士真儒，不獨父多賢，母亦多賢，以世所聞，類所不聞，概乎其不爽也。豈非氣稟之相承，實與夫雜糅者異與！

燕之南有賢人焉，曰李塨剛主。其父孝慤先生與博野顔習齋號北方之學者。其生母馬孺人，孝慤之側室也。事嫡如母，嫡馬孺人愛之如同生。孝慤之母，倚之過於群子婦。始吾見塨之賢，而幸其能以孺人顯也。及悉於孺人之事，而後知孺人之賢，實有以啓塨焉。塨所學，非一世之業也。孺人之賢，蓋將歷久彌彰，而爲後世所計數焉，以視夫凡婦人之壽者者異矣。

歲秋八月，孺人八十，埭來乞言。因稱此爲孺人壽，而又以使埭益自厲也。

胡母潘夫人七十壽序

吾友胡君錫參於其母潘夫人六十時，請余文述其志節與教諸孤者以壽。余曰：「非古也，有暇則傳以詳之。」丁酉春，錫參北試京兆，曰：「以吾母教余兄弟之勤，終不能不惓惓於此，故承命以來。」其秋，果得舉。冬十有二月，請余曰：「獻歲正月，吾母七十矣，將使仲弟西章歸爲壽。子姑以一言先之，可乎？」

余觀書傳所記富貴顯榮之人，其生也，不擇其世者有之矣。若賢人君子，則非獨其世隆也，亦兼稟於母德焉。自吾與錫參遊，而意其將爲賢人也。及詳其先世及母夫人之志節，而益信其終有立也。然錫參近五十矣，其學與行，置之衆人之中，雖有異焉，而迫於羈窮，不能直推而前，以躪古人之迹者多矣。夫人之以科目望錫參，蓋父若祖及胡氏之先皆自於此，故結於習見而不能不以此爲重也。今錫參既有得焉，以慰其親，斯足矣。若假道於此，以求爲富貴顯榮之人，則夫人前之所以教者，豈其然哉？繼自今，錫參舍是而務其遠者大者，則其無曠先緒，而顯夫人之志節，有什百於此者矣。西章歸，其稱是以爲壽。

蔣母七十壽序

康熙五十二年七月，余在塞垣。友人蔣錫震自京師以書來，曰：「吾母七十矣。吾少孤家貧，母撫且教，以至於今，艱難可無述而知也。子爲文以壽可乎？」

余少讀戴記，見先王制禮，所以致厚于妻者，視諸父昆弟而每隆焉，疑而不解也。既長受室，然後知父母之安否，家人之睽睦實由之。又見戚黨間或遭大故，遺孤襁褓，其宗祀與家聲，皆係于女子之一身，而諸父昆弟有不可如何者。然後知先王制禮，乃述天理以示人，而非世俗之淺意所可測也。

曾子曰：「可以託六尺之孤，可以寄百里之命，臨大節而不可奪也。」是三者，賢人君子之所難，乃委巷之女子，一入室而義當以此責之。其責之也專以嚴，則禮之敢不重歟？夫婦人尚志節固已，而立孤尤難，能食之而不能教，非所謂可託也。又或煢獨無依，則紀衣食，持門户，其難有過于寄百里之命者。若太夫人於蔣氏，信可謂艱貞而無負於寄託矣。

以余所見婦人著志節者，賦命多蹇，子姓成立者希。蓋造物者既以節顯其身，他福祥或不能兼與！而太夫人獲天佑，康寧壽考；錫震成進士，從容色養：鄉里傳爲美談。閨門之内，聞而興感，於女教所關不細。因書遺錫震以慰其親，且使衆著于先王之禮意焉。

汪孺人六十壽序

昔聖人之制夫婦之禮也，其合離厚薄，一視其所以事父母，而己之私不與焉，故婦順成，内和而家理。以衆人觀之，事淺而情暱，莫如夫婦之居室矣，而婚禮之樂歌曰「德音來括」，又曰「令德來教」，其卒章曰「高山仰止，景行行止」。此君子所望于賢師友而不可必得者，而以責于始入室之婦人，詩人豈故迂其義哉？蓋不如此，不足以盡夫婦之理，而爲人倫之極也。杕杜之三章曰：「王事靡盬，憂我父母。」男女睽隔，不自言其傷，而獨以憂其舅姑爲大感。女子之志行若此，豈非所謂高山之可仰景行之可行者與？

吾友曹晉袁少孤貧，客遊授經，以養其母，近三十年。其妻汪孺人能喻其志，曲折致忠養，不異于晉袁，而太夫人以忘其憂。晉袁兄弟七人皆同居，有得于外，孤者、嫠者先取足焉，孺人布衣糲食常不充。晉袁間語孺人曰：「吾久客，雖以養，顧亦使嫠知有夫者常獨居，無懊恨耳。」孺人自是恩禮有加，而嫠者以忘其苦。太夫人之終也，晉袁適遠遊，孺人久弱足，匍匐在視。太夫人執其手，大號痛，哀動左右。晉袁性剛直，治家素嚴，于妻子淡如也。至是，感孺人誠孝，相敬愛，老而彌篤。蓋晉袁之刑于妻，與孺人之順于姑而宜其家人者，按之古者夫婦之禮，可謂合矣。

己亥季夏，孺人六十。其子恒占將請余文歸壽其母，而晉袁數止之。蓋如余之艱于文，尤病以文爲壽之非古也;而其子卒固以請,余嘉孺人之行,幾近於詩人之所云,而傳其事,將有裨于女教,于是乎書。

朱母冷太夫人八十壽序 代張硯齋〔一〕

皇帝御極之元年正月,御史大夫高安朱公軾因奏對陳情,乞以夏四月歸省太夫人,兼持先公余服;秋七月,爲太夫人慶八秩;然後治裝,入襄聖祖祔廟大禮。天子感焉。詔封太夫人正一品,御書匾額,以嘉母德;賜白金紫貂,使歸爲壽。

大夫自服官即洗手奉職,出入中外,所莅吏民威懷。及撫兩浙,入掌邦憲,聖祖向倚方殷,故先公考終,特命奪情。大夫援古義請即戎于西陲,會山、陝大祲,民人流殍,遂命往賑,兼治大獄。事竟,聽便道歸持服。壬寅冬,以入臨赴闕,嗣天子寄以股肱耳目,出正朝議,入司預教,朝夕内廷。衆皆謂大夫歸省之志恐不獲伸,而特允所請。蓋大夫之德望忠勤夙著於海内,而誠孝諄懇又足以感聖天子錫類之心,故其行身始終,克應經法,而在己無憾事,於人無間言。遭逢之

〔一〕 本篇以下輯自方望溪遺集贈序類,第八十七至八十九頁。

幸，雖古之人有不能及者矣。

余觀書傳所記，賢人君子能以德業光顯於時者，不獨祖若考之積累，亦兼禀於母德焉。太夫人天性醇懿，爲女爲婦爲母，毫末皆在於禮。然則大夫之整於身而施於邦家者，細大秩秩，抑亦太夫人所薰習也。夫古之能以勳名節行榮其母者，莫過於歐公，然歐母早嫠，晚得禄養，又親歷其子之艱危。而太夫人與封公耄耋相守，從容禄養垂數十年，而聖天子之褒賜，又外命婦所未之前聞者。然則太夫人之遭逢，雖歐母有不能望者矣。大夫歸，誦吾言以稱觴於堂，吾知太夫人必喜其事信而辭質也。

贈劉氏母儀額并題[一]

余與大山兄弟交最久。其昆仲孝友，鄰里重之。戊子秋杪，歲歉，余奉母及嫂率子姪避荒江北。仲山邀余至其家。老母與大山家娣姒相居數月，得悉諸婦之賢。余因載大山妻吴夫人於余之見聞録令妻中。時仲山長子幼齡聰俊，知爲其前妻郭孺人所生，而繼室鄭孺人撫教之如己出，

[一] 直本題下注：「此文從匪莪堂文集録出。」

且能助仲山成家道，事姑不懈，一遵吴夫人内政焉。余今髦老，告歸隱龍潭，舊識盡没，惟望其後嗣有人。仲山長子崧靈敦厚有學行，次子春田亦多才能，庶乎克荷父薪者也。此固仲山義方有則，亦賴孺人之力也。聞其家人常稱述郭孺人雖早逝，而幽嫻淑慎有賢媛風，故能生令子不爽云。

余於見聞録載吴夫人，而此兩孺人未暇入焉。兹特書「母儀」額授之崧靈，以贈兩孺人，而爲世之母勸，且爲世之繼母箴。乾隆戊辰仲春，望溪方苞題。

方望溪文集全編卷十五〔一〕

傳

孫徵君傳〔二〕

孫奇逢字啓泰，號鍾元，北直容城人也。少倜儻好奇節，而内行篤修，負經世之略，常欲赫然著功烈而不可强以仕。年十七，舉萬曆二十八年順天鄉試。

先是，高攀龍、顧憲成講學東林，海内士大夫立名義者多附焉。及天啓初，逆奄魏忠賢得政，叨穢者争出其門，而目東林諸君子爲黨。由是楊漣、左光斗、魏大中、周順昌、繆昌期次第死廠獄，禍及親黨，而奇逢獨與定興鹿正、張果中傾身爲之，諸公卒賴以歸骨，世所傳范陽三烈士也。

〔二〕本篇以下至沛天上人傳，原爲望溪先生文集卷八。

方是時，孫承宗以大學士兼兵部尚書經略薊、遼，奇逢之友歸安茅元儀及鹿正之子善繼皆在幕府。奇逢密上書承宗，承宗以軍事疏請入見，忠賢大懼，繞御牀而泣，以嚴旨遏承宗於中途，而世以此益高奇逢之義。臺垣及巡撫交薦，屢徵不起。承宗欲疏請以職方起贊軍事，使元儀先之，奇逢亦不應也。其後畿内盜賊數駭，容城危困，乃攜家入易州五公山，門生親故從而相保者數百家。奇逢爲教條，部署守禦，而絃歌不輟。入國朝，以國子祭酒徵，有司敦趣，卒固辭。移居新安，既而渡河，止蘇門、百泉。水部郎馬光裕奉以夏峰田廬，遂率子弟躬耕，四方來學願留者，亦授田使耕，所居遂成聚。

奇逢始與鹿善繼講學，以象山、陽明爲宗，及晚年，乃更和通朱子之説。其治身務自刻砥，執親之喪，率兄弟廬墓側凡六年。人無賢愚，苟問學，必開以性之所近，使自力於庸行。其與人無町畦，雖武夫悍卒、工商隸圉、野夫牧豎，必以誠意接之，用此名在天下，而人無忌嫉者。方楊、左在難，衆皆爲奇逢危，而忠賢左右皆近畿人，夙重奇逢質行，無不陰爲之地者。

鼎革後，諸公必欲强起奇逢，平涼胡廷佐曰：「人各有志，彼自樂處隱就閑，何故必令與吾儕一轍乎？」居夏峰二十有五年卒，年九十有二。河南北學者歲時奉祀百泉書院，而容城與劉因、楊繼盛同祀，保定與孫文正承宗、鹿忠節善繼並祀學宫。天下無知與不知，皆稱曰夏峰先生。

贊曰：先兄百川聞之夏峰之學者，徵君嘗語人曰：「吾始自分與楊、左諸賢同命，及涉亂離，可以犯死者數矣，而終無恙，是以學貴知命而不惑也。」徵君論學之書甚具，其質行學者譜焉，茲故不論，而獨著其犖犖大者。方高陽孫少師以軍事相屬，先生力辭不就，衆皆惜之，而少師再用再黜，訖無成功。易所謂「介于石，不終日」者，其殆庶幾邪！

白雲先生傳

張怡字瑶星，初名鹿徵，上元人也。父可大，明季總兵登、萊，會毛文龍將卒反，誘執巡撫孫元化，可大死之。事聞，怡以諸生授錦衣衛千户。甲申，流賊陷京師，遇賊將不屈，械繫將肆掠，其黨或義而逸之，久之始歸故里。其妻已前死，獨身寄攝山僧舍，不入城市，鄉人稱白雲先生。

當是時，三楚、吴、越耆舊多立名義，以文術相高。惟吴中徐昭發、宣城沈眉生躬耕窮鄉，雖賢士大夫不得一見其面，然尚有楮墨流傳人間。先生則躬樵汲，口不言詩、書，學士詞人無所求取；四方冠蓋往來，日至茲山，而不知山中有是人也。

先君子與余處士公佩歲時問起居，入其室，架上書數十百卷，皆所著經説及論述史事。請貳之，弗許，曰：「吾以盡吾年耳。已市二甕，下棺則并藏焉。」卒年八十有八。平生親故夙市良材，爲具棺椁。疾將革，聞而泣曰：「昔先將軍致命危城，無親屬視含殮，雖改葬，親身之椑弗能易也。吾忍乎？」顧視從孫某，趣易棺，定附身衾衣，乃卒。時先君子適歸皖桐，反則已渴葬矣。或曰：「書已入壙。」或曰：「經説有貳，尚存其家。」

乾隆三年，詔修三禮，求遺書。其從孫某以書詣郡，太守命學官集諸生繕寫，久之未就。先生之書，余心嚮之，而懼其無傳也久矣，幸其家人自出之，而終不得一寓目焉。故并著於篇，俾鄉之後進有所感發，守藏而傳布之，毋使遂沈没也。

四君子傳 并序

余弱冠，從先兄百川求友，得邑子同寓金陵者曰劉古塘，於高淳得張彝歎；歸試於皖，得古塘之兄北固，於宿松得朱字緑。辛未遊京師，得三人〔一〕，曰宛平王崑繩，無錫劉言潔、青陽徐詒孫。其志趨之近者，則古塘、彝歎、言潔、詒孫也；術業之近者，則崑繩、字緑、北固也。余平生昵好，志趨術業之近，與諸君子比者有矣。然其年或先後生於余，而自有其

〔一〕「三」，原作「四」，據下文改。

儕；或年相若，而交期則後。惟諸君子同時並出，而爲交皆久且深，故世莫不聞。

癸巳春，余出刑部獄，信宿金壇王若霖寓齋。若霖曰：「吾與諸公每私議：南士之相引爲曹而發名於世者，其朋有三焉。行修而學殖者，莫如子之徒；其遇之窮，而無一得其所者，亦莫如子之徒也。」因屈指死者七人，皆賫志也；存者三人，則余罹於罰，古塘中歲遘无妄之災，病且聾，彝歎老而無子。相與痛惜者久之。後四年丁酉秋，偶憶其言，作四君子傳。先兄之殁也，余既爲誌銘，詒孫、北固有哀辭，字綠有墓表，故弗更著焉。

王源字崑繩，世爲直隸宛平人。父某，明錦衣衛指揮。明亡，流轉江、淮，寓高郵。源少從其父，喜任俠言兵。少長，從寧都魏叔子學古文。性豪邁不可羈束，於並世人視之蔑如也，雖古人亦然。所心慕，獨漢諸葛武侯、明王文成。於文章，自謂左丘明、太史公、韓退之外，無肯北面者。

年四十餘，以家貧父老，始遊京師，傭筆墨。貴人富家多病其不習時文。笑曰：「是尚需學而能乎？」因就有司求試，舉京兆第四人。曰：「吾寄焉，以爲不知己者詬厲也。」源以貧無資，不能不託迹諸公間，而常以自鄙，未肯降辭色；或極飲大醉，嘲詼罵譏，中其所忌諱。諸公用此陽體貌之而陰擯焉。源雖好氣，與世參商，然内行篤修。其兄死，旬歲中貌若非人。以余所見，居兄弟之喪，顔色稱其情者，獨源與山陽劉永禎兩人而已。其於人果有善，未嘗不降心。晚年與蠡縣李塨遊，大悦之，遂與師事博野顔習齋學禮，終日正衣冠，對僕隸必肅恭。然自負經世之略益堅，每曰：「吾所學乃今始可見之行事，非虚言也。」

始源慨不快意，五十後葬其親，遂棄妻子，爲汗漫之遊，至名山廣壑，輒淹留逾時，忽復他往，見人不自道姓名。逾六十復歸，往來金陵、淮、揚間，客死山陽，惟兄之甥蔣衡視含殮。卒之夕，神色傲然，無一語及家事。

其古文既刻者世多有，所著易傳十卷、平書二卷、兵論二卷及未刻古文藏於家。

劉齊字言潔，無錫人。康熙丙寅，以選貢入太學。方是時，崑山徐尚書乾學方以收召後進爲己任，而爲祭酒、司業者，多出其門。海内之士有爲尚書所可者，其名輒重於太學。有爲太學所推者，則舉京兆，進於禮部，猶歷階而升，鮮有不至者。惟齊與其友三數人，閉門修業，孤立行己意，躓而不悔。其後石門吴涵爲司業，重其學，延致於家，聲譽赫然公卿間。太學嘗取高第教習官學生，齊與焉。期滿，例録叙於吏部，授縣令者十之八，爲正途；授州佐者十之二，爲冗雜，且底滯無選期。自徐尚書罷歸，公卿多欲以收召後進爲名者，而某爲少宰，自謂起荒陬至大僚，尤欲擅風雅之譽，使人體先於齊曰：「吾久知君，可來見，必爲選首。」齊謝不往。某銜之，係籍州佐。某由是叢訴訕而齊望益高。或曰：「將飛者縮翼，君自是舉京兆，升禮部，益可必矣。」齊聞，即日趣裝歸，歸數年竟卒，年四十有七。

齊性沈毅，與人居，終日温温，而退皆嚴憚之，偃卧一室，天下士常想望其風采。既卒數年，江東十郡之士上言督學使者：士有無爵與年而學行可爲表儀者二人，宜祀於鄉：其一齊，其一余亡兄百川也。

始徐尚書執權，藉以收召天下士，士争湊之。惟齊與其友數人執節不移，久之，此數人爲清議所從出，士之蹇拙自負而務立名義者皆宗之，雖布衣，其重若與公卿相埒。自齊歸，其友亦次第歸，太學生雖有潔己自好者，而氣概不足動人，清議遂由是消委云。

張自超字彝歎，高淳人，世居蒼溪。少孤，課耕奉其母。其族故不繁而親屬凋盡，高祖以下惟一身，常自惴，視人世所歆羡，泊如也。爲諸生，試必冠其曹，困舉場幾三十年，未嘗有愠色。治古文及詩，所得皆驚邁而未嘗争名。於時近五十，始登甲科而不肯試爲吏。性明決，所不爲，衆莫能奪；所欲爲，雖困不以自悔。

其既升於禮部也，宗伯韓公菼昌言於朝：「某宜在上甲。」自超踵門曰：「某有母，病且衰，登上甲，必以館職留，公當愛人以德。」試畢歸，其母果以是秋歿。母疾篤，爲買妾，命入側室。泣曰：「兒方寸亂矣，雖入室不能歡合，成子姓；天果不絶張氏，兒何患無子？」其後終母喪數年，妾終不孕，衆乃歎其知命而不惑也。

高淳故湖壖，以圩障水於外而耕其中，歲大潦，隄潰，居人議撤屋材以塞之。自超有船直百金，曰：「速毁船，以板築。」隄完，大有年，衆歸其直，終不受。平生未嘗入縣治，歲連祲，死者相籍，一日造縣令，具陳方略。令夙重之，爲設飲，盡召邑富人。富人曰：「張君，吾邑之望，所蠲助，則吾儕視焉。」自超遂注籍二百金，諸富人相視大駭，次第注籍，然私料不能猝具也。越數日，自超首納金，諸富人大屈，盡出金爲部署，活邑人幾半。自超有田二百畆，畆六七金，披其半，索直三之一，衆争購之，故得金速也。

晚歲家日落，每取菽麥雜稊稗食之，或遺之財，終不受。鄉人有不善，常畏其知。年逾六十，尚無子，鄉人每聚言，必以爲大慼，如凶害之迫於己焉。

劉捷字古塘，先世懷寧人，遷於桐，既而流寓金陵。其爲行篤，自信而不牽於衆，文亦然。始入江寧縣學，課試必壓其儕，名日起，獨自謂所業弗善也。中歲發憤，究討經中諸子，久之出所爲文，衆弗善，以進於有司，則擯焉，而私自喜。

有與同姓名者，爲江寧學武生，大患鄉里，督學邵嗣堯聞其名而未察也。捷入試，忽命榜笞數十，已而知其誤，乃置其文四等，比郡皆譁。無何，邵以暴疾卒，人皆爲捷快，而捷前後無幾微動於詞色。

家甚貧，僦屋窮巷，無一畆之田，以名在天下，諸大府常不遠數千里以厚幣招之，一語不合，則駕而歸，無能留者。遂寧張公鵬翮督學江南，招入使院。有故人以夜詣捷，出千金爲其姻家請事。捷曰：「吾不意君以此等人視余！」其自遠方歸，解裝常得數十百金，族姻故舊環至，視其所急而分給之，隨手盡，俄而窘空，日旰不得食，宴如也。

捷故名家子，其祖若宰，明崇禎辛未及第第一人[二]，同産兄輝祖，康熙庚午鄉試舉第一，及辛卯，捷復舉第一。衆議皆謂：「宋、明科目有三試皆一者，今獨無有，惟捷可當之。」而爲禮部者，獨不喜捷所爲文，磨勘停一科。癸巳秋特行會試，將赴公車，會其友方苞以戴名世文集牽連編旗伍，檄有司解送妻子北上。捷曰：「吾義不可不偕行。」至京師，試期已過。其後病且衰，竟未得一與禮部之試。

左仁傳

戊子冬十月，望後七日，余在桐城，夜坐左秀起齋中，叩其先忠毅公逸事，因歎自古忠臣義士遭變底節，載在史策不可勝數，而發揚震動於後人之耳目者，代不數人。蓋其名之顯晦，一視

[二]「辛未」，劉季高按：「辛未應作戊辰。」

所遇之事大小以爲差别，而有不可强者焉。至於草野閭巷之人，或志與事幾於聖賢之徒，竟以居下處幽，爲衆人所忽，而其迹遂泯者，蓋不可勝道也。

秀起因歎息，作而言曰：「吾家世居東鄉，某嘗至先人居，就其長老，求吾宗之賢而世莫之知者。所稱皆豪有力人。某曰：『非此之謂也。』曰：『然則孰爲賢？』曰：『凡篤於父母兄弟、化於妻子、信於朋友者，皆是也。』衆曰：『其然，則鄉有愚者。其祖遘惡疾，家人畏其染也，進食飲者皆難之。冬夜足苦寒，愚者曰：我燠之。時年十五，家人不能奪也。如是者六年，果染疾，繼其祖以歿。』某徧問之，僅得其世系，蓋忠毅曾孫行而於某遠兄弟也，幼名仁，字與生，卒無聞焉。」

嗚呼！當明將亡而逆閹之熾也，如遘惡疾，近者必染焉。忠毅與同難諸君子皆明知爲身災，獨不忍君父之寒而甘爲燠足者也。世多以仁之類爲愚，此振古以來，國之所以有瘳者，鮮與！因書以付秀起，俾列家乘，以示邑之人。

三山林湛傳

國初以嶺表險遠，建三藩王以鎮之。有識者方隱憂，而貧士失職者附之，則高可以釣禄位，次亦不失温飽，耀重於鄉閭，故争湊之。而三藩王以前明降將叛卒暴起，乘非所據，貴極富溢，又思以好士樂施誑誘遠人而陰以自固。耿精忠襲封靖南王，大以金帛招致文學士。時閩士相推號七才子者，多爲所羅，而尤欲得三山林湛，以精忠母族周中書含梅與湛久故，稱之尤亟也。屢招不至，一日忽造門，精忠喜，體貌而延問焉，所對皆不省何語。審問之，再三自申列，終不可通。退而咎相稱引者，曰：「如斯人，雖富文術，將焉用之？」康熙甲寅，吴三桂反。粤、閩相應和，精忠閉嶺拒朝命，閩中薦紳里居及知名士多污焉。有不至者，幽囚困辱，終無所遁。湛族子鄉貢士焕迫僞命，薰兩目，僅而得免，而湛翛然授徒山中，以衆知精忠久不屑意也。

湛久困諸生，亂既平，行遊浙東西，逾齊、魯，客燕、趙，無所合而歸。平生忼慷好施，雖竟世窮居，而親族孤貧喪葬婚嫁多倚焉。與弟成之友愛尤篤，及成之爲靈臺令，使人相迎，則寢疾數月矣。口授次子書，報曰：「吾平生爲弟分憂，今弟當分我憂。」時問疾者遶牀，謂將以家累屬成之也。既而曰：「治民事上，雖竭精殫慮，猶懼不免。今不事事，而爲人所愚，實遺垂死之兄憂。」其後成之卒以此敗。

湛嘗爲水晶宫賦，指斥五代時僞閩竊據事，將以潛折精忠逆萌，故不惜往見。及見，則口吃，語不可通，而口素未嘗吃也。衆皆不識其何以然，及事定，乃知禍之閉在不失言，而歎其能決幾於俄頃焉。

二山人傳

鷹青山人李鍇，遼東鐵嶺人。曾大父如梓，明寧遠伯成梁兄子也，萬曆己未，鐵嶺城陷，死其官。入國朝，三世皆盛貴，伯叔父兄弟或嗣封爵，都統禁軍；或開府建鉞，布列中外。康熙四十一年，父少司寇蒲陽公卒。時西事方起，議絶漠屯極邊。山人既練，自請興屯黑河，逾年歸，母卒。再使南河，賜七品冠帶。乃盡以先世産業屬二昆，移家潞河，潛心經史，凡六七年，鄰里未得一識其面。嘗遊盤山，樂其土風，買田鷹峰下，構草舍，雜山甿以耕。其尤貧者，授之田而無所取，疏材果實，與衆共之。其聲遠聞，邦工每採山名，過鷹峰，獨無擾焉。暇時行遊四山，必挈爐炭瓶罌，樵蘇者遥望而知所在，曰：「此李山人茶煙也。」白山石東村聞其風而慕之。

東村石永寧世饒於財。祖都圖爲聖祖親臣，每議公事，不撓於權貴。山人少豪舉，好聲色狗馬，年三十，始折節讀書。會家事屯邅，時伯兄既殁，而諸弟皆幼，獨出身當之。家既落，奉母居郭東，墾墓田以養。盎無斗儲，遇無食者即罄之。久之，里中有奇衺，咸懼其聞。母、兄殁，移家盤山，與鷹青遊，每嚴冬大雪，攜手步西潭，以杖叩冰，相視愉怡，見者咸詫而不知其何以然。會功令：禁内府人出居近畿。復挈妻子入城，僦屋授經自活。乾隆元年，舉孝廉方正。詣有司力言弱足難爲儀，衆莫能奪也。鷹青舉博學宏詞，及試亦被絀。鷹青之詩，不丐於古，而必求與之並。東村則即事抒指，翛然有真意。或刻其山居五言律二十首，遂誓不爲詩，盡焚舊稿，曰：「吾幼學難補，雖殫心力，所進適至是而止耳。吾幸以悲憂窮慼，悔曩者之冥行。今老矣，可更以詹詹者擾吾心曲乎？」

鷹青中年後，以急兄之急，益窶艱。老而無子，自爲生壙；日典衣節食，以養戚屬之窮孤。又以所著含中集、尚史稿未定，矻矻不自休，而東村長子及弟之子同登甲科，其僚友爲營室廬。少司馬德濟齋延東村教其兄子輔國公。衆皆謂東村自是可安居。東村曰：「吾終不以妻子故，使鷹青煢煢，行當獨身留盤山，俾有所資以待老也。」

孫積生傳

孫永慶字積生，北直容城人。其大父，徵君鍾元同産也。徵君遷河南，兄弟之子多從之。永慶大父及父皆諸生，童稚曾受小學。及從父於河南，躬耒耨，農作甚力。少失母，既受室，或耕淇源，或耕夏峰，凡五十年。所以養生送死，皆身耕、妻陳氏紡績之所致也。

古者秀民皆聚於庠序學校，而周公復設司諫之官，巡問觀察，以辨畛庶之能而可任於國事者。漢氏之隆，孝弟力田與方正賢良相次，其風蓋依古以來。方徵君講學夏峰，自野夫牧豎以及鄉曲俠客胥商之族，有就見者，必誘進之。良以天下無不可以學可以不學之人，而農工胥商苟能用力於人紀，而盡其職之所當爲。即是，可以謂之學也。

永慶晚而生子曰用果，既長，閒叩生平所爲，永慶曰：「汝欲爲他日狀誌地邪！汝視吾面，黧也而傅以白，奈觀者笑何？吾老農也，少廢學，碣於墓，存姓字，子孫不迷而已耳。」嗚呼！孰謂君而不學也者？斯言也，可以知所蓄矣。用果務學行，其容斂然，與余善，故受其請而録之。

金陵近支二節婦傳

吾家自五世祖伯通爲有明四川都使司斷事，死建文之難，爲邑中忠烈之首。鄭太君暨川貞姑爲節婦貞女之首，三百年宗婦内宗多尚志節，或附譜牒，或載桐懿。明善公所記邑中孝弟節烈事。余嘗欲録所聞見以續之，而苦無暇日。及難後，則聞近支在金陵者有二節婦：一曰王氏，太僕曾孫雲顧之妻，於余爲再從叔母，安義令王君才鼎季女也。年十九，歸於方，夫亡數月，世儁載育，時年二十有二。其明年，宗禍作。一曰鄧氏，侍御曾孫求晟之妻，於余爲再從族兄之子婦，其父元基，邑諸生。年二十有四始嫁，四年遵衢生，是冬夫卒。遵衢生於禍作後。乾隆二年，世傿成進士，官户部主事。叔母就養於京師，予始得見，性方嚴，出語即斬然。世傿少時，教督甚厲，及成立，侍側猶如畏然。乾隆七年，余告歸，遵衢之母時至吾家。家人云：「終日温温，寡言語，對之使人静以和。」叔母以世傿扈從謁祖陵，覃恩誥封宜人。世傿尋入臺，掌河南道，而遵衢栖遲里巷間。鄉人多謂二節婦高行略同，而所遇有豐有嗇。然遵衢頗知砥名行，楷書及繪畫得侍御遺法，窶艱而志在作善，其世嗣當有能續祖者。凡天之命或速或淹，而終必同軌，乃道之不變者也。

余因念吾宗當震蕩播越時，盡族北徙，或散在遠方。二節母無一隴之植，近支無緦、小功之親，母家亦窶艱，即執德能堅而才不足以紀衣食、持門户，遺孤不知作何狀矣。居常者不覺，遭危變然後知婦人擔荷之重如此。先王制禮，妻之喪，居處飲食視伯叔父昆弟而加隆焉，有以也夫！又自余有聞見，凡入鄉賢，必貴人之父也；舉節孝，必富人之母也。自聖主明章風教，申諭督撫有司，然後山陬海聚、貧窶孤微之節孝不遺，用此二母同時得旌。故因二子請表其母，而並闡先王制禮之意，與今功令之可法後王，匪直於吾宗有耀也。至其拮据以苦身，艱辛以課子，乃嫠而貧者之所同，故弗叙列云。

廬江宋氏二貞婦傳

余長女許嫁宋學士嵩南長子嗣茭，甫納徵，余以南山集序牽連被逮，宗祸方興，倉皇危難中，泣涕而歸於宋氏。越二年癸巳，余蒙聖祖仁皇帝鑒宥，召入南書房。其明年，嗣茭舉於鄉，而學士以督學修城，羈燕南，使嗣茭告丐於戚友，客死江西，年二十有五，時康熙五十八年也。

學士子二人，次嗣熙，側室汪氏出也，先嗣茭夭亡。所聘李氏，翰林院編修丹壑之季女、大學士文定公女孫也。聞夫亡，不欲生。父母知不可奪，許成其志，始納食飲，屏居小樓，凡十有四年。雍正五年，白其母曰：「兒前以年少，恐舅姑不能信，今逾三十，可歸矣。」母乃將女至學士家，既見舅姑，從容拜夫，次主前，默無聲。其母悲不自禁。貞女曰：「兒賴父母明大義，得全餘生，今志已遂，復何憾。」宋氏内外宗來觀及内御者，莫不嗚咽掩涕。其母因病不能興，少間，貞女請於舅姑，送母還河南，母終，既葬，遂歸宋氏。

文定先世居永城，寄籍江南。余始至京師，即禮先焉。丹壑亦暱就余，家有慶事，必固請共歡燕。其子女，余皆於姆褓中見之，時貞女尚未生。其後文定薨，丹壑中道脆促，家人還河南，子姓衰微，名字無聞於士大夫者，而五十年後，乃有貞女爲祖考光。

余女在父室，多苦其性執拗，既嫁，則能順於舅姑，致忠養。學士歿，以冢婦持門户，遇事多斷行。其鄉人皆曰：「方氏非伉直，不能立孤。」吾女與貞女相親若同氣。乾隆戊午，吾女歸寧，兼送子鄉試，遘疾死吾家。又數年，其子輝祖暴疾死。學士以後四世，止七歲之孤，貞女復以從祖母撫孤，以養嗣荄母曹氏。

邑人公言於有司，申大府題請，並得旌建坊。學士兄子曙涵、從孫學山請籍之，乃合傳而特詳於貞女，其事爲難也。女也而並曰貞婦，達其志也。

光節婦傳

馮氏，余女甥也，適光御寵，亦族姊所出。余歸故鄉，喜其學誦之敏，以女甥繼室。光年少氣盛，謂高科膴仕可探手得，頗以風流豪雋自處，而女甥性愨貌莊，寡言笑。雖爲夫婦，視之漠然也。生一子，尋遠遊，遂客死都門。

始光甥入贅於馮氏，女甥尚未見舅姑，聞喪請歸代夫供子職。姊夫綏萬憐其少失母，早寡，光甥無一隴之殖，恐轉累其舅姑。兄子道希欲成其義，約次女長成，以妻其子裕；請於余，以八十金爲紀米薪，乃以康熙己亥歸桐，時裕方十歲。終舅姑喪，挈子來金陵，入贅於余家。昆孫女亦少失母，婦姑相憐如母子，十年中涕淚差減少，而昆孫女復早夭，無子女。甥復挈子歸桐，依兄公以居。

憶吾姊病涉三時，姊夫遠出，女甥年始十有八，家無婢嫗，獨身扶持治湯藥。姊夫歸，告余曰：「空室中惟老母幼子弱女，幸長女勤力，雖稚齒，已能代母爲老幼所依。」姊夫終年在外。甥榮成童或嬉遊怠學，女甥必請余至其家予杖。余以雍正元年得假營葬，見女甥於桐。又十有九年告歸，相見於金陵，每見余，悲啼不自禁。蓋其父及同母弟妹無一存者，故念母而不勝其痛也。乾隆六年，公舉節孝得旌，子裕有聲庠序。族姻暨邦人咸曰：「微節婦，遺孤不知作何狀矣！」其兄公紹元以書來，列序其孝德懿行孚於門内者，皆婦順之常，故略之。

女甥名荇，年今五十有九。昆孫女亦篤孝，抱病連年，矻矻爲家計，逮其死，家漸成，衣食無憂而身不克一日享。女甥尤爲之悲噎，請附録焉。

二貞婦傳

康熙乙亥，余客涿州，館於滕氏，見僮某，獨自異於群奴，怪之。主人曰：「其母方氏，歙人也，美姿容。自入吾家，即涕泣請於主婦曰：『某良家子，不幸夫無藉，凡役之賤且勞者，不敢避也。但使與男女雜居同役，則不能一日以生。』會孺子疾，使在視，兼旬睫不交；所養孺子凡六人，忠勤如始至。自其夫自鬻，即誓不與同寢處，而夫死，疏食終其身。家人重其義，故於其子亦體貌焉。」

戊戌秋，天津朱乾御言：「里中節婦任氏，年十七，歸符鍾奇。逾歲而鍾奇死。姑楊氏，故孀也，閱六月又死。時任氏僅遺腹一女子，而鍾奇弟妹四人皆孩提。任氏保抱攜持，爲之母，爲之師。又以其間修業而息之，凡二十年，各授室有家，而節婦死。族媪皆曰：『亡者而有知也，楊氏可無懟於其死，鍾奇可無憾於其親矣！』」

夫嫠之苦身以勤家，多爲其子也，自有任氏，而承夫之義始備焉。婦人委身於夫，而方氏非生絶其夫，不能守其身以芘其子。是皆遭事之變而曲得其時義，雖聖賢處此，其道亦無以加焉者也。凡士之安常履順而自檢其身，與所以施於家者，其事未若二婦人之艱難也，而乃苟於自恕，非所謂失其本心者與？

高烈婦傳

烈婦魏氏，天津縣產灘人。雍正十一年，年十七，歸縣民高爾信。高僦屋官廒東，與宋某同宮，庭宇相望。某妻與烈婦有違言，數構之於其姑。十二年六月，烈婦將歸寧，其母遣從子自銑迎，適高嫗及爾信皆出，某妻走告其姑曰：「汝婦與人通，入户即探囊金與之。」復嗾東西家無藉者數人，闖入交閧，强解自銚衣，脅立借券，不則共證之。烈婦呼銚曰：「亟鳴之官！若書券，我即死。」銚暗弱，急求脱，執筆欲書。烈婦望見，即引刀自剄。衆嚇自銚，且誘之，卒書券。烈婦死，因以券爲徵。有司莫辨也，既當自銚大辟，而後知其冤，以矜疑繫獄，乾隆元年赦免。邑之學儒者朱紹夏、孫坦爲文以標白之，而致於余。

嗚呼！烈婦遭怪變，謂惟死可自明，而即用其死以成獄辭，徒以銚之券耳。人心之抏敝至此，吁，可畏哉！傳其事，以志烈婦之隱慼，且使爲吏者鑑焉。

論曰：古之聽訟獄者，必悉其聰明致其忠愛以盡之；疑獄氾與衆共之。世有鳥獸行而能殺身以自明者乎？自古婦人之義皆以死而彰，魏氏則既死而猶暗鬱。易曰：「日中見沬。」又曰：「載鬼一車。」聖人繫辭以爲世戒，有以也夫！

高節婦傳

節婦段氏，宛平民高位妻也。京師俗早嫁娶，位之死，節婦年十七，有二子矣。高氏無宗親，依兄以居。喪期畢，數喻以更嫁。節婦曰：「吾不識兄意何居？吾非難死也，無如二子何？」其兄曰：「我正無如二子何也。我力食，能長爲妹贍二甥乎？」節婦曰：「易耳！自今日即無累兄。但望毋羞我貧，暇則頻過我，使人知我尚有兄足矣。」

方是時，節婦嫁時物，僅餘一箱，直二千；取置門外，索半直，立售，即日移居小市板屋中。京師地貴，或作板屋於中衢，婦人貧無依者多僦居，爲市人縫紉。節婦以此爲生，幾二十年，二子長，始能僦屋以居。二子幼時，節婦艱衣食，不能使就學。長子市販，中年殁。次子爲小吏，以罪謫遼左。節婦復撫諸孫，又十餘年，孫裔發憤成進士，贖其父以歸，而節婦年九十矣。

節婦性嚴毅，常早起。子婦雖老，終日侍立，不命不敢坐。裔之母谷氏，性篤孝，雞初鳴，起灑掃，奉匜侍盥，就竈下作羹食，親上之，食畢，然後退，率以爲常。及貴盛，姻黨皆曰：「世有太夫人年七十，而執僕婢之役者乎？」將公爲節婦言之。谷氏曰：「若母言，吾與姑故寒苦，姑習我，非我供事，姑終不適。吾皤然白髮，身無疾，灑掃盥饋，以事吾姑，此日可多得邪？」

節婦以康熙戊辰卒，年九十六，距位之死七十有九年。始節婦所僦板屋在珠市西，及孫貴，卜居正當其地，家僮數十，出入呼擁，節婦時指示子孫姻黨。京師之人，亦以爲美談云。

贊曰：吾里中某氏子，兄弟各傭身。兄老，請於主人，求舍之，節衣食以奉焉。而兄卞急，小失意，即數罵，或奮挺以抶，終無恚色。余嘗謂非獨其弟賢也，而兄固無鄙心也。京師人多以谷氏之事爲難，然以節婦之風義，則子婦之承而化也，曷足異乎？

釋蘭谷傳

釋蘭谷，江南如皋顧氏子也。父國藩，字醉隱，九歲授以學、庸、語、孟，十三授易及太極圖。尋遘疾類癲者，捨爲僧，有瘳。冒巢民集諸名士爲詩社，蘭谷與焉，時年十八。平生足迹幾遍天下，東觀滄海，歷齊、魯、幽、燕；南遊吴、會，溯江逾嶺，周粤東西，抵昆明；北上太行，遵秦、隴，入棧道，下峽，窮蜀徼。所至必訪耆舊，過名山大川及古聖賢豪傑高人遺蹟，輒淹留久之。愛昆明山水，諸大府爲建法界寺，遂定居焉。其父母未殁時，遊必有方，聞喪歸殯葬，即廬墓側。

少時曾隨師某入見聖祖仁皇帝。其後再至京師，特召見，賜詩及御書。遂侍輦下，注楞嚴、金剛、心經進呈。命大學士陳廷敬校勘，雲貴總督貝和諾鋟版，工訖，遂請還山。既至，念其父所授易學未通，乃稱疾，絶人事而爲之，言理數必根於象，挹取群言，貫以己意，凡十有二年，成易説二十卷。

康熙六十一年冬，入賀萬壽節，既至，而聖祖皇帝已登遐。乃於城東偏構精舍，貯所注經版而以易授其徒，數年迹不出户。入其室，少長三數人，坐立應對進退皆比於禮。余素不解浮屠言，未識蘭谷之於佛何如也。觀其志行術業氣象，則儒衣冠者多愧矣！故傳其事以告吾儕，又以識先帝陶冶衆萬，一善不遺，作人之化，蓋及於方外焉。蘭谷名溥畹，今雍正六年，年六十有七。

沛天上人傳

沛天上人名海寬，俗姓崔氏，直隸易州人，爲京師講經大師，住持静默寺。寺近宫城，聖祖仁皇帝敕建，皇子數即事焉。衆以爲榮觀，冠蓋往來，晨夕無頃暇，而上人處之若無事者，雖甿隸必使各得其意以去，而於王公貴人無加禮。余嘗託宿寺中，見而異之，遂假館，淹留數月。每人事歇息，輒邀余坐庭階，玩景光，閒及民生利病、並世人物。其胸中炯然，語皆有稱量。竊歎如此人若爲士大夫，於世非無所損益者，而惜乎其遊方之外也。

性至孝，作室寺之左方，迎其母而養焉。居母與兄之喪，一遵儒書，服既終，顔色戚容尚有異於衆人。喪其本師，誠敬亦如之。好士友，羈旅者投之如歸，久而不怠。每聞忠良正士剥喪摧傷，輒悄然不樂，語或及之，則氣結淚欲下。雍正某年，内府有疑獄，大小司寇會寺中待事。或叩佛氏天堂地獄之説，上人曰：「在公等一念公私忍恕間耳！」中有以深刻爲能者，面赤而色愠，曰：「方外人何難爲此言，居官者能自主乎？」上人曰：「能視禄位少輕，則無難矣。」衆皆默然。時禁婦女入廟，胥吏因緣設詐搆陷，以嚇衆而取所求。上人首議，發其姧於政府。營田之興，吏强建閘於安肅之瀑河，村落數十，仍歲流漂。上人見往來寺中人，即指畫地勢及民庶飢殍狀。久之，語聞於河督，奏復其初。

十有二年，重刻藏經，詔簡積學沙門四十餘人開館校勘，命上人執其總。量材授事，立法程工，有條而不紊。

觀上人之篤於人紀，不忘斯世斯民，而才足以立事如此，皆先聖先賢所諄復而有望於後儒者也，而儒之徒未數數然也。朱子嘗憂吾道之衰，以爲「性質剛明者，多不能屈心以蒙世俗之塵垢，而藏身於二氏」。斯言也，蓋信而有徵矣。故專録其儒行，而推闡佛説以張其師教者，概不著於篇，蓋其徒某某之所譜具矣。

康烈女傳〔一〕

烈女康氏，通州人也。其父兄以糶糴爲業。女未嘗知詩書，獨聞世俗人所道古者忠孝節烈

〔一〕本篇輯自望溪先生集外文卷八。

事，輒徬徨追慕，時時誦述之。幼許嫁鄰家張氏子京，時張氏尚富饒。後遷京師，益衰落。京父素無行。京長市肆，材故庸下，又貧不能自存。康氏戚黨轉相傳説，聞於女。女坦然無怨尤。其父兄私謀奪女，不與張氏。女乃正色持大義，詰責其父兄，久之乃止。

一夕，女夢張氏使者至，若將致命者，不知何祥，私以告其母。時兩家絶聞問已數年，忽京父至通，訃京已死。叩之，即女感夢夕也。女乃於邑悲哀，素服號泣，請於母曰：「兒聞古之女子，有未嫁爲夫守義者，後世以爲賢。兒身雖未歸，心屬張氏久矣。願母載兒從夫喪。」其父兄大駭，斥之曰：「女乃狂邪！凡女所稱皆古事，豈今人所爲？」因環向女。女因掩涕，弛素服，更容貌以前，言動如平時。其家人稍稍皆散去。夜半乃閉户，悉焚所製巾帶綦履，素服以練自結而死。女有妹，與同卧起。女死，妹寐未覺也。兩家議論者皆曰以合葬爲宜。其父母乃持女喪，自通如京師，歸張氏，與京合葬郭西白石橋。時康熙三十一年。

初張氏家微細，至京父轉貧薄，又無行，其鄉人戚黨羞齒之。自貞女之死，京師皆竦動，薦紳士君子多爲歔欷，里巷感傷。好事者傳之圖，謳歌其事，喧騰兒童女婦間。於時京師之人，咸知東門張氏云。

贊曰：六經所著女子以節完者，於詩則衛共姜，於春秋則紀叔姬，外此無有。余嘗怪古者聖人賢人至於倜儻怪偉非常之材不可勝紀，何獨其時女子之少奇也？余家金陵，見邑子楊瑞三妻方氏、溧陽唐生妻某氏，皆未嫁爲夫守義；而康女志不得伸，遂崎嶇不負其義以死。以余所聞見如此，是何奇女子之衆與！昔震川歸有光著論，以謂未嫁死夫，於禮爲非，取曾子、孔子所問答「女未廟見而死」之禮以斷，其辭辨矣。雖然，中庸不可能。世之不賊於德者幾何哉？以孔氏之道衡之，女其今之狂狷也與！

史氏傳〔一〕

史氏，仁和人，以弟□□與海寧查嗣庭同會試榜，繼室於查。雍正丙午，嗣庭有罪，與第三子□俱病死獄中。至丁未獄成，妻及諸子婦長流隴西。部檄到縣，史氏曰：「諸孤方幼，我義不當死，但婦人在，難歷長塗，倘變故不測，恐死之不得矣。」□□之妻浦氏曰：「我遭遇與姑同，當與姑同命。」作絶命詞四章，以子女屬其父文焯，同時自經。文焯亦嗣庭同年友也，告予使籍之。

〔一〕本篇輯自方望溪遺集碑傳類，第一〇八頁。